Paul Kirchhof
Deutschland im Schuldensog

Vorwort

Deutschland ist hoch verschuldet. Die Bürger fordern vom Staat immer mehr Leistungen, wollen jedoch immer weniger Steuern zahlen. Der Staat aber erzielt kaum Gewinn aus eigener wirtschaftlicher Tätigkeit, kann den Menschen deshalb nur das geben, was er vorher steuerlich genommen hat. Er nimmt Kredite auf, um den Menschen von heute mehr zu bieten, als ihnen gebührt, belastet dafür aber unsere Kinder mit den Rückzahlungs- und Zinspflichten der Darlehen. Die Schulden wachsen ständig. Die Kultur des Maßes geht verloren.

Zudem verwendet der Staat die Steuererträge nicht nur, um die Staatstätigkeit zu finanzieren. Er setzt den Staatshaushalt auch ein, um die Wirtschaft zu steuern. Bei schwacher Inlandsnachfrage nimmt er Kredite auf, um Konsum und Investitionen zu beleben. Er verspricht dabei, diese Schulden bei guter Konjunktur zurückzuzahlen, erfüllt dieses Versprechen aber nicht. So verstrickt sich unser Gemeinwesen in immer höhere Schulden.

Deutschland ist Mitglied der Euro-Gemeinschaft, gewinnt dadurch Kraft, um in einem weltoffenen, anonymen und unübersichtlichen Finanzmarkt zu bestehen. Grundlage dieser Währungsunion ist eine Stabilität des Rechts und des Geldes. Die Währung wird durch klare Verschuldensgrenzen gesichert, auf die finanzielle Eigenverantwortlichkeit jedes Mitgliedstaates gestützt, in der täglichen Erfahrung bekräftigt, dass gute Bonität zu niedrigen Zinsen, schlechte Bonität zu hohen Zinsen führt. Doch dieses Konzept der Eigenverantwortlichkeit droht zu einer Gemeinschaft der Fremdbelastung und damit der finanziellen Leichtfertigkeit zu werden. Deutschland wird in Garantie- und Einstandsverpflichtungen für fremde Schulden gedrängt, die es aus eigener Kraft nicht erfüllen kann. So drohen neue Schulden. Der Bürger wird zum Bürgen.

Die Demokratie ist erkämpft worden, damit der Steuerzahler selbst, repräsentiert durch seine Abgeordneten, im Parlament über die Höhe der Staatsausgaben, der Steuern und der Schulden entscheide. Dieses Verfahren soll die maßvolle und gleichmäßige Last für alle Bürger sicherstellen und zugleich gewährleisten, dass der Steuerzahler mit seinen Zahlungen den staatlichen Rahmen seiner Lebens- und Erwerbsbedingungen finanziert. An fremdbestimmte „Finanzmechanismen" und an die Finanzierung anderer Staaten war nicht gedacht. Das Demokratieprinzip geht davon aus, dass die Bürger ihre eigenen Angelegenheiten selbst regeln. Das setzt voraus, dass der Staat sich nicht durch Schulden in Abhängigkeit von seinem Kreditgeber begibt. Wenn er ständig seine Schulden verlängern und neue Kredite nachfragen muss, hat er dafür letztlich einen „politischen Preis" zu zahlen. Eine zu hohe Schuld mindert die Souveränität des Staates. Die Entscheidungsmacht des Staatsvolkes ist bedroht. Wieder einmal wird eine Finanzkrise zur Stunde der Demokratie.

Die Krise ist entstanden, weil wir das Recht missachtet haben. Das Grundgesetz schreibt vor, dass die Schulden abgebaut und die Neuverschuldung in naher Zukunft auf Null zurückgeführt werden müssen. Das Europarecht setzt für die Neuverschuldung eine Grenze von 3 %, für die Gesamtverschuldung eine Grenze von 60 % des Bruttoinlandsprodukts. Beide Regeln werden gegenwärtig nicht befolgt. Hätten wir das Recht beachtet, gäbe es die Schuldenkrise nicht. Deswegen ist es hohe Zeit, die Autorität des Rechts wieder herzustellen.

Deutschland wird allerdings nicht mit einem einzigen gewaltigen Sprung zum Recht zurückkehren können. Bei einer Gesamtschuldenlast von mehr als 2 Billionen Euro müssten wir bald fast 800 Milliarden Euro zurückzahlen, um die 60 %-Grenze zu erreichen. Dieses ist bei einem Gesamtsteueraufkommen Deutschlands von rund 530 Milliarden Euro schlechthin nicht möglich. Doch deshalb gilt jetzt nicht die Regel „Not kennt kein Gebot". In einer Wüste des Rechts würden auch die Verbindlichkeit des Stabilitätsziels, die Rechtsgrundlage eines politischen Mandats und die Erfüllungspflicht aus dem Darlehensvertrag verloren gehen. Geboten ist eine stetige Annäherung an das Recht, die jeden Schritt der Sanierung aus dem Stabilisierungserfolg rechtfertigt. Erlaubt sind nur vorläufige Maßnahmen. Änderungen des Unionsvertrages oder die dauerhafte Einrichtung von Finanzierungsmechanismen sind auf diesem Weg nicht möglich. Entscheidend wird sein, dass der Staat zum Gestaltungsmittel des Rechts zurückkehrt, weniger die Macht des Geldes nutzt. Die Stabilität des Euro setzt voraus, dass der Bürger dem Recht vertraut, er sich seinem Staat und der Europäischen Union zugehörig fühlt.

Dieses Buch will nicht klagen, schon gar nicht anklagen. Es unterbreitet Lösungsvorschläge, die dem allgemeinen Willen zum Besseren einen Weg weisen mögen. Peter Heesen, Bundesvorsitzender des dbb-beamtenbund und tarifunion, hat dieses Werk angeregt, es mit vielen Informationen und Gedanken begleitet. Wir sind einig im Auftrag des Grundgesetzes: Die Null-Neuverschuldung soll bald rechtliche Normalität werden. Deshalb sind keine Sondermaßnahmen erforderlich. Doch der Gesetzgeber sollte den deutschen Staatshaushalt energisch gegen den Zugriff anderer abschirmen, die Staatsschulden in einer – dem Parlament jährlich verantwortlichen – Sonderverwaltung sichtbar machen, die Notwendigkeit bestimmter Staatsaufgaben überprüfen, Verwaltungsmaßstäbe und Verwaltungsverfahren vereinfachen, Subventionen abbauen. Die Zukunftslast des Darlehens würde gegenwärtig spürbar, wenn ein Gesetz die Höhe aller Staatsleistungen mit wachsenden Schulden generell verringert. Ein neues Denken der Familienfreiheit und der Familienpolitik sollte unserer Gesellschaft eine bessere Zukunft geben, ein Wachstum durch Kinder.

Der Abbau der gewaltigen Staatsschulden fordert Sondermaßnahmen. Alle nominalen Haushaltszuwächse sollten für die Schuldentilgung reserviert, die Steuererträge einzelner Steuern – des Solidaritätszuschlags und der Erbschaftsteuer – dem Schuldenabbau vorbehalten werden. Zur Erhöhung des Steueraufkommens ist an eine Finanztransaktionsteuer zu denken, die eine Gerechtigkeitslücke bei den indirekten Steuern schließen und die Mitverursacher der Schuldenkrise zur Verantwortung ziehen wird. Auch die Veräußerung von Staatsvermögen kann zur Sanierung beitragen. Finanzhilfen sollten nur auf Gegenseitigkeit gewährt werden. Sind Staaten oder Unternehmen durch Hilfe eines Staates saniert worden, haben sie nach ihrer Sanierung zur Entschuldung dieses Staates beizutragen. Eine sanierte Bank verzichtet auf Zinsen oder Kreditrückzahlung, eine Automobilfirma leistet unentgeltlich Fahrzeuge, ein sanierter Staat teilt den Sanierungserfolg als fremde Frucht mit dem sanierenden Staat. Eine faktische Schuldentilgung durch Inflation ist nicht zulässig, weil sie die Schuldenlast vor allem den Geldeigentümern aufbürdet, im Übrigen das Vertrauen in das Geld, die Grundlage unserer Wirtschaft, zerstört.

Erstes Ziel der Sanierung ist es, den Staat zu festigen. Es geht um inneren und äußeren Frieden, die Sicherheit im Recht, die Rahmenbedingungen unserer Freiheit, um Bildung und Ausbildung, um ein ökonomisches und kulturelles Existenzminimum für jedermann. Die Anliegen des Finanzmarktes – der Finanzinstitute und Finanzakteure, der Versicherungen und Anlegerfonds, der Kapitaleigentümer und Spekulanten – sind beachtlich, aber zweitrangig. Unsere Freiheit und unsere Demokratie brauchen einen Staat voll Kraft und Maß. Wir wollen Bürger, nicht Bürgen sein.

Heidelberg, Juni 2012   Paul Kirchhof

Inhalt

A. Übermäßige Staatsverschuldung 15
  I. Der Krisenbefund 15
     1. Stetig wachsende Schulden 15
     2. Die Staatsschuld im europäischen Vergleich 17
     3. Finanzkraft und Schulden 19
     4. Steigende Zinsverpflichtungen 19
     5. Steuereinnahmen und Schulden 20
     6. Entsolidarisierung durch Überforderung des Staates 22
     7. Besondere Risiken 24
     8. Verbindlichkeit des Rechts und Sog des Geldes 25
        a) Entwertung der europarechtlichen Stabilitätsmaßstäbe 26
        b) Zweckwidrige Verwendung von Vorsorgefonds 27
        c) Scheinbarer Subventionsabbau 28
        d) Bevorzugende Steueränderungen 28
        e) Maßstabloser Länderfinanzausgleich 29
  II. Rechtfertigungslehren zur Staatsverschuldung 30
     1. „Furchtbarste Geißel" oder eine der „segensreichsten
        Institutionen" 30
     2. Verschuldung in Höhe der Investitionssumme 31
     3. Konjunktursteuerung 33
        a) Magie im Recht 33
        b) Zwei Schwächen kreditfinanzierter Konjunktur-
           steuerung 34
  III. Folgen des Übermaßes 35
     1. Verwendung von Steuererträgen nicht für
        Allgemeinaufgaben 35
     2. Vorbelastung der Zukunft 36
     3. Rettungsschirme und Garantieversprechen 37
        a) Die Regel: Geldzuwendung als Entgelt, Subvention,
           Entschädigung 37
        b) Begünstigung systemisch verbundener Unternehmen . 37
        c) Formen moderner Feudalherrschaft 38

4. Gefährdung der inneren Souveränität 40
   a) Abhängigkeit vom Kapitalmarkt 40
   b) Die Ratingagenturen 41
   c) Staaten als Gegenstand des Ratings 42
   d) Krise der Generationengerechtigkeit 43
IV. Leistungsfähigkeit des Rechts 43
   1. Verlust des Rechtsgedankens 43
   2. Der Drang zum Mehr und das Maß des Rechts 45
   3. Rechtliches Maß und ökonomisch Mögliches 46
   4. Abstraktion in Zahlen und Bilanzen 48
   5. Gesamtwirtschaftliche Statistiken 49
   6. Rechtsschwäche durch Sprachschwäche................ 50

B. Verbindlichkeit des Rechts................................ 53
   I. Privatkredit und Staatsschuld......................... 53
      1. Schuld und Schulden................................ 53
         a) Das Einlösungsvertrauen der Geldwirtschaft 54
         b) Darlehensvermittelte Wirtschaftskraft.............. 55
         c) Der Darlehensschuldner 56
      2. Staatsfinanzierung in der Zeit 56
   II. Die vertragliche Rückzahlungspflicht................... 58
      1. Nichtrückzahlung als Geschäftsgrundlage 58
      2. Bestandteil eines Konzeptes der Staatssanierung 59
   III. Dauerzinsen bei Darlehen ohne Rückzahlungswillen 60
      1. Die unerfüllt bleibende Schuld 60
      2. Die zerstörende Macht langfristiger Zinslasten 61
      3. Gesamtzinslast allenfalls bis zu 100 Prozent der
         Darlehenssumme 63
   IV. Verletzung grundgesetzlicher Kreditschranken 65
      1. Die Staatsverschuldung als stetige Rechtsverletzung 65
      2. Die alte Schuldenbremse des GG und der Übergang zur
         neuen Schuldenbremse 66
         a) Der Weg in die deutsche Schuldenkrise 66
         b) Art. 115 GG alte Fassung – die verfehlte Investitions-
            grenze 66
         c) Der Übergang zur neuen Schuldenbremse 68
   V. Verletzung europarechtlicher Kreditschranken 70
      1. Verstoß gegen die Verschuldensobergrenze............ 70

Inhalt 11

    2. Der Weg zurück zum Recht auf schwankendem Rechtsboden 71
        a) Marktabhängige Zinsen 72
        b) Finanzielle Eigenverantwortlichkeit 73
        c) Außergewöhnliche Ereignisse 74
        d) Die gesamtwirtschaftliche Vermögensbilanz 75
  VI. Annäherung an das Recht, keine Pflicht zur Untätigkeit .. 76
    1. Geschriebenes Recht gibt keine Antwort 76
    2. Not braucht ein Gebot 77
    3. Überdehnung von Rechtstatbeständen 79
    4. Annäherung an den rechtlich gebotenen Zustand 79
  VII. Legitimation der Annäherung in größtmöglicher Rechtsbindung 82
    1. Der Ausgangsbefund 82
    2. Rückkehr zu Verantwortlichkeitsstrukturen 83
    3. Das Konzept der Stabilitätsgemeinschaft 85

C. Vermeiden neuer Schulden 89
  I. Abschirmen des Staatshaushaltes gegen fremden Zugriff 89
    1. Die Steuerzahler finanzieren ihre gemeinsamen Anliegen 89
    2. Anerkennung dieser Haushaltsautonomie durch die europäischen Verträge 90
    3. Rechtsfolgen solidarischer Hilfe 91
  II. Das neue europäische und deutsche Staatsschuldenrecht .. 93
    1. Die neuen grundgesetzlichen Grenzen der Staatsverschuldung 93
        a) Materieller Haushaltsausgleich und die Ausnahmen . 93
        b) Die 0,35-Prozent-Grenze 94
        c) Kreditaufnahme in außergewöhnlichen Fällen 94
        d) Konjunkturbedingte Kredite 95
        e) Verpflichtung auf europäische Stabilitätsmaßstäbe ... 96
    2. Der europäische Verbund der Stabilität im Recht 97
        a) Der neue Stabilitäts- und Wachstumspakt 97
        b) ESM-Vertrag 98
        c) Der Fiskalvertrag 99
        d) Das Problem der konjunkturbedingten Kreditaufnahme 100
        e) Der Anpassungspfad 101

- III. **Budgettechnische Verselbständigung der Schulden** 101
  1. Transparenz in einer Sonderverwaltung 101
  2. Das Verbot haushaltsflüchtiger Schulden 102
  3. Warnfunktion der verwaltungstechnischen Verselbständigung 103
  4. Entwicklungsgerechte Darstellung der Schulden 104
- IV. **Gegenwärtige Merklichkeit der Staatsschulden** 105
  1. Das Beharren auf weiterer Verschuldung 105
  2. Je höher die Schuld, desto geringer die Staatsleistung 106
- V. **Konzeptionelles Sparen** 107
  1. Normalisierung auf Normalwegen 107
  2. Aufgaben, Verfahren, Ausstattungen, Einnahmestrukturen 108
  3. Exemplarische Anregungen 109
- VI. **Aufgaben der öffentlichen Hand** 111
  1. Pflichtaufgaben 111
  2. Kompetenzrechtlich vorausgesetzte Aufgaben 112
  3. Intensität der Aufgaben 113
  4. Schwerpunkte staatlicher Eigenverantwortlichkeit 114
- VII. **Der öffentliche Dienst** 116
  1. Das Amt 116
  2. Stellenabbau in der Bundesverwaltung 117
     a) Stelleneinsparungen 117
     b) Aufgabenverringerung oder Aufgabenerleichterung .. 119
     c) Der Abwägungsauftrag 120
- VIII. **Wachstum durch Kinder** 121
  1. Nachhaltiges Wachstum dank der Kindergeneration 121
  2. Sechs Erneuerungserwägungen 122
- IX. **Subventionsabbau** 125
  1. Die Rechtspflicht zum Subventionsabbau 125
  2. Verzicht auf Steuersubventionen 126
  3. Zurückhaltung bei den Leistungssubventionen 132
- X. **Finanzausgleich** 134
  1. Ursache wachsender Verschuldung, kein Gegenmittel ... 135
  2. Das dreistufige Verteilungsrecht: GG, Maßstäbegesetz, FAG 138
  3. Vierstufiger Ausgleich 141

4. Kein Verschuldungswettlauf 142
5. Der konzeptionelle Weg zur Nullverschuldung 143

D. Schuldenabbau 145
  I. Nominalwachstum ausschließlich zur Schuldentilgung ... 145
      1. Der Auftrag zum Defizitabbau ab 2011 145
      2. Erforderlichkeit von Sondermaßnahmen 146
      3. Rückholen der Entscheidung in das Parlament 147
      4. Entschuldung aus den Haushaltszuwächsen 148
  II. Staatenresolvenzordnung 149
      1. Verpflichtung auf eine Sanierungsgerechtigkeit 149
      2. Die Souveränität des Staates 150
      3. Beteiligung der Gläubiger an der Staatssanierung 152
      4. Die Staatenresolvenz 153
      5. Rechtsgrundlagen 154
  III. Staatshilfe allenfalls auf Gegenseitigkeit 155
      1. Fremdhilfe als Ausnahme 155
      2. Verteilungsgerechtigkeit und Tauschgerechtigkeit 156
      3. Nutzung fremder Früchte 157
      4. Gegenseitigkeit und Solidarität 159
      5. Die Rechtsfolge 161
  IV. Steuererhöhungen 162
      1. Ausrichtung der Ausgaben auf die Steuereinnahmen 162
      2. Rückgabe des Steueraufkommens an die Allgemeinheit
         der Inländer 163
      3. Das Maß der Steuergewalt 164
         a) Traditionelle Mäßigung der Steuerlast 164
         b) Schutz durch die Eigentumsgarantie 166
         c) Der Weg zur grundrechtlichen Mäßigung der
            Verschuldenskompetenz 167
      4. Die freiheitsgerechte Ausgestaltung des Steuerzugriffs ... 168
         a) Nutzung der gemeinschaftlichen Erwerbsstruktur 168
         b) Stärkung der Erwerbs- und Tauschgrundlagen 169
  V. Die Finanztransaktionsteuer 170
      1. Die möglichen Abgabetypen 170
      2. Die Tobin-Steuer 172
      3. Die Besteuerung aller Finanztransaktionen 174
         a) Finanzwetten 174

b) Ergänzende Regeln 176
4. Wirkungen der Finanztransaktionsteuer 176
   a) Die Besteuerungslücke 177
   b) Die Lenkungswirkung 178
   c) Die Ertragswirkung 178

VI. **Einmalige Vermögensabgabe** 179
1. Einmalige, auf zehn Jahre gedehnte Abgabe
   auf Großvermögen 179
2. Vermögensteuer und einmalige Vermögensabgabe 180
3. Der finanzverfassungsrechtliche Maßstab 181
4. Eigentumsrechtliche Grenzen von Vermögensabgaben... 187
5. Gleichheitsgerechte Bemessung und Erhebung
   der Vermögensabgabe 189

VII. **Umwidmung von Steuererträgen** 191
1. Grundsatz: Autonome Verwendung der Steuererträge ... 191
2. Der Solidaritätszuschlag 193
3. Die Erbschaftsteuer 196

VIII. **Sanierung durch Veräußerung von Staatsvermögen** 198
1. Der Auftrag zur Überprüfung von Staatsvermögen 198
2. Das Vermögen des Staates 199
3. Staatsvermögen als Funktionsbedingung staatlicher Tätigkeit 200
4. Privatisierungsauftrag 203
5. Verkappte Kreditaufnahmen 204
6. Vorsorgevermögen 205

IX. **Schuldentilgung durch Inflation?** 206
1. Die Stabilitätsgarantie 206
2. Geldwert und Eigentumsgarantie 210
3. Gleichheitswidrige Betroffenheit der Geldeigentümer ... 212

E. **Ein rechtlich stabiler Sanierungsweg
 – Ergebnisse –** 215

F. **Anmerkungen** 225

G. **Anlagen** 271

A. Übermäßige Staatsverschuldung

I. Der Krisenbefund

1. Stetig wachsende Schulden

Deutschland ist hochverschuldet und der Gesamtschuldenstand von Bund, Ländern und Gemeinden steigt ständig.[1] Während die Staatsverschuldung in den ersten 15 Jahren der Bundesrepublik maßvoll blieb, setzte sich seit 1967 – markiert durch die 15.[2] und die 20. Änderung des Grundgesetzes[3] – der Gedanke durch, die Konjunktur durch den Staatshaushalt und insbesondere den Staatskredit steuern zu sollen. Seit Mitte der 70er Jahre ist die Staatsverschuldung dann deutlich gestiegen, seitdem – mit einer Ausnahme 1990/91 – jährlich überproportional gewachsen.[4] Die Schulden sind in den letzten 20 Jahren besonders markant vermehrt worden: Während der Schuldenstand für die Bundesrepublik Deutschland 1991 600 Milliarden Euro betrug, erreichte er 2000 bereits eine Summe von 1 200 Milliarden Euro und hat im Jahre 2010 die 2-Billionen-Grenze überschritten.[5]

Diese gewaltige Schuldenlast wird begleitet von einer stets wachsenden Geldmenge in privater Hand.[6] Das Geld dient nicht mehr nur der persönlichen Freiheit, um ein Haus und eine Fabrik zu erwerben, den Kindern eine gute Ausbildung zu ermöglichen und mit der Familie in ferne Länder zu reisen, die Wohnung mit Kunst und wertvollen Büchern auszustatten. Weiteres Geld wird flüssig, überflüssig. Mit diesem Geld werden nicht mehr Güter und Dienstleistungen gekauft. Es dient vor allem dazu, das Wissen vom wachsenden Geldkonto zu genießen, die Macht des Geldes zu erleben, immer wieder zu versuchen, Geld gegen Geld gewinnbringend zu tauschen, das Geld im Abenteuer von Spiel und Wette zu mehren.

Die Flüchtigkeit, Ungebundenheit, Beliebigkeit des Geldes braucht einen klaren rechtlichen Rahmen. Doch der Finanzmarkt verbirgt sich als Akteur, der Geld vermehrt und Kredite in der Anonymität des Globalen gibt. Er kennt kaum Grenzen und folgt in der Gewinnmaximierung einem Prinzip des Nimmersatt. Der Staat hält sich bislang in der Regulierung des Marktes zurück, erfährt auch im weltumspannenden Markt von Geld und Krediten die Grenzen seiner Regelungsmacht. Die Europäische Union kennt klare Regeln der Kapitalverkehrsfreiheit und der Schuldengrenzen, neigt gegenwärtig aber zu stetigen Grenzüberschreitungen, zum wechselnden Handeln innerhalb und außerhalb des Rechts, zu einem pragmatischen Arrangement. Das Ziel, die Stabilität des Geldwerts zu sichern, gerät aus dem Blickfeld. Die haushaltswirtschaftliche Eigenverantwortlichkeit der Mitgliedstaaten weicht einer Hoffnung auf eine im Irgendwo verankerten Stabilität. Die Europäische Union sucht die Geld- und Finanzentscheidungen zu zentralisieren und verbindet damit die Erwartung, der große Etat werde den Finanzmarkt nicht begehrlicher machen, sondern könne so viel Druck entfalten, dass Kreditgeber und Ratingagenturen weichen werden. Doch der Griff in eine große Kasse ist oft ertragreicher als die Auseinandersetzung mit vielen autonomen Haushaltsgesetzgebern.

In dieser Entwicklung wird das Recht von einer verbindlichen Regel zu einem Verhaltensvorschlag, wird zu einem Recht auf Rädern, das sich stetig bewegt, sich fast ohne Ziel und Haltepunkt verändert. Die pauschalen Ziele von Wirtschaftswachstum, gesamtwirtschaftlichem Gleichgewicht, Integration bleiben vage. Nur ein Rechtsatz scheint prägnant und unerbittlich: Die Darlehensschuld muss erfüllt werden.

Ob ein Staat seine Schulden tragen kann, hängt von der Wirtschaftsleistung und der Steuerkraft des Landes ab, ebenso von der Entwicklung seiner Bevölkerung und deren Bildung. Wesentlich ist auch die Bereitschaft der politischen Organe, ihre Ausgabenpolitik zu mäßigen und ihre Steuererträge zum Maß der Staatsleistungen zu machen. Der verschuldete Staat wird von der Geschäftsstrategie der Kreditgeber abhängig, die in Würdigung seiner Bonität über die Zinsen für neue Staatsanleihen entscheiden.

Die Europäische Union begrenzt den zulässigen Schuldenstand eines Mitgliedsstaates. Die geplante oder tatsächliche Neuverschuldung darf nicht 3 Prozent, der öffentliche Schuldenstand nicht 60 Prozent des Bruttoinlandsprodukts (BIP) zu Marktpreisen überschreiten.[7] Hätten Deutschland und die anderen Euro-Staaten dieses Recht beachtet, gäbe es die Schuldenkrise nicht.

Nach diesem Maßstab betrug der Schuldenstand Deutschlands 1991 noch 39,07, 1995 dann 55,11 Prozent des BIP. 2002 näherte sich die Gesamtschuld mit 59,90 Prozent schon bedenklich der Obergrenze von 60 Prozent des BIP. Im Jahre 2003 wurde erstmals der europarechtlich zulässige Gesamtschuldenstand von höchstens 60 Prozent des BIP überschritten. Der Schuldenstand betrug 63,22 Prozent des BIP. Die Schuld ist bis 2005 ständig weiter auf 66,98 Prozent des BIP gestiegen, hat sich in den folgenden Jahren bis 2008 auf 63,78 Prozent des BIP verringert, ist

I. Der Krisenbefund 17

danach wieder gestiegen, 2009 auf 71,36, 2010 auf 81,22 Prozent des BIP.[8] Mit dem Schuldenabbau ist bisher nicht begonnen worden, obwohl das Grundgesetz den Abbau des bestehenden Defizits ab dem Haushaltsjahr 2011 ausdrücklich vorsieht.[9]

Setzt man den Schuldenstand Deutschlands in Beziehung zu den Inländern, die diese Schulden zu tragen haben, so zeigt der Vergleich,[10] dass ein Einwohner in Deutschland 1991 7 498 Euro Schulden hatte. Im Jahre 2000 betrugen seine Schulden bereits 14 734 Euro, im Jahre 2005 18 066 Euro. Im Jahre 2010 haben sie den Stand von 24 606 Euro erreicht.

2. Die Staatsschuld im europäischen Vergleich

Die rechtliche Schuldengrenze von 60 Prozent des BIP ist in vielen Jahren immer wieder verletzt worden. Aus der Obergrenze zulässiger Schulden wird ein Zieldatum, auf das die Schulden zurückzuführen sind. Innerhalb der Euro-Gemeinschaft geraten einige Mitgliedstaaten in noch größere Schuldenbedrängnisse. Das Verhältnis von Staatsschulden und BIP dient als Maßstab, um unter den Schuldnerstaaten finanzstärkere und finanzschwächere Staaten zu bestimmen und daraus politische Verpflichtungen zu Sanierungshilfen abzuleiten. Damit gewinnt die Frage aktuelle Bedeutung, ob die Sanierungsfähigkeit eines Landes sich nach seiner Produktivität, nach den Inländern, die für diese Schulden aufzukommen haben, nach der Steuerkraft der Inländer oder der Erwerbsfähigen bemisst.

Ob staatliche Schulden am Maßstab der jährlichen Produktivität einer vom Staat repräsentierten Erwerbsgemeinschaft beurteilt oder aber auf die Menschen bezogen werden, die für die Schulden einzustehen haben, ist für den Schuldenvergleich in der Europäischen Union von erheblicher Bedeutung. Bei einem – dem Europarecht folgenden – Vergleich in Prozent des BIP ist Deutschland 2010 mit etwa 83,2 Prozent verschuldet.[11] Griechenland (mit 142,8 Prozent), Irland (mit 96,2 Prozent), Italien (mit 119,0 Prozent) und Portugal (mit 93,0 Prozent) sind höher verschuldet. Frankreich (mit 81,7 Prozent) und Spanien mit 60,1 Prozent tragen eine geringere Schuldenlast.[12]

Bezieht man die Bruttogesamtverschuldung jeweils auf die Person des Inländers, so trägt in Deutschland jeder Einwohner im Jahr 2010 eine Staatsschuld von 24 606 Euro.[13] Bei diesem Vergleich wären die Inländer in Spanien (mit 13 883 Euro) und in Portugal (mit 15 066 Euro) deutlich besser gestellt. Auch Frankreich hat mit 24 347 Euro je Einwohner eine geringere Schuldenlast. Die Einwohner in Griechenland (29 131 Euro), in Italien (30 464 Euro) und in Irland (33 093 Euro) haben höhere Lasten zu tragen.

Bei einem Gesamtvergleich der Staatsschulden pro Kopf ist Deutschland unter den 27 Mitgliedstaaten der EU, aber auch unter den 17 des Euro-Verbundes keineswegs in der Gruppe der gering verschuldeten – deshalb finanzstarken – Länder.[14] Berücksichtigt man bei diesem Vergleich der Staatsverschuldung pro Inländer den zu erwartenden Bevölkerungsrückgang in Deutschland,[15] so wird sich die Kraft Deutschlands, Staatsschulden abzubauen, im Vergleich zu anderen Staaten weiter verschlechtern.

Da ein verschuldeter Staat Kreditzinsen und Kredittilgungen letztlich aus Steueraufkommen finanzieren muss, liegt es nahe, die Sanierungsfähigkeit eines Staates in einem Vergleich zwischen der Schuldenlast und der Steuerkraft pro Kopf der Gesamtbevölkerung zu beurteilen. Bei diesem Maßstab ist allerdings zu beachten, dass die Steuerkraft pro Person je nach Land von unterschiedlichen Vorgaben abhängt. Das eine Land belastet seine Einwohner höher, das andere Land geringer. Das eine Land vollzieht seine Steuergesetze folgerichtig, das andere Land nimmt die Nichterfüllung gesetzlicher Steuerpflichten hin. Das eine Land finanziert den Staatshaushalt mit Steuern, die Sozialversicherungssysteme mit eigenen Sozialabgaben, das andere Land finanziert auch die Sozialsysteme ganz oder teilweise aus Steuererträgen. Das eine Land belastet im Einkommen eher den Erwerbserfolg, das andere im Umsatz eher den Konsum. Dennoch bietet auch ein Steuerkraftvergleich eine grobe Orientierungshilfe, die einen ausschließlichen Vergleich nach dem BIP fragwürdig macht. Vergleicht man die Steuereinnahmen pro Kopf der Gesamtbevölkerung – also die Steuerkraft dank Einkommen und dank Konsum –, so beträgt die Steuerkraft pro Kopf in Deutschland im Jahre 2010 6,92 Tausend Euro. Die Steuerkraft in Italien (7,49 Tausend Euro), in Irland (7,78 Tausend Euro) und in Frankreich (8,20 Tausend Euro) ist höher, die in Spanien (4,69 Tausend Euro), im Griechenland (4,20 Tausend Euro) und in Portugal (3,66 Tausend Euro) geringer.[16]

Vergleicht man die Steuereinnahmen mit den Personen in erwerbsfähigem Alter, so richtet sich der Vergleich auf die Menschen, die durch Erwerb zur Steuerkraft beitragen könnten. Offen bleibt bei diesem Vergleich aber, ob Menschen auf Erwerb verzichten, weil sie sich der Erziehung ihrer Kinder widmen, damit langfristig einen wesentlichen Beitrag zum Wirtschaftswachstum erbringen, oder ob sie wegen Fehlens eines Arbeitsplatzes, wegen Krankheit, wegen unzulänglicher Bildung oder Erwerbsbereitschaft am Erwerbsleben nicht beteiligt sind. Bei diesem Vergleich der Gesamtsteuereinnahmen pro Kopf der Personen im erwerbsfähigen Alter erwirtschaftet in Deutschland im Jahr 2010 eine Person 10,44 Tausend Euro. Italien (11,38 Tausend Euro), Irland (11,60 Tausend Euro) und

Frankreich (12,59 Tausend Euro) erzielen höhere Gesamtsteuereinnahmen, Spanien (6,87 Tausend Euro), Griechenland (6,32 Tausend Euro) und Portugal (5,47 Tausend Euro) geringere Steuereinnahmen.[17]

3. Finanzkraft und Schulden

Ein Vergleich zwischen dem Schuldenstand je Einwohner in Deutschland im Jahre 2010 (24 606 Euro)[18] und den Gesamtsteuereinnahmen pro Kopf (6920 Euro)[19] zeigt, dass jeder Einwohner in seiner Bilanz als Staatszugehöriger völlig überschuldet ist. Die Sanierungsprognose für einen in dieser Weise finanzierten Staat ist düster. Wenn der Staat nicht bald seine Rechtspflicht zum Schuldenabbau erfüllt, ist seine Finanzkraft gefährdet. Und diese Kraft ist durch Kredit nicht gesteigert worden.

Von 1950–2008, also bis zum Beginn der aktuellen Schuldenkrise, hat die öffentliche Hand in Deutschland rund 1,6 Billionen Euro Kredite zur Haushaltsfinanzierung aufgenommen, im gleichen Zeitraum für diese Kredite rund 1,5 Billionen Euro für Zinsen bezahlt.[20] Zieht man von den staatlichen Krediteinnahmen die dafür geschuldeten Zinsen ab, so bleiben kaum noch Kreditmittel zur Finanzierung der staatlichen Aufgaben. Der Staat hätte ohne Neuverschuldung nahezu dieselbe Finanz- und Leistungskraft. Doch die Schulden sind geblieben. Das widerspricht dem Gebot der Wirtschaftlichkeit und der Sozialstaatlichkeit.

Die Staatsschulden wachsen stetig, sind chronisch geworden. Deutschland hat in den vergangenen 150 Jahren zwei extreme Phasen der Staatsverschuldung (1914–1922 und 1938–1946)[21] durch tiefgreifende Veränderungen hinter sich gebracht. Dabei haben Staat und Wirtschaft substantielle Verluste im Wirtschaftssystem und in der staatlichen Verfassungskultur erlitten. Der Auftrag der Gegenwart lautet deshalb, in den friedenswahrenden, vertrauensbildenden Strukturen des Rechts die Neuverschuldung zu beenden, die Gesamtverschuldung abzubauen.

4. Steigende Zinsverpflichtungen

Aufgrund der wachsenden Verschuldung und des damit verbundenen hohen Kreditbedarfs wird die Handlungsfähigkeit der öffentlichen Haushalte in Deutschland durch hohe Zinszahlungsverpflichtung eingeschränkt. Während die öffentlichen Haushalte im Jahre 1980 15,0 Milliarden Euro an Zinsen zu zahlen hatten, stieg die Zinslast 1990 auf 33,5 Milliarden Euro, im Jahre 2000 auf 67,8 Milliarden Euro und betrug im Jahre 2010 – trotz des niedrigen Zinsniveaus – 64,6 Milliarden Euro.[22] Diese Zinsbelastung birgt die Gefahr eines chronischen Belastungsanstiegs. Würde sich das Zinsniveau um 1 Prozent erhöhen, stiege die Zinsbelastung der öffentlichen Haushalte um ca. 17 Milliarden Euro.[23] Der Staat hat durch seine Verschuldung – ungeachtet der zusätzlichen Gewährleistungsversprechen im Euro-Raum – die Selbstbestimmung über seinen Haushalt zu einem beachtlichen Teil aus der Hand gegeben. Zeitweilig reicht die Neuverschuldung nicht einmal aus, um die Zinsen zu tilgen.[24] Der Staat übernimmt Darlehensverbindlichkeiten, ohne auch nur einen Euro zusätzlicher finanzpolitischer Gestaltungsmacht zu gewinnen. Er lässt seine Schulden ansteigen, obwohl dadurch seine Zinslasten wachsen.

Die stetig steigende Staatsverschuldung führt im System von Zins und Zinseszins grundsätzlich zu einer überproportional steigenden Zinsverpflichtung. Dennoch sind die Zinsausgaben des Bundes – einschließlich der Sondervermögen – durch Stabilisierungsinterventionen gesunken. Sie belaufen sich im Jahre 2008 auf 40,1 Billionen Euro, im Jahre 2009 auf 38,1 Billionen und im Jahre 2010 auf 33,5 Billionen Euro.[25] Dieser Rückgang der Zinsausgaben beruht auf einer Niedrigzinsphase seit Juli 2008, die insbesondere auf Maßnahmen der Europäischen Zentralbank zur Stabilisierung der Finanz- und Bankenmärkte zurückzuführen ist.[26] Damit stellt sich die Frage, inwieweit Zinsentlastungen dadurch erkauft werden, dass der Geldwert gefährdet oder geschwächt wird. Bei schier endlosen Darlehensverträgen, die nicht getilgt, sondern immer wieder vertraglich verlängert werden, ist zu prüfen, ob dem Staat eine Weiterzahlung von Zinsen zuzumuten ist, wenn die Summe der gezahlten Zinsen inzwischen fast die gesamte Darlehenssumme erreicht.[27]

5. Steuereinnahmen und Schulden

Der Staat kann seine Darlehensverpflichtungen nicht durch eine darlehensfinanzierte höhere Produktivität von Staatsunternehmen und Domänenwirtschaft finanzieren, sondern muss zur Tilgung und Zinszahlung auf Steuererträge zurückgreifen. Der Steuerzahler von heute hat Steuerbeträge aufzubringen, die wegen der Darlehensverpflichtungen nicht für die Aufgaben seines Staates – nicht für die Allgemeinheit der Steuerzahler – verwendet, sondern an den „Finanzmarkt" abgeliefert werden. Die Staatsschulden sind in den letzten Jahren deutlich stärker gewachsen als die Staatseinnahmen.[28]

Die Steuereinnahmen des deutschen Staates betrugen im Jahr 2010 insgesamt 530,6 Milliarden Euro, lagen damit 6,6 Milliarden über dem

I. Der Krisenbefund

Jahresergebnis 2009; die Schulden sind demgegenüber um 318 Mrd. Euro gestiegen.[29]

Das Steueraufkommen hängt von der gesamtwirtschaftlichen Entwicklung und den Steuerrechtsänderungen ab. Beide geraten in den Sog der Staatsverschuldung. Die gewinnabhängigen Steuern erreichten 2010 erhebliche Zuwächse (Körperschaftsteuer plus 67,9 Prozent, veranlagte Einkommensteuer plus 18,0 Prozent, nichtveranlagte Steuern vom Ertrag plus 4,1 Prozent). Das Aufkommen der Lohnsteuer hingegen ging um 5,4 Prozent zurück. Dabei sind die Auswirkungen des Bürgerentlastungsgesetzes und der Kindergelderhöhung ersichtlich. Die deutlichen Einbußen bei der Abgeltungssteuer auf Zins- und Veräußerungserträge (minus 30,0 Prozent) spiegeln das niedrige durchschnittliche Zinsniveau wider, das sich infolge der Finanzkrise entwickelt hat.[30] Die Steuern vom Umsatz verzeichneten Mehreinnahmen von 1,7 Prozent. Der private Konsum, die bei weitem größte Inlandsnachfrage, blieb in der Wirtschafts- und Finanzkrise verhältnismäßig stabil. Zu diesem Befund haben die Konjunkturprogramme der Bundesregierung beigetragen, insbesondere die Verlängerung der Bezugsdauer des Kurzarbeitergeldes, die Gewährung der „Abwrackprämie" bei vorgezogenem Autokauf und die Erhöhung des Kindergeldes. Die Einfuhrumsatzsteuer stieg um 24,2 Prozent, das Aufkommen aus der Umsatzsteuer sank um 3,8 Prozent.[31] Allerdings wird die bei der Einfuhr von Waren aus Drittlandsgebieten erhobene Einfuhrumsatzsteuer im Rahmen der Umsatzsteueranmeldung als Vorsteuerabzug geltend gemacht, mindert damit das Kassenaufkommen der Umsatzsteuer.

Das Jahr 2010 war von einem erstaunlichen Wirtschaftsaufschwung, einem überraschenden Wachstum geprägt. Während das nominale Bruttoinlandsprodukt im Jahre 2009 um 3,4 Prozent gesunken war, stieg das nominale Bruttoinlandsprodukt 2010 um 4,2 Prozent.[32] Die Wirtschaftsschwankungen betreffen die gewinnabhängigen Steuern am stärksten.[33]

Im Ergebnis halten die Steuereinnahmen mit der Entwicklung der Staatsschulden nicht Schritt, sind – insbesondere bei den direkten Steuern – konjunkturabhängig, damit auch verschuldungsabhängig. Die Wirtschafts- und Steuerpolitik wird zunehmend zur gesamtwirtschaftlichen Konjunkturpolitik und individualwirksamen Lenkungspolitik. Steuergerechtigkeit und Verteilungsgerechtigkeit werden zu Maßstäben minderen Rangs.

6. Entsolidarisierung durch Überforderung des Staates

Ein freiheitlicher Staat finanziert seine Aufgaben grundsätzlich aus Steuererträgen. Er belässt die Produktionsfaktoren Kapital und Arbeit durch Garantie der Eigentümer- und Berufsfreiheit in privater Hand, verzichtet also auf die Staatsfinanzierung durch Staatsdomänen und Staatsunternehmen. Er sichert seine Finanzkraft, indem er steuerlich am Erfolg privaten Wirtschaftens teilhat.[34] Grundsätzlich kann der Staat finanzwirtschaftlich nur geben, was er vorher steuerlich genommen hat.

Eine staatliche Schuldenkrise stellt damit erneut die Frage, wie die Verfassung das Besteuerungsrecht des Staates freiheits- und generationengerecht einschränken kann,[35] wie sie die vermeintlich unbegrenzte Garanten- und Nachschusspflicht der Steuerzahler zur Erfüllung der Staatsverschuldung in rechtliche Grenzen weist.[36] Ist der Umfang zukünftiger Besteuerung verfassungsrechtlich begrenzt, sinkt die Verschuldungsfähigkeit des Staates.

Daneben ist die Verschuldungsbefugnis des Staates durch eine ausdrückliche verfassungsrechtliche Schuldengrenze zu beschränken.[37] Eine staatliche Verschuldung greift auf die zukünftige Steuerkraft des Staates vor und belastet entsprechend zukünftige Steuerbürger.

Dieses Verfassungskonzept, das Ausgaben durch maßvolle Steuern begrenzt und eine Verschuldung verbietet, muss von einer Kultur des Maßes getragen werden, die eine übermäßige Staatsverschuldung als Verfassungsbruch entlarvt. Die modernen Verfassungen erklären Übermaß[38] und Willkür[39] zum Unrecht schlechthin. Gibt der Finanzstaat in einem Haushaltsjahr mehr Mittel aus, als er Abgabenerträge eingenommen hat, finanziert er seinen Gegenwartsbedarf durch Kredit zu Lasten zukünftiger Steuerzahler. Diese Staatsverschuldung ist verfassungsrechtlich grundsätzlich unzulässig, bedarf einer besonderen Rechtfertigung.

Wirtschaft und Staat drängen auf Wachstum, sehen im Kredit ein Instrument, um Produktivität und Wohlstand zu mehren. Doch der Staat erzeugt keine Wirtschaftsgüter und ist nicht erwerbswirtschaftlich produktiv, sondern organisiert eine rechtliche Friedensgemeinschaft, gewährt Sicherheit im individuellen Lebenslauf und im öffentlichen Leben, garantiert Freiheit in der Gestaltung des eigenen Lebens, ein Existenzminimum im sozialen Elementarstatus, Gleichheit vor dem Gesetz, Demokratie bei Ausübung der Staatsgewalt.[40]

Die Demokratie war ursprünglich von dem optimistischen Gedanken bestimmt, das demokratische Gesetzgebungsverfahren werde die

Steuern, die Staatsausgaben und die Staatsschulden mäßigen, weil der Steuerschuldner selbst – repräsentiert durch seinen Abgeordneten – über Steuern, Budgets und Schulden entscheidet.[41] Doch die demokratische Wirklichkeit hat die Abgeordneten und Kandidaten in immer neue Versprechen zusätzlicher Staatsleistungen gedrängt. Sie empfehlen sich als Vordenker für zusätzliche Ausgabeprogramme, damit für die Erhöhung von Steuern. Der auf Wiederwahl bedachte Politiker will die Wünsche seiner Wähler erfüllen. Die Wähler aber fordern höhere Staatsleistungen und geringere Steuern. Deshalb begünstigt die Politik die Bürger durch Staatsleistungen, ohne ihnen die dafür erforderlichen Steuern aufzubürden. Der Staat weicht in die Verschuldung aus. Die Banken geben dem Staat bereitwillig Kredit, weil er dank der Steuerkraft seiner Bürger als verlässlicher Schuldner gilt, eine fast beliebig erhältliche Geldmenge[42] nachfragt, Zinsen regelmäßig zahlt.

In dieser Entwicklung gelingt es Bürgern, ihre Hoffnungen und Erwartungen auf staatliche Geldleistungen zu Rechtsansprüchen zu verdichten, die sie mit Hilfe der Gerichte durchsetzen können. Doch während sie erfolgreich auf Staatsleistungen klagen, flüstern ihnen Parteien und Verbände ein, ihre Ansprüche sollten höher sein, der Staat könne mehr leisten. So empfangen manche Bürger mehr, als der Staat anbieten kann und darf, sind aber dennoch unzufrieden. Dieses System entsolidarisiert.

Die Maßstabsschwäche staatlicher Finanzpolitik ist im Demokratieprinzip angelegt, weniger in einer „bislang unvollständigen Architektur der Währungsunion",[43] die eine Währungsunion ohne Wirtschaftsunion vorsieht. Diese Konzeption hat das Grundgesetz bestätigt. Es ermächtigt die Bundesrepublik, die Aufgaben und Befugnisse der Deutschen Bundesbank einer Europäischen Zentralbank zu übertragen, ohne damit die Vergemeinschaftung der Haushaltswirtschaft zu verbinden. Wäre die Haushaltshoheit auf die Europäische Union übertragen, hätte diese unmittelbaren Zugriff auf die Steuerkraft der deutschen Steuerzahler. Doch dadurch würde nun nicht eine Kultur des Maßes die europäische Finanzpolitik bestimmen. Vielmehr werden die Erwartungen der finanzlabilen Staaten an die Haushalte anderer Staaten eher noch wachsen. Die Erfahrungen mit dem deutschen Länderfinanzausgleich lehren, dass es dem Ausgleichsgesetzgeber bisher nicht gelungen ist, sachgerechte Vergleichsmaßstäbe zu entwickeln, angemessene Ausgleichsfolgen zu regeln, die Generationengerechtigkeit im Ausgleich nachhaltig zu verankern. Eine Mehrheit der Länder definiert sich als arm, um die verbleibende Minderheit als reich zu definieren und mit Ausgleichsforderungen zu belasten.

7. Besondere Risiken

Die hohe Neuverschuldung begründet für den Staat unkalkulierbare Zinsrisiken. Zinsen kann der Staat von vornherein nicht für seine Aufgaben verwenden, sondern muss sie an die Kapitalgeber abführen. Der Kerngedanke der Steuer, der Staat gebe die von den Steuerzahlern empfangenen Steuererträge insgesamt an die Allgemeinheit der Steuerpflichtigen zurück,[44] die Steuerzahler finanzierten die Rahmenbedingungen ihres Lebens und Erwerbens, verliert durch die überhöhte Verschuldung an Gestaltungskraft.

Die Staatsschulden haben im Regelfall eine durchschnittliche Restlaufzeit von sechs Jahren.[45] Bei rund 2 Billionen Euro Staatsschulden müssen also jedes Jahr mehr als 300 Milliarden Euro zurückgezahlt, d.h. in der Realität durch neue Kredite abgelöst werden. Wie hoch die für diese Anschlusskredite zu zahlenden Zinsen sein werden, bestimmt nicht das vom Staatsvolk gewählte Parlament, sondern die anonyme Größe „der Finanzmarkt". Inwieweit die Kreditgeber Deutschland weiterhin Vertrauen schenken, damit die Zinssätze für deutsche Staatsanleihen auf niedrigem Niveau halten, lässt sich nicht vorhersehen. Das Vertrauen hängt von der Leistungskraft der Volkswirtschaft, der wirtschaftlichen Entwicklung anderer Staaten, der Gesamtnachfrage nach Krediten, der Geldmenge und deren Umlaufgeschwindigkeit, von Geschäftsstrategien der Kreditgeber und sonstigen Beteiligten des Finanzmarktes ab. Das demokratische Staatsvolk trägt also ein Risiko, das es durch die Wahl des Parlaments und mittelbar der Regierung kaum steuern, schon gar nicht gänzlich vermeiden kann.

Zu den im Staatshaushalt offen ausgewiesenen Schulden treten latente Staatsschulden, die insbesondere durch die Pensions- und Beihilfeverpflichtungen im öffentlichen Dienst begründet sind. Der Staat bemüht sich zwar, durch Versorgungsfonds bis 2018 ein Sondervermögen zu bilden, aus dem die haushaltsfinanzierten Versorgungsleistungen sichergestellt und ergänzt werden.[46] Die dennoch verbleibenden Staatsschulden lassen sich aber vom Parlament, von Finanzplanung und Finanzkontrolle, von der Öffentlichkeit kaum schätzen. Sie bergen erhebliche Risiken für künftige Haushalte, auch für die Bonität des Schuldners „Bundesrepublik Deutschland".

Daneben drohen die Europäische Union und insbesondere der Euro-Verbund für die als leistungsfähig geltenden Mitgliedstaaten zu einem Risikofaktor zu werden. Der Maastricht-Vertrag hat die Währungsunion als Stabilitätsgemeinschaft konzipiert, die vorrangig die Preisstabilität zu

I. Der Krisenbefund

gewährleisten hat.[47] Art. 1 des Protokolls Nr. 12 „Über das Verfahren bei einem übermäßigen Defizit"[48] hat die Obergrenze für die Neuverschuldung auf höchstens 3 Prozent des BIP und für den gesamten Schuldenstand auf höchstens 60 Prozent des BIP zu Marktpreisen begrenzt.[49] Diese präventiven Regelungen sollen sicherstellen, dass ein Verschuldungsübermaß, eine Verschuldungs- und Finanzkrise nicht entstehen. Nachdem nun aber das finanzrechtliche Übermaßverbot chronisch verletzt worden ist,[50] fehlen im Unionsrecht verlässliche rechtliche Maßstäbe, um die Eurogemeinschaft aus der Illegalität in die Legalität, aus dem Gefährdungstatbestand in die Solidität zurückzuführen. Die Mitgliedstaaten bemühen sich gegenwärtig, durch Vereinbarungen, Zusagen und Versprechungen außerhalb der Unionsverträge – auf schwankender rechtlicher Grundlage – das vertragswidrige Verschuldungsübermaß in ein vertragsgerechtes Verschuldungsmaß zurückzuführen.[51] Diese Annäherung an das Recht auf Wegen jenseits des Rechts hat für Deutschland zur Folge, dass seine verfassungsrechtlichen Bemühungen um eine Begrenzung der Neuverschuldung[52] durch gegenläufige Einstands-, Absicherungs- und Verbundverpflichtungen zur Stabilisierung schwacher Euro-Staaten gefährdet werden.

Die kreditfinanzierten Stabilisierungsverpflichtungen unter den Euro-Mitgliedstaaten sind so vielfältig und unübersichtlich,[53] dass die Abgeordneten des Deutschen Bundestages sie kaum verstehen, die staatliche Finanzplanung und Finanzkontrolle sie nicht verlässlich einschätzen kann. Das betroffene Staatsvolk ist in Vermutungen, Besorgnissen und Spekulationen beunruhigt. Das Bundesverfassungsgericht fordert deshalb nachdrücklich, dass der Deutsche Bundestag sein Budgetrecht dadurch wahrt, dass er nur begrenzte Ausgabenermächtigungen erteilt, er sich insbesondere durch Gesetz „keinen finanzwirksamen Mechanismen" ausliefert, die „zu nicht überschaubaren haushaltsbedeutsamen Belastungen ohne vorherige konstitutive Zustimmung" des Parlaments führen können.[54] Die Verschuldungskrise fordert von Demokratie und Verfassungsstaatlichkeit, die Entscheidungen über Haushalt und Schuldenwesen energisch an das Parlament zurückzugeben.

8. Verbindlichkeit des Rechts und Sog des Geldes

Wenn in den vergangenen Jahrzehnten Weichen für eine maßvolle Finanzpolitik zu stellen waren, hat sich die deutsche Politik oft gegen das mäßigende Recht und für den kurzsichtig-bequemen Weg einer finanziellen Maßstabslosigkeit entschieden. Doch der finanzielle Gewinn blieb ein

Schein. Langfristig ist ein Schaden für Recht und Finanzen entstanden. Dies zeigen fünf Wendepunkte vom Recht zur finanzwirtschaftlichen Ungebundenheit.

a) Entwertung der europarechtlichen Stabilitätsmaßstäbe

Das Europarecht sieht – wie beschrieben – eine Obergrenze der Staatsverschuldung in Höhe von 3 Prozent des BIP für die Neuverschuldung, von 60 Prozent des BIP für die Gesamtverschuldung vor.[55] Diese Maßstäbe sind prägnant, verbindlich, allgemein bekannt, haben aber stabilitätssichernde Wirkungen kaum entfalten können. Deutschland und Frankreich haben der Europäischen Union demonstriert, dass sie sich über diese Maßstäbe des Vertrages hinwegsetzen, die Anwendung dieser Vorgaben in einem langwierigen Verfahren politisch außer Kraft setzen können.[56] Die wesentliche Schwäche dieses Stabilitätsrechts lag darin, dass letztlich der Rat in der Zusammensetzung der Finanzminister (ECOFIN) über die Sanktionsmaßnahmen entscheidet, die Täter also die Wächter sind.

Als im Jahre 2001 das deutsche Haushaltsdefizit auf 2,8 Prozent des BIP angestiegen, damit bedrohlich an die Neuverschuldungsgrenze von 3 Prozent herangekommen war, erließ die Kommission am 30.1.2002 eine Empfehlung an den Rat, „um zu vermeiden, dass das Defizit den im EGV festgelegten Referenzwert von 3 Prozent übersteigt".[57] Diese Empfehlung wies die deutsche Regierung entschieden zurück. Der „Blaue Brief" sei „unbegründet" und „unangemessen". Nachdem auch andere EU-Mitgliedstaaten sich gegen diese Mahnung an Deutschland ausgesprochen hatten, beschränkte sich der Rat auf eine „Erklärung zur Haushaltslage Deutschlands".[58] Als Deutschland im Jahr 2002 die Neuverschuldungsgrenze von 3 Prozent des BIP überschritt, wurde ein Defizitverfahren gegen Deutschland angestrengt. Der Rat stellte auf der Grundlage eines Berichts der Kommission am 21.1.2003 das Bestehen eines übermäßigen Defizits in Deutschland fest.[59] Die Empfehlung, Deutschland möge das Defizit rasch beenden, erreichte jedoch im ECOFIN nicht die erforderliche Mehrheit. Der Rat verabschiedete stattdessen „Schlussfolgerungen", die darauf verzichteten, Deutschland in Verzug zu setzen. Das Defizitverfahren wurde „vorläufig ausgesetzt".[60] Auch eine Klage der Kommission beim Europäischen Gerichtshof erreichte nicht, dass das Defizitverfahren weitergeführt wurde.[61] Deutschland trug immer wieder vor, sein Defizit nachhaltig rückführen zu wollen. Der Rat stellte das Verfahren schließlich – unter Vorsitz des deutschen Bundesministers der Finanzen – am 5.6.2007 ein.[62] Die stete Verletzung der Verschuldungsgrenze führte nicht zu den rechtlich vorgesehenen Folgen, die Stabilität sichern.

I. Der Krisenbefund 27

Bereits am 27. Juni 2005 wurde der Stabilitäts- und Wachstumspakt abgeschwächt. Abweichungen wurden zugelassen,[63] um mit Schulden die Konjunktur zu beleben und eine wegen sinkender Bevölkerungszahl erforderliche Rentenreform zu finanzieren. Doch die demografische Entwicklung – die Generationengerechtigkeit – drängt darauf, die erheblichen Schuld- und Zinslasten[64] der kommenden, in der Gesamtzahl kleineren Generation zu reduzieren. Schon gar nicht darf die Zukunftsaufgabe der Rentenreformfinanzierung durch eine weitere Zukunftslast der Verschuldung erfüllt werden. Die Erfahrungen mit Art. 115 GG a.F. verdeutlichen, dass aus konjunkturellen Gründen aufgenommene Kredite in Zeiten des konjunkturellen Aufschwungs nicht zurückgezahlt werden,[65] die Kredite also die Konjunktur niederdrücken.

Während des letztlich eingestellten Defizitverfahrens von 2001 bis 2007 ist der Gesamtschuldenstand Deutschlands von 58,21 Prozent des BIP kontinuierlich bis zum Jahr 2005 auf 66,98 Prozent des BIP angestiegen. In den Jahren 2006 und 2007 betrug er immer noch 66,79 Prozent und 63,92 Prozent des BIP. Seit dem Jahr 2003 hat der Gesamtschuldenstand in Deutschland stets die Obergrenze von 60 Prozent überschritten.[66]

b) Zweckwidrige Verwendung von Vorsorgefonds

Gelegentlich hat die Bundesrepublik Sondervermögen gebildet, um finanziell für Zukunftsaufgaben vorzusorgen. Diese Zukunftsvorsorge ist jedoch bald wieder aufgelöst worden oder gegenwärtig durch Zugriff der Tagespolitik gefährdet.

Im ersten Jahrzehnt der Bundesrepublik hatte die Bundesregierung einen „Juliusturm"[67] errichtet, der als Rücklage für die bevorstehende Wiederbewaffnung dienen sollte, der jedoch Begehrlichkeiten der Finanzpolitik nicht standhalten konnte und 1959 aufgelöst wurde.[68]

Ein bedeutsameres finanzielles Zukunftssicherungsprojekt verfolgte der Gesetzgeber nach § 14 a BBesG durch einen Versorgungsfonds, der die Pensions- und Versorgungsansprüche des öffentlichen Dienstes sichern soll.[69] Doch auch dieser Fonds konnte sich nicht verlässlich gegen den späteren Zugriff des Gesetzgebers abschirmen. Zahlungen an den Fonds wurden teilweise ausgesetzt, einige Fonds abgesenkt, teilweise auch abgebaut und aufgelöst.[70]

Die Finanzpolitik erkennt in der mittelfristigen Finanzplanung die Aufgabe finanzieller Vorsorge, hat aber in der Regel nicht die Kraft, dieser Einsicht zu folgen oder eine gesetzlich ins Werk gesetzte Einsicht folgerichtig fortzusetzen.

c) Scheinbarer Subventionsabbau

Das Stabilitätsgesetz[71] sieht einen von der Bundesregierung regelmäßig vorzulegenden Subventionsbericht vor (§ 12 Abs. 2 StWG), der auch eine Subventionsabbauliste zu enthalten hat (§ 12 Abs. 4 StWG). Dieser Auftrag zum Subventionsabbau hat allerdings die Summe der staatlichen Subventionen nicht vermindern können. Bis heute sind die Subventionen substantiell nicht abgebaut worden.[72] Den juristischen Wendepunkt gegen einen Subventionsabbau markiert der Sechste Subventionsbericht vom 17.11.1977,[73] der Steuermindereinnahmen in Höhe von 7,852 Mrd. DM (1975) und 8,515 Mrd. DM (1976) auswies, für die Folgejahre Minderungen von 11,411 Mrd. DM (1977) und 12,433 Mrd. DM (1978) schätzte. Doch diese Daten belegen keinen tatsächlichen Subventionsabbau, sondern nur eine neue Berechnungsmethode. Der Bericht sagt in seinen methodischen Erläuterungen, die bisherige Würdigung der Subventionen mit dem Ziel des Subventionsabbaus sei nicht richtig. Vielmehr sei die Frage „weitaus wichtiger", wie die verschiedenen Subventionen in ihrer Zielsetzung zu bewerten seien.[74] Sinn des Berichts sei es nunmehr, Regierung und Parlament Entscheidungshilfen für die künftige Subventionspolitik anzubieten, insbesondere Beurteilungsgrundlagen für die mit den Subventionen verfolgte Finanz-, Wirtschafts- und Gesellschaftspolitik zu geben.[75] Aus dem Subventionsabbau wird eine Subventionsrechtfertigung.

Dementsprechend wird der Begriff der „Finanzhilfen" und „Steuervergünstigungen" enger gefasst. Ausgenommen vom Subventionsbegriff werden Vergünstigungen, wenn sie die (weit) überwiegende Mehrzahl der Subventionsempfänger erreichen.[76] Im Einkommensteuerrecht werden nach diesem neuen Maßstab insbesondere die Freibeträge für Land- und Forstwirte sowie für freie Berufe, der Arbeitnehmer- und der Weihnachtsfreibetrag nicht mehr als Steuervergünstigungen ausgewiesen.[77]

So werden Subventionen definitorisch aus dem Subventionsbegriff ausgenommen. Nur formal rechnerisch wird ein Subventionsabbau erreicht, in der Sache aber werden tatsächlich gewährte Subventionen aus dem Blickfeld des Subventionsberichts und damit der Kontrolle gerückt. Die Subventionen werden so verstetigt.

d) Bevorzugende Steueränderungen

Auch auf der Einnahmeseite ist dem Gesetzgeber bisher nicht der große Wurf einer Steuerbereinigung gelungen, der Steuervergünstigungen, Lenkungstatbestände und Privilegien abschafft, dadurch die Staatseinnahmen verstetigt und die Gleichheit vor dem Gesetz wiederherstellt.[78] Diese

I. Der Krisenbefund

Entwicklung begünstigt Unternehmen und benachteiligt Arbeitnehmer und Konsumenten. Einen rechtlichen Markierungspunkt bezeichnet die Steuerbefreiung der Börsengeschäfte. § 4 Nr. 8 e UStG befreite diese Geschäfte ursprünglich von der Umsatzsteuer, um eine Doppelbelastung von Wertpapierveräußerungen mit Umsatzsteuer und Kapitalverkehrsteuern zu vermeiden. Doch als 1990 die Kapitalverkehrsteuern durch das Finanzmarktförderungsgesetz[79] abgeschafft worden sind, wurde die Umsatzsteuerbefreiung dennoch beibehalten. Seitdem sind alle Finanzgeschäfte gänzlich von der indirekten Besteuerung ausgenommen. Während die Bezieher kleinerer Einkommen nahezu ihr gesamtes Einkommen konsumieren, damit der indirekten Steuer unterwerfen müssen, bleiben die Bezieher größerer Einkommen mit dem Einkommensteil, den sie investieren, sparen oder sonst am Finanzmarkt einsetzen können, von den indirekten Steuern völlig verschont.

e) Maßstabloser Länderfinanzausgleich

Der Wille der Politik, eine rechtliche Maßstabbildung bei der Zuteilung von Geld zu vermeiden, stattdessen den rechnerischen tagesaktuellen Vorteil zu suchen, bestätigt auch der Länderfinanzausgleich. Dieser Finanzausgleich soll die verfassungsrechtliche Aufteilung der Steuerquellen auf Bund und Länder (Art. 106 GG) der unterschiedlichen Entwicklung von Finanzkraft und Finanzbedarf anpassen. Deswegen beauftragt Art. 107 GG den Bundesgesetzgeber, für diesen berichtigenden, ergänzenden und vervollständigenden Finanzausgleich Maßstäbe zu entwickeln und daraus Ausgleichsfolgen in Zahlen abzuleiten. Der Finanzausgleichsgesetzgeber hat bisher nicht die Kraft, diesen Auftrag zur strukturierenden Maßstabgebung zu erfüllen. Deswegen hat das Bundesverfassungsgericht nach langjähriger Beobachtung, dass die Maßstäbe nicht gesetzlich gebildet, sondern die Ausgleichsfolgen rechnerisch unter den Ländern ausgehandelt werden,[80] den Gesetzgeber verpflichtet, langfristig geltende, den Finanzausgleich verstetigende Verteilungsmaßstäbe zu entwickeln, bevor ihm die Finanzierungsinteressen des Bundes und der einzelnen Länder in den jährlich sich verändernden Aufkommen und Finanzbedürfnissen bekannt sind. Ein „Maßstäbegesetz" soll die Nachhaltigkeit und Verlässlichkeit der Verteilungsmaßstäbe von den aktuellen Ausgleichsbedürfnissen lösen, eine Zeitenfolge von vorherigem Maßstab und späterer Ausgleichsfolge begründen, „die eine rein interessenbestimmte Verständigung über Geldsummen ausschließt oder zumindest erschwert".[81]

Damit hat das Bundesverfassungsgericht den Gesetzgeber beauftragt, im Finanzwesen allgemeine, dauerhafte, über die tagespolitischen Anliegen hinausgreifende Rechtsmaßstäbe zu entwickeln, um so die Macht des Geldes im rechtlichen Maß zu binden. Dieses Anliegen gilt für das bundesstaatliche Rechtsverhältnis zwischen Bund und Ländern, die europarechtlichen Rechtsbeziehungen zwischen Deutschland und der Europäischen Union, das grundrechtliche Rechtsverhältnis zwischen Staat und Bürger (Staatsleistungen, Steuern) sowie die staatliche Zukunftsplanung in Vorsorgefonds.

Die Erfahrungen mit dem europäischen Stabilitätsrecht, mit den Vorsorgefonds, den Subventionen, den Steuergesetzen und dem Länderfinanzausgleich belegen einen Krisenbefund: Das öffentliche Finanzwesen neigt dazu, das Maß des Finanzrechts zu missachten, zu umgehen, allgemeinverbindliche Maßstäbe zu vermeiden. Es wählt das Arrangement für das Hier und Jetzt.

II. Rechtfertigungslehren zur Staatsverschuldung

1. „Furchtbarste Geißel" oder eine der „segensreichsten Institutionen"

Seit Jahrhunderten finanzieren Landesherren und Staaten ihren Bedarf – die Hofhaltung, das Heer, die Landesverwaltung, wirtschaftliche Unternehmen – nicht nur aus Einnahmen aus Regalien, Domänenerträgen und Steuern, sondern auch aus Krediten.[82] Doch deren Berechtigung war stets umstritten. *David Ricardo* versteht die öffentliche Verschuldung als eine der „furchtbarsten Geißeln, die jemals zum Unglück eines Volkes erfunden worden ist".[83] Abgabenschuldner und Leistungsempfänger des Staates sollen personenidentisch sein, die Sicherheit haben, dass alles, was sie abgegeben haben, ihnen in der Allgemeinheit der Inländer zurückgegeben wird.[84] Doch *Lorenz von Stein* erklärte die Staatsschuld in der Zeit beginnender Industrialisierung zu einem normalen Handlungsmittel der öffentlichen Hand: „Ein Staat ohne Staatsschuld thut entweder zu wenig für seine Zukunft oder er fordert zu viel von seiner Gegenwart".[85] Der Staatskredit erscheint als eine der „segensreichsten Institutionen der neueren Staatsentwicklung", sei „der großartigste Hebel des mächtigen volkswirtschaftlichen Fortschritts".[86] Doch im Rückblick auf dieses Jahrhundert beobachtet *Albert Hensel*, alle Erfahrungen mit prachtvoller Hofhaltung, Kriegsfinanzierung und spendablen Staatsleistungen lehrten, dass die „Verausgabung auf Borg" sich nicht bezahlt mache.[87] Nach *Jacob Burckhardt* ist die Staatsverschuldung „das große, jammervolle Hauptri-

II. Rechtfertigungslehren zur Staatsverschuldung

dikül" des 19. Jahrhunderts gewesen; die Bereitschaft, „das Vermögen der künftigen Generationen vorweg zu verschleudern", zeige „einen herzlosen Hochmut".[88]

Die Verfassungen haben sich deshalb bemüht, die staatliche Kreditaufnahme zwar als außerordentliches Finanzierungsinstrument zuzulassen, sie jedoch für den Regelfall auszuschließen. Die Paulskirchenverfassung knüpft die Aufnahme einer Staatsanleihe an ein „außerordentliches Bedürfnis".[89] Nach Art. 87 WRV dürfen Geldmittel im Wege des Kredits „nur bei außerordentlichem Bedarf" und in der Regel „nur für Ausgaben zu werbenden Zwecken" beschafft werden.[90] Das Grundgesetz hat diese Verfassungsmaßstäbe zunächst – in bewusster Anlehnung an Art. 87 WRV – übernommen. Schon damals wurde eine Ausnahmeregelung für „finanzielle Maßnahmen des Bundes zur Verhütung von Konjunkturschwankungen oder zur Behebung einer allgemeinen Wirtschaftskrise" gefordert,[91] diese Forderung aber nicht erfüllt. Doch der Begriff „Ausgaben für werbende Zwecke" ist im Laufe der Zeit immer weiter ausgedehnt und schließlich weit über seine ursprüngliche Bedeutung der „rentablen" Ausgaben hinaus erstreckt worden.[92] Gleichwohl waren die Staatsschulden, die unter Geltung dieser Regelung angehäuft wurde, aus heutiger Perspektive nicht übermäßig. Der dramatische Anstieg der Verschuldung begann Mitte der 70er Jahre.[93]

2. Verschuldung in Höhe der Investitionssumme

Durch die 20. Änderung des Grundgesetzes[94] wurde Art. 115 neu gefasst. Der verfassungsändernde Gesetzgeber wollte die wirtschaftspolitische Funktion des Budgets stärker berücksichtigen.[95] Nunmehr dürfen die Einnahmen aus Krediten die Summe der im Haushaltsplan veranschlagten Ausgaben für Investitionen nicht überschreiten; Ausnahmen sind nur zulässig zur Abwehr einer Störung des gesamtwirtschaftlichen Gleichgewichts.

Dieses Junktim zwischen Gegenwartsbedarf und Gegenwartslast[96] soll verhindern, dass der Staat durch Staatsverschuldung „die Sorgen einer fernen Zukunft" zuschiebt,[97] den Staatshaushalt der Gegenwart also zulasten der Zukunft finanziert. Das Grundgesetz sucht mit diesem Gleichschritt von Investitions- und Kreditsumme im Staatshaushalt eine generationenübergreifende Gerechtigkeit herzustellen: Der Verzicht auf gegenwärtigen Konsum zugunsten einer künftigen Wertschöpfung gibt den Investitionsvorteil an die zukünftige Generation weiter, darf diese deshalb auch zur Investitionsfinanzierung heranziehen.[98] Außerdem soll die Investitionsbindung sicherstellen, dass die laufenden Staatsleistungen von den Steuerzahlern finanziert werden, die daraus den Vorteil ziehen.[99]

Der Gedanke, die nachfolgende Generation müsse gegenwärtige Investitionen finanzieren, weil sie auch ihr zu gute kommen, ist grundsätzlich verfehlt. Jede Generation bemüht sich, ihre Lebensverhältnisse zu verbessern und die Ergebnisse ihres Fortschritts – Werke der Kunst, Erkenntnisse der Wissenschaft, Entwicklungen der Technik, eine bessere politische Kultur, mehr Humanität, familiäre Zuwendung, Soziales – an ihre Kinder weiterzugeben. Jede Generation baut auf das Fundament, das die vorangegangene Generation um ihrer selbst willen geschaffen hat. Dieser Fortschritt muss nicht von der nächsten Generation finanziert, soll vielmehr von ihr zugunsten der übernächsten Generation fortgesetzt werden. Würden Eltern ihre Kinder zur Finanzierung des Elternhauses heranziehen, weil sie dieses Familiengut später erben, erschiene dieses kleinmütig, wäre ein Missverständnis des Generationenvertrages. Wir erben von unseren Eltern, pflegen und mehren das Ererbte, geben es als Erbe – unentgeltlich – an die nächste Generation weiter. Dies gilt auch für den Staat. Generationengerechtigkeit meint die Kontinuität über drei Generationen: die Elterngeneration erbt von den Großeltern und vererbt an ihre Kinder. Die Frage einer Tauschgerechtigkeit,[100] der entgeltlichen Weitergabe des Geerbten, stellt sich nicht, würde die Elterngeneration ungehörig begünstigen. Im übrigen ist die Kindergeneration durch die Elterninvestitionen nicht stets begünstigt, wird sich nicht selten – bei Betonbauten, Straßenbau und Energieversorgung nach gegenwärtigem Bedarf, bei Freizeiteinrichtungen nach derzeitigen Verhaltensgewohnheiten, bei Denkmälern in heutigem Stil und Erinnerungswillen – gegen die aufgedrängte Begünstigung wehren.

Zudem verfehlt der wirtschaftspolitische Gedanke der „Investition"[101] die Aufgabe des Staates. Der Staat ist nicht erwerbswirtschaftlich tätig, produziert deshalb mit dem Kredit kaum ertragsfähige Güter und Dienstleistungen, aus denen später die Darlehensschulden finanziert werden könnten. Die praktische Handhabung des Tatbestandes „Investitionen" zeigt, dass die kreditfinanzierten Güter oft kaum noch nutzbare Werte an die Zukunft weitergeben. Außerdem wird der Wertverzehr, dem diese Güter unterliegen, bisher nicht hinreichend durch entsprechende Abschreibungen berücksichtigt. Die nachfolgende Generation muss dann Kreditschulden erfüllen, ohne Investitionsgüter nutzen zu können.[102]

Die „Nachherdeckung"[103] der Investitionsausgaben macht die kommenden Generationen somit oft nicht reicher,[104] weist nicht Investitionsnutzen und Investitionsfinanzierung derselben Periode zu.[105]

II. Rechtfertigungslehren zur Staatsverschuldung 33

Der Gedanke der Generationengerechtigkeit ist auf die demokratische Gegenwartsverantwortlichkeit der Entscheidungsorgane abzustimmen. Wenn die Staatsgewalt der Gegenwart die Investitionsentscheidung der Zukunft vorwegnimmt – z.b. eine Bahnstrecke errichtet, ein Stadion erbaut, eine Forschungseinrichtung für ein bestimmtes Forschungsprojekt ausstattet –, kann diese Investition auf eine Kindergeneration treffen, die andere Strecken errichten, andere Sportarten treiben, andere Forschungsvorhaben beginnen will. Der kreditfinanzierte Vorgriff auf die Zukunft nimmt zukünftigen Entscheidungsorganen in der vermeintlichen Begünstigung durch Investitionsgüter Entscheidungsraum und Gestaltungsverantwortlichkeit.[106]

3. Konjunktursteuerung

a) Magie im Recht

Die staatliche Kreditaufnahme wird ökonomisch auch als Instrument staatlicher Konjunkturpolitik gerechtfertigt.[107] Die Reform der Finanzverfassung 1967/1969[108] stellte die Haushaltswirtschaft von Bund und Ländern in den Dienst einer bewusst steuernden Finanzpolitik. Der Staatshaushalt muss den „Erfordernissen des gesamtwirtschaftlichen Gleichgewichts" Rechnung tragen (Art. 109 Abs. 2 GG). Das Haushaltsgrundsätzegesetz fordert eine „konjunkturgerechte Haushaltswirtschaft" (Art. 109 Abs. 3 GG). Die Bindung der jährlichen Kreditsumme an die jährliche Investitionssumme kennt eine Ausnahme „zur Abwehr einer Störung des gesamtwirtschaftlichen Gleichgewichts" (Art. 115 Abs. 1 S. 2 HS 2 GG). Diese Indienstnahme des Staatshaushaltes und insbesondere der Staatsverschuldung für eine antizyklische Budgetpolitik[109] drängte den Staat, in wirtschaftlichen Krisen zusätzliche Staatsausgaben oder Steuersenkungen durch Kredit zu finanzieren, um eine zusätzliche Nachfrage zu schaffen, die dann mehr Beschäftigung und ein höheres Sozialprodukt zur Folge haben soll. Der Staat wird nicht mehr durch die Freiheitsrechte der Unternehmer in Distanz gehalten, sondern übernimmt eine aktiv gestaltende Aufgabe der Wirtschaftspolitik. Das marktwirtschaftliche System sichere auch bei flexiblen Preisen und Löhnen nicht immer Vollbeschäftigung. Der Staat müsse bei Unterbeschäftigung und mangelnder Inlandsnachfrage Investition und Konsum beleben, dürfe dabei aber nicht dem Markt zunächst Finanzkraft durch Steuern entziehen, sondern müsse seine Konjunkturanreize durch Kredit finanzieren.

Die Politik hat aber in einer Art „Dauerrechtsverletzung" diese Vorgaben missachtet, weil auch in Zeiten guter Konjunktur keine Kredite zurückgezahlt wurden.[110] Die verfassungsrechtliche Ermächtigung, „zur Abwehr einer Störung des gesamtwirtschaftlichen Gleichgewichts" höhere Kredite aufzunehmen als zu investieren, erscheint heute verfassungspolitisch als ein Dammbruch. Mit der Verpflichtung der Finanzpolitik auf das gesamtwirtschaftliche Gleichgewicht, die durch das „magische Viereck"[111] konkretisiert wurde, trat die Magie in das Recht und drängte den Staat in die Kompetenz und Verantwortlichkeit, in wirtschaftlichen Krisen durch kreditfinanzierte Zusatzausgaben oder Steuersenkungen die Wirtschaft zu beleben, die Produktivität zu steigern, den Beschäftigungsstand zu erhöhen.[112] Die „Gegenrevolution der Geldtheorie"[113] hält entgegen, dass die öffentliche Verschuldung die Zinsen steigere, damit private Investitionen zurückdränge, so die beschäftigungssteigernden Wirkungen vermehrter Staatsausgaben oder verringerter Besteuerung neutralisiere oder ins Gegenteil verkehre. Oft biete der Staat als Kreditnachfrager die größeren Sicherheiten, steche auch deshalb die private Kreditnachfrage aus. Zudem führe der internationale Zustrom von Geldkapital zu einer Aufwertung der inländischen Währung, die Exportchancen verschlechtert und Importe steigert.[114] Gesamtwirtschaftliche Schwächung und hohe Arbeitslosigkeit seien durch Kosten und Wirtschaftsstrukturen bedingt, also durch eine Anregung der Nachfrage dank Staatsverschuldung nicht zu lösen.[115] Kreditfinanzierte zusätzliche Staatsausgaben schaffen nicht zusätzliche Nachfrage, mehren kaum die Beschäftigung und das Sozialprodukt. Die praktische Erfahrung zeigt, dass die Staatsverschuldung sich nicht selbst finanziert, vielmehr zum leichten Geld verführt, das die Wähler von heute begünstigt und die heute noch wehrlosen Steuerzahler von morgen belastet.

b) Zwei Schwächen kreditfinanzierter Konjunktursteuerung

Die kreditfinanzierte Konjunktursteuerung scheitert an zwei Befunden:

Der Staat übernimmt sich in seinen Wirtschaftserfahrungen, Gestaltungsinstrumenten und Folgenverantwortlichkeiten, wenn er stets und verlässlich die gesamtwirtschaftlichen Bedürfnisse voraussehen und mit seiner Haushaltswirtschaft gediegen beeinflussen will. Dies zeigt insbesondere die gegenwärtige Verschuldungskrise. Das Strukturmodell des Grundgesetzes hält den freiheitsverpflichteten Staat und die freiheitsberechtigten Unternehmer in Distanz zueinander. Es erwartet vom Staat mehr den rechtlichen Rahmen für verantwortliches Wirtschaften, nicht den gesamtwirtschaftlichen Erfolg privatnützigen Wirtschaftens. Dieses Prinzip muss zwar bei wachsenden Staatsbudgets und den Verantwortlichkeiten der Zentralbanken für den Geldwert modifiziert, damit aber zugleich von dem bequemen Weg zur fremdfinanzierten Gegenwart ferngehalten werden.

Bei der antizyklischen Finanzpolitik ist stets mitgedacht, dass der Staat nach Wiederherstellen des gesamtwirtschaftlichen Gleichgewichts die Kredite tilgt, die Staatsschulden also wieder in den Rhythmus demokratischer Wahlperioden zurückführt.[116] Doch diese Erwartung ist grundlegend enttäuscht worden. Die öffentliche Hand hat die Kredite auch in konjunkturell guten Zeiten nicht getilgt. Der demokratische Staat bedient sich des Staatskredits, um die Gegenwart im Übermaß zu finanzieren, die Zukunft im Übermaß durch Kreditverpflichtungen zu belasten. Die Staatsverschuldung ist zu dem Handlungsfeld des Staates geworden, in dem politische Klugheit und verfassungsrechtliche Bindung gegenwärtig nicht die Kraft gewinnen, das Übermaßverbot zur Wirkung zu bringen.

III. Folgen des Übermaßes

1. Verwendung von Steuererträgen nicht für Allgemeinaufgaben

Die übermäßige Verschuldung des Staates hat zur Folge, dass er erhebliche Haushaltsmittel für Zinszahlungen zu verwenden hat, die Steuerkraft der Bürger also nicht der Finanzierung gegenwärtiger Staatsaufgaben dient, sondern privaten Unternehmen Einnahmen und Gewinn verschafft. Bund, Länder und Gemeinden haben für das Haushaltsjahr 2010 64,6 Milliarden Euro Zinsen ausgegeben.[117] Im Bundeshaushalt ist der Zinsdienst – nach Arbeit und Soziales – zum zweitgrößten Haushaltsposten geworden. Der Steuerzahler von heute muss sich darauf einrichten, dass seine Steuerzahlungen nicht Staatsleistungen finanzieren, die ihm zugutekommen, sondern an ihm unbekannte, anonyme Unternehmen des Finanzmarktes weitergegeben werden, die den daraus erwachsenden Gewinn an dritte – wieder anonyme – Personen weiterreichen. Die Rechtfertigung der Steuer, der wirtschaftlich Erfolgreiche möge einen Teil seines Erfolges an den Staat abgeben, damit dieser die zukünftigen Rahmenbedingungen für Frieden und Freiheit des Lebens und des Wirtschaftens sichere, läuft insoweit leer.

Der Bürger erlebt, dass sein demokratischer Anspruch, das Parlament in seinem Budgetverhalten zu ermächtigen und zu kontrollieren, für einen wesentlichen Teil des Budgets nicht verwirklicht werden kann. Er findet Rückzahlungs- und Zinszahlungspflichten vor, die von Rechts wegen zu erfüllen sind. Sollte er ein neues Parlament und eine neue Regierung wählen, könnten diese die Verwendung von Steuererträgen zugunsten Dritter nicht mindern oder unterbinden. Die Idee der demokratischen Legitimation und der Macht auf Zeit ist gefährdet.

Die Staatsschuld wird gegenwärtig nicht getilgt. Das bedeutet für Steuerzahler und Bürger, dass sie sich vorerst darauf einrichten müssen, dass der bürgernützige Wert ihrer Steuerzahlungen sich ständig mindert, ihr Staat zunehmend fremdbestimmt wird, sie eine Umverteilung von der Allgemeinheit der Steuerzahler zu einer kleinen Gruppe von Kreditgebern – tendenziell von arm zu reich – dulden müssen. Der Steuerstaat droht seine innere Legitimation zu verlieren. Das Budgetrecht des Parlaments und dessen demokratische Verantwortlichkeit werden innerlich ausgezehrt. Der Finanzstaat sieht seine Finanzautonomie zunehmend in Frage gestellt.

2. Vorbelastung der Zukunft

Die Staatsschuld greift auf zukünftige Steuererträge im Vorhinein zu, finanziert in der Gegenwart mehr, als die Steuerpflichtigen durch ihre Zahlungen dem Staat geben. Der Steuerstaat gewährt Leistungen jenseits dessen, wozu die Bürger ihn befähigt und ermächtigt haben. Dieser Vorgriff auf die Zukunft benachteiligt die nächste Generation, soweit diese tilgen und Zinsen zahlen muss, Haushaltsmittel gebunden werden. Er mutet dem künftigen Steuerzahler Zahlungen zu, deren Ertrag seiner Generation nicht zugute kommt. Er nimmt dem Parlament in seiner Budgethoheit zukünftige Entscheidungsbefugnis. Er verengt den Planungs- und Gestaltungsraum von Regierung und Verwaltung, soweit Steuererträge erhoben werden müssen, aber nicht autonom verwendet werden dürfen. Der Finanzmarkt bestimmt zunehmend die Finanzpolitik des Staates, drängt ihn aus dem Status des demokratischen Souveräns in die Rolle des lenkbaren Schuldners.

Deshalb regelt die neue Schuldenbremse des Grundgesetzes ein grundsätzliches Neuverschuldungsverbot für Bund und Länder.[118] Die Verfassung fordert eine nachhaltige Finanzpolitik, die langfristig plant, auch langfristige Verbindlichkeiten kennt, dabei aber die jeweilige Finanzkraft maßvoll für den Steuerpflichtigen, zeitgerecht für den Jahreshaushalt einschätzt und regelt. Gerade die gegenwärtige Finanzkrise lehrt, dass das Recht eine verlässliche Schranke gegen derzeitige, den Staat überfordernde Leistungserwartungen an die öffentliche Hand errichten, deren Verführungen durch die Kreditanbieter aufdecken und begrenzen, die Maßlosigkeit der Gegenwart in ein rechtliches Maß zurückführen muss.

III. Folgen des Übermaßes 37

Der Vorbehalt des Haushaltsgesetzes, die Jährlichkeit der Steuererhebung, die Gleichheit in der Zeit und Generationenfolge, die jährliche Rechnungslegung, Haushalts- und Wirtschaftskontrolle gestalten eine finanzrechtliche Gegenwart, der eine Vorbelastung der Zukunft untersagt ist.

3. Rettungsschirme und Garantieversprechen

a) Die Regel: Geldzuwendung als Entgelt, Subvention, Entschädigung

Bisher hat der Staat der privaten Hand Finanzmittel nur zugewendet, um einen Preis für empfangene Güter zu bezahlen, durch Subvention die Mitwirkung privater Unternehmen in einem staatlich kontrollierten Leistungsprogramm zu erreichen, eine Enteignung zu entschädigen oder – theoretisch – eine Sozialisierung finanziell auszugleichen. Doch dieses System von Gütertausch, Enteignung, Subvention oder Sozialisierung scheint nunmehr durch staatliche Geldleistungen großen Stils erweitert zu werden, neue Formen staatlicher Geldzuwendungen zwischen Wirtschaftsfreiheit, Feudalherrschaft und Sozialisierung zu entwickeln. Die grundrechtlich gewährleisteten Wirtschaftsfreiheiten belassen die Produktionsfaktoren Kapital und Arbeit grundsätzlich in privater Hand. Eine Enteignung muss nach Art. 14 Abs. 3 GG entschädigt werden, wandelt also Sacheigentum in Geldeigentum, stellt die grundsätzliche Privatnützigkeit des Eigentums aber nicht in Frage. Führt freiheitliches Erwerbsstreben zu Verlusten, trägt der Erwerbende diesen Nachteil, scheidet äußerstenfalls aus dem Markt aus und der Konkurrent übernimmt Kunden und Marktanteile.

Subventionen sind durch die Kompetenzordnung, die Grundrechte des Betroffenen und seiner Konkurrenten, auch durch einen Gesetzesvorbehalt gebunden.[119] Die Verfassungsrechtsprechung präzisiert gerade gegenwärtig – vor allem für die Steuersubvention – die verfassungsrechtlichen Anforderungen an den Subventionszweck, seine folgerichtige Verwirklichung, deren Verhältnismäßigkeit und seine Wirkungen.[120] Sie bekräftigt damit das Prinzip, dass Steuererträge nur eingesetzt, Steuerverzichte nur geleistet werden, um öffentliche Zwecke zu erreichen.

b) Begünstigung systemisch verbundener Unternehmen

Wenn die Unternehmen sich aber – „systemisch" – so vernetzt haben, dass nicht mehr freier Wettbewerb herrscht, sondern das Netzwerk vielfach den Markt – die Leistungen, die Preise und die Auswahl der Kunden – bestimmt, greift nicht ein weltweites Kartellverbot, das die systemisch verbundenen Unternehmen mit Sanktionen belegte. Die Leistungen dieses „Systems" sind unverzichtbar. Wenn in diesem System Unternehmen zu scheitern drohen, rufen Anbieter und Nachfrager den Staat zur Hilfe. Der Staat soll das gefährdete Unternehmen – die für die Regional- und Branchenstruktur erhebliche Erwerbsstätte, die dort erwerbstätigen Menschen, die Zulieferer, Kreditgeber, Kunden – begünstigen, muss um dieser Gunst willen die konkurrierenden Unternehmen und die finanzierenden Steuerzahler benachteiligen.

Diese staatliche Intervention und Umverteilung ist nicht im grundgesetzlichen Prinzip der Individualfreiheit angelegt, widerspräche auch dem System einer Gemeinwirtschaft, weil die gefährdeten Betriebe nicht in Gemeineigentum übernommen, vielmehr zu Lasten gegenwärtiger oder zukünftiger Steuererträge als Privateigentum erhalten bleiben, ohne dass die Gewährleistung der Eigentümerfreiheit dieses rechtfertigte. Staatliche „Rettungsschirme" geben Privateigentümern Geldmittel aus dem Staatshaushalt, ohne vorher einen Anlass für Ausgleich oder Entschädigung geschaffen zu haben. Sie sichern den gefährdeten oder gescheiterten Unternehmen einen wirtschaftlichen Erfolg, der nicht freiheitsrechtlich erwirtschaftet ist, auch nicht gemeinwirtschaftlich einen allgemeinen Bedarf befriedigt.

c) Formen moderner Feudalherrschaft

Wenn der staatliche Rettungsschirm gefährdete Unternehmen rettet, ihre Konkurrenten aber im Regen stehen lässt und die Steuerzahler in die Traufe bringt, so werden diese Rechtsfolgen nicht in der Kompetenz und Transparenz des Gesetzgebers entschieden,[121] sondern zwischen Regierung und Unternehmen, Staaten und weltweit tätigen Unternehmen, Insolvenzverwaltern und Kreditgebern verhandelt. Diese Gespräche führen die Begünstigten, werden dabei aber meist nicht öffentlich ersichtlich. Die Rettung gilt Unternehmen und neuerdings auch Staaten, schützt aber stets kreditgebende Institute und Anleger vor Forderungsausfall und Verlusten, bietet Erwerbschancen aus der Not der anderen. Diese Kreditinstitute sind oft Kreditgeber des Staates, gewinnen dadurch Einfluss auf staatliche Entscheidungen, beeinflussen den Verhandlungspartner Staat, belasten den unbeteiligten Steuerzahler, bei einer kreditfinanzierten Zuwendung oder Garantiezusage den heute noch wehrlosen zukünftigen Steuerzahler.

Diese Verbundgeschäfte zu Lasten Dritter werden in ihrer Paradoxie[122] erkennbar, wenn wir die Beteiligten – grob vereinfachend – in Staat und Finanzmarkt einander gegenüberstellen. Der Finanzmarkt beansprucht vom Staat Finanzzuweisungen, weil er den Kreditbedarf der Privatwirtschaft oder eines anderen Staates nicht befriedigen könne. Der Staat

III. Folgen des Übermaßes

verweist auf seine überhöhte Verschuldung, die ihm weitere Finanzhilfen nicht erlaube. Der Finanzmarkt bietet deshalb dem Staat verzinsliche Kredite an, die der Staat entgegennimmt, um die Kreditsumme dem Finanzmarkt zu geben. Der Finanzmarkt sucht sich für die so gewonnenen Finanzmittel einen möglichst verlässlichen Schuldner mit hohem unbefriedigtem Finanzbedarf, bietet das Geld deshalb dem Staat oder staatlich getragenen Einrichtungen als Kredit an. Der Staat nimmt dieses Angebot an und zahlt erneut Zinsen. Getilgt wird nicht. Staatsschuld und Zinsen steigen. Die kaum überschaubaren Verbindungen zwischen dem Finanzmarkt und den Staaten verstetigen diese Entwicklung. Gegenwärtig wird ersichtlich, dass die Zentralbanken hoch verschuldete Euroländer mit so viel Geld versorgen, dass die verbleibenden Euroländer – insbesondere Deutschland – mit dreistelligen Milliardenbeträgen haften müssten, wenn diese Länder den Euroraum verlassen würden.[123]

Die Rettungsschirme kombinieren – ähnlich einer modernen Art der Feudalherrschaft[124] – Wirkungen der Freiheitsrechte und der Sozialisierung. Eine dank des Geldkapitals herrschende Schicht überlässt ihr Geldeigentum dem Staat zinspflichtig zu Lehen, gewinnt mit diesem Kapital Herrschaft über Staat und Wirtschaft, auch über konkurrierende kleinere Unternehmen, festigt dieses hierarchische System durch Abhängigkeits- und Treueverhältnisse. Aus dem „Benefiz" folgen Gegenleistungspflichten bis hin zu gesetzlichen Rettungsschirmen. Die Rettungsschirme geben den gefährdeten Unternehmen und Kreditinstituten tatsächliche Grundlagen ihrer Freiheit, belasten aber zukünftige Produktionsmittel – die steuerbare, finanzielle Leistungsfähigkeit, das Kapital der nächsten Generation –, setzen diesen Vorgriff auf zukünftige Steuererträge für wirtschaftliche Vorhaben ein, die in der Anonymität eines Kollektivs zu entschwinden drohen. Der Finanzstaat ist überfordert. Kaufmännische Vorsicht und privatwirtschaftliche Leistungsanreize werden geschwächt. Der Staat gerät in Abhängigkeit von weltweit tätigen Finanzinstituten. Die Verwendung zukünftiger Steuerkraft in der Gegenwart hat zukünftige Steuer- und Haushaltsentscheidungen vorweggenommen.

Diese Rettungsschirme sind vielfach Garantieversprechen oder Absichtserklärungen, die noch nicht gegenwärtig mit Zahlungspflichten belasten, aber die Bonität des staatlichen Schuldners schwächen und damit seine bestehenden Zinsverpflichtungen erhöhen können.[125] Im Vorgriff auf zukünftige Finanzkraft gefährden sie das Verfassungssystem rechtsstaatlicher Berechenbarkeit und Mäßigung, demokratischer Verantwortlichkeit und sozialstaatlicher Gegenwartsoffenheit. Sie sind in ihren Zukunftswirkungen nicht voraussehbar, nähren auch die oft trügerische Hoffnung, die Garantiezusage werde sich nicht in einer realen Zahlungspflicht als Last auswirken. Wenn Garantieversprechen die Bonität des Begünstigten steigern, dieser deshalb weitere Kredite nachfragt, mehrt sich das Risiko des Garantieversprechens erneut. Eine Zusage kann summenmäßig noch erweitert werden, wenn sie verspricht, für weitere Kredite einstehen zu wollen.

4. Gefährdung der inneren Souveränität

a) Abhängigkeit vom Kapitalmarkt

Der Leistungsstaat kann nur geben, was der Steuerstaat vorher genommen hat. Dadurch mäßigt sich gerade in einer Demokratie die Finanzmacht des Staates. Das Parlament hat vor seinen Wählern Maß und Intensität der Besteuerung zu verantworten. Dieses Mäßigungsinstrument versagt, soweit der Staat sich seine Finanzmacht durch Verschuldung beschafft, also die gegenwärtigen Wähler mit seinen Leistungen begünstigt und die zukünftigen Steuerzahler mit deren Finanzierung belastet,[126] damit den finanzwirtschaftlichen Handlungsraum des Staates verringert. Hinzu tritt eine staatliche Haushalts- und Wirtschaftsführung, die den Wertverlust im Staatsvermögen nicht durch Abschreibungen berücksichtigt, Erhaltungsmaßnahmen und Ersatzanschaffungen als Investitionen wertet, Erlöse aus Vermögensveräußerungen (Desinvestitionen) als frei verfügbare Staatseinnahmen behandelt. Der Übergang von der kameralen Buchführung auf ein der kaufmännischen Buchführung angenähertes doppisches Rechnungswesen hat in den Kommunen und manchen öffentlich-rechtlichen Körperschaften begonnen, aber nicht zu einer grundlegenden Umkehr geführt.[127] Ein zumindest für die Kreditaufnahme geltendes finanzwirtschaftliches Übermaßverbot[128] hat kaum Wirkungen erreicht, insbesondere den überschuldeten Staat nicht zu Tilgungen veranlasst. Der Staat verliert zunehmend Vermögenswerte, überschätzt seine finanzielle Leistungskraft, verfehlt im Haushaltsplan teilweise die Finanzwirklichkeit.

Hoch verschuldete Staaten müssen jedes Jahr einen Teil ihrer Kredite zurückzahlen, finanzieren diese Rückzahlungen aber durch neue Kredite. Dadurch geraten sie in eine Abhängigkeit von ihren Kreditgebern. Verliert der Kreditgeber das Vertrauen in die Rückzahlungsfähigkeit oder Rückzahlungsbereitschaft eines Staates und findet der Staat für seine Schuldtitel zur Refinanzierung der auslaufenden Altschulden keinen Käufer mehr, versiegt die Finanzierungsquelle des Kredits. Der Staat wird diese Finanzierungslücke nicht durch abrupte Steuererhöhungen

III. Folgen des Übermaßes 41

auffangen können. Er müsste seine Zahlungsunfähigkeit eingestehen, könnte im Staatsbankrott nicht mehr nach Maßgabe des Rechts handeln, sondern müsste dem Maß des Möglichen folgen, das Rechtsversprechen des Verfassungsstaates zeitweilig zurücknehmen.[129]

b) Die Ratingagenturen
Die Abhängigkeit des kreditsuchenden Staates vom Kapitalmarkt wird formalisiert, öffentlich ersichtlich und verstärkt, wenn der Staat als Großnachfrager nach Krediten dem Bonitäts-Rating von Ratingagenturen unterliegt, die in einer ähnlich den Schulnoten standardisierten Kurzform die Wahrscheinlichkeit eines termingerechten und vollständigen Schuldendienstes bei festverzinslichen Wertpapieren beurteilen.[130] Das Rating ist die „Visitenkarte", das „Aushängeschild für gute Bonität und Zuverlässigkeit" bei der Kreditrückzahlung,[131] das die Tür zum internationalen Kapitalmarkt öffnet, die Kreditkonditionen bestimmt, damit über die Kapitalbeschaffungskosten entscheidet.[132] Ratingagenturen sind die „größte unkontrollierte Machtstruktur im Weltfinanzsystem und damit auch im nationalen Finanzsystem".[133]

Die Ratingagentur handelt erwerbswirtschaftlich, wird in der Regel auf vertraglicher Grundlage für einen Emittenten tätig, folgt einer nicht standardisierten, oft stark subjektiv geprägten, allein der Ratingagentur bekannten Methode, stützt sich auf eine Datenbank für tausende von Unternehmen und unterschiedliche Märkte, beurteilt Wettbewerbsposition und Herkunftsland des Unternehmens, seine Geschäftsstrategie, seine Eigenkapitalausstattung, seine Verschuldung, seine Finanzierungspolitik, seine Ertragskraft sowie seine Zahlungsflüsse.[134] Die Ratingagenturen bieten dem Anleger ein Stück Markttransparenz, Unternehmensanalyse und Entscheidungshilfe, machen aber auch ein Geschäft mit der Unsicherheit der Anleger und täuschen in der notenähnlichen Bewertung[135] eine Prognosesicherheit vor, die der Mensch nicht geben kann. Ihre publizierten Daten haben in der Finanzkrise viele Anleger enttäuscht. Durch ihre zu unkritische und insgesamt zu positive Beurteilung riskanter Finanzprodukte haben die Ratingagenturen wesentlich zum Zustandekommen der Finanzkrise beigetragen.[136] Obwohl sich die Kreditausfälle bei Subprime-Krediten häuften, hielten die Agenturen einige Zeit an den ursprünglich erteilten hohen Ratings fest.[137] In der Folge haben weltweit tätige Banken und Fonds Anleihen erworben, die mit zweitklassigen Hypotheken gesichert waren, für sie unter Hinweis auf die Bewertung der Agenturen geworben und sie schließlich den Anlegern verkauft.[138]

In der Regel werden die großen Ratingagenturen von den Emittenten gegen Zahlung eines Entgelts mit der Erstellung von Ratings beauftragt und gewinnen in diesen Aufträgen ihre wichtigste Einnahmequelle.[139] Eine finanzielle Abhängigkeit der Agentur vom Emittenten berührt die Neutralität der Agenturen.[140] Der Rating-Markt wird von drei großen, weltweit agierenden Unternehmen geprägt, die gemeinsam über einen Marktanteil von rund 95 Prozent verfügen: Moody's, Standard & Poor's und mit deutlichem Abstand Fitch Ratings.[141]

Das Vertrauen in die Selbstregulierungskräfte des Marktes ist inzwischen der Einsicht gewichen, dass rechtliche Rahmenbedingungen für die Tätigkeit der Ratingagenturen notwendig sind. Die Entwicklung zur Regulierung des Ratingwesens hat begonnen.[142] Eine europäische Ratingagentur ist geplant.

c) Staaten als Gegenstand des Ratings

Wenn Staaten sich am Kapitalmarkt Geld beschaffen, werden sie damit zum Gegenstand eines Ratings. Beurteilen die Ratingagenturen Staatsanleihen, kommt es zu einem umfassenden Konsultationsprozess zwischen Agentur und Staat. Die Ratinganalysten befragen Entscheidungsträger in Ministerien und der Zentralbank, Politiker, Manager und andere Experten des jeweiligen Landes.[143] Die Agenturen bewerten die ökonomische und politische Lage eines Landes, stützen Voraussagen auf das Steuersystem, das Arbeitsrecht, die Staatsverschuldung,[144] beurteilen insbesondere hohe Staatsausgaben und hohe Sozialausgaben als Gefährdung der Bonität, scheinen auch gesteigerte Umweltschutzmaßnahmen eher als Bonitätsrisiko zu deuten.[145] Die Regierungen führen mit den Ratingagenturen teilweise ein intensiveres Gespräch über bestimmte Politikfelder als mit dem Parlament und mit den Wählern. Dennoch bleibt die Regierung selbstverständlich dem Parlament und damit mittelbar dem Wähler rechenschaftspflichtig, ist auf Wiederwahl durch den Wähler, damit auf die Meinung insbesondere der innerstaatlichen Öffentlichkeit angelegt. Doch je höher ein Staat sich verschuldet, je stärker er in seiner Haushaltsplanung und letztlich in seiner Existenz von den Kreditkonditionen, damit den Ratingagenturen, abhängig wird, desto mehr verliert er ein Stück innerer Souveränität. Er steht einem „Markt" gegenüber, hinter dem sich Finanzinstitute, Organisationen eines Finanzverbundes, Ratingagenturen, Unternehmen, einzelne Großanleger, andere Staaten verbergen. Der Staat gerät in den Sog dieses Marktes, muss sich dessen Bonitätsrating unterwerfen, ohne dass dieser Markt als Rechtssubjekt und als demokratischer Verantwortungsträger greifbar wäre.

d) Krise der Generationengerechtigkeit

Eine erhebliche Staatsverschuldung macht den Staat somit vom Finanzmarkt abhängig, gefährdet damit seine innere Souveränität. Er verwendet Steuererträge für Zinszahlungen an privatwirtschaftlich tätige Kreditgeber, verfehlt die Generationengerechtigkeit, die darauf baut, dass die Elterngeneration den von ihr erreichten Kulturfortschritt an die nächste Generation weitergibt, diese den Fortschritt für die übernächste Generation wiederum steigert.[146] Die Staatsverschuldung ist rechtsstaatlich und demokratisch, auch nach dem Maß der Verteilungsgerechtigkeit und insbesondere nachhaltiger Generationengerechtigkeit ein Krisentatbestand. Die Bedrängnisse durch Staatsschulden haben in Deutschland und in der Europäischen Union ein unvertretbares Ausmaß erreicht. Zudem werden gegenwärtig die Grenzen staatlicher Autonomie und finanzieller Eigenständigkeit entgegen dem geltenden Recht eingeebnet, dem gefährdeten Staat und seinen Kreditgebern der Griff in die Kasse eines weniger gefährdeten Staates gestattet. Die öffentliche Hand – Bund, Länder und Gemeinden – müssen sich auf eine Kultur des Maßes rückbesinnen, in der ein Staat den Bürgern von heute nur die Finanzmittel geben kann, die sie ihm heute als Steuerzahler zur Verfügung gestellt haben.

IV. Leistungsfähigkeit des Rechts

1. Verlust des Rechtsgedankens

Dieses finanzwirtschaftliche Übermaß droht das Verfassungsrecht und seine Verbindlichkeit zu sprengen, dem Europarecht seine Autorität zu nehmen, dem ökonomischen Streben nach höheren Staatsleistungen und geringeren Steuerlasten eine Mächtigkeit ungebunden durch Recht einzuräumen. Der Finanzmarkt folgt einer Maßstablosigkeit und damit einer Maßlosigkeit der Gewinnmaximierung, drängt die rechtliche Kultur des Maßes immer mehr zurück. Das Recht verliert ein Stück seiner Gestaltungsmacht.

Das positive Recht ruht in sich selbst.[147] Das Gesetz rechtfertigt sich demokratisch aus der gesetzgebenden Gewalt des Parlaments.[148] Es gewinnt Autorität als Handlungsmittel des Staates, der Recht setzend und Recht durchsetzend Frieden wahrt und stiftet.[149] Doch wäre Recht als bloßer Ausdruck des Willens eines herrschenden Staatsorgans Willkür; bloß gewillkürtes Recht ist Unrecht.[150] Recht und Verfassung beanspruchen stets eine Richtigkeit für sich, die sich aus naturgegebenen Erfordernissen des menschlichen Lebens ergibt, ebenso aus der Vernunft zu Frieden, Freiheit und arbeitsteilender Organisation, aus einer Übereinstimmung der Vernünftigen, aus einer rational begründeten Herrschaft, die den Zusammenhalt in Frieden und Recht sichert, aus Unrechtserfahrung und bewährten Institutionen, Wertmaßstäben und Erneuerungsprinzipien.[151] Das Grundgesetz anerkennt Staatsgrundlagenbestimmungen, die selbst für eine Änderung durch den verfassungsändernden Gesetzgeber unzugänglich sind, der Verfassung in ihrer Herkunft und Zukunft ihre Identität geben.[152]

Die rechtlichen Grenzen der Staatsverschuldung beanspruchen Richtigkeit und Einsichtigkeit zur Überzeugung aller. Sie begründen das Prinzip der Eigenverantwortlichkeit des gegenwärtigen Staatsvolkes für die gegenwärtige Finanzierung seiner Staatsaufgaben, bewahren in einem Generationenvertrag die nachfolgende Generation vor den Lasten eines finanziellen Vorgriffs in die Zukunft, schützen die Geldeigentümer vor einer inflationären Entwertung ihres Eigentums und rechtfertigen das Vertrauen in das vom Staat und der Europäischen Union geschaffene Geld.

Dennoch haben die Staaten mit dem stetigen Anwachsen der Schulden das geltende Recht verletzt, drohen nunmehr dem Recht seine Verbindlichkeit, dem Rechtsgedanken seine allgemeine Plausibilität zu nehmen. Deutschland hat die Verschuldungsgrenze missachtet, die nach Art. 126 Abs. 1 und 2 AEUV i.V.m. Art. 1 des Protokolls (Nr. 12) über das Verfahren bei einem übermäßigen Defizit rechtsverbindlich ist. Die Grenze für eine Neuverschuldung bis zu 3 Prozent des Bruttoinlandsprodukts, für die Gesamtverschuldung von bis zu 60 Prozent des Bruttoinlandsprodukts ist Jahr für Jahr unbeachtet geblieben.[153] Das verfassungsrechtliche Verbot, die jährliche Verschuldungssumme höher als die jährliche Investitionssumme zu bemessen, die Verschuldung im übrigen im Rahmen der konjunkturellen Erfordernisse eines gesamtwirtschaftlichen Gleichgewichts zu binden, wurde chronisch missachtet.[154] Auch die neuen verfassungsrechtlichen Schuldengrenzen des Art. 109 und Art. 115 GG, die ein Neuverschuldungsverbot begründen und Ausnahmen kaum zulassen, haben Bund und Länder bisher noch nicht veranlassen können, von der über 40-jährigen Praxis abzulassen, Teile des Haushalts durch Schulden zu finanzieren.[155]

Die Verschuldungskrise ist durch Missachtung des Rechts entstanden. Dennoch soll sie nun durch Maßnahmen jenseits des Rechts bekämpft, Illegalität durch Illegalität ausgeglichen werden:[156] Die „Rettungsschirme" und Hilfsmaßnahmen verletzen das Verbot des Einstehens füreinander (Art. 125 AEUV). Die Europäische Zentralbank missachtet die Regel, der Staat müsse Schuldtitel unmittelbar am Markt erwerben, solle nach dessen Gesetzmäßigkeiten erfahren, dass schwindendes Vertrauen in seine Zahlungsunfähigkeit höhere Zinsen zur Folge hat (Art. 123 Abs. 1 AEUV). Das „Fluten" von Geld widerspricht der Konzeption der Euro-Gemeinschaft als Stabilitätsgemeinschaft.[157] Der Rechtsgedanke der Verschuldungsgrenzen – das Vertrauen in den Euro, in die finanzverfassungsrechtliche Gleichheit in der Zeit, in den Gleichklang gegenwärtigen Gebens und Nehmens des Staates, in eine Kultur des rechtlichen Maßes als Grenze für Erwerbsstreben und Gewinnmaximierung[158] – scheint von einem tagespragmatischen Feudalismus verdrängt zu werden, der den Staat mit der Macht des Geldes zur Gefolgschaft drängt.[159]

2. Der Drang zum Mehr und das Maß des Rechts

Die Staatsverschuldung wird nicht durch einen kraftvollen Gedanken eines finanzverfassungsrechtlichen Übermaßverbotes gemäßigt, sondern trifft auf ein Recht, das weniger Rechtsbestände sichert und mehr Rechtsentwicklungen vorantreibt. Die Europäische Union setzt auf einen Integrationsprozess stetiger Erweiterung und rechtlicher Verdichtung.[160] Der Europäische Unionsvertrag definiert sich selbst als „eine neue Stufe bei der Verwirklichung einer immer engeren Union der Völker Europas" (Art. 1 Abs. 2 EUV). Der jetzigen Vertragsstufe sollen also weitere Stufen folgen, der erreichte Staatenverbund noch enger werden. Der Europäische Gerichtshof handelt – viele Jahre ausdrücklich, jetzt nur sprachlich verhaltener – als „Motor der Integration".[161] Der Zug der Europäischen Union ist dynamisch in Bewegung, ohne dass sein Ziel und seine Haltepunkte den Reisenden bekannt wären.

Diese Integrationsentwicklung trifft im Haushaltswesen auf ein Recht, das in Jährlichkeitsprinzipien denkt. Der Staatshaushalt erneuert jährlich das finanzpolitische Regierungsprogramm eines Staates. Die Steuern werden jährlich erhoben, Finanzverantwortung, Rechnungslegung und Entlastung beurteilen das Verhalten des Finanzstaates jeweils im Jährlichkeitsrhythmus.[162] Das Geld ist ein flüchtiges Gut, es fließt dem Staat heute zu und wird morgen ausgegeben. Es ist darauf angelegt, seine Herkunft – den Erwerb durch Arbeit, durch Erfolg an der Börse, durch Betteln oder durch Banküberfall – zu vergessen, seine Zukunft – den Kauf von Weizen oder Waffen – in das Belieben des Eigentümers zu stellen. Sein Wert ist allenfalls nominal garantiert, hängt von schwankenden Wirtschaftsfaktoren und insbesondere dem Einlösungsvertrauen der Rechtsbeteiligten ab. Geld verspricht heutige Nutzbarkeit, verschweigt aber seinen morgigen

Wert. Es verheißt, Werte aufzubewahren, kann aber Werte nicht verlässlich festhalten.

Das Zusammenwirken von europarechtlich dynamischer Integration und gegenwartsorientierter Geldwirtschaft gerät in die Hand eines Finanzmarktes, der den Regeln der Gewinnmaximierung folgt, stetiges Wachstum zu erreichen sucht. Während der Markt des Güter- und Dienstleistungstausches in der Knappheit der Güter und der Arbeit gemäßigt wird, scheint der Markt des Geldes kaum noch von der Knappheit des Geldes bestimmt: Geld wird gegen Geld getauscht, mit Geld auf Geldentwicklungen gewettet, in Kühnheit und Tollkühnheit eigenes Geldvermögen riskiert. Der Finanzmarkt erwartet selbst bei übermäßigen Gewinnen und Bonizahlungen ein Wachstum, verweigert sich der Idee und dem Maßstab des Maßes. Diese Übertreibungen lösen das Erwerbsstreben von seinen rechtfertigenden Gründen: von Freiheit, Arbeitsteilung, Markt und Wettbewerb.

Deshalb muss die Idee des Freiheitsrechts erneuert werden, das Vertrauen in die Leistung des Anderen und deren messbarer Wert wieder hergestellt, das Marktgeschehen wieder verständlich vermittelt werden. Die „Globalwirtschaft", die für individuelle Beobachtung und eine persönliche Zuweisung von Rechtsverantwortlichkeiten unzugänglich ist, muss aus dem Nebel des Globalen gelöst und in die Sichtbarkeit handelnder Menschen zurückgeführt werden. Der Grundgedanke *Ludwig Erhards*, ein Unternehmergewinn rechtfertige sich, wenn der Unternehmer den Bedarf eines anderen befriedigt habe,[163] ist wieder als rechtfertigender Grund für unternehmerisches Erwerbsstreben in Kraft zu setzen. Die Freiheit ist nicht als Beliebigkeit, sondern als definiertes – begrenztes – Recht gewährleistet. Am Anfang moderner Markttheorien steht die „unsichtbare Hand", die den Landwirt mäßigt, der in seiner Fantasie die ganze Ernte selbst zu verzehren hofft, dessen maßlose Begierde dann aber auf das begrenzte Fassungsvermögen seines Magens trifft, der sich deshalb veranlasst sieht, die lebensnotwendigen Güter beinahe so zu verteilen, als wäre die Nutzung der Erde zu gleichen Teilen allen ihren Bewohnern zugewiesen.[164] Der Mensch braucht einen festen rechtlichen Rahmen, innerhalb dessen sich seine Freiheit entfaltet, der Gesetzgeber neue Regeln für die Zukunft schafft.

3. Rechtliches Maß und ökonomisch Mögliches

Eine überhöhte Staatsverschuldung zwingt den Staat, seine Finanzgrundlagen zu erneuern. Hoch verschuldete Staaten fragen weitere Kredite nach.

IV. Leistungsfähigkeit des Rechts

Kreditgeber gewähren diesen Staaten Kredite, weil sie auf deren Steuerkraft, auch auf eine Art Finanzausgleich jedenfalls unter den Euro-Staaten und letztlich auf die Mitbetroffenheit der Weltwirtschaft vertrauen. Im Übrigen rechnen sie im Rahmen kurzfristiger Gewinnerwartungen in ihren Kreditkonditionen einen drohenden Staatsbankrott ein, wissen, dass die Staaten weiterhin auf Kredite angewiesen sind, deswegen die Gläubiger nicht im Regen stehen lassen werden.[165] Heute sind Kreditgeber insbesondere bereit, hochriskante Darlehen an Staaten zu geben, weil der Internationale Währungsfonds oder auch der Europäische Staatenverbund das Ausfallrisiko mindern.

Der Staat als Schuldner unterwirft sich dem Diktat von Zins und Zinseszins. Diese Zinsen wachsen durch bloßen Zeitablauf, lösen sich von dem realwirtschaftlichen Wert des zugrundeliegenden Darlehens, treiben den Schuldner in eine stetig steigende Schuld. Die Vergütung für die Überlassung von Kapital ist allein zeitbestimmt, unabhängig vom tatsächlichen Nutzen des geliehenen Kapitals für den Staatshaushalt. Selbst wenn ein Neudarlehen nicht ausreicht, um die Zinsen für das Altdarlehen zu begleichen, bleibt der Schuldner zur Zinszahlung verpflichtet, mag der Gläubiger das Neudarlehen auch in Kenntnis der drohenden Zahlungsunfähigkeit, aber im Vertrauen auf dessen Bonität dank Steuerkraft oder Solidarität anderer Staaten gewähren.

Das System von Zins und Zinseszins ist darauf angelegt, dass der Kredit innerhalb einer bestimmten Frist zurückgezahlt, also beendet wird. Lässt die öffentliche Hand ihren Schuldenberg stetig wachsen, steigen diese Schulden durch den Zinseszins-Effekt progressiv an und der Druck auf immer höhere Staatseinnahmen, auf ein immer schneller ansteigendes formales Wirtschaftswachstum wird fatal. Eine Konsolidierung von Staatshaushalt, Leistungserwartungen der Bürger, Wirtschaftsstruktur ist kaum noch möglich, solange immer schneller wachsende Ansprüche der Kapitalgeber bedient werden müssen. Schließlich werden Kredite aufgenommen, um die Zinsen für die Schulden zu bezahlen; der Kredit vermittelt dann keine zusätzliche Finanzkraft mehr. Der Zinseszins-Effekt droht unser politisches und wirtschaftliches System zu zerstören.[166] Die unersättliche Kreditnachfrage der Staaten und das Zinssystem treiben die Beteiligten in Verhandlungen über verlängerte oder neue Kredite, bei denen der Kreditgeber dominiert und die Bedingungen des Vertrages und auch bestimmter politischer Verhaltensweisen des Kreditnehmers diktiert. Der Zins wird politisch. Der Darlehensvertrag wird nicht durch Erfüllung der Darlehensschuld beendet. Kursbewegungen gehen nicht den Weg in eine Zukunft der Vernunft und Erneuerung, sondern bringen gegenwärtiges – tages- und minutenbezogenes – Wünschen und Wollen zum Ausdruck, verfehlen damit die Aufgabe gesamtwirtschaftlicher und insbesondere gesamtstaatlicher Korrektur.

Staatlicher Kreditnehmer und Kreditgeber (Banken, Versicherungen, Fonds, Staaten, Privatanleger) geraten in eine wechselseitige Abhängigkeit. Würde ein staatlicher Kreditnehmer seine Schulden nicht mehr bezahlen können, würde der Maßstab des Rechts durch das Maß des ökonomisch Möglichen ersetzt.[167] Die Schuld würde nicht oder nur teilweise erfüllt, der Schuldner insoweit befreit, der Gläubiger mit Wertverlusten (Abschreibungsbedarf) belastet. Deswegen versuchen alle Beteiligten, insbesondere die Banken, Versicherungen, Zentralbanken einschließlich EZB, Privatanleger, den Staatsbankrott hinauszuschieben. Immer neue Konstrukte staatlicher Rettungsschirme, Garantieversprechungen, Kredithebelungen geben Zeit, in der die Marktbeteiligten neue Sicherheiten suchen, Risiken auf andere Schuldner verschieben, Gläubiger- und Schuldnerbündnisse schmieden, die wegen ihrer Größe und ihres Einflusses beanspruchen, nicht mehr scheitern zu dürfen. Dieser Zeitgewinn ist in der Regel durch deutlich erhöhte aktuelle und potentielle Staatsschulden erkauft.

Die Überschuldung des Staates und die wechselseitigen Abhängigkeiten aller am Kreditmarkt Beteiligten verschieben Kompetenzen von den demokratischen Organen des Parlaments und der parlamentarisch gewählten Regierung zu den anonymen Mächten des Finanzmarktes. Sie schwächen Grundrechtspositionen der Menschen im Maß staatlicher Handlungsschwäche. Sie bevorzugen die großen vor den kleinen Kreditgebern und Kreditnehmern, begünstigen Sacheigentümer, benachteiligen Geldeigentümer und Bedürftige. Der Verfassungsstaat jedoch will bewahren, die Lebensverhältnisse in der Stetigkeit des Rechts gestalten, Bestehendes mit Werdendem, Zeitloses mit Gegenwärtigem verbinden. Der Vorbehalt des Möglichen zwingt das Recht, auf der vorgefundenen Wirklichkeit aufzubauen, im Prinzip der Verhältnismäßigkeit zwischen Wirklichkeit und Recht zu vermitteln. Die Norm ist in ihrer verengten Normwirklichkeit zu begreifen. Das rechtliche Maß weicht mehr und mehr ökonomischer Effizienz.

4. Abstraktion in Zahlen und Bilanzen

Diese Entwicklung wird gegenwärtig in der Abstraktion und Anonymität von Zahlen erfasst. Doch die Zahl birgt Unsicherheit. Diese Schwäche der Zahl erlebt jeder Bilanzverantwortliche, wenn er Wirtschaftsgüter oder einen Abschreibungsbedarf bewerten muss. Sand im Betonmischer

IV. *Leistungsfähigkeit des Rechts* 49

ist ein Wirtschaftsgut, Sand in der Wüste Gemeingut, Sand im Getriebe ein Schaden. Die gegenwartsgerechte Bewertung von Forderungen setzt voraus, dass die Bonität des Schuldners eingeschätzt, nach Wahrscheinlichkeit und Vermutung definiert wird. Prognosen in die Zukunft fordern vom Menschen eine Voraussicht, die erfahrungsgestützt eingegrenzt, aber nicht empirisch belegt vorausgedacht werden kann. Und der Finanzmarkt hält alles in Bewegung, braucht Unstetigkeit und Ungewissheit, will nicht beruhigt werden. Seine Akteure verdienen an Wagnis, Wechsel, Bewegung. Zudem sind Fehler in der Buchungstechnik und Bestandsdarstellung menschlich. Die Unsicherheit von Zahl und Zeit ist stets mitzudenken, wenn wir die Wirklichkeit in Statistiken und Bilanzen zu erfassen suchen.

5. *Gesamtwirtschaftliche Statistiken*

Vor allem verführt das Denken in Großstatistiken, insbesondere zu Wachstum, Bruttoinlandsprodukt, Gesamtverschuldung, Steuerkraft, zu einem Gestaltungs- und Herrschaftsanspruch, der die Unterscheidung zwischen freiheitsberechtigtem Bürger und freiheitsverpflichtetem Staat einebnet, die Trennung von Kreditschuldner und Steuerzahler aufhebt, den Grundsatz der Generationengerechtigkeit in Frage stellt, der Gegenwart eine mögliche Staatsleistung verheißt, die heute noch nicht durch die Steuerschuldner finanziert werden muss.

Dennoch müssen Verschuldungssummen, staatliche Steuerkraft, Vermögensbilanzen und Entwicklungsprognosen in gesamtwirtschaftlichen Daten benannt werden, um das Verschuldungsproblem und etwaige Lösungsmöglichkeiten zu verdeutlichen. Doch eine Debatte um staatliche Einstandspflichten und Schulden verschleiert den Befund, dass der Staat seine finanziellen Verpflichtungen nur aus Steuern finanzieren kann. Und Steuerlasten sind nicht geeignet, Konjunktur und Wachstum zu beleben. Es gilt weiterhin die Regel: Der Staat finanziert sich durch den Steuerzahler; der Markt lebt vom Anbieter und Nachfrager. Der demokratische Rechtsstaat versteht dieses Prinzip aus der Sicht des Bürgers, des individuell Grundrechtsberechtigten. Dieser weiß, dass die Wirtschaft in Deutschland auch den südeuropäischen Markt nutzt und ihre DAX-Unternehmen mehrheitlich nicht in deutscher Hand sind. Aber er will diesen Markt nicht als Steuerzahler, sondern als Erwerbstätiger, Anleger, Konsument beleben. Der Staat ist nicht die gigantische Umverteilungsagentur, die Herrschaft über Privateigentum, Familiengut, Unternehmenseinheiten, Alterssicherungen ausübt. Kreditgeber – private und öffentliche – dürfen nicht zu einem Griff in staatliche Kassen eingeladen werden. Das Parlament[168] hat zu prüfen, ob das, was für den Finanzmarkt gut ist, auch gut ist für das Volk.

6. Rechtsschwäche durch Sprachschwäche

Recht entsteht und lebt in Sprache. Die Sprache bietet das Instrument, in dem wir verbindliche Rechtssätze begreifen, Recht in Begriffen aussprechen, Rechtsfolgen im Wort an die Rechtsgemeinschaft vermitteln. Verbindlichkeiten entstehen, wenn der Mensch vorausdenkt, vorausschreibt, diese Vorschrift tatbestandlich und in der Rechtsfolge so bestimmt fasst, dass er allen Rechtsadressaten die gleiche Vorstellung vom geltenden Recht überbringt.[169] Die Rechtssprache bemüht sich, klar, allgemeinverständlich, voraussehbar, ein verlässlicher Übermittler des Rechtsgedankens zu sein. Doch schon die Sophisten benutzten die Mehrdeutigkeit eines Begriffs, um „die schwächere Sache zur stärkeren zu machen". Das Orakel täuscht eine gültige Aussage vor, löst den Richtigkeitsanspruch aber nur durch seine Vieldeutigkeit ein.[170] Die klassische Frage von *Wittgenstein*,[171] ob die Sprache Kleid oder Verkleidung der Gedanken sei, wird gelegentlich von einer verschleiernden Rechtssprache aufgenommen und in das Recht transportiert.

Europa regelt gegenwärtig Bedingungen und Instrumente seines Handelns nicht in dem Willen, die Staatsverschuldung rechtlich zu begreifen: Wenn eine europäische „Finanzstabilitätsfazilität" (EFSF)[172] geschaffen werden soll, bleiben die darin vorgesehenen möglichen finanziellen Beistandsleistungen, insbesondere auch die Kompetenzgrundlagen, in einem unklaren Begriff nebulös. Wenn ein Europäischer „Finanzstabilisierungsmechanismus" (EFSM)[173] angeordnet, die Einrichtung des Europäischen „Stabilitätsmechanismus" (ESM)[174] geplant wird, so kündigt sich in den verwendeten Begriffen eine mechanische Zwangsläufigkeit an, die weitere Entscheidungen insbesondere der mitgliedstaatlichen Parlamente auszuschließen sucht, damit aber die verfassungsrechtliche Legitimationsgrundlage dieses neuen Rechts ausblendet. Ein „fiskalpolitischer Pakt"[175] soll die Bindungen des Unionsrechts durch eine „freiwillige" Vereinbarung über eine „Fiskalunion" intensivieren, beansprucht damit aber, das Konzept einer transferlosen Wirtschafts- und Währungsunion jenseits des primären Europarechts zu lockern und nunmehr ins Gegenteil zu verkehren. Wenn sodann versucht wird, „Stabilitätshilfen" an Eurostaaten durch die privatrechtliche Gründung einer société anonyme in Luxemburg zu gewähren, dabei auch die Ge-

IV. Leistungsfähigkeit des Rechts

richtsbarkeit der Gerichte Luxemburgs und des EuGH als ausschließliche Instanzen vereinbart werden soll,[176] so offenbart die Sprachschwäche eine Rechtsquellenschwäche, die das Sanierungskonzept in seiner Rechtlichkeit bedroht.

Die Europäische Union steht vor dem Dilemma, dass ihr gesamtes Euro-Stabilitätskonzept (Art. 123–126 AEUV) präventiv auf die Vermeidung von Instabilitäten angelegt, der Abbau einer dennoch eingetretenen Instabilität aber nur schwach geregelt ist. Doch wenn ein Staat in den Brunnen drohender Zahlungsunfähigkeit gefallen ist, muss der Weg zu seiner Rettung gewiesen werden. Deswegen liegt der Gedanke nahe, den AEUV zu ändern und so das rechtliche Sanierungsinstrumentarium bereitzustellen. Eine solche Änderung der Vorschriften über die Wirtschaftspolitik (Art. 120 f. AEUV) und auch der besonderen Bestimmungen über die Euro-Mitgliedstaaten (Art. 136 f. AEUV) liegt jedoch in der Hand der Vertragspartner des AEUV. Erforderlich ist ein einstimmiger Beschluss des Rates über die Vertragsänderungen sowie je nach den mitgliedstaatlichen Verfassungen eine verfassungsändernde parlamentarische Mehrheit oder ein Plebiszit. Diese Einstimmigkeit scheint – insbesondere wegen der Haltung Großbritanniens[177] – nicht erreichbar. Dann bleiben zwei Wege:

(1) Das nicht änderbare Vertragsrecht könnte durch umdeutende Interpretation[178] einen neuen Inhalt gewinnen. Diese Umdeutungen mögen gegenwärtige Stabilisierungsbemühungen erleichtern, hätten aber den wesentlichen Nachteil, dass nach Bewältigung der Verschuldungs- und Eurokrise Rechtstatbestände zurückbleiben, deren Grenzen durch diese Umdeutungen überdehnt und deswegen konturenschwach geworden sind.[179]

(2) Das geltende Recht bleibt unberührt, macht damit bewusst, dass der Weg aus dem Verschuldungsdilemma nicht vorgezeichnet ist. Doch suchen die Stabilisierungsbemühungen der Mitgliedstaaten und der Europäischen Union sich Schritt für Schritt dem Recht wieder zu nähern, die rechtliche Normalität zu erreichen, den „Raum der Freiheit, der Sicherheit und des Rechts",[180] der verlassen wurde, wieder zu betreten. Freiheit ist ohne Recht nicht möglich, die Voraussetzung der Freiheit, die Sicherheit, gewährleistet die öffentliche Hand durch Recht. Die Annäherung an das Recht in der gegenwärtigen Krise bleibt stets ein vorläufiger Übergang zum Besseren, ist befristet, muss sich in jedem Schritt im Annäherungserfolg vermehrter Stabilität rechtfertigen.[181] In dieser Annäherung an den rechtlich gebotenen Zustand sind Hilfsvereinbarungen unter einigen der Euro-Mitgliedstaaten vorübergehend vertretbar. Sie behaupten jedoch nicht, sie stützten sich auf eine vertragliche Grundlage, unterstellen auch nicht, dass die „Freiwilligkeit", in der von den Regeln des AEUV abge-

wichen werden soll, eine Vertragsverletzung rechtfertigen könne. Sie verstehen sich – ähnlich dem Auftrag eines Insolvenzverwalters – aus dem Ziel, bei einer drohenden Zahlungsschwäche eines Staates nicht untätig zu beobachten, sondern stabilisierend zu helfen.

B. Verbindlichkeit des Rechts

Wenn ein Apotheker Mittel zur Schmerzlinderung verkauft, ist das ehrenwert. Wenn ein Drogenhändler einem Süchtigen Drogen verschafft, ist das kriminell. Das Darlehen steht zwischen diesen beiden Polen: Der Kredit ist vergegenständlichtes Zukunftsvertrauen. Die kreditfinanzierte Wette auf den Untergang von Unternehmen und Staaten – teilweise mit Einfluss auf diese Entwicklung – ist verwerflich; sie verdient am Niedergang von Institutionen, am Unglück der betroffenen Menschen. Kredit und Verschuldung sind ein Passepartout für gute und schlechte Taten.

I. Privatkredit und Staatsschuld

1. Schuld und Schulden

Ich stehe in deiner Schuld, sagen wir zu einem Menschen, der uns Gutes getan – uns erzogen, Wissen und Verstehen vermittelt, in der Not beigestanden hat. Diese Form der Schuld ist dankbares Erinnern. Wir versprechen, die gute Tat nicht zu vergessen, schaffen Vertrauen in gegenseitiger Verantwortlichkeit füreinander, begründen aber keinen verbindlichen Rechtsanspruch.

Wenn die Bank vom Sparer Geld gegen Rückzahlungs- und Zinsversprechen entgegennimmt, dieses Geld dann einem Investor als Darlehen[182] mit höherem Zins gibt, wird sie Schuldner, um einen Schuldner zu gewinnen. Dieser Kredit baut nicht auf menschliche Zuwendung, sondern auf die Rechtsverbindlichkeit eines Vertrages, dessen Erfüllung mit Hilfe der Gerichte und des Gerichtsvollziehers erzwungen werden kann. Vertragsinhalt ist das fristgerecht rückzahlbare Darlehen. Nach der vereinbarten Zeit sind Darlehensschulden und Zinsen getilgt, die Schuld ist erloschen.

Auch der Bankkredit ist nichts anderes als das rechtlich geformte Vertrauen in die Bonität des Schuldners: Das Lehrbeispiel kreditfinanzierter Leistungstausche zeigt, dass der Naturaltausch durch wechselseitige Leistungsversprechen ersetzt werden kann: Ein Feriengast will ein Auto mieten, hinterlegt für eine Probefahrt hundert Euro beim Vermieter. Der

Vermieter trägt diesen Hunderteuroschein in die benachbarte Gaststätte, um dort seine Schulden zu begleichen. Der Gastwirt reicht denselben Schein an seinen Getränkelieferanten weiter, weil er dort noch hundert Euro zu begleichen hat. Der Lieferant gibt den Hunderteuroschein dem Autovermieter, weil dieser ihm gegenüber eine entsprechende Forderung hat. Nun kommt der Feriengast und erklärt, das geprüfte Fahrzeug sage ihm nicht zu, nimmt seinen Hunderteuroschein zurück und verschwindet. In diesem Kreislauf allein kreditfinanzierter Geschäfte ist die jeweilige Kreditschuld getilgt, weil ein – im Material fast wertloser – Geldschein Kaufkraft vergegenständlicht. Ein Zeichen für einen Wirtschaftswert,[183] ein Zahlungs- und Wertzuweisungsmittel,[184] „geprägte Freiheit"[185] ist im Umlauf und hat bei jedem Empfänger das Vertrauen in den Wert dieses Zahlungsmittels gefunden. Das Einlösungsvertrauen wurde erfüllt.

a) Das Einlösungsvertrauen der Geldwirtschaft

Wer eine Ware und Dienstleistung erwirbt, ohne sogleich eine Ware oder Dienstleistung als Gegenleistung anbieten zu können, verspricht, diese Schuld später zu begleichen. Da dieses Versprechen nicht in enger menschlicher Bindung und dem daraus erwachsenden persönlichen Vertrauen wurzelt, wird es gegenständlich verfestigt: Man gab früher zur Sicherheit Steinkeulen, Korallen, Perlen, Silber, Gold,[186] gibt später Papiergeld als Wertzeichen und Wertverbürgung, anerkennt heute auch bloße Schuldverschreibungen in Büchern und Versprechensurkunden. Der Empfänger kann diese Wertverbürgung zum Erwerb anderer Güter an einen dritten Vertragspartner weitergeben, wenn dieser darauf vertraut, dass der Wert in realen Gütern eingelöst wird.

Verzichten die Geldempfänger auf eine Sicherung durch Goldbarren oder andere vertrauensbildende Wertverbürgungen, so stützen sich die Schuldverschreibungen des Geldes auf eine abstrakte, kaum noch greifbare Kreditgrundlage einer „Nationalökonomie", eines staatlich gestützten Währungsraumes und seiner „Volkswirtschaft", oder auch auf einen Währungsverbund, in dem unterschiedliche Volkswirtschaften und unterschiedliche staatliche Finanzwirtschaften in konkurrierendem Eigeninteresse eine gemeinsame Währung zu entwickeln, zu pflegen und zu sichern suchen. Die tatsächliche Grundlage dieses Einlösungsvertrauens ist weniger ersichtlich. Die Rechtsgemeinschaft muss alles daransetzen, verlässliche Vertrauensgrundlagen zu schaffen und stetig zu erneuern.

Banken geben Geld als Darlehen, das sie über Darlehen finanzieren. Nunmehr gehen auch Staaten, Inhaber des Währungsmonopols und in ihren Zentralbanken Garanten der Geldwertstabilität, dazu über, Darlehen, Garantieversprechen und andere Sicherheiten anzubieten, die sie über Schulden finanzieren wollen. Damit rückt die realwirtschaftliche Grundlage des Einlösungsvertrauens für dieses Geld immer mehr in die Undurchsichtigkeit eines anonymen Finanzmarktes, in dem Anleihen und Wertverbriefungen gehandelt werden. Der Kredit löst sich weiter vom Kreditgeber. Der Kreditnehmer verliert die persönlich ersichtliche Bonität. Wenn dann bestimmte Schuldner, insbesondere Staaten, Kredite nehmen, ohne diese zurückzahlen zu können oder ernstlich zu wollen, so erwerben die Marktteilnehmer hochriskante Forderungen, bemessen dementsprechend den Zins, suchen aber bei Eintritt des Risikofalles Rückendeckung in einem Staatshaushalt. Es entstehen schwer zu überblickende Finanzbeziehungen, Abhängigkeiten, verworrene Finanzierungsnetze und mit ihnen eine Angst, die Netze könnten reißen. Und wer die Folgen nicht übersieht, wird alles tun, um die Netze zu stützen. Doch der Staat schuldet seine Steuererträge der Allgemeinheit der Steuerzahler, nicht dem Finanzmarkt.[187]

b) Darlehensvermittelte Wirtschaftskraft

Wenn ein Unternehmer ein Darlehen nimmt, gewinnt er Investitionskraft, steigert dadurch seinen Gewinn und kann aus dem zusätzlichen Ertrag Zinsen zahlen und das Darlehen tilgen. Der Kredit mehrt die Finanzkraft des Kreditnehmers, versetzt ihn damit in die Lage, die Bedingungen seines Wirtschaftens zu verbessern. Der Unternehmer schafft neue Produktionsmittel, finanziert Forschung und Entwicklung, erschließt neue Märkte und steigert dadurch seinen jährlichen Ertrag. Der private Investor erwirbt ein Haus und erspart sich zukünftige Mietzahlungen. Der Student finanziert seine Berufsausbildung und sichert sich damit sein späteres Einkommen. Nach dem Plan des Kreditnehmers verbessert das Darlehen die Erwerbsmöglichkeiten oder die Kostenstruktur seines Wirtschaftens. Die Darlehensschulden rechtfertigen sich aus dem darlehensbedingten Zuwachs an Wirtschaftskraft.

Auch der staatliche Darlehensnehmer gewinnt Geldmittel, mit denen er Güter und Dienstleistungen bezahlen, auch das Handeln anderer unterstützen oder anregen kann. Doch der Staat ist seiner Struktur nach nicht erwerbswirtschaftlich tätig, kann also seine Darlehensschulden nicht aus darlehensfinanzierten Wirtschaftszuwächsen erwirtschaften. Der Staat finanziert sich durch Steuern.[188] Auch die Hoffnung, eine kreditfinanzierte Konjunkturpolitik werde Wirtschaftswachstum, damit ein erhöhtes Steueraufkommen veranlassen, der Staat daraus die Kreditschulden begleichen,[189] hat sich nicht erfüllt; der Staat entwickelt nicht die Kraft, den Kredit bei guter Konjunktur zurückzuzahlen. Der Staatskredit bleibt ein Vorgriff auf zukünftiges Steueraufkommen. Die Zinsforderungen der Zeichner von Anleihen und die Verbindlichkeiten der Steuerzahler lassen sich nicht gegeneinander aufrechnen. In einer freien Gesellschaft ist der Anteilseigner mit eigenen Rechten unabhängig vom Steuerzahler. Es fehlt an der Gegenseitigkeit von Forderungen und Schulden. Eine Kollektivaufrechnung wäre allenfalls in einem Kollektivsystem verständlich, in dem die Unterscheidung zwischen Staat und Gesellschaft, Kreditgläubiger und Steuerschuldner aufgehoben ist.[190]

c) Der Darlehensschuldner

Der private unterscheidet sich vom staatlichen Kredit auch in der Person des Schuldners. Beim privaten Darlehensvertrag erfüllt derjenige, der das Darlehen genommen hat, auch die Darlehensschulden; Begünstigter und Belasteter des Kredits sind personenidentisch. Beim Staatskredit ist selbstverständlich der den Kredit nehmende Staat auch zur Zins- und Rückzahlung verpflichtet. Die Langfristigkeit und die Verlängerung der Staatskredite haben jedoch zur Folge, dass die Kreditsumme den gegenwärtigen Staatsbürgern zugute kommt, aber von zukünftigen Staatsbürgern finanziert werden muss. Der Darlehensvertrag wirkt wie ein Vertrag zulasten Dritter: Er gibt die Darlehenssumme den Wählern von heute, die heute die kreditnehmenden Staatsorgane wählen und kontrollieren, belastet aber die Wähler von morgen mit den Darlehensschulden, die sich dagegen heute noch nicht wehren können. Diese zeitliche Verschiebung von Darlehensgunst und Darlehenslast begründet in einer in Wahlperioden handelnden Demokratie eine verhängnisvolle Verlockung: Der Steuerstaat[191] kann geben, obwohl er vorher steuerlich nicht hinreichend genommen hat. In einem steuerfinanzierten Staat sind Financier und Begünstigte staatlichen Finanzgebarens grundsätzlich personenidentisch. Das Staatsvolk erhält den Ertrag seiner Steuerleistungen insgesamt durch die Leistungen des Finanzstaates zurück.[192] Dieses Zusammenwirken von grundrechtlich begrenzter[193] Steuererhebung und prinzipiell steuerfinanzierten Staatsaufgaben setzt der staatlichen Einnahmen- und Ausgabenpolitik eine deutliche Grenze.

2. Staatsfinanzierung in der Zeit

Der Finanzstaat unterscheidet sich auch in der Zeitgebundenheit grundlegend vom privaten Darlehensnehmer. Der Unternehmer und private Investor bestimmen in ihrer individuellen Freiheit, in welchen Fristen sie planen und finanzieren, wie lange sie die Kredite beanspruchen und wann sie Zahlungen leisten. Von diesen Entscheidungen sind allein die Entscheidenden betroffen.

Die staatlichen Entscheidungen hingegen sind in einer Demokratie zeitgebunden und im Wandel der Zeiten vor einem veränderten Staatsvolk zu rechtfertigen. Wenn das Parlament über das Budget und seine Finanzierung entscheidet, ist es jeweils durch die Wähler legitimiert, die das Parlament für die Dauer einer Wahlperiode gewählt haben. Die Wähler werden bei der nächsten Wahl möglicherweise ein anderes Parlament wählen, damit es bessere Budgetentscheidungen trifft. Dieses demokratische Prinzip der Macht auf Zeit[194] hat zur Folge, dass nach Art. 110 Abs. 2 Satz 1 GG der Haushaltsplan jeweils, nach Jahren getrennt, vor Beginn des Rechnungsjahres durch das Haushaltsgesetz festgestellt wird.[195]

Diese Jährlichkeit des Haushalts[196] begründet die strikte Regel,[197] grundsätzlich im Vorhinein den Haushaltsplan vor Ablauf des vorherigen Rechnungsjahres durch das Parlament zu verabschieden.[198] Ursprünglich sollte dieses Jährlichkeitsprinzip die Regierung zu einem alljährlichen „Bittgang"[199] veranlassen. Heute plant zwar die Bundesregierung wegen ihrer überlegenen Personalausstattung das Budget, ist aber selbst in das Jährlichkeitsprinzip gebunden, muss also den Haushalt gegenwartsnah planen, vollziehen und verantworten. Nach Art. 110 Abs. 2 Satz 1 GG kann der Haushaltsplan für mehrere, gemäß § 9 HGrG, § 10 BHO höchstens für zwei Jahre (Doppelhaushalt), nach Jahren getrennt, aufgestellt werden.[200] Doch auch dann ist für ein Jahr zu veranschlagen und auszugleichen.[201]

Auch das Steuerrecht folgt grundsätzlich dem Jährlichkeitsprinzip, will also die gegenwärtige Steuerkraft zur Finanzierung des gegenwärtigen Staatshaushalts belasten.[202] Nach diesem steuerlichen Jährlichkeitsprinzip trägt derjenige, der die gegenwärtige Infrastruktur des Friedens, der Vertragsfreiheit, der Währung, der gut ausgebildeten Arbeitnehmer und Kunden, der Inlandskaufkraft[203] privatnützig genutzt hat, mit einem Teil dieses Nutzungserfolges zur Finanzierung dieses Systems bei.[204] Das Prinzip der gegenwartsgerechten Besteuerung verstärkt und stützt das Demokratieprinzip, weil es den Finanzstaat in seiner Macht des Geldes jeweils auf die gegenwärtige Leistungskraft seiner Steuerzahler, die gegenwärtigen Bedürfnisse seiner Bürger verweist, den Ausgleich zwischen Einnahme- und Ausgabeseite in der Gegenwart fordert.

Auch die Finanzkontrolle prüft staatliches Finanzgebaren zeitnah. Nach Art. 114 Abs. 1 GG hat der Bundesminister der Finanzen jährlich die Haushalts- und Vermögensrechnung – die „Jahresrechnung" – vorzulegen.[205] Die Haushaltsrechnung, die Einnahmen und Ausgaben kameralistisch erfasst, und die Vermögensrechnung, die den Bestand des Vermögens und der Schulden nach Prinzipien der kaufmännischen Buchführung ausweisen soll, gibt dem Parlament „im Laufe des nächsten Rechnungsjahres" (Art. 114 Abs. 1 GG) Gelegenheit, sich des Haushaltsvollzugs in der Jahresverantwortlichkeit für einen ausgeglichenen Haushalt zu vergewissern. Auch die Kontrolltätigkeit des Bundesrechnungshofs bezieht sich nach Art. 114 Abs. 2 Satz 1, 1. Alt. GG zunächst auf die Jahresrechnung,[206] soll also das Parlament wiederum befähigen, ein Budgetjahr – Bundesregierung und Verwaltung kontrollierend, auch selbstkritisch die eigenen Budgetentscheidungen bewertend – zu beurteilen.

Im Ergebnis ist das Finanzgebaren des Staates auf die periodische demokratische Legitimation, Bewilligung und Kontrolle des Parlamentes angelegt, findet im Jährlichkeitsprinzip des Budgets und der Besteuerung ihre Gegenwartsnähe, entwickelt in diesem materiellen Prinzip eine Verantwortlichkeit der Staatsorgane in der Zeit, die einen belastenden Vorgriff in die Zukunft grundsätzlich unterbindet, die regelmäßige Überprüfung und Korrektur der Staatsfinanzen sichert, eine Gleichheit in der Zeit stützt.[207] Die Staatsverschuldung durchbricht dieses Prinzip gegenwartsnaher Finanzierung, bedarf auch insoweit einer kritischen Überprüfung.

II. Die vertragliche Rückzahlungspflicht

1. Nichtrückzahlung als Geschäftsgrundlage

Der Darlehensvertrag begründet ein Dauerschuldverhältnis,[208] in dem der Darlehensgeber sich verpflichtet, dem Darlehensnehmer einen Geldbetrag in der vereinbarten Höhe zur Verfügung zu stellen, der Darlehensnehmer sich verpflichtet, den geschuldeten Zins zu zahlen und bei Fälligkeit das zur Verfügung gestellte Darlehen zurückzuzahlen (§ 488 Abs. 1 BGB). Das Darlehen überlässt zeitlich begrenzt und entgeltlich einen Geldbetrag. Bei den gegenwärtigen Staatskrediten hingegen sind sich Darlehensgeber und Darlehensnehmer bewusst, dass der Staat wegen seiner hohen Verschuldung kaum in der Lage ist und auch kaum gewillt sein wird, das Darlehen zurückzuzahlen. Vielmehr erwarten beide Vertragspartner eine weitere Verschuldung des Staates, in deren Rahmen die Gesamtverschuldung steigt, die fälligen Rückzahlungsverpflichtungen durch neue Schulden abgelöst werden, vielfach die Neuverschuldung nicht ausreicht, um die Zinsverpflichtungen der Altschulden zu erfüllen. Der Staat gewinnt im

II. Die vertragliche Rückzahlungspflicht

Darlehen kaum einen Zuwachs an finanzwirtschaftlicher Gestaltungsmöglichkeit, der Darlehensgeber erhält in der Darlehensschuld zwar eine Grundlage für seine Zinsforderungen, kaum aber einen gegenwärtigen Anspruch auf Rückzahlung fälliger Darlehen. Das Ziel des Darlehensvertrags wird in stillschweigendem Einvernehmen der Vertragsbeteiligten verfehlt.

Doch auch dieser Darlehensvertrag verpflichtet zur Zahlung von Zins und Zinseszins. Da die zugrundeliegenden Darlehensverpflichtungen nicht getilgt werden, die Gesamtverschuldung des Staates vielmehr stetig steigt, greift auch die beim Vertragsschluss ausdrücklich vereinbarte und im Normalfall des Darlehensvertrages als Geschäftsgrundlage notwendige Befristung des Darlehens nicht. Dadurch steigt selbst bei gleichbleibender Darlehensschuld die Zinslast überproportional. Sie wächst oft schneller, als das Wirtschaftswachstum auch bei optimistischer Schätzung wachsen wird. Das System von Zins und Zinseszins entfaltet dann eine zerstörerische Wirkung: Der Staat wird immer mehr zum Schuldner, gerät in Abhängigkeit vom Darlehensgeber, begibt sich zumindest langfristig auf den Weg in die Nähe staatlicher Zahlungsschwäche. Diese vereinbarte Zerstörung ist staatsrechtlich und vertragsrechtlich fragwürdig.

2. Bestandteil eines Konzeptes der Staatssanierung

Doch Darlehensverträge – auch Staatskredite – sind zu erfüllen. Das ist eine Grundlage der Finanzwirtschaft und des Geldvertrauens. Es mag dahinstehen, ob derartige Verträge gegen ein gesetzliches Verbot verstoßen (§ 134 BGB),[209] weil der Vertrag deutsches Verfassungsrecht verletzt und das europäische Stabilitätsrecht missachtet.[210] Offen bleiben mag auch, ob die Verträge das Gebot von Treu und Glauben verletzen, wegen Sittenwidrigkeit nichtig sind.[211] Jedenfalls wird der Kredit bewusst und gewollt als Risikodarlehen vereinbart. Der Darlehensgeber gibt den Kredit oft nur wegen der Garantieversprechen anderer Staaten. Ein Währungsverbund dient gegenüber den garantierenden Staaten als Druckmittel, um sie zu diesen Garantieversprechen zu veranlassen.

Derartige Garantieversprechen können jedenfalls nicht mehr isoliert als individueller Darlehensvertrag zwischen dem Darlehensgeber und dem Darlehensnehmer verstanden werden, müssen gegenwärtig vielmehr als Bestandteil eines Sanierungskonzepts von hoch verschuldeten zugunsten höher verschuldeter Staaten gedeutet werden. Dieses Sanierungsrecht muss einheitlich – für die europäischen Schuldengrenzen, das Handlungsmandat der Staatsrepräsentanten und die Verbindlichkeit der Darlehensschuld – die Verbindlichkeit des Rechts zurückgewinnen.

Für gefährdete Staaten sucht die Völkerrechtsgemeinschaft einen Ausgleich zwischen Darlehensgeber und Darlehensnehmer, der die in der UN-Charta[212] gesicherte Existenz des Staates wahrt. Das Völkerrecht will die Souveränität und Autonomie des Staates gegenüber dem Finanzmarkt, seine demokratische Selbstbestimmung und Verantwortlichkeit gegenüber dem jeweiligen Staatsvolk sichern oder wieder herstellen. Das Selbstbestimmungsrecht der Völker ist heute anerkannt.[213] Dabei garantiert die äußere Souveränität dem Staat, dass er keinem fremden Willen, keiner Fremdbestimmung bei Setzung, Anwendung und Durchsetzung des Rechts unterworfen ist.[214] Das innere Selbstbestimmungsrecht gewährleistet dem Staatsvolk, frei und ohne Einmischung von außen über seinen politischen Status zu entscheiden und seine wirtschaftliche, soziale und kulturelle Entwicklung frei zu gestalten.[215] Der Darlehensvertrag und seine Abwicklung dürfen diese Elementargarantien der Staatlichkeit nicht gefährden.

III. Dauerzinsen bei Darlehen ohne Rückzahlungswillen

1. Die unerfüllt bleibende Schuld

Rechts- und Staatsvertrauen leiden, wenn der Staat in den Darlehensverträgen die Rückzahlung der Darlehenssumme in gleicher Art und Güte in vereinbarter Frist verspricht, dabei aber kaum ernstlich erwägt, die Schuld zurückzuzahlen. Die Geschichte der Staatsschulden lehrt, dass der staatliche Schuldner meist die Steuerzahler der Zukunft überfordert, deswegen die öffentliche Schuld nicht erfüllt.[216] Dabei zeigt die Erfahrung der letzten hundert Jahre, dass Hyperinflationen[217] am ehesten beginnen, wenn die Staaten keine Gold- oder Silberwährung haben und nicht bestrebt sind, zu Silber- und Goldstandards zurückzukehren, sich auch sonst keiner formalisierten Bindung unterwerfen.[218] Dennoch sind Kreditgeber bereit, auch inflationsgefährdeten Staaten Kredite zu gewähren, weil sie in ihren Kreditkonditionen einen drohenden Staatsbankrott einberechnet haben, im übrigen die Staaten auf zukünftige Kredite angewiesen und deswegen zu neuen Belastungen bereit sind.[219] *Philipp II. von Spanien* führte seinen Staat viermal in den Staatsbankrott, erhielt dennoch von den *Fuggern* und den reichen Familien in Genua neue Kredite.[220] Das 19. Jahrhundert galt geradezu als „Jahrhundert der Staatsbankrotte"[221]:

III. Dauerzinsen bei Darlehen ohne Rückzahlungswillen 61

Griechenland und Spanien wurden zwischen 1800 und 1900 mehrmals zahlungsunfähig.[222] Die Gläubigerstaaten setzten ihre Forderungen gegen Staaten und deren Staatsangehörige durch Zolltarifkriege, Hafenblockaden, Handelsembargos, Beschlagnahme von Gütern, Besetzung von Kolonien, Fremdverwaltungen durch.[223] Die britische Regierung suchte wegen des globalen Finanzzentrums der City of London jeweils einen Sonderweg, vermied die Beteiligung an einer staatenübergreifenden Verrechtlichung.[224] Die britische Invasion in Ägypten 1882, die „Kanonenbootpolitik" europäischer Mächte gegen Venezuela 1902/1903 und die Besetzung des Rheinlandes durch die Alliierten sind Formen der Selbstvollstreckung aus einer Zeit vor dem völkerrechtlichen Gewaltverbot.[225] Der Staatsbankrott scheint weniger ein einmaliges Ereignis, vielmehr ein in Zyklen wiederkehrender Zustand bestimmter Staaten.

Heute könnte – nach der Gründung des Internationalen Währungsfonds und dem Aufspannen von Rettungsschirmen – ein Kreditgeber noch eher bereit sein, gefährdeten Staaten weitere Darlehen zu gewähren, wenn Währungsfonds und Rettungsschirm das Ausfallrisiko deutlich mindern.[226] Der letztverantwortliche Financier dieser Schulden und Bankrotte, der zukünftige Steuerzahler – als vermeintlicher Sicherheitsgeber und Nachschusspflichtiger in unbegrenzter Höhe –, ist an diesen Kreditverträgen und Garantieversprechen nicht beteiligt, wird aber in einem fiktiven „Generationenvertrag" als Kernschuldner in Pflicht genommen. Dieser Vertrag darf unbeteiligte Dritte nicht belasten.

2. Die zerstörende Macht langfristiger Zinslasten

Wenn die Staaten ihre Schulden nicht durch Rückzahlung verringern, sie eher zusätzliche Schulden anhäufen, aber verlässlich ihre Zinsen zahlen, sind sie dem Finanzmarkt ein willkommener Schuldner. Sie laufen aber in eine Zinsfalle, die im Ergebnis zerstörerisch wirkt. Das System von Zins und Zinseszins steigert schon bei gleichbleibender Schuld allein durch Zeitablauf die Zinslast, setzt also beim staatlichen Schuldner eine – dank Wirtschaftswachstum und entsprechend höherer Steuererträge – wachsende Finanzkraft voraus, die schlechthin unerreichbar ist. Nach einer Faustformel wird sich eine mit 8 Prozent verzinste Darlehensforderung, wie sie für manche Schuldenstaaten bald Realität zu werden droht, in etwa 9 Jahren verdoppeln, in 18 Jahren vervierfachen, nach 36 Jahren das 16fache der ursprünglichen Schuld betragen.[227] Diese Vergütung für die Überlassung von Kapital[228] ist unabhängig von dem tatsächlichen Nutzen des Kapitals für den Staatshaushalt. Selbst wenn ein Neudarlehen nicht ausreicht, um die Zinsen für das Altdarlehen zu begleichen, bleibt der Schuldner zur Zinszahlung verpflichtet. Gewährt der Gläubiger das Neudarlehen allerdings in Kenntnis eines den Staat treffenden Verbots der weiteren Neuverschuldung, der Haushaltsnotlage oder gar der drohenden Zahlungsunfähigkeit, stellt sich die Frage nach dem Ende der Zinslasten in einem schier endlosen Dauerschuldverhältnis.

Das Unbehagen wächst, wenn nicht der Darlehensschuldner seine Schuld zurückzahlen soll, die Gläubiger nicht rückzahlbarer Kredite vielmehr ihre Zinsforderungen auf die Allgemeinheit einer Nationalökonomie, eines Währungsverbundes oder einer Gruppe von weniger verschuldeten Staaten zu überwälzen suchen. Der Finanzmarkt erwartet insbesondere in der Europäischen Union Gewährleistungen, in denen Nichtschuldner für Schulden ihrer Währungspartner einstehen sollen.

Die Tradition, auf der unser Wirtschaftssystem ruht, kannte seit langem Zinsverbote und strenge Grenzen des Geldverleihs.[229] Doch immer wieder setzt sich auch religiös die Auffassung durch, dass eine Welt ohne Schuld und Schulden eine Illusion ist, der Schuldenerlass im Sabbatjahr das Einlösungsvertrauen gefährdet, der Zins der Preis für die Kaufkraft ist, die der Darlehensnehmer vorzeitig gewinnt, um seine Zukunft zu gestalten. Und auch das Handeln des Menschen aus Habgier, Ehrgeiz, Neid, Spiel und Wette gehört zur Realität menschlicher Verhaltensantriebe. Es geht deshalb nicht darum, diese Bedingungen menschlichen Handelns in Frage zu stellen oder prinzipiell zu bekämpfen. Die Aufgabe lautet, dem Markt und der Verschuldung eine Ordnung zu geben, sie so zu organisieren, dass sie den Menschen Freiheit und nicht Abhängigkeit, Wohlstand und nicht Armut bringt.

Grundsätzlich werden die Gläubiger ihre Zinsforderungen zwangsweise durchsetzen. Auch Staaten droht die Alternative, entweder ihre Altschulden durch Neuschulden zu Bedingungen des Kreditgebers zu verlängern oder aber bei Zahlungsschwäche Staats- und Volksvermögen sowie staatliche Entscheidungen der Macht des Kreditgebers zu unterwerfen. Der Marktpreis weicht einem politischen Preisdiktat. Die Gegenleistung droht sich vom wirtschaftlichen Leistungsaustausch zu einem politischen Entgegenkommen zu verschieben. Die Macht des Geldes ist in der Lage, die Struktur von Staat, Wirtschaft und Gesellschaft grundlegend zu verändern.

Diese Gefahr eines Umsturzes gilt es rechtzeitig abzuwehren. Deshalb muss das Recht Maßstäbe und Ziele eines Denkens und Handelns in einer finanzwirtschaftlichen Kultur des Maßes entwickeln, das Anwachsen von Schulden, Zinsen und Zinseszinsen stoppen, die staatlichen Schulden

III. Dauerzinsen bei Darlehen ohne Rückzahlungswillen 63

zurückführen und den Staatskredit als alltägliches Finanzierungsmittel des Staates grundlegend in Frage stellen. Der demokratische Finanzstaat schuldet seinen Bürgern, sie vor einem Übermaß an Schulden zu schützen, vor einer Kreditabhängigkeit zu bewahren, ihnen das für ein Wirtschaftssystem unverzichtbare Einlösungsvertrauen des Geldes zu erhalten und seine Autonomie gegenüber dem Finanzmarkt zu sichern.

3. Gesamtzinslast allenfalls bis zu 100 Prozent der Darlehenssumme

Das Übermaß an Darlehenslasten, das gegenwärtig zu vermeiden ist, betrifft bei den heutigen Staatsdarlehen ohne Rückzahlungswillen vor allem die Zinsen. Wenn die staatliche Darlehensschuld kein Ende findet, immer wieder durch neue Kredite abgelöst wird, so werden die Zinszahlungen zu einer Dauerlast, die in der Addition über die Jahre hinweg die Gesamtsumme des geschuldeten Darlehens erreichen oder übersteigen kann. Zwar mag der jährliche Zinssatz je nach vertraglich vereinbarter Anschlussfinanzierung auch einmal sinken; der Zins bleibt aber ein Entgelt für Altschulden, die zur Finanzkraft des Jahreshaushalts, aus dem die Zinsen gezahlt werden müssen, nichts mehr beitragen. Das System der Jährlichkeit von Budget, Steuerzahlung und Finanzverantwortlichkeit[230] fordert deshalb eine Begrenzung der aus einem Dauerkredit folgenden Zinslasten. Diese Grenze könnte eine zeitliche sein, sich an der Wahlperiode des Deutschen Bundestages von 4 Jahren (Art. 39 Abs. 1 Satz 1 GG) orientieren, auch an der durchschnittlichen Restlaufzeit von 6 Jahren für Staatsschulden[231] ausrichten und dabei gesetzlich vorgeben, dass Zinsen bei Staatsschulden über diesen Zeitrahmen hinaus nicht bezahlt werden. Bei einer solchen Befristung würde der vereinbarte Zins steigen, damit aber auch der Gegenwart, die durch das Darlehen begünstigt ist, die Last der Zinsen zuweisen.

Wichtiger wäre aber, bei Staatsschulden die Gesamtzinslast auf höchstens 100 Prozent des gewährten Darlehens zu begrenzen. Übersteigt die Zinsgesamtsumme den Darlehensbetrag, so entfällt entweder jede weitere Zinszahlungspflicht oder die weitergezahlten Zinsen wirken von nun an wie Tilgungsleistungen. Zinszahlungen können, wenn sie die Darlehnssumme erreicht haben, nicht mehr als angemessenes Entgelt für die zur Verfügung gestellten Mittel gerechtfertigt werden, erscheinen eher als eine um ihrer selbst Willen gezahlte, gegenleistungslose Dauerverbindlichkeit. Dabei ergibt sich das technische Problem, dass die Darlehensdauerschuld formal in verschiedene Darlehensverträge der erstmaligen Darlehenshingabe und der folgenden Anschlussfinanzierungen aufgeteilt ist, bei diesen Verträgen oft verschiedene Vertragspartner die Kreditgeber sind, das Problem des Gesamtdauerdarlehens und der Gesamtzinslast so vertragsrechtlich parzelliert wird. Deshalb müssen alle noch verbliebenen Altschulden in einer Art Übergabebilanz bei jedem neuen Kreditvertrag desselben staatlichen Schuldners in Bilanzkontinuität – der Dauer des Darlehens, der gezahlten Gesamtzinsen, eventueller Rückzahlungen – anteilig auf die neuen Verträge übertragen werden. So macht eine Gesamtrechnung bewusst, dass der neue Kredit dem Staat keine zusätzlichen finanziellen Handlungsmöglichkeiten bietet, er vielmehr der Anschlussfinanzierung dient und deshalb als Ergänzungsvertrag zum bisherigen Darlehensvertrag begriffen werden muss.

Deutschland muss Jahr für Jahr rund 330 Milliarden Euro (entweder zurückzahlen oder) durch neue Kredite ablösen. Inwieweit der deutsche Staat dabei weiterhin das Vertrauen der Kreditgeber genießt, deutsche Staatsanleihen weiter verkauft werden können, bestimmen nicht das staatliche Gesetz oder die staatliche Regierung, sondern die Nachfrager – in ihrem Wissen, ihrem Vertrauen, ihren Geschäftsstrategien.[232] Nicht gefragt werden die Wähler, die diese Darlehenslasten und diese Risiken zu tragen haben. Nicht gefragt werden auch die zukünftigen Wähler, auf die diese Lasten bisher vertraglich überwälzt worden sind. Deswegen müssen sich ein Parlament und eine Regierung vor Augen halten, dass die Demokratie ihnen nur Macht auf Zeit gewährt, sie in dieser ihnen zugestandenen Zeit Darlehensgunst und Darlehenslast zur Deckung zu bringen haben.

Schließlich sollte ernstlich bedacht werden, ob eine endlose Zinslast als Tilgung umqualifiziert werden kann, wenn der Zinssatz bei vertraglicher Verlängerung des Darlehens steigt. Steigt der Zins für ein früher genommenes Darlehen um 1 Prozent, sollte die Zahlung dieses einen Prozents zugleich Tilgung sein. Würde der vom Staat zu bezahlende Zins um 1 Prozent anwachsen, könnten in einem Jahr zusätzliche Zinsausgaben von 20 Milliarden Euro jährlich fällig werden, bei einem Zinsanstieg um 2 Prozentpunkte stiegen die Zinsausgaben um 40 Milliarden Euro jährlich.[233] Diese Zuwächse sind dem Staatsbürger von heute als Zahlungen für Altschulden allenfalls zumutbar, wenn sich dadurch die ihn heute nicht mehr begünstigende Altschuld entsprechend verringert.

Durch diesen Zusammenhang von Zinserhöhung und unterstellter Tilgung dürfte die Bereitschaft der Kreditgeber zu einem Staatskredit nur wenig vermindert werden. Schon gegenwärtig rechnen die Kreditgeber nicht mit zeitnahen Tilgungsleistungen. Sollten sie jedoch zögern, dem

Staat weitere Kredite anzubieten, so wäre dieses – jedenfalls nach einer Zeit schonender Übergänge – ein wirksames Mittel, um das grundsätzliche Neuverschuldungsverbot des Grundgesetzes[234] durchzusetzen, die Verlängerung der Altschulden aus dem Mechanismus der Anschlussfinanzierung herauszuführen und den Weg zu einer strukturellen Neukonzeption der Altschulden zu bahnen. Dabei ist der Gedanke der Umschuldung – des Schuldenerlasses zugunsten der Handlungsfähigkeit und wirtschaftlichen Haushaltsführung des Staates – kein Tabu.

IV. Verletzung grundgesetzlicher Kreditschranken

1. Die Staatsverschuldung als stetige Rechtsverletzung

Die Gesamtschulden der öffentlichen Haushalte in Deutschland wuchsen bis Ende des Jahres 1969 auf rund 63 Milliarden Euro.[235] Heute, 42 Jahre später, beträgt allein die explizite Staatsverschuldung über 2 000 Milliarden Euro.[236] Die schwer zu bemessenen impliziten Staatsschulden, die insbesondere auf Pensionsverpflichtungen und zukünftigen Ansprüchen gegenüber den umlagefinanzierten Sozialversicherungen beruhen,[237] übersteigen die offenen Schulden erheblich.[238] Die offenen Schulden sind durch eine stetige Verletzung des deutschen Verfassungsrechts entstanden. Wären die Vorgaben des Grundgesetzes befolgt worden, gäbe es die Schuldenkrise in Deutschland nicht.

Die Staatsverschuldung gegenwärtigen Ausmaßes in der Europäischen Union verletzt auch das Europarecht.[239] Hätten die Mitgliedstaaten der Europäischen Union das geltende Europarecht beachtet, wäre die europäische Staatsschuldenkrise vermieden worden. Die Staatsschuldenkrise ist eine Krise des Rechts. Die Europäische Union aber ist eine Rechtsgemeinschaft.[240] Die Verletzung des Staatsschuldenrechts entrechtlicht diesen Staatenverbund des Rechts, gefährdet die Autorität des Rechts. Die Staatsschuldenkrise nimmt der legitimen Ausübung öffentlicher Gewalt durch das demokratische Staatsvolk eine Rechtsgrundlage, schwächt die Bindungen des Verfassungsrechts und damit das Mandat der Staatsorgane.

2. Die alte Schuldenbremse des GG und der Übergang zur neuen Schuldenbremse

a) Der Weg in die deutsche Schuldenkrise

Der maßgebliche Grund, warum die Staatsschulden in den letzten vier Jahrzehnten dramatisch angestiegen sind, liegt in einem Neuverständnis des Staatshaushaltes, der nicht allein der jährlichen Finanzierung der Staatsausgaben aus den jährlichen Staatseinnahmen dient, sondern den Staat zur Konjunkturpolitik drängt, deshalb den Staatshaushalt auf das „gesamtwirtschaftliche Gleichgewicht" verpflichtet.[241] Die Regel, keine oder kaum öffentliche Kredite aufzunehmen, wich einer Kreditpolitik, deren Art und Höhe von den – erwarteten oder erhofften – gesamtwirtschaftlichen Wirkungen abhing.[242]

Die ursprüngliche Fassung des Art. 115 GG orientierte sich an der einschlägigen Bestimmung der Weimarer Verfassung.[243] Sie war von dem Gedanken eines materiellen Haushaltsausgleichs bestimmt, den Art. 109 Abs. 3 S. 1 und Art. 115 Abs. 2 S. 1 GG nunmehr in ihren aktuellen Fassungen ausdrücklich aufnehmen. Kredite bedurften – wie auch heute – einer gesetzlichen Grundlage. Sie waren „nur bei außerordentlichem Bedarf und in der Regel nur für Ausgaben zu werbenden Zwecken" erlaubt.[244] Das Grundgesetz hat die Staatsverschuldung so in einem erträglichen Maß gebunden – bis zur Reform im Jahr 1969.[245]

Den Wendepunkt, den diese Reform im politischen Umgang mit den Staatsschulden markiert, mag der Rücktritt des Finanzministers *Alex Möller* im Mai 1971 verdeutlichen. *Alex Möller* wollte eine nach heutigen Maßstäben noch maßvolle Kreditaufnahme – die Gesamtschulden stiegen von rund 72 auf knapp 80 Milliarden Euro[246] – nicht verantworten und trat insbesondere deshalb zurück. Er fürchtete „um die Stabilität und Seriosität des Bundeshaushalts und wollte nicht als ‚Inflationsminister' in die Geschichte der Bundesrepublik Deutschland eingehen".[247] Einen Rücktritt eines Finanzministers aus diesen Motiven hat es seitdem nicht mehr gegeben.[248] Die Stabilität des Haushalts ist dann seit dem Jahr 1975, in dem die Staatsschulden um rund 33 Milliarden Euro erhöht wurden,[249] mit jedem Haushaltsjahr weiter untergraben worden.[250] Die Gefahr von Instabilität ist heute greifbar.[251]

b) Art. 115 GG alte Fassung – die verfehlte Investitionsgrenze

Die rechtliche Wendemarke für den seit 1975 gebildeten Schuldensockel liegt in der Verfassungsänderung im Jahre 1969.[252] Die Reform sollte „die Haushalts- und Finanzwirtschaft des Bundes aus dem engen

IV. Verletzung grundgesetzlicher Kreditschranken

Korsett der Annuität und der Objektorientierung herausführen" und eine Wirtschafts- und Finanzpolitik unter Beachtung der konjunkturellen Entwicklung ermöglichen.[253] Im Sinne der ökonomischen Theorie von J. M. Keynes sollte die staatliche Haushalts- und Finanzpolitik auf eine antizyklische Konjunktursteuerung ausgerichtet werden, die eine mehrjährige Wirtschaftsentwicklung umfasst.[254] Dieser Gedanke wurde aber chronisch missachtet, weil nie, auch nicht bei guter konjunktureller Lage, Schulden getilgt wurden.[255] Die Staatsverschuldung ist kontinuierlich gestiegen.[256]

Nach Art. 115 Abs. 1 S. 2 GG in der Fassung des Jahres 1969[257] dürfen die Einnahmen aus Krediten die Summe der im Haushaltsplan veranschlagten Ausgaben für Investitionen nicht überschreiten. Die Begrenzung der jährlichen Krediteinnahmen durch die jährlichen Investitionsausgaben[258] war von vornherein nicht sachgerecht.[259] Die Investitionsgrenze litt zudem darunter, dass der Investitionsbegriff nie wirklichkeitsnah gefasst, sondern in einer tatbestandlichen Weite für neue Schulden genutzt wurde.[260]

In der Verschuldungspraxis bildet nicht die Investitionsgrenze, sondern Art. 115 Abs. 1 S. 2 Hs. 2 GG a.F. den maßgeblichen rechtlichen Grund für die überhöhte Staatsverschuldung. Hiernach darf von der Investitionsgrenze „zur Abwehr einer Störung des gesamtwirtschaftlichen Gleichgewichts" abgewichen werden. Diese Ausnahme wurde zur Regel. In den Jahren 1969–2010 wurde in 17 Jahren ein gesamtwirtschaftliches Ungleichgewicht festgestellt; ökonomische Analysen zählen zwischen 1991 und 2005 insgesamt 68 Verstöße gegen Art. 115 GG und entsprechende Ländervorschriften.[261] Die im Jahr 1969 eingeführte verfassungsrechtliche Schranke der Staatsverschuldung verlor ihre Kraft.

Der Rechtsbegriff der „Störung des gesamtwirtschaftlichen Gleichgewichts" wurde bis heute nicht hinreichend als Ausnahmetatbestand konkretisiert.[262] Mit der Verfassungsänderung 1967 wurde § 1 S. 2 des StWG[263] erlassen, der den Begriff des gesamtwirtschaftlichen Gleichgewichts durch vier Teilziele konkretisierte: die Stabilität des Preisniveaus, einen hohen Beschäftigungsstand, ein außenwirtschaftliches Gleichgewicht und ein stetiges und angemessenes Wirtschaftswachstum. Diese vier Ziele bilden ein „magisches Viereck". Es bedarf der Magie, alle Ziele zur gleichen Zeit zu erfüllen. Die Ziele sind kaum präzise zu fassen, unbestimmt. Das „magische Viereck" war zudem von vornherein unvollständig. Das Viereck wird um das Erfordernis stabiler Staatsfinanzen, den Erhalt einer lebenswerten Umwelt, humane Arbeitsbedingungen, den Gedanken des sozialen Staates, eine gerechte Einkommens- und Vermögensverteilung, die Sicherung der Ressourcen, eine europäische und internationale Zusammenarbeit, die globale Verantwortung der Industriestaaten und eine allgemeine Zukunftssicherung ergänzt, damit in die Grenzenlosigkeit des Wünschbaren erweitert.[264] Der Staatshaushalt, „wegen seines Umfangs" ein „gewichtiger Faktor des Wirtschaftslebens",[265] lässt sich durch diesen Wunschzettel rechtlich nicht begrenzen.

Die öffentliche Hand suchte von vornherein nicht die Bindung in einem Rechtstatbestand, sondern richtete sich auf eine kontinuierliche Störung des gesamtwirtschaftlichen Gleichgewichts ein, die Verfassungsgrenzen sprengen sollte, ohne immer durch Wirtschaftsdaten belegt zu sein. Dabei wurde ein weiteres Tatbestandsmerkmal des Art. 115 Abs. 1 S. 2 HS. 2 GG a.F. missachtet. Eine Störung des gesamtwirtschaftlichen Gleichgewichts vermag ein Abweichen von der Investitionsgrenze, also höhere Kredite allenfalls zu rechtfertigen, wenn die Kredite das geeignete Mittel sind, die Störung abzuwehren. Eine Kreditaufnahme, die nicht die Inlandsnachfrage erhöht, die öffentliche Hand nicht durch die so verursachte Belebung der Konjunktur und die Erhöhung der Steuereinnahmen befähigt, die Kredite zurückzuzahlen, die vielmehr die Staatsverschuldung kontinuierlich erhöht, öffentliche und private Investitionen behindert und damit die Konjunktur niederdrückt, ist zur Abwehr der Störung des gesamtwirtschaftlichen Gleichgewichts weder bestimmt noch geeignet.

c) Der Übergang zur neuen Schuldenbremse

Die Verfassungsänderung 1967/1969 hat die gegenwärtige Staatsschuldenkrise rechtlich erleichtert. Deshalb war es sachgerecht, Art. 109 und Art. 115 GG im Jahre 2009 zu reformieren. Art. 109 Abs. 2 GG fordert von Bund und Ländern, die europarechtlichen Stabilitätskriterien zu beachten. Nach Art. 109 Abs. 2 GG erfüllen Bund und Länder „gemeinsam die Verpflichtungen der Bundesrepublik Deutschland aus Rechtsakten der Europäischen Gemeinschaft auf Grund des Artikels 104 des Vertrags zur Gründung der Europäischen Gemeinschaft zur Einhaltung der Haushaltsdisziplin." Das geltende Verfassungsrecht, neugefasst im Jahr 2009,[266] verweist hier auf eine europarechtliche Bestimmung, die heute nicht mehr in Kraft ist. Diese Bestimmung ist aber dynamisch zu verstehen. Sie nimmt das geltende europäische Stabilitätsrecht, Art. 126 AEUV und das aus dieser Regel entwickelte einfache Europarecht, auf.[267] Verbindlich sind aber nur die Verschuldungsgrenze des Unionsrechts und daraus erwachsende Rechtsakte, nicht europäische Verhaltensweisen jenseits des Rechts.

IV. Verletzung grundgesetzlicher Kreditschranken

Art. 109 Abs. 3 S. 1 GG verpflichtet nunmehr Bund und Länder zu einem materiellen Haushaltsausgleich. Ausnahmen sind im Falle von Naturkatastrophen oder außergewöhnlichen Notsituationen und nur unter begrenzten Voraussetzungen aus konjunkturellen Gründen – verbunden mit einer Tilgungsregelung – zulässig.[268] Nach Maßgabe des Art. 143 d Abs. 1 GG gelten diese Vorgaben für den Bund erst für das Haushaltsjahr 2016,[269] für die Länder erst für das Haushaltsjahr 2020.[270] Solche Übergangsregeln sind sachgerecht. Die öffentliche Hand hat sich in einer über vierzigjährigen Praxis darauf eingelassen, Teile des Haushalts durch Schulden zu finanzieren. Würde das Verfassungsrecht nunmehr abrupt anordnen, den verfassungswidrigen Zustand in einem Haushaltsjahr in einen verfassungsgemäßen zu überführen, also den Gesamtschuldenstand von 81,22 Prozent des BIP im Jahre 2010 wieder auf die Schuldengrenze von 60 Prozent zurückzuführen, so wären in einem Haushaltsjahr bald 800 Milliarden Euro zurück zu zahlen,[271] bei einem Gesamtsteueraufkommen von rund 530 Milliarden (2010)[272] ein unmögliches Unterfangen. Der Weg zurück zum Recht braucht schonende Übergänge.

Dennoch entfalten die neuen Verfassungsgrenzen für die Staatsverschuldung schon heute Wirkungen. „Mit dem Abbau des bestehenden Defizits" im Haushalt des Bundes „soll" – so die ausdrückliche Regelung – „im Haushaltsjahr 2011 begonnen werden". Die jährlichen Haushalte sind so aufzustellen, dass der Bund im Haushaltsjahr 2016 das Erfordernis eines ausgeglichenen Haushalts erfüllt. Das Nähere regelt ein Bundesgesetz.[273] Dieses Bundesgesetz fordert, „das strukturelle Defizit des Haushaltsjahres 2010 ab dem Jahr 2011 in gleichmäßigen Schritten" zurückzuführen.[274] Den Ländern gibt die Bestimmung vor, ihre Haushalte so aufzustellen, dass im Haushaltsjahr 2020 die Vorgaben eines Neuverschuldungsverbots erfüllt werden.[275]

Gegenwärtig bestehen Zweifel, ob die Übergangsregelungen zum neuen Staatsschuldenrecht von Bund und Ländern gewahrt werden. Im Jahr 2010 wurden die Schulden des Gesamtstaates von rund 1700[276] auf über 2000 Milliarden Euro[277] gesteigert, im ersten Jahr nach Erlass der neuen Schuldenregelungen so stark wie nie zuvor erhöht. Diese Erhöhung der Schulden galt allerdings dem Kampf gegen die Krise. Im Jahr 2011 stiegen die staatlichen Einnahmen im Vergleich zum Vorjahr um 5,6 Prozent – der höchste Anstieg seit dem Jahr 1994.[278] Es wird mit einer weiteren, allerdings deutlich geringeren Neuverschuldung gerechnet. Das Übergangsrecht und die neuen Schuldenbremsen drohen gleichwohl verletzt zu werden.

Die Erfahrungen mit dem Staatsschuldenrecht verdeutlichen, dass verfassungsrechtliche Schuldengrenzen vom Willen der Verfassungsorgane getragen werden müssen. Ohne den Willen, die Gegenwart dürfe nicht im Übermaß zu Lasten der Zukunft Staatsausgaben veranschlagen, werden die schuldenbegrenzenden Regelungen die Finanzverantwortung der Gegenwart nicht stärken, die Gestaltungsfreiheit der zukünftigen Generation nicht schützen.[279] Eine gerichtliche Kontrolle wirkt allenfalls für zukünftige Haushalte, kann ausgegebene Haushaltsmittel nicht zurückrufen, aufgenommene Kredite kaum zurückgeben. Die Verfassungsorgane müssen ihre Rechtlichkeit – ihr Mandat, allein nach Maßgabe des Grundgesetzes zu handeln, – selbst erneuern.

V. Verletzung europarechtlicher Kreditschranken

1. Verstoß gegen die Verschuldensobergrenze

Die Europäische Union ist als Friedensgemeinschaft und als Binnenmarkt erfolgreich, muss aber gegenwärtig um ihren Erfolg als Stabilitätsgemeinschaft ringen. Das ist dem Europarecht bewusst. Es setzt der öffentlichen Verschuldung der Mitgliedstaaten klare Grenzen. Diese Grenzen wurden in den letzten Jahren überschritten.

Gem. Art. 126 Abs. 1 AEUV vermeiden die Mitgliedstaaten ein übermäßiges öffentliches Defizit, d.h. einen öffentlichen Schuldenstand höher als 60 Prozent des Bruttoinlandsprodukts. Art. 126 Abs. 1 AEUV begründet eine echte Rechtspflicht.[280] Diese Verschuldensgrenze bestimmt maßgeblich die dem Rat obliegende „Prüfung der Gesamtlage",[281] aus der sich dann die Sanktionen[282] für ein übermäßiges Defizit ergeben. Dabei ist insbesondere festzustellen, ob eine Verletzung der Verschuldensgrenze die Gesamtschuld des Staates wachsen lässt, oder aber, ob sie ein Zwischendatum auf dem Weg zur Entschuldung darstellt. Die Zuständigkeit für die endgültige Beurteilung der Haushalts- und Verschuldungslage eines Mitgliedstaates liegt bei dem ECOFIN-Rat, dem Rat in der Zusammensetzung der Wirtschafts- und Finanzminister. Damit sind die Schranken einer Staatsverschuldung zwar materiell prägnant geregelt. Ihre Durchsetzung leidet aber an einem Verfahren, das eine Selbstbeanstandung und Selbstsanktion vorsieht, die in einem politischen Verfahren nicht zu erwarten ist. Alle bisherigen Defizitverfahren[283] endeten ohne Sanktionen.[284]

Die prägnanten Verschuldungsgrenzen des Protokolls über das Verfahren bei einem übermäßigen Defizit wurden seit Jahren verletzt[285] und werden auch gegenwärtig nicht beachtet. Im dritten Quartal des

V. Verletzung europarechtlicher Kreditschranken

Jahres 2011 haben nach den Daten des Statistischen Amtes der Europäischen Union nur 13 der 27 Mitgliedstaaten der Europäischen Union die 60-Prozent-Grenze eingehalten.[286] Die höchsten Verschuldungsquoten wurden in Griechenland (159,1 Prozent), Italien (119,6 Prozent), Portugal (110,1 Prozent) und Irland (104,9 Prozent) verzeichnet, die niedrigsten in Estland (6,1 Prozent), Bulgarien (15,0 Prozent) und Luxemburg (18,5 Prozent). Deutschland liegt mit einem Schuldenstand von über 80 Prozent des Bruttoinlandsproduktes auf Platz neun der 27 Mitgliedstaaten. Im Vergleich zum Vorjahr weisen zwanzig Mitgliedstaaten der Europäischen Union einen Anstieg, nur sieben einen Rückgang der Verschuldungsquote auf. Die höchsten Anstiege belasten Griechenland (20,3 Prozentpunkte), Portugal (18,9 Prozentpunkte) und Irland (16,5 Prozentpunkte). Die stärksten Rückgänge entlasten Schweden (1,6 Prozentpunkte), Luxemburg (1,4 Prozentpunkte) und Bulgarien (0,9 Prozentpunkte). Im Euroraum erhöhte sich der durchschnittliche Schuldenstand im Vergleich zum Vorjahr von 83,2 auf 87,4 Prozent, in der gesamten Europäischen Union von 78,5 auf 82,2.[287] Die Kommission geht für Deutschland für das Jahr 2013 von einem öffentlichen Schuldenstand von 81,8 Prozent des Bruttoinlandsproduktes aus. Frankreich läge bei 85,1 Prozent, Portugal bei 99,4 und das Vereinigte Königreich für die Jahre 2014/2015 bei 85,2 Prozent. Die größten Defizite werden nach diesen Berechnungen Griechenland mit 156,9 Prozent im Jahr 2014, Irland 106,1 Prozent im Jahr 2015 und Italien mit 120,6 Prozent im Jahr 2012 aufweisen. Nur Finnland, Schweden, Estland und Luxemburg werden hiernach die europarechtlichen Vorgaben befolgen.[288]

Die europäischen Schuldengrenzen werden somit von der Mehrheit aller Mitgliedstaaten der Europäischen Union und der Eurogruppe verletzt. Die Rechtsgemeinschaft der Europäischen Union leidet an chronischer Rechtsvergessenheit.

2. Der Weg zurück zum Recht auf schwankendem Rechtsboden

Das Europarecht sucht eine überhöhte Staatsverschuldung zu vermeiden, weist aber kaum finanzpolitische Wege aus einer dennoch eingetretenen Schuldenkrise. Dieser Mangel des Vertrages gibt Anlass, den Vertrag zu ändern. Eine solche Änderung allerdings ist wegen des Einstimmigkeitserfordernisses nicht erreichbar. Deswegen entwickelt sich eine europapolitische Praxis, die dem – tatsächlich oder vermeintlich – wirtschaftlich Notwendigen einen Stabilisierungsweg am Rande oder jenseits des Rechts zu erschließen sucht. Der Rückweg in die Stabilität soll durch eine Umdeutung, letztlich durch einen Bruch des geltenden Rechts geebnet werden, nimmt dann aber in Kauf, dass die Sanierungsmaßnahmen verformte, labil gewordene Rechtstatbestände zurücklassen. Oder das Sanierungskonzept wählt bewusst – ähnlich einem Insolvenzverwalter – einen Weg, der zwar während der Sanierung noch in der Rechtswidrigkeit verbleibt, sich aber Schritt für Schritt dem Rechtmäßigen annähert.[289]

a) Marktabhängige Zinsen

Art. 123 Abs. 1 AEUV verbietet der Europäischen Zentralbank und den nationalen Zentralbanken „Überziehungs- oder andere Kreditfazilitäten" und den „unmittelbaren Erwerb von Schuldtiteln" zugunsten von Mitgliedstaaten. Die Bestimmung untersagt jede Form der Finanzierung der öffentlichen Haushalte durch die Zentralbanken. Staatliche Kredite müssen am Markt aufgenommen werden. Der Staat soll die marktbedingten Lasten einer zu hohen Kreditaufnahme spüren, soll erfahren, dass sinkendes Vertrauen in seine Bonität höhere Zinsen zur Folge hat. Das Verbot dient auch der Unabhängigkeit der Zentralbanken. Aufgrund der ausdrücklichen Eingrenzung bleibt der mittelbare – durch den Markt vermittelte – Erwerb von Schuldtiteln an den Kapitalmärkten zulässig.[290]

Die EZB und die nationalen Zentralbanken haben in der Eurokrise Schuldtitel der Mitgliedstaaten und öffentlicher Stellen erworben.[291] Um diese Art der Stabilisierungspolitik zu rechtfertigen, beginnt eine Debatte, welche Staatsanleihen nicht erworben werden dürfen.[292] Mit guten Gründen wird eingewandt, die EZB dürfe keine Staatspapiere minderer Bonität erwerben und nicht zusichern, „die Schuldtitel minderer Bonität weiterhin zu Refinanzierungsgeschäften zuzulassen".[293] Doch dominiert der Gedanke eines ökonomischen Zwangs zum Handeln.[294] Schließlich ist rechtlich wie ökonomisch zu bedenken, dass die Bundesbank anteilig für jeden Euro, den die EZB verleiht, einzustehen hat. Damit ist das Risiko für die deutschen Steuerzahler definiert, aber auch die wesentlichere Frage aufgeworfen, ob das Krisenmanagement vorrangig geldwerte Verluste vermeiden oder aber Geldverluste hinzunehmen hat, um das politische System und die demokratische Legitimation der Mandatsträger zu erneuern. Die Finanzautonomie der Staaten und die Unabhängigkeit der Zentralbank sind Güter, die nicht für einen monetären Gegenwartsvorteil oder finanzpolitischen Zeitgewinn eingetauscht werden dürfen.

Insgesamt beachtet die politische Praxis die Grenzen des Art. 123 Abs. 1 AEUV gegenwärtig nicht.

V. Verletzung europarechtlicher Kreditschranken 73

b) Finanzielle Eigenverantwortlichkeit

Art. 125 Abs. 1 AEUV sichert das solide Haushaltsverhalten jedes Mitgliedstaates, indem ihm bewusst gemacht wird, dass er eigenverantwortlich für seine Schulden einstehen muss. Jeder Mitgliedstaat soll bei Haushaltsschwäche die dann üblichen Reaktionen der Kapitalmärkte – insbesondere Zinsaufschläge – fürchten, nicht stattdessen auf eine allgemeine, dann geringere Anhebung des Zinsniveaus für alle Eurostaaten hoffen.[295] Deshalb enthält Art. 125 Abs. 1 AEUV einen umfassenden Haftungsausschluss, der unmittelbar anwendbar ist.[296] Für die Schulden eines Mitgliedstaates dürfen weder die Union noch die anderen Mitgliedstaaten haften oder eintreten. Die Tatbestandsmerkmale des Vertrages „haften" und „eintreten" schließen alle Formen des Einstehenmüssens für die Verbindlichkeit eines Mitgliedstaates aus. Sie erfassen eine Pflicht zur Haftung, aber auch ein freiwilliges Eintreten für fremde Verbindlichkeiten.[297] Ausgeschlossen sind also Kredite, Garantien, Einstandsversprechen und andere Maßnahmen, die eine ähnliche Wirkung haben.[298] Die Ernstlichkeit dieses Haftungs- und Garantieausschlusses wird durch Art. 125 Abs. 1 Satz 2, 2. Halbsatz AEUV bestärkt, der ausnahmsweise gegenseitige finanzielle Garantien vorsieht, diese aber auf gemeinsam durchgeführte Einzelvorhaben beschränkt.

Die vorläufige Europäische Finanzstabilisierungsfazilität („EFSF"), der vorübergehende europäische Finanzstabilisierungsmechanismus („EFSM") und der permanente Europäische Stabilitätsmechanismus („ESM"), der die Aufgaben der vorläufigen Regelungen übernehmen soll, ermöglichen den Mitgliedstaaten, anderen Mitgliedstaaten finanzielle Hilfe zu leisten.[299] Um dieser – dem Text und Sinn des Art. 125 Abs. 1 AEUV widersprechenden – Finanzierungspraxis rechtliche Barrieren aus dem Weg zu räumen, wird die These entwickelt, ein freiwilliges Einstehen werde von Art. 125 Abs. 1 AEUV nicht untersagt.[300] Daneben werden diese „Mechanismen" gerechtfertigt, „weil die Mitgliedstaaten der Eurogruppe nicht für Verbindlichkeiten anderer Mitgliedstaaten, sondern für die von der EFSF aufgenommenen Kredite bürgen".[301] Eine sog. „Fazilität", eine Zweckgesellschaft oder ein „Mechanismus" soll dem Haftungsausschluss die Wirkung nehmen, die Garantie für eine stabile Haushaltswirtschaft durch eine Zwischenstufe zwischen zahlenden und nehmenden Mitgliedstaaten umgangen werden.[302] Schließlich wird auf eine ungeschriebene Notkompetenz verwiesen, die Notmaßnahmen rechtfertige.[303]

Die Union praktiziert ein Problemlösungskonzept fragwürdiger Umdeutungen des Rechts,[304] statt ein Sanierungskonzept der stufenweisen

Annäherung an das Recht auf den Weg zu bringen. Die vertragswidrigen Rettungsversprechen werden zur Geschäftsgrundlage weiterer Kreditvergaben. Die daraus hervorgehenden Kreditverträge geraten in den Sog einer wachsenden Rechtsferne.

c) Außergewöhnliche Ereignisse

Art. 122 Abs. 2 AEUV bestätigt das Vertragskonzept präventiver Eigenverantwortlichkeit jedes Staates. Einem anderen Mitgliedstaat darf ein finanzieller Beistand nicht nach einer entsprechenden Absprache, sondern nur gewährt werden, wenn der Mitgliedstaat „aufgrund von Naturkatastrophen oder außergewöhnlichen Ereignissen, die sich seiner Kontrolle entziehen, von Schwierigkeiten betroffen oder von gravierenden Schwierigkeiten ernstlich bedroht" ist.[305] Eine übermäßige Staatsverschuldung ist keine Naturkatastrophe, auch kein Ereignis, das sich der Kontrolle des Staates entzieht. Der Staat hat die Schulden selbst aufgenommen und immer wieder in autonomen Budgetentscheidungen verlängert und erhöht. Auf Grundlage des Art. 122 AEUV dürfen gegenwärtig keine Maßnahmen zur Stabilisierung des Euros erlassen werden.[306]

Der Rat ging allerdings beim Erlass zur Einführung eines europäischen Finanzstabilisierungsmechanismus[307] davon aus, dass die „beispiellose Weltfinanzkrise und der globale Konjunkturrückgang, die die Welt in den beiden letzten Jahren erschütterten, [...] das Wirtschaftswachstum und die Finanzstabilität schwer beeinträchtigt und die Defizit- und Schuldenposition der Mitgliedstaaten stark verschlechtert" haben. „Die Verschärfung der Finanzkrise hat für mehrere Mitgliedstaaten des Eurogebiets zu einer gravierenden Verschlechterung der Kreditkonditionen geführt, die darüber hinausgeht, was sich durch wirtschaftliche Fundamentaldaten erklären ließe. Wird in dieser Situation nicht umgehend gehandelt, könnten Stabilität, Einheit und Integrität der Europäischen Union insgesamt ernsthaft bedroht sein. Angesichts dieser außergewöhnlichen Situation, die sich der Kontrolle der Mitgliedstaaten entzieht, erscheint es notwendig, unverzüglich einen Unionsmechanismus zur Wahrung der Finanzstabilität in der Europäischen Union einzuführen".[308] Hiernach ist nicht die zu hohe Staatsverschuldung die Ursache für die Krise, sondern die Weltfinanzkrise. Auf dieser Grundlage wird auch die Zahlungsunfähigkeit Griechenlands gegenwärtig auf die globale Finanzkrise zurückgeführt. „Denkt man sich die weltweite Finanzkrise und das dadurch entstandene Misstrauen der Kapitalmärkte in die Zahlungsfähigkeit schwächerer Schuldner hinweg, drohte die Zahlungsunfähigkeit eines Mitgliedstaates wie Irland oder Spanien nicht. Selbst Griechenland wäre trotz seiner kreativen Buchführung aller Wahrscheinlichkeit nach ohne die weltweite Finanzkrise jedenfalls nicht jetzt und nicht in dem gegenwärtigen Umfang in Zahlungsschwierigkeiten geraten".[309]

Diese Deutung vermag nicht zu überzeugen, wird der selbst verursachten Schuldenlast der genannten Staaten nicht gerecht. Der öffentliche Schuldenstand im Vergleich zum Bruttoinlandsprodukt zu Marktpreisen betrug im dritten Quartal des letzten Jahres in Griechenland 159,1, in Italien 119,6, in Portugal 110,1 und in Irland 104,9 Prozent.[310] Dieses Übermaß mag teilweise auch auf die Weltfinanzkrise und den globalen Konjunkturrückgang zurückzuführen sein. Maßgebliche Ursache der hohen Staatsverschuldung, der Instabilität der öffentlichen Haushaltswirtschaft und damit der Eurokrise ist aber, dass die Konvergenzkriterien – seit Jahren und schon lange vor 2008 – kontinuierlich verletzt worden sind.[311] Die Bundeskanzlerin betont zurecht, dass die „gegenwärtige Krise im Euro-Raum […] von der Ursache her eine Staatsschuldenkrise" ist, auf „Versäumnissen und Fehlern der Vergangenheit" beruhe.[312] Die Eurokrise entzieht sich nicht der Kontrolle der Eurostaaten, sondern wurde durch ihre Schuldenpolitik, durch den kontinuierlichen Verstoß gegen das Europarecht verursacht. Die Euro-Staaten und die Union haben nun den Weg zurück zum Stabilitätsrecht der AEUV zu bahnen. Dieser Auftrag zum Handeln ist offenkundig. Dabei steht Art. 122 Abs. 2 AEUV als Rechtsgrundlage für die gegenwärtigen Maßnahmen der Eurorettung nicht zur Verfügung.

d) Die gesamtwirtschaftliche Vermögensbilanz

Das deutsche und europäische Stabilitätsrecht wurde kontinuierlich missachtet. Die Folgen des steten Rechtsbruchs sind für Deutschland, also einen Staat, dessen Finanzlage im europäischen Vergleich als stabil bezeichnet wird, alarmierend. Vergewissert man sich angesichts der deutschen Schuldenlast von mehr als 2 Billionen Euro des in der gesamten Volkswirtschaft verfügbaren Vermögens, so ergeben sich folgende Zahlen[313]: Im Jahre 2009 – die Daten des Staates liegen für das Jahr 2010 noch nicht vor – belief sich das gesamte volkswirtschaftliche Vermögen auf 15 076,3 Milliarden Euro. Nach Abzug der Auslandsverbindlichkeiten in Höhe von 4 401,6 Milliarden Euro betrug das Reinvermögen der Volkswirtschaft 10 674,7 Milliarden Euro. Davon entfallen auf den Staat 1 912,7 Milliarden Euro für das Jahr 2009. Nach Abzug des Fremdkapitals von 1 720,2 Milliarden Euro verbleibt ein staatliches „Eigenkapital" von 192,5 Milliarden Euro im Jahre 2009, das im Jahr 2010 wegen der weiter angestiegenen Verschuldung gegen Null tendiert. Das Nettovermögen des Staates hat vor

20 Jahren bei 52 Prozent des Bruttoinlandsprodukts gelegen, ist seitdem fast aufgebraucht worden, steht somit für künftige Generationen nicht mehr zur Verfügung. Angesichts dieser Daten kann Deutschland kaum mehr als finanzkräftiger Nothelfer definiert werden.[314]

Bei dieser Vermögensbilanz stellt sich die Frage, ob die Produktivität der Wirtschaft in Deutschland diese Entwicklung beenden und ins Gegenteil kehren kann, ob eine Gesamtverschuldung, die eher auf die 90 Prozent als auf die 60 Prozent des BIP zustrebt, die Struktur von Staat und Wirtschaft gefährdet, ob eine solche Zukunftslast den Bürgern von heute und – bei sinkender Bevölkerungszahl – mehr noch den Bürgern von morgen zuzumuten ist. Der Handlungsbedarf ist gewaltig. Die Handlungsinstrumente bleiben noch im Nebel eines rechtlich ungeregelten Sanierungskonzepts.

VI. Annäherung an das Recht, keine Pflicht zur Untätigkeit

1. Geschriebenes Recht gibt keine Antwort

Die wirtschaftspolitischen Maßnahmen zur Überwindung der Finanz- und Verschuldungskrise betreffen nicht die „Währungspolitik", die in der ausschließlichen Zuständigkeit der Union liegt,[315] sondern sie gehören zu der „Wirtschaftspolitik", die von den Mitgliedstaaten koordiniert wird.[316] Die Mitgliedstaaten betrachten ihre Wirtschaftspolitik „als eine Angelegenheit von gemeinsamem Interesse" und koordinieren sie im Rat.[317] Die derzeitigen Hilfsmaßnahmen der Mitgliedstaaten der Währungsunion sind aber eher eigenverantwortliche Entscheidungen der Mitgliedstaaten, die sich von der Aufgaben- und Kompetenzordnung der Europäischen Union lösen, in den Einzelregelungen des AEUV keinen angemessenen Beurteilungsmaßstab finden.[318] Das Präventivkonzept der Europäischen Union ist vorerst gescheitert, ein Rechtskonzept zurück zur Stabilität muss erst noch gefunden werden. Insgesamt[319] bieten die Verträge nur den Weg eines Vertragsänderungsverfahrens, das neue Pfade aus der Euro-Krise weist, wenn die Präventionsregeln die Krisen nicht vermeiden konnten. Doch ein Konsens aller 27 EU-Mitgliedstaaten ist kaum erreichbar.[320]

Auch die Maßstäbe des deutschen Verfassungsrechts haben eine überhöhte Verschuldung nicht verhindern können, weil der Investitionsbegriff zu labil begriffen, die Ausnahme einer Störungsabwehr auch in stabilen Jahren in Anspruch genommen worden ist.[321] Vor allem aber ist die

VI. Annäherung an das Recht, keine Pflicht zur Untätigkeit   77

Nettokreditaufnahme in guten Zeiten nicht – wie ehemals *Keynes*[322] und nunmehr Art. 115 Abs. 2 Satz 4 GG es vorsehen – zurückgeführt und so die Normallage eines steuerfinanzierten Staates hergestellt worden.

Das Recht drängt die Staatsorgane aber nicht sehenden Auges in die Untätigkeit, hindert sie nicht, das Gute – eine Stabilisierungspolitik – zu tun, wenn das Bessere – ein legaler Stabilisierungsweg – noch nicht erreichbar ist. Die beteiligten Regierungen sehen sich gedrängt, das Recht als Fessel einer effizienten Stabilisierung abzuschütteln, bewahren sich aber das Bewusstsein, dass die Krise durch Rechtsvergessenheit verursacht worden ist, sie nur durch ein Zurück zur Rechtmäßigkeit überwunden werden kann.

2. Not braucht ein Gebot

Wenn das Recht einen Zustand missbilligt, den Staat aber in der erwarteten – rechtmäßigen – Normallage abschließend so bindet, dass die Wege aus der dennoch eingetretenen Notlage versperrt sind, bedeutet dieses nicht, dass der Staat passiv beobachtend der Fehlentwicklung ihren Lauf lassen müsste. Vielmehr bleiben die rechtlich vorgegebenen Ziele, insbesondere der Rechtsstaat, die Demokratie, die Stabilitätsgemeinschaft, verbindlich. Die Wege zur Zielerreichung müssen neu gesucht werden.

Wenn die Not besonders groß ist, wird auf ein ungeschriebenes Notrecht zurückgegriffen, das „als eine vom geschriebenen Recht unabhängige, übergeordnete Norm" gelten soll.[323] Diese Rechtsfigur ist dem Völkerrecht nicht unbekannt,[324] hat auch den Vorzug, das geschriebene Recht nicht durch notstandsähnliche Erwägungen zu verfremden und damit einen Notstand der Normen zu befördern. Doch der Gedanke „Not kennt kein Gebot" ist jedenfalls nicht geeignet, die gegenwärtige schwere Finanz- und Verschuldungskrise zu bewältigen. Verfassungsrechtlich regelt das Grundgesetz selbst für den Verteidigungsfall – das Bundesgebiet wird mit Waffengewalt angegriffen – eine eigene Notstandsverfassung, um auch in diesem Fall einer extremen Notlage ein Mindestmaß an Verfassungsstaatlichkeit zu gewährleisten.[325] Soweit der Staat bei den Sanierungsmaßnahmen Recht setzt, verbietet Art. 79 Abs. 1 Satz 1 GG jede Änderung des Grundgesetzes ohne ausdrückliche Änderung oder Ergänzung seines Wortlauts. Die Verfassung darf nur durch Änderung der Verfassungsurkunde, außerdem nur mit Zustimmung von zwei Dritteln der Mitglieder des Bundestages und der Stimmen des Bundesrates[326] und unter Wahrung einer inhaltlichen Identität[327] geändert oder ergänzt werden.[328] Verfassungsdurchbrechungen sind allenfalls zulässig, wenn und soweit das Grundgesetz diese vorübergehenden Abweichungen ausdrücklich erlaubt.[329]

Die Europäische Union verfügt nach dem „Grundsatz der begrenzten Einzelermächtigung"[330] nur über jene Zuständigkeiten, die ihr von den Mitgliedstaaten übertragen worden sind.[331] Die Unionsorgane gewinnen nur zusätzliche Kompetenzen durch Vertragsänderung mit Ratifikation durch sämtliche Mitgliedstaaten. „Herren der Verträge" sind die Mitgliedstaaten.[332] Doch auch diese Staaten können nun nicht jenseits der Verträge[333] abweichende Handlungs- und Regelungsformen wählen. Sie sind insoweit auf die Vertragsurkunde und deren Änderung verwiesen.

Das rechtlich gebotene Ziel, die vertragliche Konzeption der Währungsunion als Stabilitätsgemeinschaft[334] wiederherzustellen, darf nicht in einen notstandbedingten rechtsfreien Raum führen, muss vielmehr stetig und unverzüglich den Weg zum Recht zurückfinden. Rechtssicherheit ist Bedingung der Geldwertstabilität. Das Einlösungsvertrauen in das Geld stützt sich jeweils auf eine Rechtsgemeinschaft – eines Staates oder eines Staatenverbundes[335] –, braucht als Schuldverschreibung der öffentlichen Hand die institutionelle Ordnung und das Maß des Rechts, um Stabilität zu bewahren und zurückzugewinnen.[336] In der Hand des Staates ist Geld Grundlage staatlichen Besteuerns, der staatlichen Haushaltswirtschaft und des Leistungsstaates, steht insoweit unter dem Vorbehalt des Gesetzes, zumindest des Haushaltsgesetzes.[337] Vor allem aber darf die finanzielle Not nicht das Demokratieprinzip mit seinem Kernpunkt des parlamentarischen Budgetrechts[338] lockern. Rechtsstaatlich steht auch der eigentumsrechtliche Schutz für das Geld als geprägte Freiheit[339] einer Entrechtlichung entgegen. Das Recht drängt eine überhöhte Staatsverschuldung zurück in die verfassungsrechtliche Kultur des Maßes und die durch dieses Maß bestimmte parlamentarische Verantwortlichkeit. Jeder andere Weg birgt in sich die Gefahr erhöhter Instabilität.

Die anonyme Größe des Finanzmarktes, die als Anbieter von Krediten den Staaten überhöhte Schulden ermöglicht, teilweise sogar auf den Niedergang von Staaten wettet, muss in die Ordnung des Rechts zurückgeführt werden. Ohne Recht wären auch die Kreditverpflichtungen unverbindlich. Finanz- und Verschuldungsnot braucht das Gebot, findet nur am Maß strikt verbindlicher, Verlässlichkeit und Vertrauen schaffender Rechtsregeln in die Stabilität zurück. Der Staat und die Europäische Union wären ruiniert, ließe ein Sanierungskonzept eine Ruine des Rechts zurück.

3. Überdehnung von Rechtstatbeständen

Keinen Weg zurück zum Recht bietet auch eine Uminterpretation der geltenden Rechtsmaßstäbe, die einzelne Tatbestände überdehnen, damit vorläufig von Rechtswidrigkeiten ablenken mögen, dadurch aber die Rechtsverbindlichkeiten zerstören, die gerade als Ziel der Rechtsangleichung benötigt werden.[340]

Wenn gegenwärtig die verfassungsrechtlichen Verschuldungsverbote (Art. 109, Art. 115) und die europarechtlichen Präventivregeln – Verschuldungsgrenze (Art. 126 AEUV), Einstandsverbot (Art. 125 AEUV), Verbot marktferner Kreditvergabe (Art. 123 AEUV) – in die Unverbindlichkeit umgedeutet würden, so ginge das Ziel der Annäherung an das Recht verloren. Teilruinen des Rechts blieben zurück. Bei Instabilität des Rechts sind aber die Union und der Euro nicht zu stabilisieren.

4. Annäherung an den rechtlich gebotenen Zustand

Die Finanz- und Verschuldungskrise fordert deshalb von den beteiligten Staaten, dass sie sich baldmöglichst und stetig dem rechtlich gebotenen Zustand annähern. Wenn die staatliche Realität sich gegenwärtig vom Recht entfernt hat, sind die Staatsorgane verpflichtet, den rechtlich gebotenen Zustand soweit als möglich wieder zu erreichen. Das Grundgesetz regelt in seinem Text ausdrücklich einen derartigen stufenförmigen Rechtsanpassungsprozess.[341] Art. 143 GG[342] erlaubt für eine Übergangszeit zur inneren Wiedervereinigung Deutschlands ein Abweichen von Verfassungsnormen des Grundgesetzes in den verfassungsrechtlichen Grenzen der unverzichtbaren Grundprinzipien des Grundgesetzes. Die Rechtsordnungen der früheren Bundesrepublik Deutschland und der früheren DDR waren so unterschiedlich, dass sie nicht durch einen Rechtsakt – den Einigungsvertrag[343] – zusammengeführt werden konnten, vielmehr eine Übergangsfrist schrittweiser Annäherung benötigen. Für die neuen Verschuldungsgrenzen und Konsolidierungshilfen der Art. 109 und 115 GG sieht Art. 143 d GG haushaltsrechtliche Anpassungsstufen bis zum Haushaltsjahr 2016 für den Bund und zum Haushaltsjahr 2020 für die Länder vor, anerkennt damit, dass eine Haushalts- und Schuldensanierung nach dem Jährlichkeitsprinzip der Staatshaushalte nur in gestuften Schritten möglich ist.

Das Bundesverfassungsgericht hat in der Entscheidung zum Saarstatut[344] den Rechtsgedanken anerkannt, dass rechtliche Regelungen, die eine bestehende, mit der Verfassung nicht übereinstimmende Ordnung schrittweise abbauen, dann nicht als verfassungswidrig qualifiziert werden dürfen, wenn der durch sie geschaffene Zustand „näher beim Grundgesetz steht" als der vorher bestehende. Dadurch bedingte Einschränkungen von Verfassungsnormen können für eine Übergangszeit hingenommen werden, wenn sie darauf gerichtet sind, dem der Verfassung voll entsprechenden Zustand näher zu kommen. Unverzichtbare Verfassungsgrundsätze dürfen jedoch nicht angetastet werden.[345]

Während beim Saar-Statut das Besatzungsrecht der grundgesetzlichen Ordnung anzunähern war, ließ sich das verfassungsrechtliche Wiedervereinigungsgebot nur im Zusammenwirken mit den Siegermächten verwirklichen, brauchte also auch eine Phase gestufter Annäherung.[346] Nach der Wiedervereinigung hatte das Bundesverfassungsgericht die unterschiedlichen Teilrechtsordnungen in West und Ost teilweise durch vorläufige Anordnungen zu überbrücken, insbesondere zum Schutz des vorgeburtlichen Lebens, da das Recht in der alten Bundesrepublik die Strafbarkeit des Schwangerschaftsabbruchs kannte, in der ehemaligen DDR einen Anspruch auf Schwangerschaftsabbruch nach ärztlichem Votum vorgesehen hatte.[347] Weist eine Regelung schwieriger und komplexer Sachverhalte verfassungserhebliche Mängel auf, sieht das Bundesverfassungsgericht vorrangig den Gesetzgeber beauftragt, sachgerechte Lösungen zu finden.[348] Dem Normgeber bleibt bei komplexen, in der Entwicklung begriffenen Sachverhalten ein zeitlicher Anpassungsraum.[349]

Im Bereich des Finanz- und Steuerrechts anerkennt das Bundesverfassungsgericht häufig einen gesetzlichen Anpassungsraum, der die Erfordernisse verlässlicher Finanz- und Haushaltsplanung und eines gleichmäßigen Verwaltungsvollzugs für Zeiträume einer weitgehend schon abgeschlossenen Veranlagung berücksichtigt,[350] der aber vor allem auch dem Gesetzgeber Zeit zubilligt, um eine anspruchsvolle, grundlegende Neuregelung zu treffen.[351]

Das Prinzip der stufenförmigen Rechtsanpassung führt so in den Bahnen des Rechts zurück zum Rechtsstaat. Dieser Weg hat wesentliche Vorzüge:[352]

– Das Ziel, die Stabilitätsgemeinschaft zurückzugewinnen, ist Bedingung und Maßstab aller Ausnahmemaßnahmen. Jeder Einzelakt ist als Schritt zu mehr Stabilität zu rechtfertigen. So entsteht ein starker Druck auf eine Stabilisierungseffizienz.

– Alle Maßnahmen bleiben eine rechtfertigungsbedürftige Ausnahme, berühren also den Inhalt und den Verbindlichkeitsgrund des Rechts der Normallage nicht. Die Präventivregeln der Verschuldungsgrenzen,[353] der finanzwirtschaftlichen Eigenverantwortung jedes Staa-

VI. Annäherung an das Recht, keine Pflicht zur Untätigkeit

tes[354] und der marktabhängigen Zinsen[355] sowie die Begrenzung der Ausnahmemaßnahmen bei unbeeinflussbaren außergewöhnlichen Ereignissen[356] bezeichnen rechtsverbindlich das Annäherungsziel.

– Die stufenförmige Rechtsanpassung ist auf das baldige Erreichen der rechtlichen Normalität angelegt, erlaubt also strukturell[357] nur vorläufige Maßnahmen. Die Fortsetzung einer stabilitätsgefährdenden Verschuldungspolitik ist ausgeschlossen. Gerechtfertigt sind nur verlässliche Übergänge zu mehr Stabilität, in der Regel zur Verringerung der Verschuldungs- und Zinslast. Ein dauerhafter Beistandsmechanismus (ESM) ist auf diesem Weg nicht erreichbar. Erst recht sind Eurobonds und Anleihen von Euro-Staaten, für die alle Euro-Staaten einstehen sollen, im Rahmen einer Annäherung an das Recht unzulässig.[358] In dieser Vorläufigkeit kommen der haushaltsrechtliche Parlamentsvorbehalt und die damit verbundene Öffentlichkeit zur Wirkung.

– Der Weg zu mehr Stabilität schließt es aus, dass die Annäherungsmaßnahmen unaufgebbare Grundprinzipien wie den Haushaltsvorbehalt der mitgliedstaatlichen Parlamente, den Schutz des verfassungsrechtlich garantierten Eigentumsinstituts[359] gegen eine Inflationspolitik, das Prinzip der begrenzten Einzelermächtigung[360] lockern oder gar aufgeben.

– Die gestufte Annäherung setzt eine Abwägung zwischen Erreichtem und Unerreichbarem voraus, fordert also eine stetige Vergewisserung, ob die schrittweise Annäherung an das Stabilisierungsziel ein Abweichen von der rechtlichen Normallage rechtfertigt. Jeder einzelne Schritt muss als Teil des noch nicht möglichen großen Schrittes zur Normalität legitimiert werden. Dieses setzt ein prägnantes – möglichst quantifizierbares – Ziel der Stabilität voraus. Die Vagheit eines „magischen Vierecks" kommt als Rechtfertigungsgrund nicht in Betracht.[361] Geboten ist eine konkrete Ziel-Mittelabwägung. Pauschalberufungen rechtfertigen nicht. Dabei ist auch nüchtern zu erwägen, ob einem Land mit flexiblen Wechselkursen, nach einem Ausscheiden aus der Währungsunion, nachhaltiger und schonender geholfen ist. Das Ausscheiden eines kleinen Landes würde die Währungsunion nicht gefährden.

– Die gestufte Rechtsanpassung bewegt sich nachhaltig auf den rechtlich gebotenen Normalzustand zu. Kommt diese Bewegung ins Stocken, fällt die materielle Annäherungsrechtfertigung in die ursprüngliche Kompetenzfrage zurück: Entweder sind Vertrag und Verfassung zu ändern, um den Anpassungsprozess rechtlich neu zu regeln; oder es kommt zum abrupten Bruch einer Rechtswidrigkeitsqualifikation, die auch das Verfahren einer Staatenresolvenz einleiten kann.

– Eine gestufte Rechtsanpassung stellt die verfassungsrechtlichen Verschuldungsgrenzen (Art. 109 Abs. 2–5, Art. 115 Abs. 2 GG) und die europarechtlichen Verschuldungsmaßstäbe (Art. 122–126 AEUV) wieder her. Der Erfolg liegt in der erneuerten Geltungskraft der bisherigen Ordnung des Verfassungsrechts und des primären Europarechts. Erreicht die gestufte Rechtsannäherung ihr Ziel – stabiles Recht und stabile Finanzen –, hinterlässt sie keine Rechtsruine, sondern hat den Weg zur Normalität des alten Rechts gefunden.

VII. Legitimation der Annäherung in größtmöglicher Rechtsbindung

Die schrittweise Rückkehr zur Stabilitätsgemeinschaft findet in dem Haushaltsausgleich von Einnahmen und Ausgaben ohne Verschuldung ihr klares Ziel. Auf dem Weg zu diesem Ziel muss die schrittweise Annäherung möglichst die Kompetenz- und Formenordnung wahren, die ihr das Recht auferlegt.

1. Der Ausgangsbefund

Dies gilt insbesondere bei dem Ausgangsbefund der gegenwärtigen Finanz- und Schuldenkrise:
– Die Schuldenkrise ist entstanden, weil der Stabilitäts- und Wachstumspakt und der Art. 126 Abs. 1 AEUV allgemein ersichtlich – spätestens seit dem Beschluss des Rates vom 5.6.2007[362] – gebrochen, seitdem von der Mehrzahl der Mitgliedstaaten stetig verletzt worden ist.
– Als Ausweg aus der Rechtswidrigkeit dieser überhöhten Verschuldung wählt die Politik den Weg, einem finanziell gefährdeten Land durch Zahlungen und Garantieversprechen beizustehen. Damit wird das Beistandsverbot des Art. 125 AEUV verletzt, das zum Ziel hat, jedes Land an einer sorglosen Verschuldung zu hindern, nicht auf die Hilfe der Union und ihrer Mitgliedsländer zu hoffen, wenn es zu einer Schuldenkrise kommt. Gleichzeitig vernachlässigt die gegenwärtige Stabilisierungspolitik die Idee der Art. 123 und 124 AEUV, wonach die Zentralbanken den Mitgliedstaaten weder direkte Kredite gewähren noch deren Schuldtitel unmittelbar erwerben dürfen, die Mitgliedstaaten damit unmittelbar die Gesetzmäßigkeiten des Marktes – höhere Zinsen bei höherem Risiko – erfahren sollen.[363]

VII. Legitimation der Annäherung

– Die überhöhte Staatsverschuldung Deutschlands verletzt das Grundgesetz in seiner alten Verschuldungsgrenze, der Beschränkung der jährlichen Verschuldung auf die jährliche Investitionssumme, wie auch in der neuen Schuldengrenze, die strukturell eine Neuverschuldung untersagt. Doch weist die Verfassung in Art. 143 d GG einen ausdrücklichen Weg des Übergangs von dem bisherigen verfassungswidrigen in einen verfassungsgemäßen Zustand. Dieser Übergang ist befristet. Er wird gefährdet, wenn die Bundesrepublik Deutschland gegenwärtig als Mitglied der Euro-Gemeinschaft veranlasst wird, Sicherungszusagen für andere Staaten mit nichtkalkulierbaren Belastungswirkungen abzugeben. Außerdem wird das Parlament zeitlich überstürzt und teilweise nur in einem Ausschuss verkürzt beteiligt, damit die Budgethoheit des Parlaments in Frage gestellt.[364]

2. Rückkehr zu Verantwortlichkeitsstrukturen

Eine Kompetenzordnung legitimiert Hoheitsentscheidungen formal, weist rechtliche Verantwortlichkeiten zu.[365] Je weniger hoheitliche Entscheidungen – wie die Haushalts- und Verschuldungsentscheidungen – für sich eine vorgegebene Richtigkeit oder Gerechtigkeit beanspruchen können,[366] desto mehr braucht die Entscheidung die Legitimation der Kompetenz, in der die Demokratie die individuelle Teilhabe an staatlichen Entscheidungen organisiert, der Rechtsstaat grundrechtliche Distanz zum Staat, Abwehr staatlicher Eingriffe und gerichtliche Gegenwehr gegen staatliches Unrecht gewährleistet.[367]

Das demokratische Prinzip ist nicht abwägungsfähig, ist unantastbar,[368] ist aber seinem Inhalt nach auf das friedliche Zusammenwirken der Nationen und die europäische Integration angelegt.[369] Kernkompetenz des Demokratieprinzips ist die Zuständigkeit des mitgliedstaatlichen Parlaments für alle den Haushalt betreffenden Entscheidungen.[370] Das Demokratieprinzip setzt den Kompetenzen der Unionsorgane klare Grenzen. Nach Art. 23 Abs. 1 Satz 1 wirkt Deutschland an der Entwicklung der Europäischen Union, an einem europäischen Staatenverbund mit, in dem die Mitgliedstaaten ihre Hoheitsgewalt teilweise gemeinsam ausüben, ermächtigt die deutschen Staatsorgane aber nicht, Hoheitsrechte derart zu übertragen, das durch ihre Ausübung eigenständig weitere Zuständigkeiten für die Europäische Union begründet werden können.[371] Das Prinzip der begrenzten Einzelermächtigung ist auf dieser Grundlage nicht nur ein europarechtlicher Grundsatz,[372] sondern nimmt mitgliedstaatliche Verfassungsprinzipien auf. Die Verpflichtung der Europäischen Union, die jeweilige nationale Identität der Mitgliedstaaten zu achten,[373] bringt vertraglich die staatsverfassungsrechtliche Grundlegung der Unionsgewalt, die Idee des Verbundes eigenständiger Staaten zum Ausdruck.[374] Die Europäische Union verliert ihre Eigenart und Legitimation als Rechtsgemeinschaft, wenn die rechtliche Zuweisung von Handlungsbefugnissen und Handlungsverantwortlichkeiten ihrem Handeln nicht mehr das Maß gibt. Dieses gilt insbesondere im Rahmen der Währungsunion.

Nach der Vergemeinschaftung des Währungsrechts[375] sind die wesentlichen geldrechtlichen Befugnisse von den Mitgliedstaaten auf die Europäische Zentralbank übergegangen.[376] Im europäischen System der Zentralbanken ist ein Verwaltungs- und Verantwortungsverbund entstanden,[377] der den supranationalen Stabilitäts- und Wachstumspakt sichert und gegenwartsnah rechtlich begleiten sollte. Dabei genießen die Zentralbanken Unabhängigkeit,[378] sollen in dieser Unabhängigkeit das Währungswesen dem Zugriff von Interessentengruppen und der an einer Wiederwahl interessierten politischen Mandatsträger entziehen.[379]

Diese rechtlichen Vorgaben hat die Politik der stufenweisen Annäherung an das Stabilitätsziel bei jedem Schritt zu beachten. Die Kompetenzansprüche der gegenwärtigen politischen Akteure verwirren: Mitglieds- und Unionsentscheidungen, Entscheidungen innerhalb, neben und gegen den Unionsvertrag, eine Rechtsetzung und ein Vorgriff auf zukünftige Rechtsetzung, ein in Form eines „Paktes" gekleidetes Versprechen auf Rechtsänderung sollen zur Stabilisierung beitragen. In der gegenwärtigen Annäherungsphase ist deshalb klarzustellen, welches Organ auf welcher Kompetenzgrundlage handelt, wer die stetige Annäherung an das Stabilitätsziel erreichen kann und verantwortet. Dabei sind insbesondere alle für einen Staat belastenden Haushaltsentscheidungen – Ausgabenverpflichtungen und Garantieversprechen – in einem geordneten parlamentarischen Budgetverfahren zu treffen. Das Parlament bleibt seinen Wählern gegenüber der Garant maßvoller Ausgaben, zurückgeführter Schulden und grundrechtsgebundener Besteuerung. Das ESZB bleibt ein eigenständiges, unabhängiges Organ, das im Prinzip der Preisstabilität vor allem die Geldeigentümer schützt, dadurch ein deutliches Gegengewicht gegen die im anonymen „Finanzmarkt" in Erscheinung tretenden Interessen der Kapitalgeber, Anleger, Wettanbieter und Wettbeteiligten setzt. Jeder Schritt, in dem für das ESZB ein Stück Unabhängigkeit zurückgewonnen wird, ist ein Stabilisierungsschritt.

VII. Legitimation der Annäherung

3. Das Konzept der Stabilitätsgemeinschaft

Diese Kompetenzbindungen gelten insbesondere auch für hochverschuldete, deshalb hilfesuchende Staaten und für die Europäische Union. Die praktische Bedeutung dieser Rechtspflichten ist offensichtlich:

- Ein hochverschuldeter, deshalb fremde Hilfe beanspruchender Staat gibt mehr Geld aus, als seine Steuerpflichtigen ihm zur Verfügung gestellt haben, beansprucht dann eine Ausgabenpolitik zu Lasten fremder Steuerkraft. Er entscheidet sich für das Ausgabenübermaß und beansprucht dafür die Solidarität anderer.
- Die Dritthaftung und Drittgarantie setzt das urdemokratische Mäßigungsinstrument außer Kraft, nach dem der Staat seinen Bürgern nur das geben kann, was diese ihm vorher bei der Steuerbewilligung gegeben haben. Der auf die Verschuldung dank Drittgarantien bauende Staat setzt strukturell die rechtlichen Vorkehrungen gegen ein finanzpolitisches Übermaß außer Kraft.
- Das demokratische Parlament kann seine Steuer- und Haushaltsentscheidungen nicht mehr vollständig vor seinen Wählern verantworten, wenn es Steuern zugunsten Dritter erhebt, Haushaltsentscheidungen zulasten des eigenen Staates und zugunsten eines anderen Staates trifft, in Haftungs- und Garantieversprechen die Finanz- und Haushaltsplanung ihrer Schätzungsgrundlagen beraubt.
- Der Grundsatz einer wirtschaftlichen und ordnungsgemäßen Haushalts- und Wirtschaftsführung – Maßstab parlamentarischer Selbstkontrolle und der Rechnungsprüfung – würde fast ins Gegenteil verkehrt, wenn die rechnerisch höchsten Haushaltsdefizite ungeachtet ihrer Ursachen und ihrer Vermeidbarkeit aus den rechnerisch stabilsten Haushalten finanziert werden, Großzügigkeit und Verschwendung Schulden auf den Sparsamen überwälzen könnten.
- Die Autorität des Rechts, damit des inneren Friedens und der Rechtsgemeinschaft des europäischen Staatenverbundes leidet, wenn Stabilitäts- und Solidaritätsgarantien (Art. 123, 125, 126 AEUV) fast schon programmatisch außer Acht gelassen werden, die Politik nur noch nach dem ökonomisch Möglichen und Wirksamen sucht, das Maß des Rechts als Maxime ihres Verhaltens insoweit nicht ernstlich in Betracht zieht.
- Die Haushalts- und die Europapolitik und deren Repräsentanten verlieren an Vertrauen, weil der Mensch demjenigen vertraut, der nach ihm vertrauten Maßstäben – dem allgemeinen Recht – verlässlich handelt. Wer regelmäßig das Recht verletzt, erscheint nicht mehr ver-

lässlich, nicht berechenbar, nicht vertrauenswürdig. Ein Politiker, der den verfassungsrechtlichen und europarechtlichen Grundlagen seines Handelns Wirksamkeit und Verbindlichkeit nähme, entzöge seinem Amt und seinem Mandat die Rechtsgrundlage. Er verlöre seine Handlungsbefugnis.

– Das rechtliche Band der Europäischen Union und der Euro-Union knüpfen der EUV und der AEUV sowie die mitgliedstaatlichen Verfassungen, die die verfassten Staaten zu einer Mitwirkung bei der Entwicklung der Europäischen Union ermächtigen und dazu verfassungsrechtliche Grenzen ziehen.[380] Der Unionsvertrag begründet eine Rechtsgemeinschaft, in der unabhängige und souveräne Staaten „im Einklang mit den bestehenden Verträgen einige ihrer Befugnisse gemeinsam ausüben".[381] Soweit europäische Einrichtungen und Organe den Unions-Vertrag in einer Weise handhaben oder fortbilden, die von dem Vertrag, wie er dem Zustimmungsgesetz des jeweiligen Mitgliedstaates zugrunde liegt, nicht mehr gedeckt ist, „wären die daraus hervorgehenden Rechtsakte im deutschen Hoheitsbereich nicht verbindlich. Die deutschen Staatsorgane wären aus verfassungsrechtlichen Gründen gehindert, diese Rechtakte in Deutschland anzuwenden".[382] Die Europäische Union ist eine Rechtsgemeinschaft und kann nur als solche existieren.

– Dieses Rechtskonzept der europäischen Integration drängt die Mitgliedstaaten der Euro-Gemeinschaft, baldmöglichst in die „Stabilitätsgemeinschaft"[383] zurückzukehren. Die Neuverschuldung ist bis zum Erreichen der Verschuldungsgrenze auf Null zurückzuführen. Konzepte zur Sanierung oder Festigung des Euro sind nicht in den nach Art. 125 AEUV verbotenen Verbindlichkeiten zu suchen, die zur Haftung oder zum Eintritt für fremde Schulden verpflichten. Die Unabhängigkeit der EZB ist wiederherzustellen. Verbindliche Rückkehrpfade böte allenfalls eine Vertragsänderung. Würde die aktuelle Politik diese Form der verfassungsändernden oder plebiszitären Legitimation einer Vertragsänderung scheuen, weil Staatsvolk oder Parlamente sich gegen eine solche Änderung entscheiden könnten, vermiede die Politik bewusst das rechtlich gebotene Legitimationsverfahren, nähme also die Nichtlegitimation der geplanten Vorhaben in Kauf. Ein solcher politischer Weg in bewusster Entgegensetzung zu Recht und Legitimationsbedürfnis ist allenfalls in besonderer Not als befristeter Ausnahmeweg zulässig. Die Stabilität ist baldmöglichst zurückzugewinnen, neue Wege sind zur Überzeugung und mit Zustimmung von Parlament und Staatsvolk zu erschließen.

VII. *Legitimation der Annäherung*

– Eine kreditfinanzierte Konjunkturpolitik droht gegenwärtig die Stabilität des Euro weiter zu gefährden, die Krise zu verschärfen. Das Gebot der Stunde weist auf eine nachhaltige Konjunkturpolitik, die auf Reformen des Sozial-, Arbeits-, Steuer- und Familienrechts setzt.
– Die Kreditwürdigkeit finanzschwacher Staaten kann nach geltendem Recht und verbindlichen Legitimationsprinzipien allenfalls vorübergehend durch die Haftung oder das Einstandsversprechen von Drittstaaten begründet werden. Stabilität, Rechts- und Legitimationsgrundlagen erreicht diese Politik nur, wenn sie zu den Maßstäben des EUV, des AEUV und des Grundgesetzes zurückkehrt. Andernfalls droht die Gefahr einer Destabilisierung, einer Rechtsentfremdung, eines allgemeinen Protestes. Stabilität meint stets Rückkehr zum Recht.

C. Vermeiden neuer Schulden

I. Abschirmen des Staatshaushaltes gegen fremden Zugriff

1. Die Steuerzahler finanzieren ihre gemeinsamen Anliegen

Wenn der Staatshaushalt neue Schulden vermeidet und Schulden abbaut – dabei auch Staatsaufgaben verringert und Staatseinnahmen mehrt –, schließlich einen ausgeglichenen Haushalt ohne Schulden vorlegt, machen diese Maßnahmen nur Sinn, wenn sie der Konsolidierung des eigenen Haushaltes dienen, nicht Begehrlichkeiten anderer Staaten wecken. Würde die Stabilität des eigenen Staatshaushaltes gestärkt, zugleich aber für die Stabilisierung fremder Staatshaushalte eigene Stabilität verloren, wären die dafür erforderlichen Verzichte und Anstrengungen dem eigenen Staatsvolk kaum vermittelbar. Die Steuergleichheit nach individueller Leistungsfähigkeit findet ihr Maß in der Aufgabe, die Lasten dieser demokratischen Gemeinschaft zu finanzieren.[384] Die Steuererträge stehen nur zur Finanzierung der Staatsaufgaben zur Verfügung.[385]

Der demokratische Zusammenhang zwischen Steuereinnahmen und Staatsausgaben begründet die Budgetverantwortung des Deutschen Bundestages. Das Parlament stimmt Einnahmen und Ausgaben jedes Jahr aufeinander ab. Dies hat das Bundesverfassungsgericht gerade für die Autonomie des Deutschen Bundestages gegenüber der Europäischen Union in nunmehr gefestigter Rechtsprechung betont.[386] Der Deutsche Bundestag darf sich nicht – auch nicht durch eigene Gesetzgebung – finanzwirksamen Mechanismen ausliefern, die zu nicht überschaubaren haushaltsbedeutsamen Belastungen ohne vorherige Zustimmung des Parlaments führen können.[387] Das Parlament entscheidet konzeptionell, wie steuerliche Belastungen und staatliche Leistungen aufeinander abgestimmt werden. Die parlamentarische Aussprache über den Haushalt – einschließlich des Maßes der Verschuldung und der Garantieversprechen – ist die politische Generaldebatte des Finanzstaates.[388]

Diese rechtlich umfassende, alleinige Entscheidungs- und Feststellungskompetenz des Gesetzgebers[389] wird in dem Prinzip der Gesamtdeckung[390] bekräftigt. Gesamtdeckung bedeutet, dass alle Einnahmen als Deckungsmittel für alle Ausgaben dienen.[391] Der Kerngedanke des Steuerstaates besagt: Die Steuerzahler finanzieren mit ihren Leistungen ihre gemeinsamen Anliegen. Das Parlament stimmt als deren Repräsentant Steuerkraft und Leistungsbedarf aufeinander ab.

2. Anerkennung dieser Haushaltsautonomie durch die europäischen Verträge

Die Bestimmungen der europäischen Verträge setzen dieses Verständnis der nationalen Haushaltsautonomie voraus: Die Entscheidung über den Haushalt ist eine Kompetenz der Parlamente, die ein Mitgliedstaat nicht aufgeben darf. Die Stabilitätsgemeinschaft[392] des Euro, die Unabhängigkeit der Europäischen Zentralbank, das vorrangige Ziel der Preisstabilität, das Verbot des unmittelbaren Erwerbs von Schuldtiteln öffentlicher Einrichtungen durch die Europäische Zentralbank, das Verbot der Haftungsübernahme und die Stabilitätskriterien für eine tragfähige Haushaltswirtschaft belegen, „dass die Eigenständigkeit der nationalen Haushalte" für die „Währungsunion konstitutiv ist". Eine Haftungsübernahme für finanzwirksame Willensentschließungen anderer Mitgliedstaaten – durch direkte oder indirekte Vergemeinschaftung von Staatsschulden – soll verhindert werden.[393]

Die Staatsorgane der Bundesrepublik Deutschland haben zu gewährleisten, dass der Bundeshaushalt und die Länderhaushalte eigenständig bleiben und alle Steuererträge für staatliche Gemeinaufgaben verwendet werden. Sie haben ökonomische Ausnahmelagen in die Normalität des Rechts zurückzuführen.

- Die finanziell notleidenden Staaten erwarten fremde Hilfe, werden damit aktuell finanzwirtschaftlich stabilisiert, würden mittelfristig aber eher destabilisiert, wenn sie den Eindruck gewönnen, Stabilisierungsanstrengungen könnten sich erübrigen, weil fremde Hilfe bereitsteht.
- Die finanzstärkeren, aber auch verschuldeten Staaten würden in ihren Stabilitätsbemühungen geschwächt, vielleicht sogar entmutigt, wenn die Erfolge von Einnahmenminderungen oder Steuererhöhungen fremden Staaten zugutekäme. Insbesondere die allgemeine Steuermoral würde leiden, wenn die Steuererträge nicht für die Gemeinaufgaben des eigenen Staates gebunden wären.
- Verfügungsgewalt über Geld ist Herrschaft. Deswegen werden der Staat und insbesondere die Staatsorgane, die das ihnen treuhänderisch überlassene Geld anderen Staaten zuwenden oder zumindest zur Stärkung von deren Kreditfähigkeit einsetzen, diese Unterstützung als Instrument politischer Macht nutzen. Diese Macht allerdings ist ver-

I. Abschirmen des Staatshaushaltes gegen fremden Zugriff

fassungsstaatlich gebunden und demokratisch legitimiert. Sie wird im Binnenbereich des Verfassungsstaates verantwortet, ist stetig auf parlamentarische Ermächtigungen angewiesen. Finanzzuweisungen und Garantieversprechen für andere Staaten – Ausübung von Finanzmacht – bedürfen deshalb der parlamentarischen Bestätigung im gebenden und im nehmenden Land: Das Parlament des Geberlandes bewilligt die Mittel und verantwortet diese Entscheidung vor seinem Staatsvolk. Das Empfängerland wird die Entgegennahme von Geld gegen Auflagen parlamentarisch debattieren, sie gutheißen oder ablehnen. Das Geberland ist deswegen weniger der Gefahr ausgesetzt, Geld hinzugeben, sich aber wegen der Auflagen dennoch den Zorn des empfangenden Staatsvolkes zuzuziehen.

3. Rechtsfolgen solidarischer Hilfe

Das Prinzip parlamentarischer Haushaltsautonomie hat zur Folge, dass der Haushaltsgesetzgeber seine Entscheidungen über Einnahmen und Ausgaben „frei von Fremdbestimmung seitens der Organe und anderer Mitgliedstaaten der Union" treffen, er dauerhaft „Herr seiner Entschlüsse" bleiben muss.[394] Ermächtigungen zu Ausgaben, Haftungen und Gewährleistungen jeder Art müssen deshalb so bestimmt sein,[395] dass der Budgetgesetzgeber im Zeitpunkt seiner Entscheidung die finanzerheblichen Folgen seiner Ermächtigung überschauen und verantworten kann. Der Bundestag darf einem zwischen den Staaten oder innerhalb der Europäischen Union vereinbarten Bürgschafts- oder Leistungsautomatismus nur zustimmen, wenn dieser in seinen Belastungswirkungen klar begrenzt, die weitere Entwicklung der Finanzpflichten seiner Kontrolle und Einwirkung unterworfen ist.[396] Jede ausgabenwirksame Hilfsmaßnahme des Bundes muss vom Bundestag im Einzelnen bewilligt werden. Bei der Übernahme von Dauerverantwortlichkeiten, auch einer deutschen Beteiligung an Finanzsicherungssystemen, hängt jede einzelne Haushaltsbelastung von der Zustimmung des Bundestages ab. Außerdem muss gesichert sein, dass das Parlament hinreichend Einfluss auf die Verwendung der zur Verfügung gestellten Mittel behält.[397]

In Finanznot geratene Mitgliedstaaten fordern „Solidarität",[398] Finanzbeistand durch die finanzstärkeren Staaten. Dieser Beistand ist bei einer Notlage jenseits des rechtlich Erlaubten nicht schlechthin ausgeschlossen. Er hat aber Voraussetzungen:
– Ein Gesetz sollte bestimmen,[399] dass eine Finanzhilfe grundsätzlich für einen Staat ausgeschlossen ist, der im Verhältnis der Gesamtver-

schuldung pro Einwohner besser steht als die Bundesrepublik Deutschland.[400] In einem grundrechtsbestimmten Verfassungsstaat ist diese Individualbelastung des einzelnen Grundrechtsträgers der Maßstab, nicht das Bruttoinlandsprodukt. Die Betroffenheit von Finanzinstituten und anderen Investoren tritt demgegenüber zurück.

– Ist die Pro-Kopf-Verschuldung des hilfesuchenden Staates ähnlich der des um Hilfe angegangenen Staates, besteht ebenfalls keine Hilfsbedürftigkeit. Das Gesetz sollte klarstellen, dass der deutsche Staat nicht hilft.

– Im Übrigen – und das wird der Kern dieser Solidaritätsdefinition sein – wird der Staat Vorsorge treffen, dass die Staatsverschuldung pro Kopf in Deutschland nicht das Maß verliert. Solidarität bedeutet auch, dass die – relativ – Starken ihre Stärke beweisen, sie nicht wesentlich geschwächt werden, und dadurch ihrerseits die Euro-Gemeinschaft schwächen. Die Faszination der Europäischen Union und die Gediegenheit des deutschen Verfassungsstaates bauen auf eine solide Finanzwirtschaft in den Mitgliedstaaten. Die EZB warnt gegenwärtig, dass die sog. Schattenverschuldung die Schuldenquote Deutschlands auf 90 Prozent des BIP erhöhen und insgesamt die Stabilität des Euroraums gefährden könnte.[401] Das Hilfsvolumen sollte zumindest derzeit das jeweilige Wirtschaftswachstum nicht übersteigen.

– Soweit der Staat besondere Stabilisierungsanstrengungen unternimmt – Staatsausgaben mindert oder Steuern erhöht –, wird er mit der dadurch gewonnenen Finanzierungsmacht allenfalls den Staaten helfen, die ersichtlich gleichwertige Stabilisierungsmaßnahmen und entsprechende, im Staatshaushalt ausgewiesene Stabilisierungserfolge nachweisen können. Die Stabilisierungshilfen werden nach erfolgreicher Stabilisierung zurückgezahlt.

Dieser solidarisierende Ausgleich setzt voraus, dass die Haushaltsdaten vergleichbar sind. Ein Staat, der deutliche Besteuerungslücken aufweist oder seine Steuern allgemein unzulänglich erhebt, der bestimmte Aufgaben nicht erfüllt oder andere Aufgaben kostenwirksam übererfüllt, muss sich diese autonom verantworteten Ausgabeminderungen und Ausgabensteigerungen zurechnen lassen.[402] Solidarität meint stets eine Hilfe des Starken zugunsten des Schwachen.

Hat der Staat so seine Souveränität über seinen Haushalt auch gegenüber der Währungsunion, dem Euro-Verbund und den jeweiligen Mitgliedstaaten zurückgewonnen, können haushaltswirksame Erfolge dank Ausgabenkürzungen und Steuererhöhungen ausschließlich dem Zweck vorbehalten werden, Zins- und Darlehensschulden zu tilgen. Erstes Ziel der Stabilitätsbemühungen ist stets, die eigene Finanzautonomie und Budgethoheit zu bewahren oder wieder herzustellen. Demgegenüber treten die Einheitlichkeit der Lebensverhältnisse in Europa und das Wachstumsanliegen des Finanzmarktes zurück.

II. Das neue europäische und deutsche Staatsschuldenrecht

1. Die neuen grundgesetzlichen Grenzen der Staatsverschuldung

Die übermäßige Staatsverschuldung in Deutschland hat ihre rechtliche Ursache in der Reform des Finanzverfassungsrechts in den Jahren 1967 und 1969.[403] Dennoch hat der Reformgesetzgeber nicht allein den Dammbruch zur maßlosen Kreditaufnahme zu verantworten. Wäre die im Jahre 1969 erlassene Schuldenbremse beachtet worden, gäbe es in Deutschland das Problem der übermäßigen Schuldenlast nicht. Die Schuldenkrise ist eine Krise des Willens, das Recht zu befolgen. Das Grundgesetz sucht deshalb durch die Neuregelung des Art. 109 GG und des Art. 115 GG[404] in einer klaren, in Zahlen ausgedrückten Schuldenbremse das Recht der Staatsverschuldung tatbestandlich bestimmter zu fassen und dadurch verlässlicher vollziehbar zu machen. Allerdings gilt auch für diese Neuregelung die Erfahrung: Ohne den Willen, das Recht zu befolgen, wird das Recht die Staatsverschuldung nicht begrenzen, werden wir die Eurokrise nicht meistern.

a) Materieller Haushaltsausgleich und die Ausnahmen

Art. 109 GG begrenzt die Kreditaufnahme des Bundes und der Länder. Art. 115 GG wiederholt und konkretisiert die Grenzen der Staatsverschuldung für den Bund. Nach Art. 109 Abs. 3 Satz 1 GG[405] gilt für Bund und Länder grundsätzlich ein Gebot, den Haushalt materiell ohne Kredite auszugleichen. Die Neuverschuldung[406] ist nunmehr – erstmals in der deutschen Verfassungsgeschichte – grundsätzlich verboten.[407]

Diesem Gebot entspricht der Bund – so die ausdrückliche Regelung – wenn die Einnahmen aus Krediten 0,35 Prozent im Verhältnis zum nominalen Bruttoinlandsprodukt nicht überschreiten.[408] Das maßgebliche Bruttoinlandsprodukt wird durch das Statistische Bundesamt ermittelt.[409] Diese Ausnahme[410] erlaubt, maßvoll vom Verschuldungsverbot abzuweichen.[411]

Die Länder dürfen sich grundsätzlich nicht neu verschulden. Dies bedeutet aber nicht, dass die Länder schlechterdings keine Schulden machen dürften. Art. 109 Abs. 3 S. 2 GG ermächtigt Bund und Länder, durch eigene Regelungen zur Kreditaufnahme Abweichungen vom Grundsatz des materiellen Haushaltsausgleich vorzusehen:[412] Kredite dürfen aus konjunkturellen Gründen und in außergewöhnlichen Fällen aufgenommen werden.[413]

b) Die 0,35-Prozent-Grenze

Nach ausdrücklicher gesetzlicher Regel des Art. 115 Abs. 2 Satz 2 GG entspricht eine Verschuldung des Bundes von 0,35 Prozent des Bruttoinlandsproduktes dem materiellen Haushaltsausgleich. Die Bestimmung gestattet dem Bund jedoch nicht, in jedem Jahr ohne weitere Begründung Schulden in Höhe von 0,35 Prozent des nominalen Bruttoinlandsproduktes aufzunehmen. Nach Art. 109 Abs. 3 GG ist die verbindliche Verpflichtung zu einem materiellen Haushaltsausgleich die Regel, eine Verschuldung in Höhe von 0,35 Prozent des nominalen Bruttoinlandsproduktes die Ausnahme. Als solche darf sie nur aus besonderen Gründen in Anspruch genommen werden.[414] Im Übrigen gilt das strikte Gebot der Nullverschuldung, solange die verfassungsrechtliche Verpflichtung auf die Grenze von 3 Prozent des BIP für die Neuverschuldung und 60 Prozent des BIP für die Gesamtverschuldung (Art. 109 Abs. 2 GG) noch nicht erfüllt ist.[415]

c) Kreditaufnahme in außergewöhnlichen Fällen

Bund und Länder dürfen gem. Art. 109 Abs. 3 GG „eine Ausnahmeregelung für Naturkatastrophen oder außergewöhnliche Notsituationen" treffen, „die sich der Kontrolle des Staates entziehen und die staatliche Finanzlage erheblich beeinträchtigen". Für diese „Ausnahmeregelung ist ein entsprechender Tilgungsplan vorzusehen".[416]

Die Kreditaufnahme soll eine außergewöhnliche Notsituation meistern. Die jährliche Haushaltsplanung mit ihren jährlichen Bedrängnissen und Finanzierungslücken ist „gewöhnlich". Jeder Haushaltspolitiker erlebt sie als alltäglich. „Außergewöhnlich" ist nur eine Notlage, deren Anlass und finanzielle Bedeutung die kontinuierliche Finanzplanung sprengt. Die aus dieser Notlage gerechtfertigten Kredite sind auf das (für die Überwindung der Not) „Not"wendige beschränkt. Naturkatastrophen und andere besondere Situationen finanziellen Bedarfs wie die Wiedervereinigung Deutschlands machen es erforderlich, die notwendigen Finanzmittel auch durch Kredite bereitzustellen. Da die Kredite innerhalb angemessener Zeit zurückzuführen sind, schafft eine außerordentliche Kreditaufnahme langfristig keine Altlasten.

II. Das neue europäische und deutsche Staatsschuldenrecht

d) Konjunkturbedingte Kredite

Art. 109 Abs. 3 S. 2 Hs. 1 GG erlaubt Bund und Ländern, bei einer anormalen konjunkturellen Entwicklung Kredite aufzunehmen, wenn in Zeiten des Aufschwungs diese Verschuldung zurückgeführt wird.[417] Diese neue Schuldengrenze gründet in den Lehren *Keynes*.[418] In Übereinstimmung mit dessen Lehren[419] begegnet Art. 115 dem Krisenbefund, dass in konjunkturell guten Zeiten Kredite nicht zurückgezahlt, vielmehr die Staatsschulden kontinuierlich erhöht wurden.[420] Daher ist nach den Erfahrungen mit Art. 115 GG a. F.[421] entscheidend, dass die handelnden Organe vom Willen zum Recht bestimmt sind, das Recht als Stabilisierungsgrundlage geachtet wird.

Das Ausführungsgesetz zu Art. 115 GG weckt aber Zweifel, dass dieser Wille zum Recht und seiner Klarheit, Allgemeinverständlichkeit schon wirkt. Nach diesem Gesetz liegt ein Abweichen von der Normallage vor, „wenn eine Unter- oder Überauslastung der gesamtwirtschaftlichen Produktionskapazitäten erwartet wird (Produktionslücke). Dies ist der Fall, wenn das auf der Grundlage eines Konjunkturbereinigungsverfahrens zu schätzende Produktionspotenzial vom erwarteten Bruttoinlandsprodukt für das Haushaltsjahr, für das der Haushalt aufgestellt wird, abweicht".[422] Die „Konjunkturkomponente" ergibt sich sodann aus dem Produkt der Produktionslücke und der „Budgetsensitivität, die angibt, wie sich die Einnahmen und Ausgaben des Bundes bei einer Veränderung der gesamtwirtschaftlichen Aktivität verändern".[423] Diese Vorgaben sind vage, werden als sehr abstrakt, wirtschaftswissenschaftlich voraussetzungsreich und insgesamt „nicht vollzugsfähig" kritisiert.[424] Das einfache Gesetz hat letztlich die unbestimmten Rechtsbegriffe des Grundgesetzes nicht konkretisiert, sondern sachwidrig geweitet.[425]

Die Politik ist unter Geltung des Art. 115 GG a.F. regelmäßig von einer Störung des gesamtwirtschaftlichen Gleichgewichts ausgegangen.[426] Die Erfahrungen lehren, dass nur bestimmte Rechtsbegriffe die Staatsverschuldung wirksam begrenzen. Verfassung und Europarecht benennen die Regelgrenzen der Verschuldung deshalb in Zahlen.[427] Die einfachgesetzliche Konkretisierung der Verfassung ist daher zu reformieren. Der Begriff der Normallage erfasst den Regelfall, dem konjunkturelle Schwankungen eigen sind. Die Normallage ist daher mit Blick auf mehrere Haushaltsjahre[428] in einem Korridor[429] anhand von berechenbaren Kennziffern zu ermitteln.[430] Nur wenn sich die gegenwärtige konjunkturelle Lage erheblich von dieser Normallage unterscheidet, kommen konjunkturbedingte, d.h. antizyklische Kredite in Betracht. Der Bundestag muss, wenn er diese Ausnahme nutzen will, in der Gesetzesbegründung darlegen, dass ein Abschwung die Konjunktur bedroht und diesem Abschwung durch Kredite wirksam entgegengewirkt werden kann. Diese Darlegung gelingt in der Regel nicht, wenn der Staatskredit dem Kreditmarkt – unter Normalbedingungen – Geld entzieht, er also als Instrument der Konjunkturbelebung ungeeignet ist. Er ist ein gänzlich untaugliches Instrument, wenn der Kredit lediglich Altkredite finanziert.[431]

Die Neuregelung verspricht besondere Konsolidierungsfortschritte, weil sie den Bund verpflichtet, Belastungen, die den Schwellenwert von 1,5 Prozent des nominalen Bruttoinlandsprodukts überschreiten, konjunkturgerecht zurückzuführen und in einem Kontrollkonto zu erfassen (Art. 115 Abs. 2 Satz 4 GG). Dieser Verfassungsmaßstab und das Kontrollkonto werden in dem auf Zahlen angelegten Haushalts- und Finanzrecht verlässlicher greifen.

Die Verschuldungsgrenze ist zudem mit einem Frühwarnsystem und einer hierfür neu geschaffenen Institution – dem Stabilitätsrat – verbunden (Art. 109 a GG). Insgesamt könnte ein neues Denken im schuldenpolitischen Generationenvertrag beginnen. Dann wird die neue Kreditbremse ein Erfolg. Die schrittweise Annäherung an das Verfassungsziel eines ausgeglichenen Haushalts ohne Neuverschuldung ist in dem Übergangspfad des Art. 143 d GG vorgezeichnet.

e) Verpflichtung auf europäische Stabilitätsmaßstäbe

Art. 109 Abs. 2 GG verpflichtet Bund und Länder, die europarechtlichen Regeln der Haushaltsdisziplin zu erfüllen[432] und „in diesem Rahmen den Erfordernissen des gesamtwirtschaftlichen Gleichgewichts Rechnung" zu tragen. Das Verfassungsrecht verweist also ausdrücklich auf die Kreditobergrenze von 3 Prozent des BIP für Neuverschuldungen, 60 Prozent des BIP für die Gesamtverschuldung, macht damit das Europarecht auch zu einer verfassungsrechtlichen Pflicht. Diese Verweisung gilt allerdings nur für die rechtlichen Verpflichtungen, nicht für Experimente und Irrwege jenseits des Rechts. Den Erfordernissen des gesamtwirtschaftlichen Gleichgewichts ist nur im Rahmen des Rechts Rechnung zu tragen. Abweichungen vom Wege des Rechts werden nicht gerechtfertigt.

Für den Übergang zu diesen strikten – verfassungsrechtlichen und europarechtlichen – Schuldengrenzen gewährt Art. 143 d GG[433] Fristen, bestimmt dabei aber ausdrücklich: „Mit dem Abbau des bestehenden Defizits soll im Haushaltsjahr 2011 begonnen werden". Damit sind Übergänge, die sich mit einem vorsichtigen Rückbau allein der Neuverschuldung begnügen, verfassungsrechtlich ungenügend.

2. Der europäische Verbund der Stabilität im Recht

Die europäische Wirtschafts- und Währungsgemeinschaft ist rechtlich eine „Stabilitätsunion".⁴³⁴ Die Europäische Union ist als Friedensgemeinschaft und als Binnenmarkt erfolgreich. Sie muss sich jetzt als Stabilitätsgemeinschaft gegen Begehrlichkeiten der Bürger und Bedrängnisse des Finanzmarkts bewähren. Das Vertragsrecht gibt den Mitgliedstaaten vor, übermäßige öffentliche Defizite zu vermeiden.⁴³⁵ Diese Vorgabe wird in Zahlen konkretisiert.⁴³⁶ Dieses Recht in Zahlen setzt berechenbare Grenzen, die bereits bei der Aufstellung des Haushalts wirken.

Die europarechtliche Vorgabe, übermäßige öffentliche Defizite zu vermeiden, wird durch weitere rechtliche Maßstäbe gefestigt: Das Gebot der Preisstabilität, die Eigenverantwortlichkeit jedes Staates für seinen Haushalt, der Wegfall des Anreizes, leichtfertige Schulden im Vertrauen auf fremde Finanzhilfe einzugehen, die Beschränkung von Finanzhilfen auf außergewöhnliche, vom betroffenen Staat nicht beeinflussbare Ereignisse, die Spürbarkeit der Marktgesetzlichkeiten – höhere Zinsen bei höherem Kreditrisiko – ohne mäßigende Zwischenschaltung der EZB und ein demokratischer Parlamentsvorbehalt für Haushaltsentscheidungen.

Die Eurostaaten haben die Verschuldungs- und Eurokrise durch Verletzung des Rechts herbeigeführt,⁴³⁷ versuchen jetzt energische Stabilisierungsanstrengungen, wählen dabei aber einen Weg fern des Rechts. Die vorbeugende Schuldengrenze wurde chronisch überschritten. Der Weg zurück zur Stabilität leistet Finanzhilfen, gibt Garantieversprechen, setzt die EZB für große Geldtransfers gegen die Marktgesetzmäßigkeiten ein. Die Rückkehr zur Stabilitätsunion entfernt sich damit vom Recht, um zum Recht zurückzufinden. Dieser Weg zur Stabilität braucht den Stabilisierungserfolg, um sich zu rechtfertigen. Jede schrittweise Annäherung an das Stabilitätsziel muss ersichtlich und vertrauensbildend der Stabilisierung von Währung und Recht ein Stück näher kommen.⁴³⁸ Dabei helfen parlamentarische Debatten, wenn die Fragen für Parlament und Öffentlichkeit verständlich sind. Die Europäische Union, die im Recht ihre Existenzgrundlage findet, genießt als Rechtsgemeinschaft das Vertrauen der Bürger, muss vor allem den Weg zurück zum Recht beschreiten, um das Vertrauen der Bürger zurückzugewinnen.

a) Der neue Stabilitäts- und Wachstumspakt

Um dem chronischen Verstoß gegen den Stabilitäts- und Wachstumspakt⁴³⁹ und damit einem Prozess der Entrechtlichung entgegen zu wirken, wurden insgesamt fünf Verordnungen und eine Richtlinie zur Änderung des Paktes beschlossen (sog. „Sixpack-Gesetzgebung").[440] Nunmehr kann auch ein Verfahren eingeleitet werden, wenn die Gesamtschulden eines Mitgliedstaats über 60 Prozent des Bruttoinlandprodukts liegen.[441] Mitgliedstaaten mit überhöhter Schuldenquote müssen diese Rechtswidrigkeit jährlich nach konkreten Vorgaben abbauen. Eine Empfehlung, die der Rat gegenüber einem Mitgliedstaat mit einer zu hohen Schuldenquote ausspricht, ist nunmehr verbindlich, der Pakt damit besser durchsetzbar. Werden die Empfehlungen nicht befolgt, können insbesondere Einlagen oder Geldbußen gefordert werden. Nur eine qualifizierte Mehrheit der im Rat vertretenen Euroländer kann die Sanktionen aufhalten.[442] Zudem sind Sanktionen bei Manipulation von Statistiken möglich.[443]

Kompetenz und Befugnis der Kommission werden gestärkt, die auch Missionen vor Ort zur Überwachung möglicher Korrekturmaßnahmen entsenden kann.[444] Durch ein neues gesamtwirtschaftliches Überwachungsverfahren sollen wirtschaftliche Ungleichgewichte früher erkannt und rechtzeitig vermieden werden. Dieses Verfahren verstärkt vorbeugend die Gegenwehr gegen ein Schuldenübermaß.

b) ESM-Vertrag

Anfang des Jahres 2012 haben sich die 17 Mitgliedstaaten des Euro-Währungsgebiets[445] – also nicht die 27 Mitgliedstaaten der Europäischen Union – auf den Vertrag zur Einrichtung eines Europäischen Stabilitätsmechanismus („ESM-Vertrag") geeinigt. Durch den Vertrag soll eine stetige Internationale Finanzinstitution in Luxemburg errichtet und mit Stammkapital ausgestattet werden. Dieses Institut soll die Mitgliedstaaten, die aufgrund einer zu hohen Staatsverschuldung die Stabilität im Euroraum gefährden, unter bestimmten Voraussetzungen und hohen Auflagen unterstützen.[446] Diese Institution wird durch Mitgliedsbeiträge der Mitgliedstaaten – von Deutschland durch 27 Prozent des Stammkapitals – finanziert.[447] Die Finanzlasten können sich – insbesondere durch Entscheidung eines Gouverneursrats – erhöhen.[448]

Der Vertrag ist von den 17 Vertragsparteien am 2. Februar 2012 unterzeichnet worden. Die Euro-Staaten sollen den Vertrag rasch ratifizieren, so dass er bereits im Juli 2012 in Kraft treten kann.[449]

Dieser Vertrag soll nur innerhalb der Eurogruppe wirken. Dies wäre eine Ausnahme von dem Grundsatz, dass die Union eine Rechtsgemeinschaft aller 27 Mitgliedstaaten ist. Art. 136 AEUV soll später um eine Rechtsgrundlage ergänzt werden, in der die 17 Eurostaaten ermächtigt werden, den Mechanismus einzuführen.[450] Diese Änderung des Vertragsrechts[451] müssen aber alle 27 Mitgliedstaaten unter Wahrung der

II. Das neue europäische und deutsche Staatsschuldenrecht

verfassungsrechtlichen Vorgaben ratifizieren. In Deutschland ist eine Zustimmung mit einer ⅔-Mehrheit im Bundestag erforderlich. Ob die 27 Mitgliedstaaten der Vertragsänderung zustimmen und die 17 Euro-Staaten sodann den ESM-Vertrag ratifizieren, ist keineswegs sicher. Die neue Finanzinstitution könnte als Pfad zur Annäherung an das Recht[452] vorübergehend gerechtfertigt werden. Sie hat dann regelmäßig ihre Stabilisierungserfolge nachzuweisen, bei Misserfolgen sofort zu korrigieren, sich nach Abschluss der Stabilisierung aufzulösen.

Die Europäische Union würde ein neues Organ der Euro-Mitgliedstaaten – ein Nebenorgan – gewinnen, das unter strengen Voraussetzungen dauernd Finanzhilfen gewähren kann.[453] Der ESM sucht die Stabilität im Euro-Raum zu sichern, bricht aber mit dem Stabilitätssystem der Währungsunion (Geldwertstabilität, Defizitkontrolle, Nichthaftung für fremde Schuld, unabhängiges ESZB, Ausschließlichkeit des primären Stabilitätseuroparechts).[454] Seine Zahlungs- und Gewährleistungspflichten drohen einen ausgeglichenen Haushalt in einem Mitgliedstaat zu gefährden, den Rückzahlungen der eigenen hohen Staatsschulden im Wege zu stehen. Nationale Schuldenbremsen werden durch das zwischenstaatliche Recht kraftlos, wenn Einstandsverbände – Eurobonds, Bankenhaftungsgemeinschaften – Gewährleistungen ins Ungewisse begründen, diese zudem die Finanzen von Staat und Wirtschaft feudalistisch miteinander verschränken. Große Feuer können nicht mit einem Brand an anderer Stelle bekämpft werden.

Die Stabilitätsverpflichtung der deutschen Haushaltswirtschaft darf jedenfalls nicht durch eine importierte Finanzinstabilität aus anderen Mitgliedstaaten und dort erst recht nicht durch eine Rechtsinstabilität in ihr Gegenteil verkehrt werden. Müsste Deutschland hohe Zahlungen auf höchst fragwürdiger Rechtsgrundlage leisten und durch Kredite finanzieren, könnte die geplante „Rettung des Euro" zu einer ansteckenden Instabilität führen.

c) Der Fiskalvertrag

Um das europäische Stabilitätsproblem an der Wurzel zu packen, haben sich die Mitgliedstaaten der Europäischen Union mit Ausnahme des Vereinigten Königreichs und der Tschechischen Republik auf den Vertrag über Stabilität, Koordinierung und Steuerung in der Wirtschafts- und Währungsunion („Fiskalvertrag") geeinigt.[455] Der Fiskalvertrag verdeutlicht und erhöht die im Stabilitäts- und Wachstumspakt (sog. Sixpack)[456] geregelten Haushaltsvorgaben.[457] Die Vertragsparteien verpflichten sich zu einem materiellen Haushaltsausgleich.[458] Sie sollen diese Vorgaben in verbindliche und dauerhafte, vorzugsweise verfassungsrechtliche Bestimmungen[459] des nationalen Rechts aufnehmen. Ein überhöhter Schuldenstand ist jährlich um 5 % zu mindern.[460]

Die Union beruht auf dem Prinzip der begrenzten Einzelermächtigung.[461] Die Kompetenzen der Union können nur in einem Vertragsänderungsverfahren erweitert werden, also unter Mitwirkung jedes einzelnen Mitgliedstaats.[462] Sollen die Regelungen des Fiskalvertrags in Kraft treten, bedarf es einer Änderung des Vertragsrechts. Das Vereinigte Königreich und die Tschechische Republik haben bislang die Zustimmung zum Fiskalvertrag verweigert. Ein Vertrag zwischen 25 Staaten kann das Primärrecht der Europäischen Union der 27 Mitgliedstaaten nicht ändern. Sollte der Vertrag wie geplant nur zwischen 25 Mitgliedstaaten geschlossen werden, ist die Änderung unwirksam. Das ist den Parteien bewusst.[463] Der Vertrag soll nach 5 Jahren in den Rechtsrahmen der Europäischen Union eingebunden werden.[464]

d) Das Problem der konjunkturbedingten Kreditaufnahme

Auch wenn sich die 27 Mitgliedstaaten der Europäischen Union in ordnungsgemäßem Verfahren auf den Vertrag einigen würden, wäre fraglich, ob er die Stabilität des Euroraums langfristig sichert. Der Fiskalvertrag setzt der Haushaltsdisziplin der Vertragsstaaten unsichere Grenzen. Die Grenzen der Staatsverschuldung bemessen sich nach dem „jährlichen strukturellen Haushaltssaldo des Gesamtstaats". Dieser Begriff wird als „jährlicher konjunkturbereinigter Haushaltssaldo ohne Anrechnung einmaliger und befristeter Maßnahmen" definiert.[465] Auch der Stabilitäts- und Wachstumspakt und die neue Schuldenbremse des Grundgesetzes eröffnen die Möglichkeit, in Reaktion auf die konjunkturelle Entwicklung die Staatsverschuldung zu erhöhen.[466] Diese Regel birgt die Gefahr, dass der Tatbestand jeweils als Ausnahme begründet, aber als Regel genutzt werden könnte, um die Staatsverschuldung zu vermehren.

Nach den Erfahrungen des letzten Jahrzehnts enttäuscht, dass das neue zwischenstaatliche und nationale Staatsschuldenrecht wiederum generalklauselartig konjunkturbedingte Ausnahmen zulässt. Wie die Staaten auf konjunkturelle Schwankungen reagieren, wie sie konjunkturbedingte Kredite in Schranken weisen, wie ernst sie die Geeignetheit eines Zusatzkredits zur Krisenbekämpfung prüfen, ist eine zentrale Frage solider Staatsfinanzen und damit der Stabilität im Euroraum.

e) Der Anpassungspfad

Die nationalen Schuldenbremsen, die nach dem Fiskalvertrag einzuführen sind, sollen erst nach einiger Zeit wirken. Diese stufenweise Annäherung ist sachgerecht, weil die stetige Finanzierung der Staatshaushalte über Schulden kurzfristig nur verringert, aber kaum gänzlich abgebaut werden kann. Der notwendige Anpassungspfad birgt aber das Risiko, dass die Haushalte in Abstimmung mit der Kommission längerfristig nicht ausgeglichen werden. Die Staatsschuldenkrise ist nicht entstanden, weil das Recht der Staatsverschuldung keine Grenzen gesetzt hat, sondern weil die bestehenden Regelungen nicht befolgt worden sind. Deswegen brauchen wir mehr Stabilität des Rechts, um mehr Stabilität der Finanzen zu erreichen.

Es bleibt ungewiss, ob der ESM-Vertrag in Kraft treten wird, ob der Fiskalvertrag in geeigneter Rechtsform verwirklicht werden kann. Wird der ESM-Vertrag nicht ratifiziert, laufen die vorläufigen sog. Rettungsschirme aus, ohne dass ein neuer Rettungsschirm aufgespannt werden darf. Es fehlt dann die Rechtsgrundlage, weitere Hilfen zu leisten, Garantien fortzusetzen. Die Stabilität des Euros hängt dann stärker denn je von den nationalen Schuldenbremsen ab. Umso mehr sollten die Mitgliedstaaten aus eigenem Antrieb die notwendigen nationalen Schuldenbremsen einführen. Diese Reformen bieten der Stabilität im Euroraum die rechtlichen Grundlagen, ohne die Preisstabilität nicht erreichbar ist. Wenn alle Mitgliedstaaten der Europäischen Union klare verfassungsrechtliche Schuldengrenzen regeln und beachten, entsteht eine gesamteuropäische Stabilitätskultur, die auf den europäischen Anpassungspfaden ein wesentliches Stabilitätsziel erreicht: Die Herrschaft des rechtlichen Maßes über den ökonomischen Hang zu überhöhter Verschuldung.

III. Budgettechnische Verselbständigung der Schulden

1. Transparenz in einer Sonderverwaltung

Wenn somit die verfassungsrechtlichen, auch die europarechtlichen Schuldengrenzen grundsätzlich die schrittweise Annäherung an einen ausgeglichenen Haushalt ohne Neuverschuldung vorzeichnen, dieses wirtschaftsorientierte Recht aber einen festen politischen Willen gegen die Neuverschuldung braucht, sollte der Auftrag, auf eine Neuverschuldung zu verzichten und Schulden abzubauen, immer wieder öffentlich bewusst gemacht werden. Das Problem der Staatsschulden – ihre Vermeidung und ihr Abbau – wird sichtbar, wenn die Schulden budgettechnisch ausgelagert und in einer transparenten Sonderverwaltung[467] erkennbar gemacht werden. Werden die Haushaltschulden des Bundes und die Schulden aller Nebenhaushalte gesondert ausgewiesen, wird öffentlich und parlamentarisch erkennbar, dass ihre Höhe grundsätzlich jede Neuverschuldung ausschließt, die aus ihr erwachsende Zinslast die Budgethoheit des Parlaments gefährdet und die Leistungserwartungen der heutigen Steuerzahler an den Staat zurückgenommen werden müssen. Eine Sonderverwaltung kann eine gefährdende Verschuldungsentwicklung für die Öffentlichkeit verdeutlichen, dem Parlament seine Verantwortlichkeit vor Augen führen, in der Schuldenstatistik die Aufmerksamkeit der Öffentlichkeit und die Kritik des Rechnungshofes auf sich ziehen, vor allem aber die Tendenz der Entwicklung beschreiben und in Zahlen ausdrücken, damit für parlamentarische und öffentliche Debatten erleichtert zugänglich machen.

Eine solche Sichtbarkeit der Schulden in einer Sonderverwaltung lagert also Schulden nicht in einem Sonderfonds aus, entfernt nicht Schulden aus dem Blickfeld des Haushaltsgesetzgebers, um sie vom Auftrag zu einem jährlich ausgeglichenen Haushalt rechtstechnisch fernzuhalten. Die Verselbständigung der Schulden, der Schuldzinsen, des Schuldenabbaus und einer Neuverschuldung in einer eigenen Verwaltung soll einen Krisenbefund zusammenfassend wiederholen, nicht aus dem Budget und den Budgetberatungen ausgliedern. Selbstverständlich müssen die Schulden weiterhin im Haushalt ausgewiesen, in den Haushaltsberatungen diskutiert, in der Haushaltsgesetzgebung korrigiert werden. Die Sonderverwaltung definiert eine Aufgabe – die Neuverschuldung zu unterlassen und die Schulden abzubauen –, die in der parlamentarischen Budgetverantwortung verbleibt, die Nebenhaushalte unmittelbar in das Parlament zurückholt und dort jedes Jahr öffentlich sichtbar macht.

2. Das Verbot haushaltsflüchtiger Schulden

Der Verfassungsgrundsatz der Vollständigkeit des Haushalts (Art. 110 Abs. 1 Satz 1 GG) verlangt,[468] dass alle Einnahmen und Ausgaben des Bundes in den Haushaltsplan einzustellen sind (Satz 1), der Haushaltsplan in Einnahmen und Ausgaben auszugleichen ist (Satz 2). Dieser Grundsatz wird nun im Haushaltsausgleich ohne Verschuldung verdeutlicht. Damit sind alle Schulden in den Haushalt einbezogen. Art. 110 Abs. 1 Satz 1 enthält zugleich den Grundsatz der Einheit des Haushalts, wonach es nur einen Staatshaushalt gibt, in dem Einnahmen und Ausgaben auszugleichen sind, eine unübersichtliche, schwer überblickbare Mehrzahl von Haushalten dadurch ausgeschlossen wird.[469] Diese beiden Grundsätze sichern die Budgethoheit des Parlaments, bieten der staatlichen Finanzplanung und Finanzkontrolle sowie der Öffentlichkeit einen lückenlosen Überblick über das Budget, stärken die Grundlagen der Haushaltsdisziplin und erschweren die Bildung von Sonderetats.[470] Die Vollständigkeit und Einheit von Einnahmen und Ausgaben[471] steht jedem von der Exekutive veranlassten Geldfluss am Parlament vorbei entgegen. Dies betrifft insbesondere das Verbot von „schwarzen Kassen", Sonderhaushalten, Geheimfonds. Der Vollständigkeitsgrundsatz[472] aktualisiert zudem den fundamentalen Grundsatz der Gleichheit und Demokratie, dass die Steuerpflichtigen die Verwendung der Steuererträge für die Gemeinaufgaben dieser Bürger erwarten dürfen.[473]

Das Grundgesetz braucht die Kraft, ein Prinzip der finanzverfassungsrechtlichen Gegenwartsverantwortlichkeit und einer daraus folgenden Generationengerechtigkeit gegen die demokratische Erwartung erhöhter Staatsleistungen und geringer Steuern durchzusetzen. Die Verfassung muss sich dabei auch gegen das Drängen des Finanzmarktes auf eine wachsende Schuldnerschaft des Staates bewähren.

3. Warnfunktion der verwaltungstechnischen Verselbständigung

Im Rahmen der Finanzverfassung, die in Formenklarheit und Formenbindung[474] das Budgetrecht des Parlaments stärken will,[475] beansprucht eine verwaltungstechnische Verselbständigung der Schulden des Bundes keinen Ausnahmetatbestand, wie er bei Bundesbetrieben oder Sondervermögen, der autonomen Sozialversicherung[476] oder einer Sonderabgabe geläufig ist.[477] Die bilanztechnische, nicht rechtlich verselbständigte Sonderverwaltung macht eine Aufgabe bewusst, übernimmt in der Sichtbarkeit von Schulden und Zinsen in ihrer Entwicklung eine Warnfunktion, ist ein Ausweis für die jeweilige Finanzpolitik von Regierung und Parlament, der – anders als der Haushaltsplan – für die Öffentlichkeit erkennbar und lesbar ist. Die Verschuldung und die Zinslasten bleiben dabei uneingeschränkt Inhalt des Staatshaushaltes, werden in den Ausgleich von Einnahmen und voraussichtlichen Ausgaben sowie Verpflichtungsermächtigungen vorbehaltlos einberechnet.[478]

Die Sonderverwaltung der Schulden wird als eine Dokumentation der in der Verschuldung liegenden Aufgabe – der Vermeidung neuer Schulden und des Schuldenabbaus – empfohlen. Wenn die Schuldenverwaltung regelmäßig und umfassend über Stand und Entwicklung der Schulden berichtet, offenbart sie einen verfassungssensiblen und politisch brisanten Teil des Staatshaushalts, schützt im Generationenvertrag vor allem die heute noch wehrlose nachfolgende Generation. Insoweit ist diese Dokumentation weniger Teil der Haushaltsverfassung und mehr Instrument der Verfassungspolitik im Rahmen des Art. 115 GG.

4. Entwicklungsgerechte Darstellung der Schulden

Eine Sonderverwaltung der gesamten Schulden stützt sich zunächst auf die finanzverfassungsrechtlichen Instrumente von Haushaltsplan, Mittelfristiger Finanzplanung, Haushaltsrechnung und Haushaltskontrolle. Diese Planungsgrundlagen machen die Staatseinnahmen und die Staatsausgaben bewusst, müssen aber um Aussagen über den Vermögensbestand des Staates und seine Entwicklung vervollständigt werden. Wesentliche Bestandsgrößen sind zunächst das Vermögen und die Schulden. Der Bundesminister der Finanzen hat dem Bundestag und dem Bundesrat auch über das Vermögen und die Schulden periodisch Rechnung zu legen. Der Bundesrechnungshof prüft diese Rechnungslegung.[479]

Das staatliche Haushalts- und Rechnungswesen beginnt, das herkömmliche kamerale Haushalts- und Rechnungssystem, das sämtliche Zahlungen eines Haushaltsjahres ausweist und so einen Soll-Ist-Vergleich zwischen Haushaltsplanung und Haushaltsausführung erlaubt, zu einem der öffentlichen Verwaltung angepassten doppischen Rechnungssystem weiter zu entwickeln. Neben die bisherige Kapitalflussrechnung tritt eine Ergebnisrechnung, die über Erträge und Aufwendungen einer Periode informiert, vor allem aber auch eine Vermögensrechnung vorsieht, in der die tatsächliche Vermögens- und Schuldenlage dargestellt wird.[480] So gewinnt der Staat Einblick in die tatsächlichen Kosten seines Tuns, den Verbrauch seiner Ressourcen und die Verantwortlichkeit dafür, insbesondere aber auch in die zukünftigen Belastungen, auch die Pensions- und Beihilfezahlungen der öffentlichen Haushalte.[481]

Im Rahmen der europäischen Entwicklung gegenseitiger Finanzhilfen der Euro-Staaten müssen auch die Garantien, Bürgschaften und Risikoausgleiche berücksichtigt, die Zahlungsverpflichtungen, Rahmenverbindlichkeiten und bloßen Absichtserklärungen voneinander unterschieden, die tatsächlichen oder vermeintlichen Rückzahlungsansprüche beurteilt und bewertet werden. Wichtig wäre auch, die Kapitalmarktschulden bezogen auf das Bruttoinlandsprodukt, ebenso aber auch bezogen auf den einzelnen Einwohner darzustellen. So wird die Ausgangsgröße für einen stetigen Schuldenabbau benannt. Schließlich wäre es für eine realitätsgerechte Schuldenpolitik wertvoll, die Kapitalmarktschulden auch in ein Verhältnis zu der in Deutschland schwindenden Einwohnerzahl,[482] zugleich in ein Verhältnis zu der Zahl der Erwerbstätigen und deren finanzwirtschaftlicher Leistungsfähigkeit zu setzen.[483] Die Nachhaltigkeit und Generationengerechtigkeit ist als Bestandteil staatlicher Finanzpolitik auch institutionell ins Bewusstsein zu rücken.

IV. Gegenwärtige Merklichkeit der Staatsschulden

1. Das Beharren auf weiterer Verschuldung

Die Aufgabe, neue Schulden zu vermeiden, ist erschwert, weil zu viele Menschen aus einer Neuverschuldung gegenwärtige Vorteile ziehen:
- Die Bürger erwarten von ihrem Staat höhere Leistungen und geringere Steuern. Diese Erwartung, diese Überforderung des Staates drängt in die Staatsverschuldung.
- Der Staat ist grundsätzlich bereit, den Bürgern zu geben, was diese erwarten. Die demokratische Legitimation der Staatsgewalt hat zur Folge, dass Regierung und Parlament für die Anliegen der Bürger stetig zugänglich sind, der Wille, den Bürgerwünschen zu entsprechen, oft stärker ausgeprägt ist als die Bereitschaft, den Maßstäben des Rechts gerecht zu werden.
- Die Finanzinstitute umwerben den Staat als verlässlichen Kreditnehmer, der regelmäßig seine Zinsen bezahlt, die Darlehenschuld dabei nicht mindert, sondern eher vermehrt. Je höher der Staatskredit steigt, desto mehr wächst die Abhängigkeit des Staates vom Kreditgeber. Er tut das, was den Kreditinstituten und ihrem Erwerbsstreben nützt.
- In Phasen der Nachfrageschwäche sucht der Staat die Nachfrage kreditfinanziert zu beleben, führt aber in Phasen konjunktureller Stabilität die Kredite kaum zurück. So entsteht das konjunkturpolitische Kreditdilemma: Der Staat steigert bei schwacher Konjunktur die Kredite, mindert sie bei stabiler Konjunktur nicht, verursacht dadurch eine Kredit- und Zinslast, welche die Konjunktur in allen Phasen niederdrückt.

Bei diesem Ausgangsbefund läuft das Recht Gefahr, nicht hinreichend überzeugte und überzeugende Mitstreiter zu finden, wenn es die Bürger vor den gegenwärtigen Zins- und Rückzahlungslasten schützen, die Abhängigkeit vom Finanzmarkt mindern und die nachfolgenden Generationen vor übermäßiger Zins- und Rückzahlungslast bewahren soll. Deshalb sollte der Gesetzgeber prüfen, wie er die Schuldenlast gegenwärtig spürbar machen kann. Eine zeitliche Vorverlegung der Schuldenlasten wirkt der bequemen Verführung entgegen, der Gegenwart zulasten der Zukunft einen unverdienten Wohlstand anzubieten, ein Leben über die eigenen Verhältnisse zu ermöglichen, den Staat zu höheren finanzerheblichen Leistungen ohne Steuererhöhungen zu befähigen. Die Verpflichtungen aus dem Darlehensverhältnis dürfen nicht allein die Zukunft treffen, sondern müssen in der Gegenwart merklich werden, von den Genießern des Überflusses als Last erlebt werden.

2. Je höher die Schuld, desto geringer die Staatsleistung

Deshalb ist ein Gesetz zu erwägen, das die Höhe der Staatsverschuldung mit einer entsprechenden Minderung der Leistung verknüpft. Diese gegenseitige Abhängigkeit von Verschuldungslast und Staatsleistungen soll alle treffen, die nicht ein Leistungsentgelt im Rahmen eines Leistungstausches erwarten, sondern Zuwendungen des Staates ohne Gegenleistung erhalten. Immer dann, wenn die Staatsschuld um ein Prozent gestiegen ist, sollen alle diese Leistungen – von der Sozialhilfe über die Transferleistungen an die private Hand bis zu den Subventionen – entsprechend um ein Prozent gekürzt werden.[484]

Auszunehmen sind lediglich die Leistungsentgelte. Wenn der Staat einen Vertrag über die Errichtung eines Bauwerkes, über den Erwerb eines Dienstfahrzeugs, über die Lieferung von Energie und Wasser schließt, muss dieser Vertrag selbstverständlich unabhängig von der Schuldenlast erfüllt werden. Gleiches gilt für die im öffentlichen Dienst Tätigen, die ihr Arbeitsentgelt – Lohn und Gehalt – für ihre Dienstleistung beanspruchen können. Auch für diese Betroffenen wäre aber zu erwägen, Kostensteigerungen nach Vergabe von Staatsaufträgen unter diesen Verschuldungsvorbehalt zu stellen, auch Lohn- und Gehaltserhöhungen, Pensions- und Rentensteigerungen insgesamt von der Entwicklung der Staatsverschuldung abhängig zu machen. Die dadurch zurückgewonnene Haushaltsdisziplin wird dann bald angemessene Steigerungen der Staatsleistungen erlauben, auf dem soliden Fundament eines schuldenfrei ausgeglichenen Staatshaushaltes neue Gestaltungsmöglichkeiten eröffnen.[485]

Innerhalb des Sozialversicherungsrechts, insbesondere bei den Renten, der gesetzlichen Kranken-, Arbeitslosen- und Pflegeversicherung, ist näher zu prüfen, ob diese Zahlungen durch frühere Versicherungsbeiträge erworben sind oder staatlich einseitig gewährt werden. Der Beitragszahler hat die Vorstellung, er erwerbe mit seinen Zahlungen eine Leistungsanwartschaft. Tatsächlich werden in den Sozialversicherungssystemen kaum Kapitalstöcke aufgebaut, der Leistungsbedarf wird aus den aktuellen Beitragszahlungen finanziert. So entsteht ein „Generationenvertrag", der darauf baut, dass die jetzt Erwerbstätigen die Bedürftigen, insbesondere die aus dem Erwerbsleben ausgeschiedenen Rentner, aus ihrem Erwerbseinkommen finanzieren, dann aber auch erwarten, dass die nachfolgende Generation ihrerseits sie in entsprechender Weise finanziert. Diese Erwartung ist ethisch berechtigt, wirtschaftlich durch Vorleistung ins Werk gesetzt, rechtlich innerhalb des Sozialversicherungsrechts[486] aber nicht abgesichert. Der Generationenvertrag setzt darauf, dass die Erwerbstätigen der Zukunft bei der Finanzierung des Sozialversicherungssystems in gleicher Weise leistungsfähig und leistungsbereit sind, wie es die gegenwärtig Erwerbstätigen sind. Er braucht also eine zukünftige Generation von Erwerbstätigen, die möglichst nicht durch frühere Staatsschulden belastet werden. Der Generationenvertrag fordert rechtliche und psychologische Schuldenbarrieren, die Staatsleistungen von der Höhe der Staatsschuld abhängig machen. So wird die Last der Schuld gegenwärtig spürbar. Wir werden ein Volk von Sparern. Und die Öffentlichkeit wird kritisch prüfen, ob Rettungsschirme der europäischen Stabilitätsunion oder dem Finanzmarkt nützen, ob Finanzhilfen zu Gediegenheit führen oder zu Leichtfertigkeit anregen.

V. Konzeptionelles Sparen

1. *Normalisierung auf Normalwegen*

Wenn zunächst neue Schulden zu vermeiden, also auf eine Neuverschuldung zu verzichten ist, weist das Grundgesetz den Weg zum Regelfall einer strukturellen Nullverschuldung (Art. 109 Abs. 3 Satz 1, Art. 115 Abs. 2 Satz 1): Ein zeitlich gedehnter und deswegen schonender Übergang des Art. 143 d GG nähert den Staatshaushalt stetig dem Ausgleich ohne Schulden an, sieht dabei aber keine Ausnahmemaßnahmen zur Herstellung von Normalität vor, erwartet vielmehr eine Normalisierung im Rahmen der verfassungsrechtlichen Regeln.

Wenn das Europarecht eine rechtswidrige Verschuldungswirklichkeit zugelassen hat, die den Rückweg in die Normalität des Rechtmäßigen nur außerhalb der rechtlich vorgezeichneten Wege findet, in einer stufenweisen Annäherung an die Stabilität sich aus dem schrittweise nachweisbaren Stabilisierungserfolg rechtfertigt,[487] so gilt auch für dieses europäische Ausnahmerecht die Regel, dass bei der Rückkehr zur Normalität des Rechtmäßigen so viel an rechtlichen Normalwegen gesucht werden muss, als angesichts der Verschuldungslage irgend möglich ist.

Die Rückführung der Neuverschuldung zur Normalität eines schuldenfreien Haushaltes sollte deshalb nicht durch Sondermaßnahmen eines Verschuldungsnotstandes erreicht werden, vielmehr schon die Haushalte bis zum Haushaltsjahr 2016 (Bund) und bis zum Haushaltsjahr 2020 (Länder) in der rechtlichen Normallage auf den schuldenfreien Jahreshaushalt vorbereiten. Je eher die kommenden Haushalte bei Bund und Ländern einen Haushaltsausgleich ohne weitere Kreditaufnahme im Rahmen der geltenden Staatsaufgaben, Verwaltungsverfahren, Organisations- und Technikausstattung, Steuer- und sonstigen Abgabenerträge erreichen, desto besser ist das Gemeinwesen nach Ablauf der Übergangsfristen des Art. 143 d auf die Normalität eines derartigen Haushaltsausgleichs eingestimmt. Würde der Verzicht auf eine Neuverschuldung nur durch einen Kraftakt von Sondermaßnahmen erreicht, so drohte nach Beendigung dieser Sondermaßnahmen ein Rückfall in die alte Verschuldungspraxis.

2. Aufgaben, Verfahren, Ausstattungen, Einnahmestrukturen

Geboten ist deshalb nicht eine bloß haushaltstechnische Kostensenkung und Einnahmesteigerung, sondern ein konzeptionelles Sparen: Staatsaufgaben sind auf ihre Notwendigkeit zu überprüfen, die Rechtsmaßstäbe staatlichen Handelns zu vereinfachen und leichter handhabbar zu machen. Die Verfahrensabläufe müssen am Maßstab der Sachgerechtigkeit und Wirtschaftlichkeit erneuert, die Ausstattung der Staatsorgane in ihrer Organisation und technischen Hilfsmitteln verbessert, das Steuerrecht von Lenkungs- und Bevormundungstatbeständen befreit und dadurch Unternehmerinitiativen und allgemeine Prosperität, auch die Steuererträge[488] vermehrt werden. Die übrigen Abgabentatbestände[489] sind in ihren Voraussetzungen und Rechtsfolgen so zu bemessen, dass die Allgemeinheit des Gesetzes wieder hergestellt wird,[490] abgabenrechtliche Hemmnisse der Freiheit abgebaut, das Sozialversicherungssystem verständlich und verteilungsgerecht fortentwickelt werden.[491]

Der chronischen jährlichen Neuverschuldung wird durch eine Verschlankung des Staates begegnet, die dem Unternehmer Freiheit zurückgibt, Konjunktur und Wachstum anregt, das Unsoziale eines „Kaputtverschuldens" beendet. Die Haushaltswirkungen von Ausgabenentlastungen und Einnahmesteigerungen sind dann Folgewirkungen dieses konzeptionellen, konstruktiven Sparens. Der chronisch verschuldete, finanzkranke Staat findet zur finanziellen Gesundheit nur zurück, wenn er nicht nur die Symptome seiner Krankheit behandelt, sondern deren Ursachen.

3. Exemplarische Anregungen

Dieses konstruktive Sparen sollte zunächst die Ursachen würdigen, aus denen die Finanz- und Schuldenskrise entstanden ist. Das Recht hatte beansprucht, die übermäßigen Begehrlichkeiten gegenüber dem Staat, die Bereitschaft des Staates zu überhöhen, die Staatseinnahmen übersteigenden Staatsausgaben und die Verführungen des Staates durch den Finanzmarkt in die Schranken einer Rechtskultur des Maßes zu weisen. Dieses verbindliche Recht ist missachtet worden. Deshalb sollte der erste Schritt zu einer konstruktiven Konsolidierung die Rückkehr zur Verbindlichkeit des Rechts sein. Die Autorität des Rechts ist die Bedingung von Frieden, von freiheitlichem Wirtschaften, von nachhaltiger Stabilität des Finanzwesens.

Diese Autorität des Rechts ist durch eine Vereinfachung des Rechts zu stärken, die Rechtssicherheit schafft, in der Verständlichkeit und Verlässlichkeit des Rechts unternehmerische Planungen erleichtert, im Verzicht auf Lenkungen und Bevormundungen Freiheitsinitiativen anregt und fördert, in der Zurücknahme der Normenflut den Bürger mit dem für ihn geltenden Recht wieder vertraut macht, Vertrauen schafft. Vereinfachungskonzeptionen insbesondere zum Umweltschutz,[492] zum Arbeitsrecht,[493] zum Sozialversicherungsrecht[494] und zum Steuerrecht[495] liegen vor.

Auf Steuersubventionen ist grundsätzlich zu verzichten. Der Steuergesetzgeber kann bei diesem Subventionsangebot die Höhe der Ertragsausfälle kaum einschätzen. Der Bundessteuergesetzgeber gewährt bei Gemeinschafts- und Ländererstragsteuern die Subventionen ganz oder teilweise zu Lasten fremder Kassen. In einer progressiven Steuer steigt die Subvention durch Abzug von der Bemessungsgrundlage bei höheren Einkommen überproportional. Die Subventionen lenken vielfach in die ökonomische Torheit. Dabei wird Kapital vernichtet oder fehlgeleitet. Nicht erhaltenswerte Strukturen werden erhalten. Die Menschen fühlen sich veranlasst, Risiken und Fehlentwicklungen ganz oder teilweise auf den Staatshaushalt zu überwälzen.

Die Leistungssubvention sollte deutlich zurückhaltender eingesetzt werden, um Unternehmermut und Risikosensibilität im Wirtschaften auf eigene Rechnung zu stärken, die Eigenverantwortlichkeit des Freiheitsberechtigten allenfalls durch „Hilfe zur Selbsthilfe" zu stützen. Die Wirtschaftssubjekte sind der Vorstellung zu entwöhnen, sie könnten in Krisenlagen Abhilfe vom Staatshaushalt, von der Allgemeinheit der Steuerzahler erwarten. Die grundsätzliche Trennlinie zwischen freiheitsberechtigter Wirtschaft und freiheitsverpflichtetem Staat ist wieder herzustellen. „Systemische" Wirtschaftsvernetzungen müssen vor die Frage gestellt werden, ob sie zu groß geworden sind, um gerettet zu werden.[496]

Die Energiepolitik wird zunächst die Produktionssicherheit, sodann die Versorgungssicherheit, eine energieschonende Produktions- und Fahrzeugtechnik, den umweltbewussten Umgang mit Energie fördern, dadurch Sonderkosten von Staat und Gesellschaft vermeiden und Kosten für jeden Bürger sparen wollen. Zudem kann der Staat als Steuergesetzgeber, als Energiegesetzgeber, als Großnachfrager auf eine Mäßigung der Energiepreise hinwirken.

Der Staat ist unmittelbar durch die Arbeitslosigkeit eines Menschen betroffen, weil diesem ein Stück realer Freiheitsvoraussetzungen fehlt, damit die allgemeine Verfassungskultur Not leidet. Zudem zahlt der Arbeitslose nur indirekte Steuern, ist auf Leistungen des Sozialversicherungssystems angewiesen. Der Staat hat eine konzeptionelle Arbeitsmarktpolitik zu betreiben,[497] die weniger vorhandene Strukturen durch Erhaltungssubventionen und Steuerverzichte verlängert, sondern durch das Recht, ausnahmsweise auch durch Finanzmittel das Entstehen sinnstiftender, damit produktiver Arbeitsplätze fördert. Der Arbeitgeber wird auf Dauer Arbeitsplätze nur schaffen und erhalten, wenn der Arbeitnehmer eine entgeltwürdige Leistung erbringt, er den Sinn seines Wirkens in seinem Werk erkennt. Innerhalb des Bundesstaates sind die Finanzverantwortlichkeiten einheitlich der jeweiligen Regierung und dem jeweiligen Parlament von Bund und Ländern so zuzuordnen, dass das entscheidende Organ Einnahmen und korrespondierend Ausgaben autonom vor seinen Wählern verantwortet. Deswegen ist das Konnexitätsprinzip (Art. 104 a Abs. 1 GG) zu stärken, die Mischverwaltung und Mischfinanzierung abzubauen, die Herrschaft des Geldes – der „goldenen Zügel" – zu beenden.

Wenn die Grenzen in Europa fallen, verringert sich die Aufgabe der Grenzkontrollen und der Zollverwaltung. Allerdings verlagert sich das Problem der Sicherheitskontrollen nach innen. Wenn unerwünschte Geschäftsvorhaben, geplante Kriminalität, ein das Sozialversicherungssystem überfordernder Zuzug von Menschen nicht an der Grenze abgefangen werden, wächst den Innenorganen der Polizei- und Ordnungsbehörde die Aufgabe zu, die öffentliche Sicherheit und Ordnung herzustellen. Dabei kann sie sich nicht auf Grenzübergänge konzentrieren, sondern muss die Rechts- und Ordnungswidrigkeiten im gesamten Bundesgebiet aufdecken, Gefahren abwehren, Störungen beseitigen. Dadurch werden die Verwaltungsaufgaben und damit der Finanzbedarf des Staates eher erhöht. Ein konzeptionelles Sparen ist möglich, wenn im Rahmen der Europäischen Union verlässliche Zuwanderungsregeln gesetzt und durchgesetzt werden, wenn die indirekten Steuern europaweit im Maßstab und insbesondere auch im Vollzug vereinheitlicht werden, wenn die Gegenwehr gegen Kartelle, Steuerhinterziehung, Qualitätseinbußen bei Waren und Dienstleistungen europarechtlich beherzt, aber einfach geregelt und vollzogen wird.

Ein Finanzausgleich unter den Staaten der Europäischen Union wie unter den Ländern der Bundesrepublik Deutschland setzt falsche Anreize. Wer sich leichtfertig verschuldet, hofft auf die Hilfe der anderen. Wer wirtschaftlich haushält, gerät in den Sog vermeintlicher Solidarität, muss seinen Wählern erklären, dass er ihnen weniger Staatsleistungen anbietet, dafür aber Staatsleistungen in anderen Ländern mitfinanzieren muss. So entsteht ein Verschuldungswettlauf. Dieser ist zu beenden.

Wenn so das Konzept der Staatsaufgabe und der Aufgabenerfüllung strukturell verbessert ist, der Verfassungsstaat im ständigen Bemühen um das Bessere erneuert wird, erübrigt sich als Folgewirkung eine Neuverschuldung. Die chronische Neuverschuldung wird beendet, damit die Normallage erreicht, die einen neuverschuldungsfreien Haushaltsausgleich zur Regel macht. Deswegen sollte der Kampf gegen die Neuverschuldung das Ziel auch klar und nicht erörterungsbedürftig benennen: Die Neuverschuldung ist zu beenden. Sie ist nicht in einem Defizit zwischen 0 und 3 Prozent des BIP (Art. 126 AEUV) oder jedenfalls in Höhe von 0,35 Prozent des BIP (Art. 109 Abs. 3 S. 4, Art. 115 Abs. 2 Satz 2 GG) zu gestatten, sondern auf 0,0 Prozent zurückzuführen.

VI. Aufgaben der öffentlichen Hand

Die Bedrängnisse überhöhter Staatsverschuldung legen den Gedanken nahe, bei gleichbleibendem Steueraufkommen die Aufgaben der öffentlichen Hand zurückzunehmen und dadurch einen finanziellen Gestaltungsraum zum Schuldenabbau zu gewinnen. Doch diese Aufgaben hängen von den verfassungsrechtlichen Vorgaben,[498] den Erwartungen der Staatsbürger und deren Repräsentation durch Gesetzgeber und Gesetz sowie den Vorgaben des Völker- und Europarechts ab.

1. Pflichtaufgaben

Pflichtaufgaben des Staates sind die Tätigkeiten, die dem Staat zwingend zukommen, in denen der Staat ordnend, unterstützend, fördernd oder abwehrend tätig werden muss.[499] Das Grundgesetz begründet eine dauernde Pflicht des Staates, die öffentliche Sicherheit zu gewährleisten.[500] Ohne Sicherheit vermag sich die individuelle Existenz nicht zu entfalten, kann grundrechtliche Freiheit nicht ausgeübt werden, die „Freiheit von Furcht" nicht gelingen.[501] Diese Gewährpflicht wird eingelöst durch den Gesetzgeber, der die gesetzlichen Rechtsgrundlagen bereitstellt und gegenwartsgerecht fortentwickelt, sowie durch die Verwaltung, die den Auftrag, die öffentliche Sicherheit und Ordnung zu schützen, erfüllt und nach pflichtgemäßem Ermessen verdeutlicht. Gesetzliche Sicherstellungsaufträge obliegen der öffentlichen Hand bei der Daseinsvorsorge wie Verkehr, Infrastruktur und Gesundheit.[502] Aufgaben der öffentlichen Versorgung, der sozialen Sicherung, der Umwelt, der Wissenschaft, der Produktsicherheit muss der Staat nicht eigenhändig erfüllen, hat deren Erfolg aber zu gewährleisten. Zu diesen Gewährleistungspflichten gehören auch die Schutzpflichten der Grundrechte, beim Schutz der Freiheit der Person, beim Schutz des ungeborenen Kindes, bei den Sicherheitsvorkehrungen gegen Anschläge von Terroristen, beim Schutz vor Risiken technischer Anlagen und vor Immissionen, beim Schutz des allgemeinen Persönlichkeitsrechts und besonderer Persönlichkeitsrechte,[503] bei der Schutz- und Förderpflicht für Grundrechtsvoraussetzungen, insbesondere zur Sicherung des sozialen Existenzminimums, der Teilhabe des Einzelnen an den jeweils erreichten ökonomischen, kulturellen und rechtlichen Standards der Rechtsgemeinschaft[504] und beim Schutz der Religionsfreiheit.[505] Die Justizgewähr sichert das Recht institutionell.[506]

2. Kompetenzrechtlich vorausgesetzte Aufgaben

Weitere Aufgaben der öffentlichen Hand werden aus den Kompetenzen abgeleitet, die eine Staatsaufgabe voraussetzen. Wenn das Gesetz einer staatlichen Körperschaft, einem Staatsorgan oder einer Behörde eine Zuständigkeit zuweist, um innerhalb der Staatsorganisation eine Zuständigkeit zu begründen, setzt diese Kompetenzregel voraus, dass eine thematisch korrespondierende Staatsaufgabe vorhanden ist.[507] Dieser Schluss von der Kompetenz auf die Aufgabe betrifft insbesondere die Gesetzgebungskompetenz der Art. 73 und 74 GG und die dabei mitgedachten Kompetenzen zum Verwaltungsvollzug dieser Gesetze, etwa die auswärtigen Angelegenheiten, die Verteidigung einschließlich des Schutzes der Zivilbevölkerung, das Währungs-, Geld- und Münzwesen, die Einheit des Zoll- und Handelsgebietes, die Gefahrenabwehr, die Erzeugung und Nutzung der Kernenergie zu friedlichen Zwecken, die öffentliche Fürsorge, die Förderung der land- und forstwirtschaftlichen

Erzeugung, das Bodenrecht, Maßnahmen gegen gemeingefährliche oder übertragbare Krankheiten, die wirtschaftliche Sicherung der Krankenhäuser, die Hochsee- und Küstenschifffahrt, den Straßenverkehr, das Kraftfahrwesen, den Bau und die Unterhaltung von Straßen, die Schienenbahnen, die Abfallwirtschaft, die Luftreinhaltung und die Lärmbekämpfung, Jagdwesen, Naturschutz, Bodenverteilung, Raumordnung, Wasserhaushalt, Hochschulzulassung und Hochschulabschlüsse. Diese Kompetenzkataloge zeigen aber zugleich, dass die in ihnen vorausgesetzten Aufgaben schon für den Gesetzgeber teilweise Regelungsermächtigungen, also freiwillige Aufgaben sind, dass der staatseigenhändige Vollzug teilweise die Erfüllung der Sachaufgabe, teilweise aber auch eine staatliche Gewährleistung oder Überwachung meint.

Auch aus den Staatsfunktionen (Gesetzgebung, Regierung, Verwaltung und Rechtsprechung; auswärtige Gewalt, Finanzhoheit, Personal- und Organisationsgewalt, Schulaufsicht) sowie den Handlungsformen (Gesetz, Verwaltungsakt, Urteil, Finanzierung, Aufklärung und Beratung, staatliche Selbstdarstellung, Öffentlichkeitsarbeit) lassen sich Staatsaufgaben ableiten.[508]

3. Intensität der Aufgaben

Die Intensität, in der die öffentliche Hand eine Aufgabe wahrnimmt, lässt sich in sieben Stufen unterscheiden[509]:
1. Das Monopol: Die öffentliche Hand nimmt die Aufgabe vollständig selbst wahr, insbesondere die militärische Landesverteidigung, die polizeiliche Gefahrenabwehr, den Betrieb staatlicher Schulen und Hochschulen, die Staatsfinanzen und der öffentliche Dienst, die staatlichen Verwaltungs- und auch noch die Finanzmonopole.
2. Die Konkurrenz öffentlicher und privater Aufgabenerfüllung: Die öffentliche Hand beteiligt sich an der Aufgabenerfüllung neben und in Zusammenarbeit mit privaten Leistungsträgern, insbesondere bei öffentlichen Einrichtungen der Sozial- und Jugendhilfe,[510] der Daseinsvorsorge,[511] der politischen Bildung.[512]
3. Die Lenkung: Die öffentliche Hand steuert die Tätigkeit Privater durch Anreize und Abreize, insbesondere durch Berufs- und Wirtschaftslenkung,[513] durch Subventionen,[514] zielbestimmende und sicherstellende Lenkung insbesondere der Krankenhausversorgung.[515]
4. Die Aufsicht: Die öffentliche Hand überwacht private Tätigkeit, insbesondere die Wirtschaftstätigkeit, technische Anlagen, Verkehrseinrichtungen, Privatschulen.

5. Der Sicherstellungsauftrag: Die öffentliche Hand gewährleistet bestimmte private Leistungen und Leistungsniveaus, insbesondere im Gesundheitswesen sowie im Gewährleistungsauftrag, vor allem im Eisenbahnwesen, bei Post und Telekommunikation.
6. Die Förderungsverwaltung: Die öffentliche Hand regt private Tätigkeit in gemeinwohlerheblichen Aufgaben an und fördert sie, insbesondere durch Steuerbegünstigung und finanzielle Förderung privater gemeinnütziger Körperschaften, welche die religiösen, sittlichen, kulturellen und intellektuellen Lebensgrundlagen des Gemeinwesens gestalten, erneuern und prägen.
7. Die Rahmenordnung: Schließlich kann sich die öffentliche Hand darauf beschränken, Eine Rahmenordnung zu setzen und durchzusetzen, vor allem durch das allgemeine Gesetz und dessen Vollzug, durch grundrechtliche Gesetzesvorbehalte und gesetzliche Ausprägungen von Grundrechten, etwa durch das BGB, das Baugesetzbuch, die staatlichen Berufsordnungen, das staatliche Medienrecht, das Steuerrecht.

4. Schwerpunkte staatlicher Eigenverantwortlichkeit

Das Bundesverfassungsgericht hat im Lissabon-Urteil[516] sechs Orientierungspunkte skizziert, nach denen einem Mitgliedstaat in der Europäischen Union ein ausreichender Raum zur politischen Gestaltung der wirtschaftlichen, kulturellen und sozialen Lebensverhältnisse verbleiben muss. Dies gilt insbesondere für Sachbereiche, die die Lebensumstände der Bürger, vor allem ihren von den Grundrechten geschützten privaten Raum der Eigenverantwortung und der persönlichen und sozialen Sicherheit, prägen, sowie für politische Entscheidungen, die in besonderer Weise auf kulturelle, historische und sprachliche Vorverständnisse angewiesen sind, und die sich im parteipolitisch und parlamentarisch organisierten Raum einer politischen Öffentlichkeit in öffentlicher Debatte entfalten. Zu wesentlichen Bereichen demokratischer Gestaltung „gehören unter anderem die Staatsbürgerschaft, das zivile und militärische Gewaltmonopol, Einnahmen und Ausgaben einschließlich der Kreditaufnahme sowie die für die Grundrechtsverwirklichung maßgeblichen Eingriffstatbestände, vor allem bei intensiven Grundrechtseingriffen wie dem Freiheitsentzug in der Strafrechtspflege oder bei Unterbringungsmaßnahmen". Diese für den Staat und seine Identität bedeutsamen Sachbereiche umfassen „auch kulturelle Fragen, wie die Verfügung über die Sprache, die Gestaltung der Familien- und Bildungsverhältnisse, die Ordnung der Meinungs-,

VI. Aufgaben der öffentlichen Hand

Presse- und Versammlungsfreiheit oder der Umgang mit dem religiösen und weltanschaulichen Bekenntnis".[517]

„Als besonders sensibel für die demokratische Selbstgestaltungsfähigkeit eines Verfassungsstaates gelten seit jeher":
1. Entscheidungen über das materielle und formelle Strafrecht,
2. die Verfügung über das Gewaltmonopol polizeilich nach innen und militärisch nach außen,
3. die fiskalischen Grundentscheidungen über Einnahmen und – gerade auch sozialpolitisch motivierte – Ausgaben der öffentlichen Hand,
4. die sozialstaatliche Gestaltung von Lebensverhältnissen,
5. die kulturell besonders bedeutsamen Entscheidungen etwa im Familienrecht, Schul- und Bildungssystem sowie über den Umgang mit religiösen Gemeinschaften,
6. die Staatsbürgerschaft.[518]

Diese Andeutungen einer Staatsaufgabenlehre betreffen die Aufgabenverschiebungen zwischen Mitgliedstaat und Europäischer Union. Die Aufgabenlehre der allgemeinen Staatslehre hat das Rechtsverhältnis von freiheitsverpflichtetem Staat und freiheitsberechtigter Gesellschaft im Blick. Doch beide Aufgabenlehren machen deutlich, dass es einen unverzichtbaren Bereich eigenhändiger Pflichtaufgaben des Staates gibt: Letztverantwortung für das Setzen und Durchsetzen von Recht, Gewaltmonopol und Rechtsprechung, soziale Existenzsicherung, Gewähr von Bildung und Ausbildung, Verkehrsinfrastruktur und Gesundheitswesen, Mäßigung wirtschaftlicher Macht, demokratische Legitimation und Erneuerung. Darüber hinausgreifende Aufgaben sind von Staats wegen weitgehend freiwillig. Die Staatsaufgaben sind teilweise vertretbar, können also Privaten übertragen oder überlassen werden und verweisen den Staat dann auf eine Garantenstellung. Diese Aufgaben mögen insgesamt vom Staat eigenhändig erfüllt werden, teilweise aber auch anderen überlassen oder dürfen von öffentlicher und privater Hand gemeinsam erfüllt werden.

Die konkreten Aufgabengrenzen des öffentlichen Dienstes sind somit traditionell gewachsen und verfassungsrechtlich skizziert, werden aber erst durch den Gesetzgeber konkret bestimmt. Damit ist eine wesentliche Aussage für das Einsparungspotential im öffentlichen Dienst getroffen. Der Gesetzgeber hat zunächst die Aufgaben des Staates und damit des öffentlichen Dienstes zu bestimmen und die Maßstäbe der Aufgabenerfüllung bereitzustellen. Auf dieser Grundlage beauftragt er den öffentlichen Dienst jeweils nach der Eignung des Personals, der Organisation des Amtes und dem Verfahren die ihm zugemessene Aufgabe sachgerecht wahrzunehmen.[519] Diesen Vorgaben hat dann der Haushaltsgesetzgeber zu entsprechen.

Nach diesem verfassungsrechtlichen Konzept der Zuweisung von Staatsaufgaben, Handlungsmaßstäben und Personalausstattung ist ein rein formal-rechnerischer, ein lediglich in Zahlen quantifizierter Stellenabbau zur Mäßigung des Verschuldungsproblems nicht sachgerecht. Die Verfassung fordert eine organische Fortschreibung und Erneuerung der Staatsaufgaben, ihrer Handlungsmaßstäbe und dementsprechend des staatlichen Personals. Einsparungen beginnen bei der Überprüfung der Staatsaufgaben, der Vereinfachung der Rechtsmaßstäbe, der Erleichterung der Verfahrensabläufe, der Modernisierung der Behörden, der Qualifikation und Fortbildung der Bediensteten. In dieser Reihung der Maßnahmen, die den Staat verschlanken können, ist das Sparpotential angelegt: Es beginnt bei der Staatsaufgabe, setzt sich bei der Eindämmung der Normenflut und der Verwaltungsvereinfachung fort, stellt dann die Frage nach der Modernisierung durch technische Ausstattung, Organisationsstraffung, Erneuerung der Planungs- und Vollzugsabläufe, setzt sich in der Auswahl, Qualifikation und Fortbildung der Bediensteten fort, verlangt sodann die Überprüfung der Personalstellen.

VII. Der öffentliche Dienst

1. Das Amt

Soweit ein ausgeglichener Staatshaushalt durch Verringerung der Staatsausgaben erreicht werden soll, wird vielfach auf den öffentlichen Dienst verwiesen, der verschlankt, seiner Formalität entledigt, entbürokratisiert werden soll. Die Leistungskraft eines Staates liegt in seinem Personal, das in seiner Begabung, Berufsqualifikation und Zuverlässigkeit den staatlichen Handlungsauftrag erfüllt. Die rechtliche Verfasstheit des Staates setzt die Fähigkeit und Bereitschaft des staatlichen Personals voraus, das Recht zur Realität werden zu lassen. Das geschriebene Recht bedarf der Amtsträger, die es vollziehen, gesetzliche Vorgaben deuten und vervollständigen, im nicht gesetzlich geregelten Bereich Entscheidungen treffen. Wesentlicher Garant des Verfassungsstaates ist ein für die staatlichen Aufgaben geeignetes, nach Maßgaben des Rechts ausgewähltes und handelndes Personal.

Der Staat handelt durch das Amt und den Amtsträger.[520] Das Amt vertraut einer Amtsperson eine öffentliche Aufgabe an und erwartet, dass

VII. Der öffentliche Dienst

der Amtsträger seinen Dienst treuhänderisch für das Staatsvolk und die Grundrechtsberechtigten ausübt,[521] dass er nach Gesetz und Recht, aber auch einem Ethos des treuhänderischen Dienstes für die res publica handelt.[522] Der Beamte wirkt unbefangen und unparteilich, wahrt Distanz zu Bürgern, Gruppen und Parteien, entscheidet Konflikte unabhängig und nicht verstrickt in die Anliegen der Betroffenen, erkennt und handhabt die Normen nach dem Prinzip der Neutralität, dem Legitimationsgrund des Staates.[523] Der Beamte ist normengebunden korrekt, vermeidet schon den bösen Schein des Inkorrekten.[524] Das Beamtenrecht verdeutlicht und vertieft diese hergebrachten Grundsätze des Berufsbeamtentums in der Hauptberuflichkeit, einem besonderen Dienst- und Treueverhältnis, einer dementsprechenden Fürsorge und Alimentationspflicht des Staates, einem Leistungs- und Laufbahnprinzip.[525]

Rechtsprinzipien schreiben – oft idealisierend – verbindliche Ziele vor, die der Mensch in seiner Unzulänglichkeit niemals gänzlich erreicht, denen er aber stets verpflichtet bleibt. Das Staatsorganisationsrecht untergliedert den Gesamtauftrag des Staates in individuell erfüllbare Amtsaufträge, die den Eignungen, Befähigungen und fachlichen Leistungen des jeweiligen Amtsinhabers angemessen sind (Art. 33 Abs. 2 GG),[526] in Weisungsstrukturen und Amtshierarchie eingebunden und der Gesamtheit von Gesetz und Recht verpflichtet sind.[527] Der Amtswalter wirkt als „Rad in dem Uhrwerke des Staates",[528] handelt für die Gesamtheit des Staates, trägt das Gesicht dieses Staates aber jeweils im Einzelfall in der Begegnung mit dem Betroffenen. Wenn Art. 33 Abs. 4 GG die Ausübung hoheitsrechtlicher Befugnisse als ständige Aufgabe in der Regel Angehörigen des öffentlichen Dienstes überträgt, die in einem öffentlich-rechtlichen Dienst- und Treueverhältnis stehen, so mag die Formulierung dieses bewährten und erprobten Rechtsatzes manchem heute ein wenig antiquiert klingen. Der materielle Gedanke unbedingter Dienstbereitschaft im Amt für Recht und Gemeinwohl, innere Unbefangenheit als Parteinahme für das Recht, wirtschaftliche Unabhängigkeit, die von politischem und medialem Druck befreit, sind unverzichtbare Bedingungen für Rechtsstaat und Verfassungsstaat.

2. Stellenabbau in der Bundesverwaltung

a) Stelleneinsparungen

Diese Mittelpunktfunktion des öffentlichen Dienstes im Rechtsstaat erlaubt finanzwirtschaftliche Sparüberlegungen, soweit dadurch die Leistungskraft des Verfassungsstaates nicht leidet. Bei einem verschuldeten Unternehmen käme niemand auf die Idee, durch Stellenabbau die Produktivität dort zu verringern, wo gute Produkte auf eine lebhafte Nachfrage treffen. Bei der staatlichen Verwaltung lassen sich der Wert einer Leistung und die Nachfrage nach dem Produkt nicht in der Einfachheit von Preis, Umsatz und Gewinn messen.[529] Trotz dieser gewichtigen Methodenprobleme zeigt ein statistischer internationaler Vergleich immerhin, dass der Anteil der beim Staat Beschäftigten an der Gesamtzahl der abhängig Beschäftigten in Deutschland seit 1980 kontinuierlich zurückgegangen ist und im Vergleich von 22 demokratisch verfassten Industriestaaten im Jahre 2006 mit 11,9 Prozent an drittletzter Stelle liegt. In den skandinavischen Ländern (Dänemark, Finnland, Norwegen und Schweden) ist dieser Anteil in der Nähe von 30 Prozent traditionell am höchsten. In England ist der Anteil zwischen 1980 und 2000 um fast 10 Prozent zurückgegangen – von 30,3 Prozent auf 20,7 Prozent –, seitdem aber stabil geblieben und wieder leicht angestiegen. Lediglich Japan und Luxemburg haben einen geringeren Anteil an Staatsbeschäftigten.[530]

Die Arbeitnehmerentgelte des Staates belaufen sich für 26 EU-Mitgliedstaaten[531] auf durchschnittlich 11 Prozent des BIP. Dieser Anteil bleibt im Beobachtungszeitraum von 1999–2005 relativ konstant.[532] Die vom deutschen Staat gezahlten Arbeitnehmerentgelte am Bruttoinlandsprodukt liegen in diesem Zeitraum stets unterhalb des EU-Durchschnitts. Mit einem Anteil von etwa 8 Prozent ist Deutschland ähnlich einzuordnen wie Luxemburg, Slowakei und Tschechische Republik, gehört somit zu den Ländern mit dem niedrigsten Anteil am jeweiligen – für die Bundesrepublik Deutschland hohen – Bruttoinlandsprodukt. Zudem ist der Anteil der vom deutschen Staat gezahlten Arbeitnehmerentgelte am Bruttoinlandsprodukt in diesem Zeitraum kontinuierlich rückläufig[533] (von 8,2 Prozent im Jahre 1999 auf 7,5 Prozent im Jahre 2005). Die staatlichen Verwaltungsaufgaben wachsen, der finanzielle Aufwand für die dafür benötigten Bediensteten sinkt.

Diese Entwicklung veranlasst die Frage, inwieweit weitere Einsparungen im öffentlichen Dienst zu rechtlich und staatspolitisch unvertretbaren Qualitätsminderungen führen.[534] Die Bundesregierung verfolgt das Ziel, bis zum Jahr 2014 rund 10 000 Planstellen und Stellen einzusparen. Das Haushaltsgesetz 2011[535] sieht in § 20 eine Einsparung von Stellen im Umfang von 1,5 Prozent, in § 21 eine zusätzliche Einsparung von Planstellen im Umfang von 0,4 Prozent vor. Die Zahl der im öffentlichen Dienst Beschäftigten ist in den letzten Jahren deutlich zurückgegangen. Nach einem – durch die deutsche Einigung bedingten – Höchststand im Jahre 1991 von 652 000 Bediensteten ist die Zahl der Stellen im Bundesdienst

VII. Der öffentliche Dienst

kontinuierlich auf 457 300 im Jahre 2010 gesunken. Das entspricht einem Abbau um 194 700 Stellen (29,9 Prozent). Zusätzlich ging im selben Zeitraum die Zahl der Vollzeitbeschäftigten um 35,6 Prozent zurück, während der Anteil der Teilzeitkräfte um 124,1 Prozent angewachsen ist.[536]

b) Aufgabenverringerung oder Aufgabenerleichterung

Die pauschalen Kürzungen bei den Stellen folgen einem formal-rechnerischen Prinzip der Ausgabenminderung, ohne diesen Personalverzicht mit einer Rücknahme der Verwaltungsaufgaben oder einem Konzept personalsparender Aufgabenerfüllung zu verbinden. Die Regierung ist an den Ermächtigungsrahmen des Haushaltsgesetzes und Haushaltsplans gebunden, entfaltet aber auch keine Gesetzesinitiativen, um Haushaltsgesetz und Fachgesetz miteinander in Einklang zu bringen. So entstehen strukturelle Vollzugsdefizite, die zur Verfassungswidrigkeit des Organisationsrechts wie auch des – strukturell unzulänglich vollzogenen – materiellen Rechts führen können.[537] Vollzugsdefizite verursachen auch zusätzlichen Verwaltungsaufwand. Widerspruchs- und Klageverfahren binden Verwaltungsressourcen. Eine verzögerte Bearbeitung macht wiederholtes Einarbeiten erforderlich, steigert damit den Personalbedarf. Verzögerte Vollstreckungen und Verjährungen belasten unmittelbar den Staatshaushalt.

Der öffentliche Dienst kann deswegen nur durch konzeptionelles Sparen erneuert werden. Die erste Frage ist, ob Aufgaben entfallen oder einfacher erledigt werden können. Doch strukturell wachsen die Staatsaufgaben. Neue Verwaltungsaufgaben – im Bereich von Umweltschutz, neuer Energiepolitik, Kinder- und Jugendbetreuung, Schule und Hochschule – treten hinzu. Herkömmliche Aufgaben werden anspruchsvoller, wenn etwa die Polizei bei Großdemonstrationen, Sportveranstaltungen oder der U-Bahn-Überwachung auf eine verminderte Rechtstreue trifft, die Finanzbeamten beim Vollzug der Steuergesetze zunehmend einen Verlust des Rechtsgedankens beobachten, das Sozialrecht und ein wachsender Schwarzmarkt zusätzliche Überwachungs- und Gewährleistungsaufgaben begründen. Die Komplizierung des Rechts – insbesondere im Steuer-, Arbeits-, Sozial- und Umweltrecht – stellt die Verwaltung vor Vollzugsaufgaben, die kaum noch zu bewältigen sind. Die Aufgabe unbefangenen und unparteilichen Verwaltens wird umso anspruchsvoller, je mehr das Recht für Interventionen von Parteilichkeit und Gruppeninteressen zugänglich wird,[538] Gesetzestexte in Anwaltskanzleien und damit in der Nähe von deren Mandanten entworfen werden, Verbandsvertreter sogar Zugang in Stellen des öffentlichen Dienstes gefunden haben.

c) Der Abwägungsauftrag

Das Erfordernis, den Personalbestand realitäts- und gegenwartsnah an den Aufgaben auszurichten, seine Entwicklung den Leistungserwartungen der Bürger anzupassen und ihnen gegenüber zu verantworten, sei exemplarisch für zwei Behörden veranschaulicht: Die Zollverwaltung und das Eisenbahn-Bundesamt. Bei diesen Verwaltungen scheint ein Abbau des Personals naheliegend, weil im Rahmen der Europäischen Union die Kontrolle grenzüberschreitender Personen und Waren kaum noch notwendig ist, das Eisenbahn-Bundesamt nach der Privatisierung weniger Aufgaben zu haben scheint. Doch wenn man den Personalbestand mit den konkreten – von der Bundesregierung benannten – Aufgaben vergleicht, wird der Abwägungsauftrag zwischen aufgabenbedingtem Personalbedarf und tatsächlich verfügbarem Personal bewusst.

Nach Feststellung der Bundesregierung[539] betrug der Personalfehlbestand in der Bundeszollverwaltung – Bundesfinanzdirektionsbezirke, Zollfahndungsdienst, Bildungs- und Wissenschaftszentrum – zum 1. September 2012 insgesamt 3650 Arbeitskräfte. Trotz sinkender Personalressourcen werden der Zollverwaltung aber immer neue Aufgaben übertragen, insbesondere die Verwaltung der Luftverkehrsabgabe, der Kraftfahrzeugsteuer, der Kernbrennstoffsteuer, auch der verstärkten Frachtpostkontrolle. Die Zahl der Sicherheitsanfragen von Ausländerbehörden beim Zollkriminalamt stieg von knapp 7 700 im Jahr 2006 auf bislang mehr als 122 000 im Jahr 2011.[540] Im Arbeitsbereich Vollstreckung betrug der Fehlbestand zum 1. September 2010 insgesamt 126 Arbeitskräfte. Am Jahresende 2009 waren rund 1,2 Millionen Vollstreckungsfälle offen, ca. 4,2 Millionen Fälle in Bearbeitung. Forderungen von rund 4,652 Milliarden Euro waren insgesamt beizutreiben.[541]

Durch den wachsenden Personen- und Frachtverkehr am Flughafen Frankfurt/Main – mit einem zusätzlichen Flugsteig für Großraumflugzeuge – und am Flughafen Düsseldorf entstehen zusätzliche Aufgaben. Gleiches gilt für den Jade-Weser-Port in Wilhelmshaven, für das Zollfahndungsamt Hamburg, für die Warenabfertigung des Hamburger Hafens, für die Auflösung des Freihafens Hamburg, für das Hauptzollamt Kiel. Wachsende Aufgaben und steigende Anforderungen an Dichte und Qualifikation der Verwaltungstätigkeit treffen auf einen formalrechnerischen Personalabbau. Teilweise würde der Staat zusätzliche, den Personalaufwand deutlich übersteigende Einnahmen erzielen, wenn die Personalausstattung sachgerecht wäre.

Das Eisenbahn-Bundesamt erfüllt Sicherheits- und Gewährleistungsaufgaben, denen das gegenwärtige Personal nicht mehr gerecht werden kann.⁵⁴² Seit der Bahnreform 1994 sind rund 400 Unternehmen mit einer Vielzahl unterschiedlicher Fahrzeuge auf dem deutschen Schienennetz tätig. Die Aufgaben des Bundesamtes sind dadurch erheblich umfangreicher und anspruchsvoller geworden. Im sicherheitserheblichen Bereich kann gegenwärtig das Sicherheitsniveau nicht eingehalten werden. Ca. 50 Prozent der sicherheitserheblichen Fälle können mangels Personal derzeit nicht geprüft und geregelt werden. Stichprobenkontrollen bei Fahrzeugen im Betrieb sind nur noch im Ausnahmefall möglich.

Das Eisenbahn-Bundesamt musste seine Mitarbeit in Normungsgremien mangels Personal zurücknehmen. Dadurch werden europäische Regelwerke verabschiedet, in denen die deutschen technischen Maßstäbe nicht hinreichend berücksichtigt werden. Die technische Zulassung von Schienenfahrzeugen durch das Eisenbahn-Bundesamt trifft auf einen jährlichen Zuwachs der Anträge für Neu- und Umbau von ca. 20 Prozent. Diese Anträge können wegen ungenügender Personalausstattung teilweise nur mit größerer Verzögerung bearbeitet werden. Derzeit sind mehr als 100 Zulassungsanträge unbearbeitet. Schließlich fordern Unfälle, zahlreiche Unregelmäßigkeiten, auch der politische Druck auf die Kostenstruktur des Betreibens und Errichtens von Schienenwegen zusätzliche Leistungen. Die Einheitlichkeit und das Mindestmaß der Sicherheitsanforderungen sind gefährdet.

Diese Entwicklung eines Personalbedarfs bei zwei konkreten Staatsaufgaben zeigt, dass der Staat hier nicht einfach Personal abbauen kann, er vielmehr über die Staatsaufgabe, vereinfachende Verwaltungsmaßstäbe, technisch verbesserte Leistungsmöglichkeiten und erleichternde Rahmenbedingungen zu entscheiden hat. Die Kraftfahrzeugsteuer könnte durch andere Abgaben ersetzt werden. Das Rechtsbewusstsein im Abgabenrecht ist durch Rechtsvereinfachung zu stärken, damit der Vollstreckungsbedarf zu verringern. Kontrollen können datenbasiert vereinfacht, Normungen sachgerecht erleichtert, qualitätssichernde Lieferungsverträge entwickelt werden. Wer Kosten senkt, kann durchaus Qualität verbessern.

VIII. Wachstum durch Kinder

1. Nachhaltiges Wachstum dank der Kindergeneration

Der Auftrag zum konzeptionell nachhaltigen Sparen richtet die Aufmerksamkeit auf das zu erwartende Wachstum. Dieses hat seine Wurzel im Heranwachsen der nächsten Generation, der Kinder, erst dann in den strukturellen, technischen und wissenschaftlichen Produktivitätsbedingungen, die diese Kinder vorfinden. Jede Generationengerechtigkeit[543] erwartet eine gewisse Kontinuität der Lebensverhältnisse und eine Nachhaltigkeit von deren rechtlichen Grundlagen. Vor allem aber setzt die Gerechtigkeit auf die nachfolgende Generation, die existiert, gut ausgebildet und charakterlich qualifiziert, zur Fortsetzung von Verfassungsstaat und gegenwärtigen Lebensentwürfen bereit ist. Diese Voraussetzung allerdings ist zur Zeit nicht gewährleistet. Seit Mitte der Siebziger Jahre haben die meisten Industrienationen einen Geburtenrückgang erlebt. In dieser Entwicklung liegt Deutschland in der Statistik des Kinderreichtums weit am Ende der Skala. In den vergangenen vier Jahrzehnten ist die Kinderzahl stetig unter jenen Wert gefallen, der für eine langfristig stabile Bevölkerungsentwicklung notwendig wäre. Die Zahl der Sterbefälle überwiegt die der Geburten deutlich. Deutschland ist das Land, in dem die meisten Menschen zeitlebens ohne Kinder bleiben. Es weist – bezogen auf die Einwohnerzahl – eine der niedrigsten Geburtenraten der Welt auf.[544] In Deutschland bekommt eine Frau im Durchschnitt 1,4 Kinder.[545] Die Tendenz dieser Entwicklung ist dramatisch. Der Bestand der Gesellschaft in Deutschland und ihrer Hochkultur, damit des Wirtschaftssystems und der von ihr produzierten Prosperität, schließlich des Verfassungsstaates in seiner demokratisch-rechtsstaatlichen Struktur geraten in Gefahr.

Die Fortschritte der Medizin lassen die Menschen länger leben, bewahren ihnen eine höhere, länger währende Leistungskraft, dank stabiler Gesundheit eine höhere Lebensqualität. Eine beachtliche Zahl von Zuwanderern fängt den statistischen Geburtenmangel teilweise – keinesfalls vollständig – auf, bemüht sich um Integration. Die moderne Technik der Computer und Roboter übernimmt menschliche Arbeit, bietet eine neue, elementare Chance für Freiheit. Frauen mit hohen Bildungsabschlüssen haben weniger Kinder. Ein Grund hierfür ist, dass sich gerade für diese Frauen Familie und Beruf in Deutschland bisher schwer vereinbaren lassen.[546]

2. Sechs Erneuerungserwägungen

Dem Generationenvertrag in Deutschland droht mehr und mehr der Schuldner verloren zu gehen. Deswegen sind die rechtlichen und ökonomischen Rahmenbedingungen für Familien grundlegend zu verbessern. Doch die Gegenwart verstärkt eine Tendenz, die staatliche Familienpolitik in den Sog der Wirtschaftspolitik bringt. Die unmittelbare ganztägige Lebensgemeinschaft zwischen Eltern, Säuglingen und Kleinkindern wird

zugunsten einer schnellstmöglichen Rückkehr der Eltern nach der Geburt in das Erwerbsleben bedrängt. Deswegen sind vor allem sechs Reformschritte notwendig:
– Das Rentenrecht muss anerkennen, dass der Generationenvertrag seinen Schuldner (die Kinder) von den Eltern erhält, deren Kinder die Rente für alle Rentner der Elterngeneration bezahlen. Die Eltern haben zu dem Generationenvertrag das Wesentliche beigetragen. Der wichtigste Rentenbeitrag liegt nicht in der Beitragszahlung, sondern in den Leistungen der Eltern, die in der Geburt des Kindes, seiner Erziehung und der lebenslänglichen Familiengemeinschaft liegen. Deswegen müssen die Eltern, oft die Mütter, die vielfach um der Kindererziehung willen auf einen Teil ihres Erwerbslebens und damit auf einen Lohn verzichtet haben, im Rentenrecht dem Grunde und der Höhe nach als Erste berechtigt sein.[547] Wenn die Kinder so wieder – wie Jahrtausende vor Einführung der Sozialversicherung – die Versorgung bei Krankheit, Gebrechlichkeit, Alter sichern, wird der Wille zum Kind weiter verstärkt.
– Derzeit erwägen viele Menschen erst deutlich nach Vollendung des 30. Lebensjahres die Frage einer Familiengründung, wenn der Eintritt in das Berufsleben vollzogen und die Berufsposition gefestigt ist. Hier wäre ein gesellschaftliches Umdenken wünschenswert, der Mut, die Entscheidung für eine Familie um 10 Jahre vorzuverlagern. Nach einem schulischen Abschluss – auch dem im Gymnasium – könnte sich eine Phase der Berufsqualifikation – einschließlich auch eines Hochschulabschlusses – von etwa 5 Jahren anschließen. Danach, also im Alter von 22–25 Jahren, könnten die jungen Menschen ihre Freiheit zur Familie, zum Kind wahrnehmen. Bei der Bewerbung um Arbeitsstellen oder um eine weitere Berufsqualifikation sollten sie dann von Rechts wegen vorrangig berücksichtigt werden, weil sie eine Doppelleistung – die familiäre und die berufliche – erbringen. Die Eltern hätten für die Kindererziehung dank ihrer Jugend mehr Elan, Nervenkraft und Erziehungsfreude. Die Gleichberechtigung von Mann und Frau gerade für Führungspositionen würde verbessert, wenn diese Positionen im Alter zwischen 40 und 50 erreicht werden, die Eltern – damit auch die Mütter – dann aber die Kernphase ihrer Erziehungsaufgabe bereits hinter sich gelassen haben.[548]
– Die Möglichkeiten moderner Arbeitstechnik, insbesondere der Computer, sollten vermehrt genutzt werden, um familienfreundliche Heimarbeitsplätze anzubieten. Während in der Landwirtschaft und in der Leitung von Familienunternehmen Familienort und Arbeitsort iden-

tisch sind, stehen mehr als 90 Prozent der Erwerbstätigen in Deutschland als Arbeitnehmer allmorgendlich vor der Alternative, entweder zu Hause zu bleiben und die Kinder zu erziehen oder den Erwerbsort aufzusuchen, insoweit ihre Kinder zeitweilig aus den Augen zu verlieren. Wenn hingegen Bildschirmarbeitsplätze jedenfalls für Eltern von Kleinkindern vermehrt eine Erwerbsarbeit am Familienort erlauben, kann die moderne Industriegesellschaft familienfreundlicher werden. Zudem können Betreuungseinrichtungen für Kinder in den Betrieben oder in der Nähe der Betriebe eine regelmäßige Begegnung von Eltern und Kleinkindern auch während der Erwerbstätigkeit der Eltern ermöglichen.

– Das Steuerrecht muss auf die besonderen Belange der Familien ausgerichtet werden. Die Ehe ist eine Erwerbsgemeinschaft, deren Einkünfte in gleicher Weise wie bei anderen Erwerbsgemeinschaften, den Personengesellschaften und den Kapitalgesellschaften, allen Erwerbsbeteiligten – Mann und Frau – zu gleichen Teilen zugerechnet werden (Ehegatten-Splitting). Solange die Vermögenden ihren Kindern von Geburt an durch Beteiligung an einer Familiengesellschaft eine eigene Einkunftsquelle und damit eigene Einkünfte zuweisen können, muss gleiches auch Familien ermöglicht werden, denen diese Gestaltung mangels Vermögens versagt ist. Deswegen ist ein Familiensplitting einzuführen. Daneben muss die ungleiche Belastung durch indirekte Steuern ausgeglichen werden. Familien müssen ihr Familieneinkommen im wesentlichen konsumieren, unterliegen deswegen in voller Höhe selbst dann den Konsumsteuern, wenn ihr Einkommen wegen zu geringer Höhe bei der Einkommensbesteuerung verschont wird, während die Kinderlosen eher Vermögen bilden, dieses sparen und investieren können, sie insoweit überhaupt keine indirekten Steuern zahlen. Hier sind Ausgleichsteuern geboten.[549]

– Im Wahlrecht ist zu erwägen, wie die Kinder, die noch am längsten von heutigen politischen Entscheidungen betroffen sind, rechtzeitig Einfluss gewinnen können. Auch ein unmündiges Kind ist Inhaber von Rechten, kann z.B. durch Erbfall Eigentümer eines Hauses werden, seine Rechte durch seine Stellvertreter – seine Eltern – ausüben lassen. Gleiches wäre beim Wahlrecht möglich. Jede Mutter und jeder Vater nähmen dann für je ein Kind eine zusätzliche halbe Stimme wahr; ein Alleinerziehender erhielte zusätzlich eine volle Stimme. Das Wahlrecht wird zwar grundsätzlich höchstpersönlich, unvertretbar ausgeübt. Es steht aber allen Bürgern zu. Kinder sind Bürger. Deswegen ist es nicht ausgeschlossen, ihnen die Möglichkeit zu bieten, ihre Bürgerrechte

soweit als möglich, d.h. bis zur Volljährigkeit in Vertretung durch ihre Eltern, auszuüben.[550]
– Vor allem brauchen Familien Vertrauen und Anerkennung. Und wir sollten für die Familie werben – in gleicher Intensität und Fantasie wie für Waren und Dienstleistungen.

Diese Erneuerungserwägungen mögen kritisch bedacht, weiterentwickelt, erweitert werden. Sie wirken sich auf Steuerlasten und Staatsaufgaben aus, bewahren Staat und Wirtschaft aber strukturell vor einer Entwicklung, in der immer höhere Steuerertragsanteile zur Finanzierung der Alterssicherung benötigt werden, sinkende Kinderzahlen das Wirtschaftswachstum gefährden. Unverzichtbar ist das Anliegen der Nachhaltigkeit: Wir brauchen mehr Kinderwachstum, aus dem dann auch Wirtschaftswachstum folgt. Kinder sind unsere Zukunft, auch die Schuldner unserer Kreditverpflichtungen.

IX. Subventionsabbau

1. Die Rechtspflicht zum Subventionsabbau

Das Stabilitätsgesetz vom 8. Juni 1967[551] verpflichtet die Bundesregierung, jährlich einen Bericht „über die Entwicklung der Finanzhilfen des Bundes und der Steuervergünstigungen" – einen Subventionsbericht – herauszugeben (§ 12 StWG). Dieser unterrichtet über die Fortschritte bei einem Subventionsabbau sowie über die Aufteilung der Förderung auf die einzelnen Wirtschaftsbereiche. Er wird mit einer Subventionsabbauliste verbunden (§ 12 Abs. 4 StWG). Doch ein substantieller Subventionsabbau ist bis heute nicht gelungen.[552] Der Umfang der Subventionen verharrte lange Jahre auf hohem Niveau, galt etwa zur Hälfte der gewerblichen Wirtschaft und etwa zu einem Viertel dem Wohnungswesen.[553] Die Herstellung der inneren Einheit Deutschlands hatte Fördermaßnahmen zugunsten der ostdeutschen Wirtschaft zur Folge, die insbesondere Unternehmen privatisieren und Strukturschwächen beheben sollten. Dabei sind die Wirtschaftssubventionen – insoweit als Übergangshilfen gerechtfertigt – deutlich gestiegen.[554]

Die Politik hat immer wieder versucht, der Aufgabe, durch Subventionsabbau die Wirtschaftskraft zu stärken und den Finanzstaat zu stabilisieren, auszuweichen. Teilweise hat sie durch Neudefinition des Subventionstatbestandes einen Subventionsabbau ausgewiesen, ohne auch nur eine Subvention abgebaut zu haben.[555] Die Aufgabe, auf Subventionen zu verzichten, ist schwer, aber dringlich. Sie ist wesentlicher Teil strukturellen Sparens, weil sie dem Unternehmer die Vorstellung nimmt, die Sanierung und Erhaltung seines Unternehmens müsse von anderen – den Steuerzahlern – finanziert werden.

Haben die Subventionen Griechenland zerstört? Diese Frage hat der griechische Wirtschaftsminister *Michalis Chrysochoidis* bejaht.[556] Griechenland habe mit der einen Hand das Geld der Europäischen Union genommen, aber nicht mit der anderen Hand in neue und wettbewerbsfähige Technologien investiert. Alles Geld sei in den Konsum geflossen. Jene, die etwas produzierten, hätten ihre Betriebe geschlossen und Importfirmen gegründet, die höhere Verdienste versprochen hätten. Das sei das eigentliche Desaster dieses Landes gewesen. Subventionen wirken zerstörend, wenn sie nicht eine neue Kultur und neue Erwerbsgrundlagen finanzieren, vielmehr einen Konsum ermöglichen, der nicht von ökonomischen und kulturellen Erwerbsgrundlagen getragen und gerechtfertigt wird.

2. Verzicht auf Steuersubventionen

Eine Reform der Steuerstruktur[557] wird möglichst alle Ausnahme-, Lenkungs- und Privilegientatbestände abschaffen, damit bereits viele Subventionen abbauen. Der Gesetzgeber verzichtet darauf, staatliche Finanzmacht gegen individuelle Freiheit einzusetzen, die Bestimmtheit und Striktheit des Rechts gegen das Ungefähr eines finanziellen Anreizes einzutauschen. Dadurch werden im Subventionswesen Rechtsmaßstäbe gerade gerückt, Verwaltungsabläufe erleichtert. Der Anreiz für den Bürger, eigene Risiken und Chancen im Staatshaushalt zu finanzieren, entfällt. Die Finanzkrise wird an der Wurzel bekämpft.

a) Verhältnismäßigkeit und Gleichheit

Die Besteuerung nach der finanziellen Leistungsfähigkeit und damit die Unausweichlichkeit der Steuerlast werden gegenwärtig durchbrochen, wenn das Gesetz dem Steuerpflichtigen eine Steuerentlastung in Aussicht stellt, um ihn zu einem staatlich erwünschten Verhalten – eine Umwelt schützende Maßnahme, eine die Infrastruktur stärkende Investition, eine kulturpolitische Initiative – zu veranlassen. Andere Tatbestände begründen für staatlich unerwünschtes Verhalten Sonderbelastungen. Der Staat setzt die Steuer nicht als Finanzierungs-, sondern als Verwaltungsmittel ein.[558] Die Fülle und Widersprüchlichkeit der Ausnahmetatbestände droht dem Steuerrecht die Qualität des Rechtlichen zu nehmen.

IX. Subventionsabbau

Jede Steuersubvention trägt den Hang zum Privileg in sich. Hätte der Staat heute 80 Millionen Euro zu verteilen und gäbe er jedem der 80 Millionen Bürger einen Euro, bliebe diese Zuwendung schlechthin wirkungslos. Gibt er aber 80 Bürgern je eine Million Euro, so erreicht er eine verlässliche Lenkungswirkung. Zudem ist der Maßstab für die Steuerverschonung besonders kompromissanfällig, damit für den Zugriff mächtiger Gruppen zugänglich. Bei der Steuersubvention gibt es so viele Kompromisse, als eine Summe in Euro teilbar ist. Es fehlen die klaren Handlungsalternativen eines Ja oder Nein, die rechtsstaatliche Entscheidungen in der Regel bestimmen: eine Gefahr wird abgewehrt, ein Arzneimittel zugelassen, ein Kernreaktor betrieben, ein Straftäter festgenommen. Die Verteilung von Geld hingegen scheint allein von der Willensentscheidung des staatlichen Zuwenders abzuhängen.

Der Übergang vom rechtlichen Regeln zum finanzwirtschaftlichen Steuern schwächt die Verhältnismäßigkeit, die stets in der tatsächlichen Geeignetheit, Erforderlichkeit und Angemessenheit Konturenschärfe gewinnt. Eine Steuer, die lediglich das allgemeine Ziel verfolgt, Steuererträge zu erzielen, bietet dem Gleichheitssatz und dem Verhältnismäßigkeitsprinzip kaum ein rechtlich greifbares Ziel. Steuererträge erzielt man auch durch eine Kopfsteuer, durch die Besteuerung nach Körpergewicht oder Haarfarbe. Die Grenzlinie zwischen Regel und Ausnahme verschwimmt. Ist die Steuer hingegen in klaren Regeltatbeständen – ausnahmslos – gebunden, findet die steuerliche Teilhabe am individuellen Einkommen, an der ererbten Erbmasse, an dem beim Umsatz gezahlten Preis einen konkreten Zweck. Wenn die Einkommensteuer den Staat am Einkommen des Steuerpflichtigen teilhaben lässt, wird offensichtlich, dass eine Einkommensteuersubvention für diesen Zweck nicht geeignet, nicht erforderlich, nicht angemessen ist. Die Subvention widerspricht dem Gleichheitssatz, wenn sie in einer progressiven Steuer durch Abzug von der Bemessungsgrundlage gewährt wird, die Subvention dann mit steigendem Tarif überproportional steigt. Bei einem Steueranreiz zur Firmengründung oder für umweltfreundliche Bauweisen würde der Großverdiener 45 Cent pro eingesetztem Euro empfangen, der Mittelverdiener 25 Cent und der Kleinverdiener null Cent.

Deshalb fordert das Verfassungsrecht eine gesetzliche Ausgestaltung der Steuer,[559] die jeden Inländer je nach finanzieller Leistungsfähigkeit gleich zur Finanzierung staatlicher Aufgaben heranzieht.[560] Nur ausnahmsweise darf der Gesetzgeber steuerlich bevorzugen oder benachteiligen und die Steuer lenkend für außerfiskalische Verwaltungsziele einsetzen.[561] Zwar trägt eine Besteuerungskompetenz auch die Lenkungsteuer.⁵⁶² Das Bundesverfassungsgericht stellt jedoch wachsende Anforderungen an eine Steuersubvention.⁵⁶³

aa) Rechtsfolge der Steuer: Ertrag, nicht Freiheitsverzicht
Diese Steuerlenkung ist fragwürdig,⁵⁶⁴ weil sie ein Finanzierungsmittel als Verwaltungsmittel einsetzt, damit eine Steuerlast ausspricht, aber einen Freiheitsverzicht veranlasst. Die Steuersubvention ist im System der verfassungsrechtlichen Handlungsmittel ein Fremdkörper⁵⁶⁵: Die Lenkungsteuer greift in die Freiheit des Steuerpflichtigen besonders subtil und wirkungsvoll ein, weil sie ihn durch einen Steueranreiz, z.B. eine Fördergebiets-AfA, zu einem bestimmten Verhalten veranlasst, oder durch die Androhung von Sonderbelastungen, z.B. die steuerliche Verteuerung des Autos ohne Katalysator, von einer bestimmten Verhaltensweise fernhält, ihm also ein Stück seiner Freiheit abkauft. Das motivationslenkende Steuergesetz wirkt bereits auf das Entstehen eines Willens ein, vermeidet fast unmerklich den Interessengegensatz zwischen freiheitsverpflichtetem Staat und freiheitsberechtigtem Bürger. Es drängt den Steuerpflichtigen vielfach in die ökonomische Unvernunft – die Investition in den Schiffsbau, in Windräder, in Verlust- und Abschreibungsgesellschaften. Es nutzt sein Streben, seine Steuerlasten zu verringern, so, dass er den Blick auf seine selbstbestimmten Anliegen und Aufgaben vernachlässigt. Der Steueranreiz, in „Schrottimmobilien" zu investieren,⁵⁶⁶ hat die Steuerpflichtigen zu einem wirtschaftlichen Verhalten jenseits aller Vernunft veranlasst.

Steuersubventionen binden weitgehend das Eigentum, das der Steuerpflichtige im Rahmen des Steuersubventionsprogramms einsetzt, um sich die erhoffte Steuerentlastung zu „verdienen". Der Steuerpflichtige bindet 100 000 €, um 10 000 € Steuerersparnis zu erreichen. Er gibt ein Stück Eigentümerfreiheit über sein Betriebs- oder Privatvermögen auf.

Diese Lenkungswirkungen sind Eingriffe in den Schutzbereich des Grundrechts, das die Freiheit auch schützt, wenn eine Steuer den Staat nicht finanzieren, sondern den Steuerpflichtigen lenken soll. Die steuerliche Verteuerung eines Autos ohne Katalysator bestimmt die Kaufentscheidung eines Käufers, der Anreiz zum ökologischen Verzicht auf das Fahrzeug die Berufsfreiheit und die allgemeine Handlungsfreiheit. Die Bevorzugung einer Kapitalgesellschaft beeinflusst die Wahrnehmung der Vereinigungsfreiheit.⁵⁶⁷ Die Steuerentlastung für Kunst und Wissenschaft legt Finanzierungen in diesen Lebensbereichen nahe. Der Steueranreiz für die Denkmalpflege oder für den umweltschonenden Energieverbrauch berührt das Eigentum und das Recht an der eigenen Wohnung. Eine

Steuerbegünstigung einer bestimmten Aufteilung der Erziehungsaufgabe unter Ehegatten würde in den Kern der von Art. 6 Abs. 1 GG geschützten Autonomie der Ehe eingreifen.

bb) Wahlschuld

Das mit dem Instrumentarium der Steuer verfolgte Verwaltungsprogramm, etwa des Umweltschutzes oder der Kulturförderung, verliert an Verlässlichkeit, weil der Steuerpflichtige sich durch Steuerzahlung von der Verwaltungspflicht freikaufen, der steuerlich überbrachte Lenkungsanreiz also scheitern kann. Der von einer Lenkungsteuer Betroffene steht vor der Wahl, entweder den steuerlichen Nachteil oder den durch Lenkung beanspruchten Freiheitsverzicht hinzunehmen. Er könnte also durch Steuerzahlung – einen Eigentumsverlust – seine Handlungsfreiheit im Übrigen bewahren. Andererseits wirkt ein Freiheitsverzicht als Preis für die Steuerersparnis. Teilweise kommt die Verhaltenslenkung einem Befehl gleich, insbesondere wenn der Adressat nicht über die Geldmittel verfügt, um der Steuerlenkung auszuweichen. In anderen Fällen wirkt der Lenkungsanreiz so intensiv, dass sich für den Steuerpflichtigen in der Normallage praktisch nur die Alternative des Freiheitsverzichtes stellt. Hier bietet insbesondere das Umweltsteuerrecht Beispiele für einen verlässlichen Lenkungserfolg. Die steuerlich angebotene Wahlschuld ist stets in ihren beiden Alternativen – der Zahlung und des Freiheitsverzichts – vor den jeweils betroffenen Grundrechten zu rechtfertigen.

Vielfach erreicht die Steuerlenkung nicht alle Adressaten. Der Umweltschutz durch erhöhte Energiesteuern trifft den Mountainbiker nicht, weil dieser die Umwelt ohne Benzinverbrauch belastet. Der einkommensteuerliche Anreiz zu einer umweltfreundlichen Anlage spricht den Geringverdiener nicht an, weil er sowieso keine Einkommensteuer schuldet. Die Lenkung bleibt ungenau, kann scheitern. Lenkungsteuern sind deswegen nur dann geeignete Verwaltungsmittel, wenn das Verwaltungsziel nicht notwendig erreicht werden muss.

Oft trägt die Lenkungsteuer auch einen systemimmanenten Widerspruch in die Staatsorganisation, wenn sie einerseits die Vermeidung bestimmter, z.B. umweltschädlicher, Verhaltensweisen anregt, zugleich aber gleichbleibende oder möglichst steigende Erträge aus der (Öko-)Steuer sichern will. Der Umweltminister wirkt auf größtmögliche Schonung der Umwelt, also auf verminderte Steuererträge hin, der Finanzminister hingegen auf gleichbleibende, möglichst steigende Erträge, nimmt damit eine stetige, möglichst wachsende Umweltbelastung in Kauf. Eine solche Gegenläufigkeit der Handlungsziele begründet eine institutionelle Befangenheit der handelnden Staatsorgane und wird vom Bürger als widersprüchliche, also gleichheitswidrige[568] Verhaltensanweisung empfunden.

b) Intransparenz der Steuersubventionen

Die Steuersubvention ufert gegenwärtig in einer Vielfalt und Widersprüchlichkeit aus, dass sie von Parlament, Öffentlichkeit und Bürger kaum noch durchschaut und in ihrer Gleichheitswidrigkeit nur schwer kritisiert werden kann. Das Parlament und die Öffentlichkeit kennen das Gesamtvolumen der Steuersubventionen und auch die Begünstigten im Einzelnen nicht, können sich deshalb – anders als bei der Leistungssubvention – in den Haushaltsberatungen nicht jährlich der Richtigkeit und Fortsetzungswürdigkeit des Subventionsprogramms vergewissern. Der Subventionsempfänger bedient sich durch Erfüllung des steuerlichen Entlastungstatbestandes selbst. Die Effektivität der Steuersubvention wird kaum noch in einem förmlichen Verwaltungsverfahren geprüft. Die Öffentlichkeit versteht Steuersubventionen deshalb als ungerechtfertigte Steuerschlupflöcher. Steuergesetz und Steuergesetzgeber verlieren an Autorität.

Die Steuersubvention beansprucht eine Steuergesetzgebungskompetenz für einen Verwaltungszweck, erweitert damit – insbesondere bei den Kultursubventionen – die Bundeskompetenz, modifiziert das Erfordernis einer Zustimmung des Bundesrates[569] und überfordert die auf das Steuerrecht spezialisierte Finanzverwaltung mit nicht steuerlichen Verwaltungsaufgaben. Steuersubventionen sind oft Subventionen zu Lasten fremder Kassen. Gewährt eine Gemeinschaftsteuer – die Einkommen-, Körperschaft- und Umsatzsteuer – oder eine Landesertragsteuer – insbesondere die Erbschaft- und Schenkungsteuer – Steuerverschonungen, so regelt der Bundesgesetzgeber Entlastungen, die Länder und Gemeinden ganz oder anteilig in ihrem Haushalt finanzieren müssen.

Zugleich verfremdet die Verschonungssubvention das bundesstaatliche Ertragszuteilungssystem und den Finanzausgleich: Das Steueraufkommen steht grundsätzlich in voller Höhe den Ertragsberechtigten zu, die ihre Erträge dann auch für Leistungssubventionen verwenden mögen. Bei der Steuersubvention hingegen erscheint die individuelle Begünstigung als vermindertes Steueraufkommen, steht also für einen Finanzausgleich nicht zur Verfügung. Hat der Bund Regelsteuereinnahmen durch Steuerverschonung bereits verwendet, bleibt diese Finanzkraft in der Bemessungsgrundlage des Finanzausgleichs unberücksichtigt.

Die Vermengung von freiheitsberechtigtem Handeln des Bürgers und freiheitsverpflichtetem Handeln des Staates in dem steuersubventionierten Verwaltungsprogramm gefährdet auch das grundrechtliche Teilungsmodell zwischen Staat und Gesellschaft. Aus der Trennung von Staatlichkeit und Privatwirtschaft wird ein Mischsystem, aus dem rechtlichen Befehl der monetäre Anreiz, aus der hoheitlich auferlegten Pflicht eine Verständigung, aus gegenseitiger Distanz wird stetige Nähe. Dabei werden Verantwortlichkeiten verwischt, Rechtsmaßstäbe relativiert. Staat und Bürger geraten in wechselseitige Abhängigkeit und Befangenheit. Diese Gemengelage ist eine Kernursache der Finanzkrise.

Auch die politische Kontrolle des staatlichen Anteils am Bruttoinlandsprodukt wird verzerrt, wenn Steuersubventionen staatliche Mindereinnahmen vorspiegeln, obwohl der Staat durch die steuerverschonende Lenkung bereits über ein Regelsteueraufkommen verfügt und er dabei Herrschaft auch über die subventionsrechtlich in Pflicht genommenen Wirtschaftsgüter des Steuerpflichtigen gewinnt, seine Macht über das Bruttoinlandsprodukt also vermehrt. Solange die Steuersubventionen nicht beseitigt oder zumindest in verlässlichen Schätzungen in die Berechnung der Staatsquote einbezogen werden, sind die Verlautbarungen über diese Quote fehlerhaft.

Das Haushaltsrecht, das Steuerrecht und das Finanzrecht gewinnen somit an rechtsstaatlicher Qualität, wenn sie darauf verzichten, durch steuerrechtliche Ausnahmetatbestände zu lenken. Es entsteht ein Finanzierungssystem, aus dessen Grundentscheidungen folgerichtige und widerspruchsfreie Einzelregelungen folgen. Die Aufhebung der gegenwärtig geltenden Ausnahmetatbestände verbreitert die Bemessungsgrundlage der Steuern, erhöht damit das Steueraufkommen, das dann zur Stabilisierung des Steuersystems oder auch der Haushaltspolitik verwendet werden kann. Ist die steuerliche Lenkung völlig entfallen, wird die Wirtschaft des Gedankens entwöhnt, Risiken und Verluste auf die Staatskasse zu verschieben.

Wird das durch Subventionsverzicht erreichte Mehraufkommen durch Senkung der Steuersätze an die Allgemeinheit der Steuerpflichtigen zurückgegeben, gelingt eine Stabilisierung im Kernbereich der Finanzkrise: Der Wirtschaftende ist auf sich selbst zurückgeworfen, erlebt aber eine maßvolle, angemessene Last. Der Steuerpflichtige kann in der Sicherheit eines maßvollen, verständlichen, gleichen Steuerrechts planen und wirtschaften. Der Rechtsstaat steht wieder für Freiheit, die Demokratie für die Allgemeinheit des Gesetzes, der soziale Staat bei den Einnahmen für Belastungsgleichheit, bei den Ausgaben für Bedarfsgleichheit. Der Verfassungsstaat zeigt sein Gesicht in der klassischen Prägung durch Freiheit, Gleichheit, Verlässlichkeit.

Mit dem Verzicht auf Lenkungsteuern begibt sich der Staat keineswegs notwendiger Handlungsmöglichkeiten. Er wird Institutionen, Dienstleistungen, Rechts- und Sachstrukturen anbieten, in begrenztem Umfang auch Leistungssubventionen gewähren. Doch der Wegfall der steuerlichen Subvention stellt wieder Distanz zwischen Staat und Wirtschaft her. Die Finanzerwartungen an den Staat sinken. Der Staat steht für Finanzhilfen auch bei strukturellen und systemischen Problemen nicht zur Verfügung. Die Staatsverschuldung wird an ihren Wurzeln bekämpft.

3. Zurückhaltung bei den Leistungssubventionen

a) Wirkungen und Arten

Der Finanzstaat ist stets bereit, seine Macht des Geldes einzusetzen, um Menschen zu einem staatlich erwünschten Verhalten zu veranlassen. Deswegen gehört die Subvention zu den Handlungsmitteln eines modernen Staates. Der Staat wendet aus staatlichen Mitteln einzelnen Unternehmen Geld zu, um mit diesem Geld gefährdete wirtschaftliche Tätigkeiten zu erhalten, neue Tätigkeiten anzuregen, die technologischen, strukturellen und wissenschaftlichen Grundlagen des Wirtschaftens zu verbessern.[570] Doch bei diesen Subventionen ist die Leistungssubvention stets der steuerlichen Verschonungssubvention vorzuziehen,[571] weil die Leistungssubvention jährlich im Haushaltsplan offen ausgewiesen und bei den Haushaltsberatungen öffentlich diskutiert wird, der Subventionsgeber die Subvention aus eigenem Haushalt finanzieren muss, der Subventionsbetrag nicht mit steigendem Einkommen steigt, das Subventionsrechtsverhältnis im Subventionsbescheid, seinen Bedingungen, Auflagen und Nachweiserfordernissen das Erreichen des Subventionsziels sicherstellen kann. Zuwendungen an Private, die nicht erwerbswirtschaftliche Tätigkeiten anregen oder stützen – Sozialhilfe, Kindergeld, Zulagen zur privaten Vermögensbildung –, sind sozialstaatliche Transferzahlungen, unterliegen nicht den Schranken wirtschaftspolitischer Subventionen.

Die Arten dieser Leistungssubventionen sind vielfältig[572]: Der verlorene Zuschuss wendet dem Empfänger eine staatliche Geldleistung zu, die für einen bestimmten, im öffentlichen Interesse liegenden Zweck verwendet werden soll; bei Zweckerreichung besteht keine Rückzahlungspflicht. Eine Subvention kann auch in unentgeltlichen oder verbilligten Sachleistungen der öffentlichen Hand bestehen, wenn Grundstücke oder öffentliche Erschließungsleistungen unentgeltlich oder zu Vorzugspreisen übertragen werden. Andere Subventionen werden als kostenlose Dienstleistungen zugewendet, die üblicherweise von Privaten gegen Entgelt erbracht werden, ebenso als Darlehen, die zu Vorzugsbedingungen oder bei unzureichender Bonität gewährt werden. Auch staatliche Sicherungen gegen Risiken durch Bürgschaften, Garantien und sonstige Gewährleistungen (§ 23 Abs. 1 HGrG) sind als Subventionen zu qualifizieren. Beteiligt sich die öffentliche Hand an Erwerbsunternehmen, so kann darin eine Subvention liegen, wenn die Beteiligung der Förderung dieses Unternehmens dient und sie nicht auf eine angemessene Teilhabe an dessen wirtschaftlichen Erfolg angelegt ist. Eine Bevorzugung bei der Vergabe öffentlicher Aufträge kann als Subvention wirken, wird aber nach den Regeln des Vergaberechts unterbunden werden, soweit nicht der Umweltschutz, die Arbeitsplatzsicherung, die Tariftreue Abweichungen rechtfertigen.[573] Prämien[574] (für die Aufgabe von Unternehmen oder von landwirtschaftlichen Flächen, die Schaffung neuer Arbeitsplätze) und Preise (zur Film-, Literatur- und Musikförderung) bilden Grenzfälle, weil sie nicht immer erwerbswirtschaftliches Handeln fördern, z.B. bei der „Abwrackprämie" für die Stilllegung eines privat genutzten Kraftfahrzeugs private Nachfrage anregen.

b) Ausnahmeinstrument

Auch die Leistungssubventionen bleiben ein Ausnahmeinstrument, das um der Eigenverantwortlichkeit des Freiheitsberechtigten willen allenfalls „Hilfe zur Selbsthilfe" sein kann.[575] Auch die Leistungssubvention wird in der Zweckbindung der Zuschüsse dem Empfänger ein Stück seiner Freiheit „abkaufen", ihn nicht selten in Verhaltensweisen drängen, die er aus eigener ökonomischer Vernunft so nicht wählen würde, ihn also auf den Weg in die ökonomische Unvernunft führen. Teilweise erschweren oder verhindern die Subventionen einen wirtschaftlichen Strukturwandel, leiten Kapital und Produktionsfaktoren fehl.[576] Vielfach hemmen Subventionen die Erneuerung von Markt und Unternehmen, beeinträchtigen die Wettbewerbsfreiheit und die Gleichheit vor dem Gesetz. Ihr Abbau ist dann nach dem Gleichheitssatz (Art. 3 Abs. 1 GG), der Garantie der Berufsfreiheit (Art. 12 Abs. 1 GG) und der Unternehmerfreiheit (Art. 2 Abs. 1 GG) verfassungsrechtlich geboten, verstößt vielfach auch gegen das europarechtliche Beihilfeverbot.[577]

c) Strukturelle Entbehrlichkeit

Wenn gegenwärtig die Höhe der Staatsverschuldung dem Budgetgesetzgeber Gestaltungsräume raubt, der Vorgriff auf die zukünftige Steuerkraft in den Zinslasten kaum noch finanzierbar ist, die innere Entscheidungssouveränität des Staates durch eine Abhängigkeit vom Finanzmarkt verloren zu gehen droht, fordert dieser Krisentatbestand einen entschlossenen und folgerichtigen Subventionsabbau. Der verschuldete Staat hat auf alle entbehrlichen Staatsaufgaben zu verzichten. Wirtschaftssubventionen sind strukturell entbehrlich, weil wirtschaftliche Erwerbstätigkeit sich auf die Berufs-, Eigentümer- und allgemeine Handlungsfreiheit stützt, ein Handeln auf eigene Chance und eigene Rechnung voraussetzt.

Dieses aus der Höhe der Staatsverschuldung begründete Gebot zum Subventionsabbau gilt insbesondere, wenn Mitverursacher der Finanzkrise beanspruchen, realisierte Unternehmerrisiken auf den Staatshaushalt abzuwälzen. Verlorene Zuschüsse, Haftungsgarantien und sonstige Gewährleistungsversprechen des Staates zugunsten gefährdeter Unternehmen, insbesondere von Banken und Finanzinstituten, sind Subventionen, die oft Spekulationen, Derivatgeschäfte, Darlehenshingaben an ersichtlich nicht rückzahlungsfähige Staaten stützen, für die Zukunft zu solchen Geschäften ermutigen und in einer unverantwortlichen Mischfinanzierung von privater und öffentlicher Hand verstetigen. Der Staat muss zu der das Wirtschaftswesen bestimmenden Verfassungsstruktur zurückkehren: Der privatwirtschaftliche Erwerb ist freiheitsberechtigt, handelt dann aber auch auf eigene Chance und eigenes Risiko. Der Staat ist freiheitsverpflichtet, setzt den rechtlichen Rahmen für freiheitliches Wirtschaften, gewährt soziale Leistungen, gleicht aber nicht den Misserfolg von erwerbswirtschaftlichen Unternehmen zu Lasten der Allgemeinheit der Steuerzahler aus. Die Erfahrungen der Finanzkrise lehren, dass staatliches Geld Produktivität, Versorgungssicherheit, Verteilungsgerechtigkeit und Strukturerneuerungen eher stört, staatliches Recht diese Wirtschaftserfolge eher stützt und formt.

X. Finanzausgleich

Der Finanzausgleich sucht in einem Bundesstaat einen angemessenen Ausgleich zwischen finanzstarken und finanzschwachen Ländern. Er treibt ausgabewillige Länder teilweise in eine höhere Neuverschuldung, ist dann eine Verschuldungsursache und zugleich Warnung, dass Ausgleichssysteme Instabilität verursachen können.

X. Finanzausgleich

1. Ursache wachsender Verschuldung, kein Gegenmittel

a) Eigenständigkeit und Solidarität

In einem Bundesstaat sind der Bund und jedes Land eigenständige demokratische Körperschaften, die in ihrer „Eigenständigkeit und politischen Autonomie" die Folgen eigenen finanzwirtschaftlichen Handelns zu tragen und zu verantworten haben.[578] Allerdings sind Bund und Länder Teil desselben Staates, in dem die Bundesbürger ähnliche Lebensverhältnisse erwarten, insbesondere die Bundesgesetzgebung „gleichwertige Lebensverhältnisse im Bundesgebiet"[579] herstellt und die Grundrechte bundesweit ähnliche Freiheitsrechte, aber auch ähnliche Freiheitsvoraussetzungen schaffen.[580] Der bundesstaatliche Finanzausgleich soll in diesem Verhältnis von Eigenstaatlichkeit der Länder und bundesstaatlicher Solidargemeinschaft[581] „die richtige Mitte finden zwischen der Selbständigkeit, Eigenverantwortlichkeit und Bewahrung der Individualität der Länder auf der einen und der solidargemeinschaftlichen Mitverantwortung für die Existenz und Eigenständigkeit der Bundesgenossen auf der anderen Seite".[582] Die Ausgleichspflichten des Länderfinanzausgleichs fordern deshalb nicht eine finanzielle Gleichstellung der Länder, sondern eine ihren Aufgaben entsprechende hinreichende Annäherung ihrer Finanzkraft.[583] Dieser Ausgleich soll Bund und Ländern eine angemessene Erfüllung ihrer Aufgaben ermöglichen.[584] Ausgangspunkt dieser verfassungsrechtlichen Aufgabenbeschreibung ist die Einwohnerzahl, die den Finanzbedarf der Körperschaften in ihrem demokratischen und menschenrechtlichen Ausgangsbefund beschreibt.[585] Der Finanzausgleich wird vom Bundesgesetzgeber abschließend und erschöpfend geregelt.[586] Er kann nicht durch vertragliche Absprachen ergänzt oder ersetzt werden.[587]

b) Das Deckungsquotenverfahren

Dieser bundesstaatliche Finanzausgleich schafft Finanzstabilität, wenn er die in einer Rechtsgemeinschaft verfügbaren staatlichen Finanzmittel aufgabengerecht auf die Gebietskörperschaften verteilt. Er kann aber auch zu einem Instrument der Instabilität werden, wenn er politisch zu verantwortende überhöhte Ausgaben und Verschuldungen in dem Ausgleichssystem berücksichtigt, damit die Folgen schlechter Finanzpolitik ganz oder teilweise auf die ausgleichspflichtigen Körperschaften überwälzt, die durch seriöse Haushaltspolitik dieses Ausgaben- und Verschuldungsübermaß vermieden haben. Deswegen ist insbesondere ein bloßes „Deckungsquotenverfahren", das den Ausgleichsbedarf allein nach den in den jeweiligen Haushalten veranschlagten Einnahmen und Ausgaben bemisst, kein geeigneter Ausgangstatbestand für Ausgleichsansprüche und Ausgleichsverpflichtungen.[588]

Der Finanzausgleich verteilt die staatlichen Einnahmen grundsätzlich periodisch nach einer gleichen Pro-Kopf-Ausstattung, also einem generalisierenden, objektiven Bedarfstatbestand. Beruhen Finanzierungsdefizite auf einer fehlerhaften Mittelverwendung oder auf einer übermäßigen Ausgabenpolitik, können die dadurch hervorgerufenen Schulden und alle daraus entstehenden Folgebelastungen nicht im Finanzausgleich ausgeglichen werden.[589]

c) *Haushaltsnotlagen*

Haushaltsnotlagen sind „grundsätzlich auch voraussehbare Folge vorangegangener Politik", denn sie beruhen auf übermäßigen Finanzbelastungen, die aus der Kreditfinanzierung vorangegangener Haushalte und den daraus folgenden Zinszahlungspflichten erwachsen.[590] Zwar kann die Kreditfinanzierung vorangegangener Haushalte auf einer nicht hinreichend aufgabengerechten Finanzausstattung der Körperschaft, ebenso aber auch auf politisch zu verantwortenden Entscheidungen beruhen. In der Regel wird beides zusammenwirken. In beiden Fällen aber kommt ein Ausgleich des Defizits und der Defizitfolgen kaum durch den Finanzausgleich, sondern nur durch Neuverteilung der Steuerquellen in Betracht:[591] Sind die Kreditaufnahmen Folge unzureichender Finanzausstattung des Landes, so erreichen die regulären Ausgleichsmaßnahmen des Finanzausgleichs ihr Ziel einer angemessenen Finanzausstattung nicht. Diese Defizite müssen durch strukturelle Neuverteilung der Steuerquellen, insbesondere durch Änderung des Schlüssels der Umsatzsteuerverteilung ausgeglichen werden.[592] Waren hingegen die früheren Kreditaufnahmen nicht aufgabenbedingt notwendig, darf eine übermäßige Ausgabenpolitik eines Landes nicht im Finanzausgleich berücksichtigt werden. Hier würde ein politisch gewolltes Finanzierungsübermaß auf Kosten des Bundes oder auch auf Kosten anderer Länder mit einer disziplinierteren Ausgabenpolitik ausgeglichen. Dieses kann nicht Zweck des bundesstaatlichen Finanzausgleichs sein.[593] Sanierungshilfen des Bundes (Bundesergänzungszuweisungen) stoßen deshalb „auf grundsätzliche verfassungsrechtliche Bedenken".[594] Sie sind ein „Fremdkörper innerhalb des geltenden bundesstaatlichen Finanzausgleichs".[595]

Hilfsmaßnahmen zum Ausgleich einer Haushaltsnotlage eines Landes sind somit im regulären Finanzausgleich und seiner letzten Stufe der Bundesergänzungszuweisungen nicht zulässig.[596] Eine Bundesergänzungs-

X. Finanzausgleich

zuweisung kommt allenfalls als ultima ratio in Betracht, wenn eine „extreme Haushaltsnotlage" für das notleidende Land existenzbedrohend ist,[597] „die Haushaltsnotlage eines Landes relativ – im Verhältnis zu den übrigen Ländern – als extrem zu werten ist".[598] Diese Voraussetzungen werden in der Regel nicht erfüllt sein.[599] Ein solcher „bundesstaatlicher Notstand"[600] dürfte praktisch nur als umfassende Finanzkrise aller bundesstaatlichen Gebietskörperschaften denkbar sein, damit als reiner Ausnahmetatbestand, der im Rahmen des Finanzausgleichs nicht aufgefangen werden kann.[601] Im übrigen wäre selbst bei einem bundesstaatlichen Notstand im Sinne einer nicht ohne fremde Hilfe abzuwehrenden Existenzbedrohung eines Landes das Land zunächst gehalten, alle ihm verfügbaren Möglichkeiten der Abhilfe zu erschöpfen. Der Länderfinanzausgleich und seine letzte Stufe, die Bundeshilfe, bleibt der letzte Ausweg. In diesem Zusammenhang verweist das Bundesverfassungsgericht erneut[602] auf den „verfassungsrechtlich eröffneten Weg einer Neugliederung des Bundesgebiets".[603] Die Erschwerung der Neugliederung durch das 33. Gesetz zur Änderung des Grundgesetzes am 23.8.1976[604] steht diesem verfassungsrechtlich eröffneten Weg einer Neustrukturierung der Finanzzuweisungen nicht entgegen,[605] macht ihn aber unwahrscheinlich.

d) Eigenverantwortliche Krisenvorsorge

Finanzkrisen und Haushaltsnotlagen sind langfristige Phänomene, die sich über mehrere Haushaltsjahre aufbauen, sich als Summe von – teils fremd-, teils selbstbestimmt – getroffenen finanzwirtschaftlichen Entscheidungen darstellen, deswegen in die Eigenverantwortung der in Not geratenen Länder fallen. Sie werden von dem periodischen, auf die Einnahmeverteilung ausgerichteten Finanzausgleichssystem nicht erfasst.[606]

Das Grundgesetz kennt jenseits der periodischen Finanzzuteilungen im Finanzausgleich keine substantiellen Zahlungsverpflichtungen unter den Körperschaften des Bundesstaates.[607] Deshalb bleibt es bei dem Prinzip, dass jede Körperschaft auf ihre Finanzautonomie verwiesen ist. Der Tatbestand der „Haushaltsnotlagen" ist gem. Art. 109 a GG ein Tatbestand präventiver Krisenvorsorge, in dem einem dort vorgesehenen Stabilitätsrat Kontroll-, Beobachtungs- und Informationsaufgaben zukommen, der jedoch nicht gegen den Willen des betroffenen Landes dessen Haushaltsautonomie nach Art. 109 Abs. 1 GG einschränken kann.[608] Diese Änderung der Finanzverfassung[609] und die Rechtsprechung des Bundesverfassungsgerichts zu den Sanierungshilfen[610] stellen klar, dass jedes Land die Folgen eigener finanzwirtschaftlicher Verhaltensweisen und insbesondere überhöhter Verschuldung selbst zu tragen hat.[611] Das gesamte Grundgesetz ist auf Abwehr jeglicher Gefahr übermäßiger Ausgaben und Schulden angelegt. Dadurch muss jedes Land seine Anstrengungen im eigenen Interesse darauf richten, eine krisenhafte Haushaltslage zu vermeiden.[612]

Diese Betonung der Finanzautonomie jeder bundesstaatlichen Körperschaft in der Rechtsprechung des Bundesverfassungsgerichts[613] und die Einfügung des Art. 109 a in das Grundgesetz[614] entsprechen dem Gedanken des Art. 125 AEUV, der innerhalb der Europäischen Union eine Haftung und ein Eintreten für Schulden anderer Körperschaften ausschließt.[615]

2. Das dreistufige Verteilungsrecht: GG, Maßstäbegesetz, FAG

Das Gebot, das Finanzausgleichsgesetz konzeptionell zu erneuern, hat das Bundesverfassungsgericht[616] für den Finanzausgleich im Erfordernis eines Maßstäbegesetzes verdeutlicht. Wenn die generalklauselartigen verfassungsrechtlichen Maßstäbe im Finanzausgleichsgesetz eher gewillkürt in Rechenergebnisse für die einzelnen Länder umgesetzt werden, ohne dass diese aus strukturierenden, nachvollziehbaren Maßstäben folgen, ist der normative Zwischenschritt eines eigenen, diese Maßstäbe bindenden Gesetzes erforderlich.

a) Generalklauselartiger Regelungsauftrag

Das Steueraufkommen wird im deutschen Bundesstaat grundsätzlich nach Maßstäben des Verfassungsrechts[617] verteilt, so dass Bund, Länder und Gemeinden einen verfassungsrechtlichen Anspruch auf bestimmte Steuererträge gewinnen.[618] Dabei beauftragt die Verfassung den Gesetzgeber, die verfassungsrechtlichen Maßstäbe zu konkretisieren und zu ergänzen. Dies gilt insbesondere für die Maßstäbe bei der vertikalen Umsatzsteuerverteilung zwischen Bund und Ländergesamtheit,[619] für die Tatbestände, nach denen Umsatzsteuerergänzungsanteile gewährt werden,[620] für die Voraussetzungen von Ausgleichsansprüchen und Ausgleichsverbindlichkeiten unter den Ländern sowie die Maßstäbe für deren Höhe[621] und schließlich für die Tatbestandsvoraussetzungen der Bundesergänzungszuweisungen.[622] Auch die Revisionsklausel,[623] wonach die Umsatzsteueranteile von Bund und Ländergesamtheit unter bestimmten Voraussetzungen neu zu berechnen sind, enthält einen Regelungsauftrag an den Gesetzgeber.[624]

Die Finanzverfassung nennt in diesen generalklauselartigen Zuweisungs- und Ausgleichstatbeständen für das gesamte Finanzausgleichssystem keine unmittelbar vollziehbaren Maßstäbe, sondern verpflichtet den Gesetzgeber, das verfassungsrechtlich nur in unbestimmten Begriffen festgelegte System einer Steuerertragsverteilung und eines anschließenden korrigierenden Finanzausgleichs durch allgemeine, den Gesetzgeber dann selbst bindende Maßstäbe[625] zu konkretisieren und zu ergänzen. Der Gesetzgeber muss langfristig anwendbare Maßstäbe bestimmen, aus denen dann die konkreten, in Zahlen gefassten Zuteilungs- und Ausgleichsfolgen abgeleitet werden können.[626]

Das Grundgesetz erteilt dem Gesetzgeber somit einen doppelten Auftrag:
– Zunächst hat er die Verteilungsgrundsätze der Verfassung inhaltlich zu verdeutlichen, vollziehbare Tatbestände zu bilden, indem er – verfassungskonkretisierend – Maßstäbe der Zuteilung und des Ausgleichs benennt.
– Sodann hat er aus diesen Maßstäben die konkreten finanzrechtlichen Folgerungen für die jeweilige Ertragshoheit, die Zuweisungsbefugnis und Empfangsberechtigung, die Ausgleichsberechtigung und die Ausgleichsverpflichtung zu ziehen.

So entstehen drei aufeinander aufbauende Rechtserkenntnisquellen: Das Grundgesetz gibt in der Stetigkeit des Verfassungsrechts die allgemeinen Prinzipien für die Steuerzuteilung und den gesetzlichen Finanzausgleich vor. Der Gesetzgeber leitet daraus langfristige Zuteilungs- und Ausgleichsmaßstäbe ab (Maßstäbegesetz). In Selbstbindung an dieses Gesetz entwickelt der Gesetzgeber sodann kurzfristige, auf periodische Überprüfung angelegte Zuteilungs- und Ausgleichsfolgen (Finanzausgleichsgesetz).[627] Das Maßstäbegesetz schafft „Maßstabsgewissheit",[628] leistet eine „systemprägende Maßstabsbildung".[629]

b) Maßstabgebung

Dieser Auftrag zu einem Maßstäbegesetz fordert vom Ausgleichsgesetzgeber langfristig geltende, den Finanzausgleich verstetigende[630] Verteilungsmaßstäbe, bevor ihm die Finanzierungsinteressen des Bundes und der einzelnen Länder in den jährlich sich verändernden Aufkommen und Finanzbedürfnissen bekannt sind. Das Maßstäbegesetz ist in zeitlichem Abstand zu seiner konkreten Anwendung zu beschließen und sodann in Kontinuitätsverpflichtungen gebunden. So werden seine Maßstäbe und Indikatoren gegen aktuelle Finanzierungsinteressen, Besitzstände und Privilegien abgeschirmt.[631] Ein solches Gesetz ist bisher nicht ergangen. Das im Jahre 2001 erlassene Maßstäbegesetz[632] enthält Regelungen für die vertikale Umsatzsteuerverteilung,[633] die horizontale Umsatzsteuerverteilung,[634] den Länderfinanzausgleich[635] und die Bundesergänzungszuweisungen.⁶³⁶ Die Regelungen bieten jedoch keine verfassungskonkretisierenden Maßstäbe, sondern Gemeinplätze, haben kaum normativen Gehalt. Das sog. Maßstäbegesetz genügt damit nicht den Anforderungen der Verfassungsrechtsprechung, dauerhafte Verlässlichkeit und langfristige Verteilungsmaßstäbe von den aktuellen Ausgleichsbedürfnissen zu lösen, eine Zeitenfolge der Verfassungskonkretisierung zu begründen, „die eine rein interessenbestimmte Verständigung über Geldsummen ausschließt oder zumindest erschwert".⁶³⁷ Der Verfassungsauftrag zum Erlass eines Maßstäbegesetzes ist bisher unerfüllt.

Das dreistufige Recht zur angemessenen Finanzausstattung bundesstaatlicher Körperschaften bietet einen dreifachen Ansatz für eine konzeptionelle Stabilisierungspolitik: Auf der Ebene des Verfassungsrechts regelt Art. 109 Abs. 1 GG die Selbständigkeit und Unabhängigkeit von Bund und Ländern in ihrer Haushaltswirtschaft. Art. 109 Abs. 2 verpflichtet Bund und Länder zu der europarechtlich vorgegebenen Haushaltsdisziplin und einer Haushaltspolitik nach den Erfordernissen des gesamtwirtschaftlichen Gleichgewichts. Art. 109 Abs. 3 GG fordert für Haushalte von Bund und Ländern einen Ausgleich grundsätzlich ohne Einnahmen aus Krediten, im Übrigen zur baldigen, periodengebundenen Rückkehr zu dieser Normallage. Art. 109 Abs. 4 GG fordert ein Haushaltsgrundsätzegesetz, das für Bund und Länder gemeinsam geltende Grundsätze für das Haushaltsrecht, für eine konjunkturgerechte Haushaltswirtschaft und für eine mehrjährige Finanzplanung regelt. Art. 114 Abs. 2 Satz 1 GG verpflichtet den Bund auf die Wirtschaftlichkeit und Ordnungsmäßigkeit der Haushalts- und Wirtschaftsführung.

Das Maßstäbegesetz wird langfristige Maßstäbe für den variablen Finanzausgleich entwickeln müssen: Dabei hebt es die Stabilisierungsverantwortung jeder Körperschaft in ihrer Finanzautonomie hervor, erlaubt auch bei extremer Haushaltsnotlage grundsätzlich keine Sanierungshilfen, macht ein Übermaß von Ausgaben und Staatsschulden im Vorhinein sichtbar und drängt sodann auf haushaltsautonome Abhilfe.

Auf dieser Grundlage entwickelt das Finanzausgleichsgesetz eine objektive, aufgabenbezogene Tatbestandlichkeit für den Finanzbedarf, eine steuerkraftbezogene Tatbestandlichkeit für die Finanzkraft. Dabei wird das Finanzausgleichsgesetz insbesondere das bisherige Deckungsquotenverfahren beenden.

X. Finanzausgleich

3. Vierstufiger Ausgleich

Die Maßstäbe für den Finanzausgleich sind im Grundgesetz vorgezeichnet.[638] Bei der variablen vertikalen Verteilung des Umsatzsteueraufkommens zwischen Bund und Ländergesamtheit[639] „haben der Bund und die Länder gleichmäßig Anspruch auf Deckung ihrer notwendigen Ausgaben". Der Umfang der notwendigen Ausgaben ist unter Berücksichtigung einer mehrjährigen Finanzplanung, also in finanzwirtschaftlicher Rationalität und geplanter Kontinuität zu ermitteln. Die „notwendigen" Ausgaben unterscheiden sich von den im Haushalt veranschlagten Ausgaben in einer Erforderlichkeits- und Dringlichkeitsbewertung von Ausgabestrukturen der Haushaltswirtschaft von Bund und Ländern. „Ein Deckungsquotenverfahren, das allein nach den in den jeweiligen Haushalten veranschlagten Einnahmen und Ausgaben bemessen ist, genügt diesen Erfordernissen nicht".[640]

Der Länderanteil am Aufkommen der Umsatzsteuer steht den einzelnen Ländern grundsätzlich nach Maßgabe ihrer Einwohnerzahl[641] zu. Davon abweichend kann der Länderanteil am Umsatzsteueraufkommen aber bis zu einem Viertel den unterdurchschnittlich mit Steuererträgen ausgestatteten Ländern zugewiesen werden.[642] Auch bei diesem Maßstab geht es nicht um die bloße Deckungsquote, sondern um den Tatbestand, dass ein anspruchsberechtigtes Land unterdurchschnittlich mit Steuererträgen ausgestattet ist.

Die Ergebnisse dieser primären Steuerzuteilung werden auf einer dritten Stufe, dem horizontalen Finanzausgleich,[643] nochmals korrigiert. Durch diesen Ausgleich ist sicherzustellen, „dass die unterschiedliche Finanzkraft der Länder angemessen ausgeglichen wird". Dieser Finanzausgleich soll die Finanzkraftunterschiede unter den Ländern einander angleichen, dabei aber „die richtige Mitte" finden zwischen Selbständigkeit, Eigenverantwortlichkeit, Individualität der Länder auf der einen und der solidargemeinschaftlichen Mitverantwortung für die Existenz und Eigenständigkeit der Bundesgenossen auf der anderen Seite.[644] Die unterschiedliche Finanzkraft der Länder ist angemessen, nicht nivellierend auszugleichen.[645] Auch diese Gewichtung zwischen Autonomie der Länder und solidarischer Mitverantwortlichkeit unter den Ländern darf sich nicht mit einem bloßen Vergleich der im jeweiligen Haushalt veranschlagten Einnahmen und Ausgaben begnügen, bedarf vielmehr deren verfassungsbewusster Beurteilung.

Auf einer vierten Stufe schließlich wird dieses mehrstufige System zur Verteilung des Finanzaufkommens durch Bundesergänzungszuweisungen abgeschlossen. Der Bund ist ermächtigt, aus seinen Mitteln leistungsschwachen Ländern Zuweisungen zur ergänzenden Deckung ihres allgemeinen Finanzbedarfs zu gewähren.[646] Dieser Tatbestand der „Leistungsschwäche"[647] ist nicht aufkommensorientiert, sondern bezeichnet das Verhältnis zwischen Finanzaufkommen und Ausgabenlasten der Länder.[648] Diese Leistungsschwäche darf nicht allein in einer aktuellen Haushaltsnotlage eines Landes definiert werden.[649] Der Tatbestand der „Leistungsschwäche" ist aufgabenbezogen, bezieht sich auf die Relation des Finanzaufkommens eines Landes zu seinen allgemeinen oder besonderen Ausgabenlasten.[650] Eigenständigkeit und politische Autonomie eines Landes bringen es mit sich, dass das Land für die haushaltspolitischen Folgen seiner Entscheidungen selbst einzustehen hat.[651] Bundesergänzungszuweisungen dienen deshalb grundsätzlich nicht dazu, finanziellen Schwächen abzuhelfen, die eine unmittelbar voraussehbare Folge von politischen Entscheidungen sind, die von einem Land in Wahrnehmung seiner Aufgaben selbst getroffen werden.[652] Bundesergänzungszuweisungen sind deshalb „ultima ratio" bundesstaatlichen Beistandes, wenn dieser im Vergleich zwischen Finanzaufkommen und Aufgaben – also nach objektiven Verfassungsprinzipien – „unausweichlich" erforderlich ist.[653]

Das sog. Maßstäbegesetz und das Finanzausgleichsgesetz werden diesen Kriterien nicht annähernd gerecht. Sie organisieren eine Finanzkraftumverteilung zur Deckung von Haushaltsdefiziten, ohne tatbestandlich nach den – verfassungsstrukturell bedingten oder autonom zu verantwortenden – Gründen zu fragen. Das geltende Finanzausgleichssystem genügt damit der Verfassung nicht.

4. Kein Verschuldungswettlauf

Der gegenwärtige Finanzausgleich, der aktuelle Verschuldungsfolgen ausgleicht, ohne deren Gründe tatbestandlich zu prüfen, begünstigt hochverschuldete Länder und benachteiligt finanzwirtschaftlich maßvoll handelnde Länder. Das Bundesverfassungsgericht hat demgegenüber in seiner Entscheidung zur Nichtgewährung von Sanierungshilfen an das Land Berlin für die Jahre seit 2002[654] ausdrücklich die Haushaltsnotlage dank übermäßiger Kreditfinanzierung in die Verantwortlichkeit des handelnden Landes verwiesen:
- Sind die Kreditaufnahmen Folge besonderer Aufgaben oder unzureichender Finanzausstattung des Landes, vom Land also nicht autonom zu verantworten, so ist dieses verfassungsstrukturelle Defizit kein Anlass zu Sanierungshilfen. Notwendig ist allenfalls, die Steuerer-

tragsquellen neu zu verteilen. Damit gewinnt jede Gebietskörperschaft veränderte, dann aber konstante Ertragsquellen. Der Anreiz zu einem Verschuldungswettlauf entfällt.
– Waren frühere Kreditaufnahmen nicht aufgabenbedingt notwendig, hat das Land diese Kreditaufnahmen vielmehr autonom zu verantworten, darf ein Finanzausgleich die fehlerhafte Ausgabenpolitik eines Landes nicht honorieren, weder auf Kosten des Bundes noch auf Kosten anderer Länder, die mit disziplinierterer Ausgabenpolitik einen Sanierungsbedarf vermieden haben.[655]
– Das Instrumentarium des geltenden Finanzausgleichsrechts ist insgesamt grundsätzlich nicht auf die Haushaltssanierung einzelner Länder angelegt, würde durch diese Aufgabe überfordert. Dies gilt besonders gegenwärtig, wenn eine Mehrzahl der öffentlichen Haushalte langjährig Defizite ausweist. Diese veranlassen eine aktuelle politische und wissenschaftliche Diskussion über die Gefahr, einen „denkbaren Staatsbankrott" abzuwehren oder erfolgreich zu überwinden.[656] Dieser elementaren Gefahr kann nicht durch einen Ausgleich unter den Gliedstaaten begegnet werden. Notwendig ist vielmehr eine grundlegende Neukonzeption von Aufgaben und Einnahmen des Staates. Der Finanzausgleich darf insoweit einen „Verschuldungswettlauf" nicht anregen und fördern, muss ihm entgegenwirken, kann aber einen drohenden Staatsbankrott nicht abwehren.

5. Der konzeptionelle Weg zur Nullverschuldung

Der konzeptionelle Weg zur Entschuldung hat exemplarisch – für die Staatsaufgaben, die Staatsbediensteten, die Zukunft des Staates in seinen Kindern und die Finanzbereiche von Subventionen und Finanzausgleich – gezeigt, dass der Patient Staat chronisch verschuldungsgeneigt, aber heilbar ist. Die Sanierung allerdings kann nicht erst bei den Verschuldungssummen ansetzen, die auf niedrigere Beträge zurückzudrängen sind. Heilung verspricht allein eine organische Erneuerung des Staates, der in seinen Aufgaben, seinen Bediensteten, seiner personellen Zukunft, seinen Finanzmächtigkeiten handlungsfähiger, wirtschaftlicher, erneuerungskräftiger ausgestaltet, dessen Maßstäbe vereinfacht und veranschaulicht werden müssen. So bieten die drückenden Schulden die Chance, den Staat konzeptionell zu erneuern. Der Finanzausgleich bietet dem Euro-Verbund eher ein warnendes Beispiel als ein bewährtes Lösungsmodell.

D. Schuldenabbau

Wenn das Recht grundsätzlich sichergestellt hat, dass der Staat sich nicht neu verschuldet, stellt sich die Frage, wie die bestehenden Schulden abzubauen sind, um die Zinslasten zu verringern, die Abhängigkeit des Staates vom Finanzmarkt zu mindern, die alten Darlehensverträge zu erfüllen. Die Rückzahlung von Altschulden wird ein politischer Kraftakt, weil sich der Staat der Gegenwart auf eine stetig steigende Neuverschuldung eingelassen, er sich gewöhnt hat, jährlich mehr auszugeben als einzunehmen. Beim Schuldenabbau soll er weniger ausgeben als er einnimmt. Diese Entwöhnung vom Ausgabenübermaß wird auf eine gefestigte Erwartung nach einem ständigen Mehr treffen. Doch die gegenwärtigen Erfahrungen mit den übermäßigen Finanzierungsversprechen und Ausgaben des Staates lehren, dass einige Staaten der Euro-Gemeinschaft sich bereits gefährlich der Zahlungsunfähigkeit nähern, damit statt nach den Maßstäben des Rechts nach den Vorgaben des ökonomisch noch Möglichen handeln müssen. Die schonende Rückführung des Haushalts auf das Maß des Rechtmäßigen müsste dann einer abrupten Korrektur bisherigen Übermaßes weichen. Leistungsansprüche und Leistungserwartungen werden nicht kontinuierlich zurückgenommen, sondern müssten plötzlich beendet werden. Ein vorbeugendes Sanierungskonzept hingegen sucht noch rechtzeitig Staatsleistungen zu verringern und staatliche Einnahmen zu erhöhen, um Zusatzerträge ausschließlich für die Sanierung der Staatsfinanzen zu verwenden.

I. Nominalwachstum ausschließlich zur Schuldentilgung

1. Der Auftrag zum Defizitabbau ab 2011

Das Grundgesetz beauftragt den Haushaltsgesetzgeber, Einnahmen und Ausgaben grundsätzlich ohne Einnahmen aus (Neu)Krediten auszugleichen,[657] verpflichtet Bund und Länder[658] aber zugleich auf die europarechtlichen Verschuldungsgrenzen.[659] Bund und Länder sind spätestens seit 2009[660] verpflichtet, die Grenze von 3 Prozent des BIP für die Neuverschuldung und 60 Prozent des BIP für die Gesamtverschuldung zu achten. Bund und Länder haben also alle Anstrengungen zu unternehmen, um baldmöglichst diese rechtliche Normalität zu erreichen. Die Lockerung des Haushaltsausgleichs ohne Kredite[661] (0,35 Prozent-Grenze) rechtfertigt nicht, von dieser strikten Verpflichtung abzuweichen. Der Übergangspfad, den Art. 143 d GG durch Anpassungsfristen bis 2016 und 2020 eröffnet, bestimmt – 2009[662]–, dass mit dem Abbau des bestehenden Defizits im Haushaltsjahr 2011 begonnen werden soll.

Damit ist klargestellt: Die Entschuldung ist Verfassungspflicht und Europapflicht. Die Erfüllung dieser Pflicht hätte im Jahre 2011 beginnen sollen. Der staatliche Darlehensschuldner ist verfassungsrechtlich in Verzug.

2. Erforderlichkeit von Sondermaßnahmen

Die Normalität eines Haushaltsausgleichs ohne Neuverschuldung ist durch die Normalität konzeptionellen Sparens zu erreichen.[663] Die Altschulden bleiben aber eine Last für die Haushalte von Bund und Ländern, deren gegenwärtige Höhe zwei Billionen Euro übersteigt.[664] Diese Summe kann bei Steuereinnahmen von Bund, Ländern und Gemeinden in Höhe von insgesamt rund 530 Milliarden Euro[665] nicht allein durch eine neustrukturierende Gestaltung von Staat und Haushalten aufgebracht werden. Die gewaltige Schuldenlast ist nur durch Sondermaßnahmen abzutragen. Berücksichtigt man zudem, dass für Jahrzehnte die staatlich aufgenommenen Kreditmittel im Wesentlichen den dafür geschuldeten Zinsen entsprachen,[666] so wird ersichtlich, dass nur eine außerordentliche Anstrengung den Staat aus dem finanzwirtschaftlichen Ausnahmezustand herausführen kann.

Diese Außerordentlichkeit ist in der budgettechnisch verselbständigten Schuldenverwaltung[667] für Parlament und Öffentlichkeit sichtbar zu machen. Empfehlenswert ist, einen Schuldenabbauplan zu publizieren, nach dem jeder beobachten kann, ob der versprochene Entschuldungsfortschritt erreicht, vielleicht sogar übertroffen worden ist, der Staat also stetig Finanzautonomie und finanzwirtschaftlichen Gestaltungsraum für die Zukunft zurückgewinnt.

Diese Schuldensanierung kehrt Gewohnheiten um, die ein neues Verstehen von Staat und Markt zur Folge haben. Der Bürger muss sich von seiner Vorstellung verabschieden, der Staat sei zu stetig wachsenden Leistungen bereit. Dieser Bewusstseinswechsel wird nur gelingen, wenn man betont, dass der Staat als Garant von Frieden und Recht, als Vermittler von Bildung und Ausbildung, als Organisator von Verkehrswegen und Infrastruktur, als Ursprung von Sicherheit und sozialem Ausgleich unverzichtbar ist, aber in seiner Leistungskraft und seiner Vertrauenswürdigkeit aktuell gefährdet wird. Der Bürger riskiert mehr, wenn er auf weitere Staatsleistungen drängt, als wenn er an der Staatssanierung mitwirkt.

Die international vernetzten, sich „systemisch" anonymisierenden Mächte des Finanzmarktes haben sich darauf eingerichtet, die Industriestaaten als verlässliche Schuldner von Zinszahlungen mit chronischer Bereitschaft zu wachsenden Darlehensverpflichtungen zu nutzen. Diesen Markt werden sie nicht kampflos preisgeben. Der einzelne Staat ist ihnen fast wehrlos ausgeliefert. Eine Staatengemeinschaft wie der Staatenverbund der Europäischen Union, erst recht ein Verteidigungsbündnis aller Industriestaaten könnte Gesprächsbereitschaft erzwingen, wenn diese Staaten in gemeinsamer Haushaltsdisziplin eine schrittweise Rückführung der Staatsschulden organisieren. Auch der Finanzmarkt ist auf den einzelnen Staat angewiesen. Der Staat gibt einer Darlehensabsprache Rechtsverbindlichkeit und Durchsetzbarkeit, sichert die Rahmenbedingungen des Marktes (Frieden, Vertragsrecht, Währung, qualifizierte Arbeitskräfte, nachfragefähige Kundschaft), prägt die Lebens- und Erwerbsbedingungen auch der im Finanzmarkt tätigen Menschen. Die Dramatik der Krise fordert Rettungsschirme, die nicht weiterhin die Geldforderungen des Finanzmarktes befriedigen, sondern die kulturellen Grundlagen von Recht, Demokratie, inneren und äußeren Frieden sichern. Revolutionen entstehen, wenn große Gruppen von Menschen in wirtschaftliche Not geraten, wenn ein Staat so geschwächt ist, dass er seine Aufgaben der Rechtsgewähr, des Ausgleichens, der Existenzsicherung nicht mehr erfüllen kann. An Revolution aber ist in unserer Hochkultur niemandem gelegen.

3. Rückholen der Entscheidung in das Parlament

Die gemeinsame Gegenwehr der Staaten gegen die Last der Staatsverschuldung, die Abhängigkeit vom Finanzmarkt, gegen Enttäuschung und Vertrauensverlust bei den Bürgern und dem daraus erwachsenden Steuerwiderstand ist vorrangig Aufgabe der Regierungen, die einen gemeinsamen Weg zur finanzwirtschaftlichen Stabilität und Unabhängigkeit bahnen müssen. Diese zwischenstaatliche Aufgabe wird aber letztlich vom Parlament, vom Deutschen Bundestag, erfüllt, der jeden Kredit und jede Zinszahlung, jede ausgabenwirksame Hilfsmaßnahme für andere Staaten oder Unternehmen zu bewilligen hat.[668] Die Bewilligungszuständigkeit für staatliche Ausgaben umfasst auch die Verantwortlichkeit, diese Ausgaben zu senken.

Allerdings hat der Bundestag bisher eher dazu beigetragen, die staatlichen Ausgaben, damit die Steuerlasten und Staatsschulden zu erhöhen. Doch nun hat der verfassungsändernde Gesetzgeber die Regeln für die Kreditaufnahme von Bund und Ländern tatbestandlich deutlicher umgrenzt und sachlich verschärft.[669] Das Grundgesetz hat damit „klargestellt, dass eine verfassungsrechtliche Bindung der Parlamente und damit eine fühlbare Beschränkung ihrer Handlungsfähigkeit notwendig ist, um langfristig die demokratische Gestaltungsfähigkeit für das Gemeinwesen zu erhalten".[670] Die Verfassung tritt damit der Gefahr entgegen, das Parlament selbst könne das finanzverfassungsrechtliche Übermaßverbot verletzen. In gleicher Weise verlangt das verfassungsrechtliche Prinzip der parlamentarischen Demokratie, dass die Möglichkeiten politischer Gestaltung des Bundestages dadurch bestärkt werden, dass die Bundesregierung ohne konstitutive Zustimmung des Bundestags in erheblichem Umfang Gewährleistungen übernimmt, „die zur direkten oder indirekten Vergemeinschaftung von Staatsschulden beitragen, ... bei denen also der Eintritt des Gewährleistungsfalls allein vom Verhalten anderer Staaten abhängig wäre".[671]

Das Grundgesetz drängt das Parlament damit wieder in seine klassische Aufgabe, die Staatsaufgaben sachgerecht zu begrenzen, die Besteuerung maßvoll zu gestalten und eine Staatsverschuldung immer wieder in Frage zu stellen. Die Opposition sollte zum Haushaltsgesetz jedes Jahr ausdrücklich Alternativen unterbreiten, wie die Staatsschuld gesenkt, welche Zinsverpflichtungen dadurch eingespart und welche Summen für den Staatshaushalt gewonnen werden. Die durch Gesetz begründete Merklichkeit der Staatsschuld in der Gegenwart[672] wird das Parlament und jeden einzelnen Abgeordneten drängen, sich als Garant geringerer Zinsverpflichtungen und sinkender Staatsschulden dem Wähler zu empfehlen. Das Budgetrecht kann auf einen Haushalt ohne Schulden begrenzt, dem Parlament aber nicht entzogen werden.

4. Entschuldung aus den Haushaltszuwächsen

Ein erster Schritt zu einer wirkungsvollen, das allgemeine Bewusstsein prägenden Entschuldung könnte in einem Haushaltsvorbehalt liegen, der den gesamten nominalen Einnahmezuwachs in den Staatshaushalten für eine Entschuldung reserviert. Die Steuereinnahmen des Staates wachsen zwar nicht jährlich, bei mittelfristiger Betrachtung jedoch stetig. Im Jahre 2004 betrugen die Steuereinnahmen 442 Milliarden Euro, im Jahre 2010 530 Milliarden Euro. Sie sollen nach den Schätzungen des „Arbeitskreises

Steuerschätzung" (Mai 2011) im Jahr 2015 652 Milliarden Euro betragen.[673]

Dieser Zuwachs beruht auf steigendem Wirtschaftswachstum, damit höherer Steuerkraft, auf einer nominalen, inflationsbedingten Erhöhung der Löhne und Preise, der Gewinne und Umsätze. Entsprechend steigen die Steuererträge, bei einem progressiven Steuertarif durch „kalte Progression" sogar überproportional. Sie können auch auf Steuererhöhungen beruhen.

Eine entschiedene Entschuldungspolitik wird diesen Zuwachs für die Darlehenstilgung verwenden. Dadurch wird der Schuldenstand wirksam verringert. Die Öffentlichkeit erlebt, dass ein Wachstum der Gesamtstaatsleistungen so lange nicht möglich ist, bis der Schuldenstand angemessen zurückgeführt wird. Der Druck, herkömmliche Gepflogenheiten zu überprüfen, wächst. Geläufige Haushaltsansätze sind aufzubrechen, Minderungen und Mehrung einzelner Haushaltskapitel und Titel untereinander auszugleichen. Dieses strenge Entschuldungsprogramm besagt damit nicht, dass die zukunftswirksamen Leistungen für Familien nicht wachsen, der öffentliche Dienst nicht an den allgemeinen Tarifentwicklungen teilhaben könnte. Die einzelnen Haushaltsansätze sind nur so lange nominal auf die bisherigen Summen festgeschrieben, als nicht andere Ansätze verringert werden.

Die Bindung des Nominalzuwachses für die Entschuldung könnte gelockert werden, wenn andere Entschuldungsmaßnahmen – insbesondere die Erträge aus einer Finanztransaktionsteuer[674] – erfolgreich sind. Da die Beschränkung der Staatshaushalte alle Bürger betrifft, die Finanztransaktionsteuer die Mitverursacher der Finanzkrise belastet und dort eine steuerliche Gerechtigkeitslücke schließt, wird die Idee der demokratischen Allgemeinheit nahelegen, die Mitverursacher vor der Allgemeinheit zu belasten. Und der allgemeine Wille, sich von der Last der Staatsverschuldung möglichst bald zu befreien, wird wachsen.

II. Staatenresolvenzordnung

1. Verpflichtung auf eine Sanierungsgerechtigkeit

Wenn das Übermaß der Staatsverschuldung bedrohlich wird, der Staat Gefahr läuft, statt nach Maßstäben des Rechts nur noch nach Kriterien des ökonomisch Möglichen handeln zu müssen, haben der Rechtsstaat und die Europäische Rechtsgemeinschaft alle Anstrengungen zu unternehmen, die Staatssanierung auf den Weg des Rechts zurückzuführen. Es gilt nicht das Prinzip „Not kennt kein Gebot".[675] Wenn das Grundgesetz für den Angriff des Bundesgebiets mit Waffengewalt (Verteidigungsfall)[676] ein geordnetes, verfassungsrechtlich vorgezeichnetes Verfahren der Gegenwehr vorsieht, erlaubt es selbst in dieser extrem Krise keine Maßnahmen außerhalb der Verfassungsbindung und der auf die Verfassung gestützten Gesetzesbindung. Jeder Sanierungsschritt, der sich vom Verfassungsrecht und vom primären Europarecht entfernt, wäre strukturell ein Weg zum Verfassungsbruch. Die Dringlichkeit der Haushaltssanierung rechtfertigt nicht, Sanierungsbetroffene rechtswidrig zu belasten. Auch wenn der Staat wegen der Haushaltsnot auf höhere Einnahmen angewiesen ist, darf der Staat keine verfassungswidrige Steuer erheben.[677] Auch wenn der Staat auf Einsparmaßnahmen angewiesen ist, muss er die aus Leistungskürzungen folgenden Lasten gerecht verteilen.[678] Auch wenn der Staat in extremen wirtschaftlichen Notlagen seine Rechtspflichten nicht mehr erfüllen kann, darf er dennoch nicht willkürlich handeln, ist er auf eine „Sanierungsgerechtigkeit" verpflichtet.[679] Die Schuldenlast ist deshalb rechtlich geordnet zu mindern. Die Zahlungspflichten des Staates dürfen nur in Bahnen des Rechts verringert werden.

2. Die Souveränität des Staates

Ein souveräner Staat kann weder zu einer Zahlung noch in ein Insolvenzverfahren gezwungen werden. Diese Souveränität ist allerdings stets auf Frieden und Völkerrecht angelegt, zur Verfassungsbindung bereit und in Europa für eine europäische Integration offen. Sie anerkennt eine Schutzverantwortung des Völkerrechts bei elementaren Menschenrechten auch gegenüber Staaten,[680] schließt eine militärische Menschenrechtsintervention nicht gänzlich aus.[681] Diese Souveränität meint die Letztverantwortung eines kooperationsoffenen Staates für seine Bürger. Die Finanzverfassung geht davon aus, dass der Finanzstaat wegen der Knappheit des Geldes „immer ein wenig in der Nähe des Ausnahmezustandes"[682] steht, der finanzverfassungsrechtliche Rahmen für Staatshaushalt, Haushalts- und Finanzkontrolle, Rechnungslegung und Entlastung, Jährlichkeitsprinzip und Schuldengrenze den Staat jedoch befähigt, seine Einnahmen und Ausgaben grundsätzlich ohne neue Kredite auszugleichen.[683] Der Staat ist nicht auf Liquidierbarkeit und Untergang, sondern auf Fortexistenz angelegt. Die Vereinten Nationen bauen auf den Grundsatz „der souveränen Gleichheit aller ihrer Mitglieder".[684] Die äußere Souveränität bedeutet, dass der Staat keinem fremden Willen unterworfen ist, er bei

II. Staatenresolvenzordnung

der Setzung, Anwendung und Durchsetzung des Rechts nicht fremdbestimmt ist.[685] Die innere Selbstbestimmung berechtigt das Staatsvolk, frei und ohne Einmischung von außen über seinen politischen Status zu entscheiden und seine wirtschaftliche, soziale und kulturelle Entwicklung frei zu gestalten.[686] Eine Zwangsvollstreckung von außen gegen den Staat ist danach nicht möglich. Die Abwicklung finanzstaatlicher Leistungsschwäche zielt nicht auf Insolvenz, sondern auf Resolvenz.[687] Während in der Insolvenzordnung die Sanierung des Schuldners ein nachrangiges Ziel ist,[688] wird diese bei der Staatsresolvenz zum vorrangigen Ziel.

Das völkerrechtliche Konzept der Souveränität stellt jeden Staat finanzwirtschaftlich grundsätzlich auf sich selbst. Das Völkerrecht macht dem Staat keine Vorgaben für die Haushaltsführung und sein Finanzgebaren, sieht andererseits internationale Finanzhilfen allenfalls situationsabhängig und freiwillig vor.[689] Eine Solidaritätspflicht, die zur tätigen Hilfe für finanzschwache Staaten verpflichtete, gibt es bisher nicht, ebenso kein völkerrechtliches Kooperationsgebot bei finanziellen Krisen. Selbst ein völkerrechtliches Gebot, auf den anderen Staat bei ökonomischer Schwäche Rücksicht zu nehmen, gar ein Anspruch des notleidenden Staates, ein anderer Staat habe finanzielle Hilfe zu leisten, hat sich bisher nicht entwickelt.[690] Die Souveränität des Staates wehrt eine herkömmliche „Insolvenzverwaltung" ab, die den demokratisch gewählten Repräsentanten des Staatsvolkes in seinen Handlungsaufträgen und Gestaltungsbefugnissen behindert oder verdrängt.[691] Auch der institutionelle Rahmen für eine Abwicklung finanzstaatlicher Leistungsschwäche ist durch die Staatensouveränität vorgezeichnet. Das Gewaltverbot und die Grundsätze der Staatenimmunität schließen die Anwendung von Gewalt zur Eintreibung von Außenständen grundsätzlich aus. Das im 19. Jahrhundert noch zur Durchsetzung von Forderungen gegen den Staat verfügbare Instrumentarium der Gewalt – eine „Kanonenbootpolitik" – ist völkerrechtlich verboten.[692]

Der finanziell notleidende Staat bleibt somit völkerrechtlich – und militärisch – handlungsfähig. Das völkerrechtliche Gewaltverbot verhindert den Zugriff von außen auf Vermögensgegenstände in seinem Hoheitsbereich. Eine Zwangsvollstreckung bemisst sich nach nationalem Vollstreckungsrecht. Der Staat entscheidet kraft seiner Souveränität weitgehend – aufgrund des Territorialitätsprinzips und der nach dem Kollisionsrecht seinem Recht unterfallenden Vertragsrechtsbeziehungen – selbst über Art und Maß, wie seine Schulden abgewickelt werden. Das Gebot, zwischen Vertragstreue und Gewaltverbot auszugleichen,[693] weist auf den Weg der vertraglichen Verständigung über die notwendigen Abwicklungsmaßnahmen. Diese Souveränität gilt erst recht, wenn ein Staat zur Fremdhilfe gedrängt werden soll.

3. Beteiligung der Gläubiger an der Staatssanierung

Bei der Sanierung der hochverschuldeten Staaten liegt es nahe, die Staatsgläubiger an der Sanierung zu beteiligen.[694] Die Gläubiger, die finanzschwachen Staaten Kredite gegeben haben, waren bisher die Nutznießer der zur staatlichen Zahlungsunfähigkeit führenden Verschuldung, könnten deshalb kompensatorisch zu den Lasten der Verschuldung herangezogen werden. Sie haben die Finanzkrise mitverursacht, stehen deshalb in einer Art Störerhaftung. Eine Beteiligung an der Entschuldung der Staaten würde die Kreditgeber zudem zögern lassen, weitere Kredite an Staaten zu vergeben, damit das rechtliche Verbot der Neuverschuldung ökonomisch wirksam ergänzen. Dabei sollten Umschuldungsverhandlungen mit einer Mehrheit der Gläubiger zum Abschluss gebracht werden können.[695]

Eine Gläubigerbeteiligung bei der Sanierung wäre allerdings ein Eingriff in das Eigentum, der nur aufgrund eines Gesetzes oder einvernehmlich mit den Gläubigern zulässig wäre.[696] Die für das Privatrecht geltende Insolvenzordnung ist auf den Staat – Bund und Länder – nicht anwendbar.[697] Notwendig ist deshalb ein – möglichst internationales[698] – Resolvenzrecht für Staaten.

Der grundrechtliche Eigentumsschutz (Art. 14 Abs. 1 Satz 1 GG) setzt einer gesetzlichen Staatenresolvenzordnung materielle Grenzen, ist aber auch für eine freiwillige Umschuldung von Bedeutung. Dabei ist zu beachten, dass die überhöhte Staatsverschuldung, die drohende Zahlungsunfähigkeit des staatlichen Schuldners die Gläubigerforderung bereits wesentlich entwertet. Der in dieser ökonomischen Entwicklung angelegte Abschreibungsbedarf mindert die Eigentumsrechtsposition des Gläubigers substantiell. Soweit die Wertminderung zwischenzeitlich durch staatliche Hilfsmaßnahmen aufgefangen worden ist, wachsen diese – nicht durch eigene Leistungen des Eigentümers geprägten – Festigungen oder Anwartschaften nicht in die Eigentumsgarantie hinein.[699] Die Eigentumsgarantie schützt nur den vom Eigentümer durch Einsatz von Kapital und Arbeit erworbenen Bestand, nicht staatlich gewährte Vermögensstützungen.

Die durch Umschuldung zu beteiligenden Gläubiger müssen nicht formal gleich je nach ihrer Forderungssumme behandelt werden, sind nach dem Differenzierungsauftrag des Art. 3 Abs. 1 GG vielmehr je nach

Betroffenheit unterschiedlich zu berücksichtigen. Sie können keine einheitliche „Konkursdividende" verlangen. Staatlich gestützte Forderungen sind schwächer als Normalforderungen, von der Zentralbank mitfinanzierte Forderungen schwächer als eigenständige. Soweit Forderungen öffentlichen Interessen oder sozialen Zwecken dienen, werden sie bevorzugt behandelt.[700] Darlehensgläubiger werden mit Forderungen aus einer risikobewussten Darlehensüberlassung gegenüber Forderungen zurücktreten müssen, die durch entgeltliche Sach- oder Dienstleistung erworben worden sind. Sozialhilfeansprüche werden als Sicherung des Existenzminimums bevorrechtigt sein gegenüber allgemeinen Vertragsansprüchen. Banken und Versicherungen in öffentlicher Hand stehen im Sog der Resolvenz des Staates, erwerbswirtschaftlich tätige Banken und Versicherungen nehmen in der Gläubigergemeinschaft am Resolvenzverfahren teil. Soweit der Staatsgläubiger selber Staat ist, kann es einen Unterschied machen, ob er innerhalb der Europäischen Union dem in seiner Zahlungsfähigkeit gefährdeten Staat durch eine Stabilitätsgemeinschaft verbunden ist oder ob er jenseits dieses Verbundsystems steht.

4. Die Staatenresolvenz

Eine Staatenresolvenzordnung soll die staatliche Souveränität im Rahmen des europäischen Staatenverbundes wieder herstellen. Diese Resolvenz unterscheidet sich grundlegend von der Insolvenz eines privaten Schuldners. Die Bereinigung eines Staatsbankrotts schafft die ökonomische Grundlage für die Zukunft des Staates, der Frieden sichert, ein soziales und politisches Leben gewährleistet. In diesem Ziel – nicht in der vermeintlich unbegrenzten Zahlungskraft eines Staates dank der Steuerkraft seiner Bürger – liegt der Grund für die „Insolvenzunfähigkeit" des Staates.[701] Die wirtschaftliche Abrechnung einer vergangenen Fehlentwicklung muss auf diese Bestandsgarantie des Staates abgestimmt werden. Ein Verfassungsstaat wird die rechtlichen Forderungen seiner Gläubiger beachten, sie aber in Abwägung mit dem Risiko für die eigene Fortexistenz würdigen.

Diesem Ziele dienen die Umschuldung,[702] die Kürzung allgemeiner Staatsleistungen,[703] die strukturelle Verbesserung des Steuersystems,[704] die Steuererhöhung[705] und der sonstige Zugriff auf das durch den Staat belastbare Privatvermögen. Der erste und wichtigste Schritt allerdings ist die Beschränkung zukünftiger staatlicher Kreditaufnahme[706] und das Haftungs- und Einstandsverbot für Verbindlichkeiten anderer Staaten.[707] Das vermeintliche Sanierungsinstrument der Inflation ist nach dem Übergang der Währungshoheit auf das europäische System der Zentralbanken[708] den Mitgliedstaaten aus der Hand genommen. Auch die EZB darf keine Inflationspolitik betreiben; ihr vorrangiges Ziel „ist es, die Preisstabilität zu gewährleisten".[709]

5. Rechtsgrundlagen

Eine solche Staatenresolvenzordnung braucht eine verfassungsrechtliche Grundlage, weil das Haushaltsverfassungsrecht, das die Ausgaben nicht von den Einnahmen abhängig macht, von der Zahlungsfähigkeit der öffentlichen Hand ausgeht.[710] Das in der Rechtsgeschichte vielfach widerlegte[711] Dogma von der unbegrenzten Zahlungsfähigkeit des Staates, seiner „Insolvenzunfähigkeit" ist im Kern ein verfassungsrechtlicher Auftrag.

Ein weitergreifendes Instrument böte eine europäische Staatenresolvenzordnung. Doch hierfür fehlt es an einer Rechtsgrundlage. Nach deutschem Verfassungsrecht muss dem Mitgliedstaat im Rahmen der europäischen Integration ein ausreichender Raum zur politischen Gestaltung der wirtschaftlichen, kulturellen und sozialen Lebensverhältnisse offenstehen.[712] Zu den wesentlichen Bereichen, die demokratischer Gestaltung durch den Staat vorbehalten sind, gehören unter anderem die Entscheidungen über Einnahmen und Ausgaben einschließlich der Kreditaufnahme.[713] „Als besonders sensibel" für die demokratische Selbstgestaltungsfähigkeit eines Verfassungsstaates gelten seit jeher „die fiskalischen Grundentscheidungen über Einnahmen und … Ausgaben der öffentlichen Hand".[714] Erstrebenswert ist letztlich eine völkerrechtliche Staatenresolvenzordnung unter allen Staaten, zumindest unter den am globalen Markt finanzerheblich tätigen Staaten. Diese Resolvenzordnung sichert die Souveränität des Staates und die Autonomie seines Handelns.

Im Ergebnis fordert das Grundgesetz für die Beteiligung der Gläubiger an der Staatensanierung (Umschuldung) eine gesetzliche Staatenresolvenzordnung auf der Grundlage einer verfassungsrechtlichen Ermächtigung. Diese Umschuldung ist geboten, weil die Staatengläubiger aus der Krise am ehesten wirtschaftliche Vorteile gezogen haben, sie Mitverursacher der Krise sind und deswegen in einer Störerverantwortlichkeit stehen. Die Umschuldung übt auch eine Warnfunktion aus, die eine Bereitschaft der Kreditgeber zu Neukrediten substantiell mindert, damit ein rechtliches Neuverschuldungsverbot ökonomisch wirksam ergänzt. Eine Staatenresolvenzordnung kann helfen, die überhöhte Verschuldung des Staates abzubauen, wird in der Umschuldungserfahrung zugleich präventiv dazu beitragen, zukünftig ein Verschuldungsübermaß zu vermeiden.

III. Staatshilfe allenfalls auf Gegenseitigkeit

1. Fremdhilfe als Ausnahme

Soweit der Staat „Rettungsschirme" aufspannt und „solidarische Hilfe" für andere Staaten leistet,[715] müssen diese Zuwendungen als Ausnahmetatbestand einer vorläufigen Hilfe ausgestaltet werden. Das europäische Stabilitätsrecht darf nicht durch ein Einstehen für fremde staatliche Schulden dauerhaft gebrochen werden, vielmehr ist ein Weg zurück zur Rechtsstaatlichkeit einzuschlagen.[716] Ein durch staatliche Hilfe erfolgreich saniertes Unternehmen und ein in Staatensolidarität sanierter Staat sind zu verpflichten, dem helfenden Staat, der ebenfalls hoch verschuldet ist, in seiner finanziellen Bedrängnis zu unterstützen. Ein solcher mittelfristiger Ausgleich führt die Notlage der Hilfe in die Normalität der freiheitlichen Eigenverantwortung und staatlichen Haushaltsautonomie zurück.

Staatliche Fremdhilfe bleibt damit die Ausnahme. Geld gehört strukturell in die Hand der Freiheitsberechtigten, der Berufstätigen, der Unternehmen, der Konsumenten. Der staatliche Steuerzugriff auf privates Geld ist rechtfertigungsbedürftig. Schon die Verfassung der Menschen- und Bürgerrechte von 1791[717] mäßigt die staatliche Abgabenlast dadurch, dass sie die Steuer durch bestimmte Staatsaufgaben rechtfertigt, außerdem eine gleichmäßige Verteilung auf alle Bürger unter Berücksichtigung ihrer Vermögensumstände fordert. Die Abgabenlast wird so durch eine Staatsaufgabenlehre und einen Grundrechtsschutz begrenzt. Auf dieser Grundlage suchen die modernen Verfassungen den Maßstab, der die Besteuerungsgewalt bindet, vor allem im Gleichheitssatz. Art. 109 WRV gibt der Belastung der Steuerpflichtigen in dem Ziel, „alle öffentlichen Lasten" zu finanzieren, und in der Zahlungspflicht „im Verhältnis ihrer Mittel" (ihrer finanziellen Leistungsfähigkeit) Maß und Grenze.[718] Diese Gleichheit[719] verteilt die Steuerlasten allgemein – privilegienfeindlich – auf alle Leistungsfähigen und macht sie im Bewusstsein einer Gemeinlast, die grundsätzlich alle Inländer zur Finanzierung ihrer Gemeinschaftsaufgaben trifft, erträglicher. Alle Staatsbürger sollen relativ gleich die ihre Gemeinschaft treffenden Lasten tragen. Deswegen dürfen die Steuererträge nicht gruppennützig, sondern nur gemeinwohldienlich verwendet werden[720]; die gruppennützig verwendete Sonderabgabe ist die „seltene Ausnahme".[721]

Dieser die Verfassung strukturierende Grundsatz wird in vielen Einzelbestimmungen bestätigt. Der Verfassungsgrundsatz der Vollständigkeit des Haushaltsplans aktualisiert den fundamentalen Zusammenhang zwischen steuerlicher Gemeinlast und der Verwendung des Steueraufkommens für allgemeine Aufgaben.[722] Wenn das Grundgesetz die Steuergesetzgebung[723] strikt von der Haushaltsgesetzgebung[724] trennt, um das staatliche Ausgabegebaren von seinem steuerlichen Finanzier unabhängig zu machen, so führt die Vollständigkeit des Haushaltsplans die Allgemeinheit der Steuer und die Allgemeinheit der Steuerertragsverwendung in der Gemeinschaft der Inländer wieder zusammen. Dieses Budgetrecht des Parlaments ist grundlegender Teil der demokratischen Selbstgestaltung des Verfassungsstaates.[725] Bundestag und Bundesrat kontrollieren den Haushaltsvollzug der Bundesregierung am Maßstab des Haushaltsplans, der als ein staatsleitender Hoheitsakt in Gesetzesform „aufgabenbezogen" ist. „Die Staatsaufgaben stellen sich im Haushaltsplan als Ausgaben dar, die nach dem Ausgleichsgebot durch Einnahmen gedeckt werden müssen".[726] Die Feststellungen des Bundesrechnungshofs[727] dienen dem gleichen Ziel. Die Gleichheit vor dem Steuergesetz[728] garantiert den Steuerpflichtigen, dass die Steuerbelasteten ihre eigenen Gemeinwohlaufgaben finanzieren.[729]

2. Verteilungsgerechtigkeit und Tauschgerechtigkeit

Diese Verantwortlichkeit des Finanzstaates allein für das Allgemeinwohl der ihm anvertrauten Menschen entspricht in den klassischen Gerechtigkeitslehren dem Prinzip der austeilenden Gerechtigkeit (iustitia distributiva).[730] Während die ausgleichende Gerechtigkeit (iustitia commutativa) die Gleichwertigkeit von Tauschvorgängen betont, in der Angemessenheit von Leistung und Gegenleistung ihr Maß findet, gewährt die austeilende Gerechtigkeit Leistungen unabhängig von einer Gegenleistung, gewährt Güter wie Geld, Ehre, Macht und Selbsterhaltung, die ihr Maß nicht in sich tragen. Bei der austeilenden Gerechtigkeit droht deshalb die Gefahr der Unersättlichkeit[731]; die Teilungsgerechtigkeit braucht gleichheitsgerechte Verteilungsmaßstäbe und Unbefangenheit sowie Unparteilichkeit sichernde Verteilungsregeln.[732] Dieses materielle und verfahrensrechtliche Hinwirken auf Gleichheit entgeht dem „Paradoxon der Gleichheit"[733] nur, wenn es tendenziell auf Förderung verzichtet. Wer angleicht, behandelt ungleich. Wer nicht angleicht, belässt es bei der vorgefundenen Ungleichheit. „Einzelne Gruppen fördern heißt bereits, andere ungleich zu behandeln".[734] Wer tatsächliche Gleichheit unter den – von Anfang an ungleichen – Menschen oder Staaten herstellen will, muss die Bürger in der Rechtsfolge ungleich behandeln. Wer alle Bürger ungeachtet ihrer Verschiedenheit gleich behandelt, lässt tatsächliche Ungleichheiten unter

III. Staatshilfe allenfalls auf Gegenseitigkeit

den Menschen bestehen; in einer freiheitlichen Ordnung werden sie verstärkt. Eine ungleiche Verteilung durch den Staat kann durch erworbene Rechte – eine Berufsqualifikation für eine bestimmte Aufgabe –, durch das Leistungsprinzip – eine Dienstleistung im öffentlichen Dienst – oder durch ein Bedürfnis – das Fehlen eines Existenzminimums – gerechtfertigt sein. Eine Ungleichheit schaffende Finanzzuwendung des Staates ist stets besonders rechtfertigungsbedürftig. Die Vermutung, dass eine finanzielle Förderung gleichheitswidrig wirkt, ist zu widerlegen.

Die ausgleichende Gerechtigkeit sucht die Angemessenheit des Tausches im Einvernehmen der Tauschbeteiligten. Der „gerechte Preis" soll sich aus dem äquivalenten Tausch ergeben, der sich im Gegeneinander von Angebot und Nachfrage in Freiheit unter den Vertragsbeteiligten bildet. Dieser privatautonome Ausgleich stützt sich auf die Willensherrschaft des Einzelnen in seiner Bereitschaft zum Tausch, auf die offene Konkurrenz der individuellen Interessen und deren freien Ausgleich unter der Bedingung rechtlicher Gleichheit der Beteiligten.[735] Bei staatlichen Fremdhilfen stellt sich die gegenläufige Frage, ob diese Leistungen durch eine Tauschgerechtigkeit in die Finanzautonomie der Staaten zurückgeführt werden müssen.

3. Nutzung fremder Früchte

Wenn der deutsche Staat in Rettungsschirmen und Gewährleistungsversprechen gegenwärtige oder zukünftige Haushaltsmittel einsetzt, um andere Staaten oder Unternehmen zu stützen, so verändert er die Wirkungen privatwirtschaftlichen Erwerbs, staatlicher Besteuerung und staatlicher Budgetpolitik grundlegend:

– Der freiheitsberechtigte Bürger versteht seine Erwerbsanstrengungen, das Nutzen seiner Begabungen, seiner Befähigungen, seiner beruflichen Qualifikationen als höchstpersönliche Leistung. Sie sind Instrumente seiner Selbstbestimmung. Dementsprechend beansprucht er, die wirtschaftlichen Früchte dieser Selbstbestimmung selbst nutzen und genießen zu können.
– Wenn der Staat den Erfolg dieses privaten Wirtschaftens besteuert, um die weggenommenen privatwirtschaftlichen Erfolge für Gemeinschaftsaufgaben zu nutzen und die Allgemeinheit sie genießen zu lassen, bedarf dieser Eingriff einer besonderen Rechtfertigung. Diese Rechtfertigung liegt in dem Anteil, den die Rechtsgemeinschaft mit dem von ihr bereitgestellten Erwerbsbedingungen zum individuellen Erwerbserfolg beiträgt, ebenso in der Verwendung der Steuererträge, mit denen die

Rechtsgemeinschaft die Lebens- und Erwerbsbedingungen in Deutschland verbessert und fortentwickelt.[736] Setzt der Staat die Erträge aus der steuerlichen Gemeinlast in den jährlichen Budgetentscheidungen für Gemeinaufgaben ein, gibt er dem Steuerpflichtigen die Sicherheit, dass seine Steuerzahlungen die rechtlichen, institutionellen und ökonomischen Rahmenbedingungen seines Lebens und Wirtschaftens in Deutschland sichern und verbessern. Das Recht der Allgemeinheit an den Früchten der Arbeit anderer[737] wird zum Recht des Staatsvolkes – einer „National"ökonomie, einer „Volks"wirtschaft –, auf der Grundlage individuellen Erwerbs auch allgemeine Prosperität in dieser Volkswirtschaft hervorzubringen und die Zukunft dieser Erwerbsgemeinschaft durch Steuern finanzwirtschaftlich zu sichern. Aus der Nutzung fremder Früchte wird die Nutzung und Verteilung gemeinsamer Früchte.

– Wenn der Staat Früchte fremder Erwerbsanstrengung nimmt, ist er rechtlich gebunden, diese Früchte für Gemeinaufgaben seiner Rechtsgemeinschaft einzusetzen. Das Parlament als Budgetgesetzgeber ist nicht ermächtigt, die Steuererträge beliebig zu verteilen, den selbstbestimmten Erwerb durch ein Konzept der Umverteilung zu widerlegen. Selbstverständlich wird das Parlament die tatsächliche Verschiedenheit der Erwerbschancen mit der Macht des Rechts und des Geldes immer wieder angleichen, sozialen Bedarf erkunden und befriedigen, die reale Ungleichheit der Vertragsparteien, insbesondere die Überlegenheit der Eigentümer gegenüber dem Nichteigentümer beim Vertragsschluss mäßigen,[738] den inneren Widerspruch der Privatrechtsordnung, die Vertragsfreiheit mit Machtgleichheit verknüpft,[739] lockern oder aufheben. Dabei wird das Parlament auch Zuwendungen an Staaten und Organisationen außerhalb des eigenen Hoheitsbereichs vorsehen können.[740] Doch bleibt auch bei diesen Entscheidungen stets die treuhänderische Verantwortlichkeit des Steuerstaates gegenüber den Steuerzahlern, die in der Allgemeinheit ihrer Pflichtigen erwarten, dass die Steuererträge an diese Allgemeinheit zurückgegeben werden.[741]

– Im Rahmen der Euro-Gemeinschaft verantworten die 17 Mitgliedstaaten ihre Haushalts- und Wirtschaftsführung autonom; die Eigenständigkeit der nationalen Haushalte ist für die gegenwärtige Ausgestaltung der Währungsunion konstitutiv.[742] Die Mitgliedstaaten sind aber durch die gemeinsame Währung, den Euro, so miteinander verbunden, dass eine Gefährdung oder ein Scheitern der Zahlungsfähigkeit eines Mitgliedstaates das Einlösungsvertrauen in den Euro[743] deutlich schwächt, sich damit auf alle Mitgliedstaaten der Euro-Gemeinschaft unmittelbar auswirkt.[744]

Diese Solidaritätslasten werden durch die Staaten veranlasst, deren Stabilität ernstlich gefährdet ist. Ihre Finanzschwäche drängt auf Zuwendungen der anderen Mitgliedstaaten der Euro-Gemeinschaft, die in ihrer finanziellen Leistungsfähigkeit – noch – belastbar erscheinen. Die Bundesrepublik Deutschland soll unentgeltliche Zuwendungen leisten, um für sich und die anderen Euro-Mitgliedstaaten größeren Schaden, die Gefährdung oder den Verlust des Einlösungsvertrauens in den Euro, abzuwehren. Die Entscheidung fremder Staaten, insbesondere der Ausgabenpolitik, der Steuerpolitik, der Infrastruktur, der Konsumfinanzierung, belasten den deutschen Haushalt. Ihr Zugriff auf die Früchte anderer Steuerzahler nutzt fremde zugunsten des eigenen Staatsvolkes. Dieser Zugriff ist gegenüber dem zahlenden Staatsvolk kaum zu rechtfertigen. Diese „Fremdfinanzierung" birgt in besonderer Weise die – in jeder staatlichen Umverteilung angelegte – Grenzenlosigkeit[745] in sich, weil sie nicht nur ein gegenwärtiges, abschließend definiertes Finanzierungsdefizit deckt, sondern eine zukünftige Entwicklung zu stabilisieren sucht, die wiederum von den autonomen Haushalts- und Wirtschaftsentscheidungen der notleidenden Mitgliedstaaten abhängig ist. Dabei hat der Haushaltsgesetzgeber auch zu erwägen, ob und inwieweit seine Finanzzuwendungen den Willen der anderen Staaten zu Solidität und Gediegenheit der Finanzwirtschaft stärken oder schwächen.

4. Gegenseitigkeit und Solidarität

Das Einstehen eines verschuldeten Staates für den höher verschuldeten Staat im Rahmen der Euro-Gemeinschaft verstößt gegen das geltende Recht, das ausdrücklich sagt, dass ein Mitgliedstaat nicht für die Verbindlichkeiten eines anderen Mitgliedstaates haftet und nicht für derartige Verbindlichkeiten eintritt.[746] Die gegenwärtigen Eintritts- und Garantieversprechen sind deswegen der Versuch, jenseits des Rechts einen neuen Ausgleichsmechanismus ins Werk zu setzen. Dieser Versuch kann aus der schrittweisen Annäherung an das Recht gerechtfertigt werden.[747] Er hält aber jenseits dieser Vorläufigkeit Ausschau nach einem legitimierenden oder zumindest werbenden Gedanken, der diese Zuwendungen des einen an den anderen Staat plausibel machen könnte. Er findet ihn in dem Begriff der „Solidarität".[748]

Solidarität setzt eine Gemeinschaft voraus, die zur gegenseitigen Rücksichtnahme und Hilfe, zum Einstehen füreinander verpflichtet. Diese solidarische Gemeinschaft entwickelt sich zunächst unter Privaten; Solidarität bleibt insoweit auf das Individualverhältnis beschränkt.[749] Daneben entstehen innerhalb eines Staates in seiner Verpflichtung gegenüber dem sozialen Staatsziel Solidargemeinschaften, die bedeutende strukturelle Unterschiede innerhalb des Staates ausgleichen. Das wichtigste Beispiel bieten die Solidarpakte I und II, die nach der Wiedervereinigung auf der Grundlage des Finanzverfassungsrechts (Umsatzsteuerverteilung, Länderfinanzausgleich und Bundesergänzungszuweisungen) die fortbestehenden Unterschiede in der Steuer- und Wirtschaftskraft zwischen Ost und West, den infrastrukturellen Nachholbedarf in Ostdeutschland auszugleichen sucht.[750] Schließlich entwickelt sich der Begriff der „Solidarität" zu einem vieldeutigen, teilweise allerdings konturenarmen Gedanken, der die vertikale Solidarität der Stärkeren mit den Schwächeren, die horizontale Solidarität unter Gleichen bezeichnet, die „kleine" Solidarität der Familie oder der Selbsthilfegruppe, aber auch die „große" Solidarität der nationalen Gemeinschaft oder – wie in der Sozialversicherung – eine große Gemeinschaft aller gleichartig Gefährdeten umfasst, schließlich auch die „ganz große" Solidarität der Deutschen mit Europa und der ganzen Welt ausdrückt.[751] Dieser Begriff der „Solidarität" erläutert ein vorrechtliches Prinzip gegenseitiger Verantwortlichkeit, veranschaulicht in einem Orientierungsbegriff einen Teilbereich rechtlicher Regelungen (Solidarpakt I und II), definiert etwas ethisch, gesellschaftlich, politisch Wünschenswertes und ist schließlich ein Rechtsgedanke, den das Europarecht in einer Zielvorgabe und Mahnung für die Beziehung zwischen den Mitgliedstaaten verwendet.[752] Er hat jedoch auch in dieser primärrechtlichen Verankerung nicht die Kraft, einer kollektiven Illegalität die Vorläufigkeit eines Übergangs zu nehmen, sie auf Dauer in den Bereich des Rechtlichen zurückzuführen.

Die Legalitätsschwäche dieses Ausgleichskonzepts ist durch das Prinzip der Gegenseitigkeit zu mäßigen. Wenn Finanzhilfen an andere Staaten die Eigenverantwortlichkeit eines Staates in seiner Haushaltspolitik schwächen, auch in die Maßlosigkeit abgleiten können, kann die Gegenseitigkeit einer heutigen Hilfe des Einen und einer späteren Hilfe des Anderen die Umverteilungswirkung der heutigen Finanzzuwendungen zurücknehmen. Der verfassungsrechtlich und europarechtlich gebotene Ursprungstatbestand der Haushaltsautonomie jedes Staates wird wieder hergestellt. Der Zusammenhang zwischen steuerlicher Gemeinlast und budgetrechtlichen Gemeinaufgaben ist erneuert.

Staatliches Handeln ist ursprünglich auf rechtliches Regeln, nicht auf Gegenseitigkeit angelegt. Der Staat handelt einseitig – hoheitlich, nicht wie Vertragsparteien im gegenseitigen Entgegenkommen unter gleichmächtigen Partnern.[753] Er nimmt nicht gegenüber einem Vertragspartner

Grundrechte wahr,[754] baut nicht auf eine vertragsrechtliche „strukturell gleiche Verhandlungsstärke"[755]; braucht keine Gesetzestatbestände typisierter Schwäche.[756] Ein Staat beansprucht nicht die Ausgangsrechtsposition grundrechtlicher Freiheit.[757] Er ist freiheitsverpflichtet, nicht freiheitsberechtigt. Gegenüber anderen Staaten fordert er Autonomie, nicht Freiheit, ist finanziell nicht frei, sondern finanzverfassungsrechtlich und europarechtlich gebunden. Gerade diese hoheitliche Autonomie, die sich in Finanzierungsfragen als Haushaltsautonomie darstellt, verlangt aber vom staatlichen Treuhänder, den Steuerzahlern zumindest mittelfristig das Steueraufkommen zurückzugeben, das sie dem Staat zur Erfüllung ihrer gemeinsamen Aufgaben erbracht haben. Dies gilt gegenüber gefährdeten Unternehmen wie gegenüber „geretteten" Staaten. Finanzhilfe auf Gegenseitigkeit berührt damit die Jährlichkeit der Budgetpolitik, nicht aber den langfristigen Zusammenhang zwischen Steuerzahlung und steuerfinanzierten Leistungen in der Gesamtheit der Steuerzahler.

5. Die Rechtsfolge

Die Gegenseitigkeit der Finanzhilfen hat zur praktischen Folge, dass der durch die Hilfe eines Staates Sanierte – Staat oder Unternehmen – nach erfolgreicher Sanierung dem vormals helfenden, aber auch sanierungsbedürftigen Staat Hilfe leistet. Diese Hilfe kann bei einem sanierten Autohersteller darin bestehen, dass dieser dem Staat für die staatliche Polizei eine Anzahl von Fahrzeugen unentgeltlich überlässt. Bei der Hilfe für Banken oder andere Finanzinstitute wird zu vereinbaren sein, dass die erfolgreich sanierten Institute dem Staat Zinsen, auch Schulden erlassen. In der Gegenwart, in der Schulden nicht zurückgezahlt werden, die Schuldensumme auch durch eine Mehrung der Geldsumme und deren Umlaufgeschwindigkeit verringert wird, kommt vor allem ein Zinsnachlass in Betracht. Eine Verringerung der Staatszinsen entlastet den gegenwärtigen Haushalt, erweitert damit den finanziellen Handlungsraum des Staates, verringert die gegenwärtige Abhängigkeit staatlicher Entscheidungen vom Finanzmarkt. Würde für erhebliche Kreditsummen und längere Zeit eine Nullverzinsung vereinbart, würde diese Absprache zugleich verlässlich das Neuverschuldungsverbot vollziehen. Die Banken werden Kredite ohne Ertragsaussicht nicht gewähren.

Bei einer Gegenseitigkeit unter Staaten ist es durchaus gerechtfertigt, dass der Staat, der aus der Steuerkraft fremder Steuerzahler Hilfe erfährt, nach der Sanierung die Steuerkraft seiner Steuerzahler einsetzt, um die

Hilfssumme dem helfenden, aber verschuldeten Staat zurückzugeben. Der empfangende Staat sollte die zurückgezahlten Steuererträge nicht dem Haushaltsgesetzgeber zur autonomen Verfügung überlassen, sondern zur Tilgung seiner Schulden verwenden.

IV. Steuererhöhungen

1. Ausrichtung der Ausgaben auf die Steuereinnahmen

Die Annäherung an das Ziel stabiler Staatsfinanzen fordert zunächst einen Verzicht auf Neuverschuldung, dann einen Schuldenabbau, findet aber seinen generellen Maßstab in Art. 115 Abs. 2 Satz 1 GG, dem Ausgleich von Haushaltseinnahmen und Haushaltsausgaben grundsätzlich ohne Staatsverschuldung. Der Bund plant für das Jahr 2012 Gesamteinnahmen von 306 Milliarden Euro, von denen über 80 Prozent aus Steuererträgen finanziert werden sollen.[758] Dabei ist eine – spätestens ab dem Haushaltsjahr 2016 strukturell zu vermeidende – Nettokreditaufnahme[759] in Höhe von 27,2 Milliarden Euro, also 8,9 Prozent der Gesamteinnahmen, vorgesehen.[760] Die sonstigen – nichtsteuerlichen – Einnahmen des Bundes werden sich nach dem Finanzplan[761] auf insgesamt 31,5 Milliarden Euro belaufen, auf 10,3 Prozent der Gesamteinnahmen. Diese Einnahmen sind aber überwiegend Einnahmen aus Leistungstausch, die bei einer dynamischen Finanzplanung nicht als Zuwachs an staatlicher Finanzkraft verbucht werden können. Von den 31,5 Milliarden sonstiger Einnahmen des Bundes sind 7,0 Milliarden Gebühren und Entgelte, 5,3 Milliarden Veräußerungserlöse und Kapitalrückzahlungen, 2,3 Milliarden Darlehensrückflüsse. Die Einnahmen aus wirtschaftlicher Tätigkeit und Vermögen einschließlich Zinsen sollen sich auf 6,6 Milliarden Euro belaufen; der größte – ungewisse – Planungsansatz betrifft die Gewinnabführung von Bundesbank und EZB. Die Einnahmen aus Zuweisungen und Zuschüssen, insbesondere dem Eingliederungsbeitrag der Bundesagentur für Arbeit, werden auf 8,6 Milliarden Euro geschätzt. Die Haushaltskraft des Bundes aus diesen Quellen beruht überwiegend auf anderweitigen Abgabenzahlungen und aus Beteiligungserträgen, die insgesamt nicht als staatliche Ertragsquellen, sondern als Finanzausgleichssysteme geplant und verwaltet werden sollen.[762] Reine Ertragsbeteiligungen sind weitgehend privatisiert.[763]

Eine stufenweise vollzogene Stabilisierungspolitik ist demnach typisierend auf die staatliche Steuerkraft auszurichten, die strukturell die staatliche Finanzierungsgrundlage bietet, die auch im allgemeinen Bewusstsein die staatliche Kreditfähigkeit begründet. Ein Staat erhält auch bei hoher Verschuldung und selbst nach einer Zahlungsunfähigkeit immer wieder Kredite, weil der Darlehensgeber auf die Steuerkraft der Staatsbürger und Inländer vertraut. Der Staat scheint seine Kreditfähigkeit fast unbegrenzt steigern zu können, solange er die Steuern erhöhen kann. So werden aus überhöhten Schulden überhöhte Steuerlasten. Diese aber führen oft in die Revolution. Die Besteuerten sind seit langem nicht nur Objekt staatlicher Steuergewalt, sondern leisten Gegenwehr gegen ein Besteuerungsübermaß – durch öffentliche Steuerproteste, Steuerrevolten, Steuerboykotts, auch durch sanftere Formen des Steuerwiderstandes wie Steuervermeidung, Steuerumgehung und Steuerhinterziehung.[764] Die Verschiebung des Verschuldungsübermaßes in ein Besteuerungsübermaß erweitert Unrecht, gefährdet die Struktur des Staates und seiner Verfassung.

2. Rückgabe des Steueraufkommens an die Allgemeinheit der Inländer

Der institutionelle Gleichheitssatz[765] garantiert dem Steuerzahler, dass die von ihm an den Staat gegebene Finanzkraft – das gesamte Steueraufkommen – für das Gemeinwohl dieses seines Steuerstaates verwendet wird. Das schließt eine Kreditaufnahme und die damit begründeten Zinsverpflichtungen nicht schlechthin aus, verbietet aber eine Verschuldung, die – wie derzeit beim Bund – für den Bundeshaushalt 2012 Zinsausgaben in Höhe von 38,4 Milliarden Euro, 12,6 Prozent der gesamten Bundesausgaben, einplanen muss.[766] Die Zinsausgaben sollen bis zum Jahr 2015 auf rund 49,1 Milliarden Euro, 15,6 Prozent der Gesamtausgaben ansteigen.[767] Wenn so ein wesentlicher Teil des Gesamtsteueraufkommens des Bundes von vornherein nicht zur Verfügung der parlamentarischen Budgetentscheidung steht, vielmehr wegen des Verschuldungsübermaßes an den Finanzmarkt abgeführt werden muss, so lässt sich eine Besteuerung zu diesem Zweck kaum noch rechtfertigen. Wenn nun auch noch staatliche Einstandsversprechen eine Steuerfinanzierung anderer Staaten in Aussicht stellen, die Höhe dieser Lasten im Ungefähr zukünftiger Konjunkturentwicklung und fremder Sanierungserfolge bleibt, so verliert sich diese Legitimation der Steuer durch die Finanzierung der Anliegen dieser Steuerzahler fast gänzlich im Globalen. Das staatliche Besteuerungsrecht legitimiert sich, weil der Staat die finanzielle Leistungsfähigkeit des Inländers, die dieser unter Nutzung der Infrastruktur dieser Rechtsgemeinschaft erzielt hat, steuerlich belastet, das daraus erzielte

Steueraufkommen aber für die Allgemeinheit dieser Steuerpflichtigen verwendet, die Steuererträge also an diese Allgemeinheit der Steuerzahler zurückgibt.[768]

Dieses Prinzip bestimmt die Struktur des Finanzstaates wie des Rechtsstaats. Es wird durch die gegenwärtige Verschuldung in Frage gestellt. Die verfassungsrechtlichen Verschuldungsgrenzen schützen die nachfolgende Generation gegen einen Vorgriff auf deren zukünftige Steuerkraft, aber auch die gegenwärtige Generation vor übermäßigen Zins- und Tilgungslasten sowie vor Kreditverträgen und den damit verbundenen Abhängigkeiten zur Verlängerung auslaufender Altschuldverträge.[769] Das Haushaltsrecht setzt aus gutem Grund auf das Jährlichkeitsprinzip: Die gegenwärtige Steuerkraft der Inländer soll den gegenwärtigen Finanzbedarf des Staates decken.

3. Das Maß der Steuergewalt

Steuererhöhungen können bei der Minderung von Schulden helfen, stehen aber als Eingriffe in die Grundrechte der Steuerpflichtigen unter dem Regime des materiellen Steuerverfassungsrechts.

a) Traditionelle Mäßigung der Steuerlast

Das Gebot, Einnahmen und Ausgaben grundsätzlich ohne Staatsschulden auszugleichen[770] (Art. 115 Abs. 2 Satz 1 GG), bindet die Ausgaben an das Steueraufkommen. Die verfassungsrechtliche Besteuerungsgrenze wird zur Schranke für Staatskredite und für die staatliche Kreditwürdigkeit. Mit dem Entstehen des modernen Staates und der Entwicklung einer Geldwirtschaft wird die Steuer zum Hauptfinanzierungsinstrument der öffentlichen Hand, der Staat zum Steuerstaat.[771] Der Staat verfügt immer weniger über ertragbringendes öffentliches Eigentum, garantiert nicht mehr nur öffentliche Sicherheit und Ordnung, sondern gewährleistet eine Infrastruktur der Straßen, der Schule und Ausbildung, der Vorsorge bei Hunger und Krankheit, der allgemeinen Wohlfahrt. Dieser Staat braucht ein allgemeines, von einer Gegenleistung unabhängiges, ertragreiches Finanzierungsmittel, die Steuern.[772] So entwickelt sich aus der Natural- und Dienstleistung der Hoheitsunterworfenen eine Geldleistung, aus der genossenschaftlichen „Dargabe" eine hoheitlich auferlegte Abgabe, aus dem Entgelt eine Gemeinlast. Die gelegentliche Leistungsbewilligung (Bede) geht in ein gesetzlich verstetigtes Dauerschuldverhältnis über. Der Schuldner gewinnt mit der Zahlung nicht Ansprüche gegen den Staat und Einfluss auf den Staat, sondern erfüllt eine allgemeine, jedermann

IV. Steuererhöhungen

unabhängig von der Gegenleistung auferlegte Gemeinlast.[773] Die Steuer – „stiura" – stärkt die Staatsfinanzen.[774]

Eine von der Gegenleistung gelöste Abgabe findet ihr Maß nicht in der Gegenseitigkeit einer Tauschgerechtigkeit, sondern in einem staatsrechtlichen Rahmen der Besteuerungsgewalt. Schon in den ersten – kollektiven – Vorläufern moderner Menschenrechtsgarantien wird die angemessene Abgabe durch einen Katalog von Aufgaben bestimmt, die durch Abgaben finanziert werden dürfen. Die Magna Carta Libertatum vom 19. Juni 1215[775] nannte einen abschließenden Katalog besonderer Finanzierungsanlässe, die eine Steuer rechtfertigen konnten: Abgaben durften für Kriegsdienst und Befestigungsbau, für die Auslösung des in Gefangenschaft geratenen Königs, zum Ritterschlag seines ältesten Sohnes und zur ersten Eheschließung seiner ältesten Tochter erhoben werden.

Friedrich der Große spricht in seinem Zweiten politischen Testament (1768)[776] von der „großen Frage", ob man bei der Besteuerung das Wohl des Staates oder des Einzelnen vorziehen müsse. „Ich antworte, dass der Staat aus Einzelnen zusammengesetzt ist und es nur ein Wohl für den Fürsten und seine Untertanen gibt. Die Hirten scheren ihre Schafe, aber sie ziehen ihnen nicht das Fell ab … Es ist gerecht, dass jeder Einzelne dazu beiträgt, die Ausgaben des Staates tragen zu helfen, aber es ist gar nicht gerecht, dass er die Hälfte seines jährlichen Einkommens mit dem Souverän teilt."

Die Verfassung der Menschen- und Bürgerrechte suchte die Abgabenlast dadurch zu mäßigen, dass sie eine allgemeine Abgabe nur „für den Unterhalt der Streitmacht und für die Kosten der Verwaltung" zuließ und eine gleichmäßige Verteilung auf alle Bürger unter Berücksichtigung ihrer Vermögensumstände forderte, also die Abgabenlast durch eine Staatsaufgabenlehre und einen Grundrechtsschutz begrenzte.[777]

Die modernen Verfassungen binden die Besteuerungsgewalt vor allem durch den Gleichheitssatz. Diese Gleichheit ist eine mäßigende, keine die Steuerbelastung treibende Gleichheit. Sie verteilt die Steuerlasten allgemein – privilegienfeindlich – auf alle Leistungsfähigen und macht sie im Bewusstsein dieser Gleichheit erträglicher. Die Steuer ist eine Gemeinlast, die grundsätzlich alle Inländer trifft. Sie greift dabei auf die individuelle, finanzielle Leistungsfähigkeit des Steuerpflichtigen zu.[778]

Wenn dann nach Art. 134 WRV „alle Staatsbürger[779] ohne Unterschied … im Verhältnis ihrer Mittel zu allen öffentlichen Lasten nach Maßgabe der Gesetze" beitragen, so treffen sich Gleichmaß und Übermaßverbot in dem Erfordernis der je nach individueller, finanzieller Leistungsfähigkeit angemessenen Last. „Im Verhältnis ihrer Mittel" meint im Verhältnis ihrer Zahlungsmittel, modern gesprochen: je nach ihrer finanziellen Leistungsfähigkeit.

b) Schutz durch die Eigentumsgarantie
Die verfassungsrechtliche Eigentumsgarantie schützt insbesondere gegen die herkömmlichen Eingriffe staatlicher Polizeigewalt und Finanzgewalt.[780] Diese polizeilichen und steuerlichen Belastungen bieten den Anlass für die klassische Formel vom Eingriff in Freiheit und Eigentum als Gegenstand des Vorbehalts des Gesetzes.[781] In diesen Schutzbereich der Eigentumsgarantie greift auch ein Steuergesetz als rechtfertigungsbedürftige Inhalts- und Schrankenbestimmung[782] ein, wenn der Steuerzugriff privatnützige Eigentümerrechtspositionen – seine Befugnisse, das Eigene zu erwerben, zu besitzen, zu nutzen, zu verwalten und über es zu verfügen,[783] – zugunsten der Allgemeinheit einschränkt.[784]

Das Bundesverfassungsgericht betont von Anfang an, dass die Eigentumsgarantie zwar nicht vor der Auferlegung von Abgaben schütze, den Steuerpflichtigen aber vor einem erdrosselnden Eingriff und einer grundlegenden Veränderung seiner Einkommens- und Vermögensverhältnisse bewahre.[785] Die Steuerrechtsprechung des Gerichts beginnt mit der Frage nach der enteignenden Wirkung einer Steuer[786] und betont, dass die Besteuerung im Ergebnis nicht zu einer – auch nur schrittweisen – Konfiskation führen dürfe.[787] Die Steuer betreffe den Steuerpflichtigen in seiner Verfügungsgewalt und Nutzungsbefugnis über ein Vermögen.[788]

Eine „erdrosselnde", die Steuerquelle vernichtende Belastung[789] kann schon begrifflich kaum noch als Steuer qualifiziert werden.[790] Darüber hinaus gibt Art. 14 Abs. 2 GG („Eigentum verpflichtet. Sein Gebrauch soll zugleich dem Wohl der Allgemeinheit dienen") einen deutlicheren Maßstab: Das „Zugleich" von Privatnützigkeit und Allgemeinwohldienlichkeit meint grundsätzlich zu gleichen Teilen,[791] erlaubt also eine Besteuerung allenfalls bis in die Nähe der hälftigen Teilung zwischen privater und öffentlicher Hand.[792] Das in der Tradition der Staatstheorie *Friedrichs des Großen* angelegte,[793] in der Sozialpflichtigkeit des Eigentums verdeutlichte Besteuerungsmaß wird so vom Gericht durch Quantifizierung, ein Recht in Zahlen, praktisch handhabbar gemacht. Die Wesensgehaltssperre,[794] das Verhältnismäßigkeitsprinzip (Übermaßverbot), die Angemessenheit, die Erdrosselungsgrenze, die Erhaltung eines Kernbestandes des privatnützigen Erfolges eigener Betätigung, die grundsätzliche Privatnützigkeit gewinnen in der Zahl eine steuerübliche Bestimmtheit.

Zwar lässt das Bundesverfassungsgericht später diese Präzisierung der Verfassungsgrenze „in der Nähe der hälftigen Teilung" offen, verstärkt

IV. Steuererhöhungen

aber den Schutz der Eigentumsgarantie gegen die Besteuerungsgewalt.[795] Besondere Bedeutung komme dabei dem Verhältnismäßigkeitsgrundsatz zu mit seinen Anforderungen an ein hinreichendes Maß an Rationalität und an Abgewogenheit beim Ausgleich zwischen den beteiligten individuellen Belangen und denen der Allgemeinheit. „Bei der Eigentumsgarantie ist diese Abwägung neben dem Gewährleistungsgehalt des Art. 14 Abs. 1 GG wesentlich auch durch die Leitlinien des Art. 14 Abs. 2 GG geprägt. Danach ist zwar die grundsätzliche Privatnützigkeit der vermögenswerten Rechte (individuelle Belange) geschützt. Ebenso aber gilt: Eigentum verpflichtet. Sein Gebrauch soll zugleich dem Wohl der Allgemeinheit dienen".[796] Der Nutzen einer vermögenswerten Rechtsposition ist deswegen einerseits für die steuerliche Gemeinlast zugänglich; andererseits muss dem Berechtigten ein privater Nutzen bleiben.[797]

c) Der Weg zur grundrechtlichen Mäßigung der Verschuldenskompetenz

Die rechtliche Definition der Steuerkraft des deutschen Verfassungsstaates stützt sich also auf eine grundrechtlich gemäßigte Besteuerungsgewalt. Der Staat kann nicht beliebig die Steuerpflichtigen belasten, darf nicht in einem Steuerübermaß den Verfassungsstaat gefährden und möglicherweise Steuerwiderstand und Steuerrevolutionen provozieren, muss vielmehr auch und insbesondere in Phasen hoher und überhöhter Verschuldung seine Finanzkraft auf der Grundlage einer maßvollen Besteuerung definieren und folgerichtig behaupten.

Damit gewinnt die Verschuldungsbefugnis und die Kreditfähigkeit des Staates institutionell – nicht im Sinne eines zur Verfassungsbeschwerde berechtigenden subjektiven öffentlichen Rechts – auch ein grundrechtliches Maß. Alle Staatsausgaben ohne Gegenleistung setzen einen steuerlichen Eingriff in die Grundrechte des Steuerpflichtigen[798] voraus, finden in diesem Maß der Besteuerung eine Grenze für Art und Intensität der Last. Hier wird besonders deutlich, dass die Staatsschuld auf die zukünftige Steuerkraft der Pflichtigen zugreift, die rechtfertigenden Gründe für die Art und Intensität dieser Besteuerung[799] heute noch nicht erkennbar sind, auch der institutionelle Gleichheitssatz – die Finanzierung von Gegenwartsaufgaben durch gegenwärtige Steuerkraft – seine Kraft verliert. Die Staatsverschuldung ist grundrechtlich eine Provokation.

4. Die freiheitsgerechte Ausgestaltung des Steuerzugriffs

a) Nutzung der gemeinschaftlichen Erwerbsstruktur

Zugriffsstellen und Intensität der Besteuerung müssen heute neu gerechtfertigt werden. Das Steuerrecht ist unübersichtlich, widersprüchlich, unverständlich, kann in der Steuererklärung kaum begriffen werden. Der Bürger begegnet der Steuerforderung mit dem Willen, die Steuerlast durch steuerbewusste Sachverhaltsgestaltung zu vermeiden, erlebt einen Steuerbescheid mit hoher Steuerforderung als intellektuellen Selbstvorwurf, weil er die Steuerlast bei hinreichender Cleverness und Gestaltungsgeschicklichkeit hätte mindern oder vermeiden können. Mancher Kaufmann, der niemals daran dächte, sich an einem Banküberfall zu beteiligen, ist bereit zur Steuerhinterziehung, obwohl deren Unrechtsgehalt dem Banküberfall ähnlich ist, das Risiko der Freiheitsstrafe dem Banküberfall nahe kommt. Das Steuerrecht droht die Autorität des einsichtigen und deshalb verbindlichen Rechts zu verlieren.

Deswegen ist eine einsichtige, moderne Rechtfertigung des Steuerrechts unerlässlich. Diese Rechtfertigung macht die Steuerlast verstehbar, setzt ihr aber auch verbindliche Grenzen. Sie erklärt und limitiert damit zugleich die Steuerkraft des Staates, damit seine Kreditwürdigkeit.

Nach den überkommenen,[800] inzwischen in der Finanzverfassung anerkannten[801] Belastungsgründen des deutschen Steuerrechts greift der Staat immer dann zu, wenn der Steuerpflichtige unter Nutzung der inländischen Infrastruktur seine Vermögensverhältnisse verbessern konnte. Das (ruhende) Eigentum verpflichtet,[802] der Eigentumsgebrauch ist in der Gleichwertigkeit von Privatnützigkeit und Allgemeinwohldienlichkeit gesteigert sozialpflichtig,[803] weil Nutzen, Verwalten und Verfügen von Eigenem auf die Rechtsgemeinschaft, die Rahmenbedingungen des Wirtschaftens und Vertragsschlusses angewiesen, insoweit sozialabhängig und sozialgebunden sind. Ähnliches wie bei der Nutzung von Kapital gilt bei der Nutzung der eigenen Arbeitskraft. Die Berufsfreiheit[804] garantiert zwar ein einheitliches Grundrecht für Berufswahl und Berufsausübung, stuft den Schutz der Berufsfreiheit im Rahmen der Verhältnismäßigkeit aber so ab, dass die Berufsausübung in ihrem Sozialbezug stärker sozialpflichtig ist, Berufsausübungsregelungen bereits durch vernünftige Erwägungen des Gemeinwohls gerechtfertigt werden können.[805] Die Zugriffsschwerpunkte liegen deshalb nicht im ruhenden Vermögen. Die Gewerbekapitalsteuer ist entfallen, die Vermögenssteuer wird nicht erhoben, die Grundsteuer erscheint als Relikt des vergangenen Jahrhunderts. Die Steuer belastet vor allem die erfolgreiche Nutzung der inländischen

IV. Steuererhöhungen

Erwerbs- und Tauschmöglichkeiten durch das Erzielen von Einkommen und die Nachfrage des Verbrauchers (Umsatz).

Es ist ein selbstverständlicher, seit 60 Jahren nicht mehr in Frage gestellter Ausgangsbefund, dass der Erwerbende sein Unternehmen und seinen Arbeitsplatz in einem Friedensgebiet vorfindet, er nicht unter den Bedingungen des Krieges erwerben muss. Doch diese staatlich gewährte Sicherheit setzt eine Polizei, eine Bundeswehr, eine Friedenspolitik voraus, die zu finanzieren ist. Deswegen soll der, der im Frieden erwerben, seine Kaufkraft einsetzen, eine Erbschaft entgegennehmen und nutzen durfte, einen maßvollen Teil dieses Vorteils steuerlich zur Finanzierung dieser Erwerbsbedingungen abgeben. Bei dem Erwerb nutzt er das staatlich bereitgestellte Privatrecht und die ordentliche Gerichtsbarkeit, um Verträge zu schließen und bei Bedarf auch durchzusetzen. Er vereinbart seinen Preis und bewertet seine Güter in Euro, setzt die an staatlichen Schulen und Hochschulen gut ausgebildeten Arbeitskräfte für Produktion und Handel ein, begegnet einem durch unsere Ausbildungskultur geschulten, deswegen mit Kredit, Zinsen und Scheck, Internet und Computer vertrauten Kunden, lässt sich seine Leistungen durch die in Deutschland verfügbare Kaufkraft entgelten, nimmt mit seiner Kaufkraft das in Deutschland vielfältige Waren- und Dienstleistungsangebot an. Wer so dank eigener Leistung und dank der von der Gemeinschaft bereitgestellten Infrastruktur Einkommen erzielt hat, einen Umsatz tätigen konnte, eine Erbschaft entgegengenommen hat und in Zukunft in Frieden genießen darf, muss einen maßvollen Teil dieses Erwerbs zur Finanzierung der Allgemeinheit beitragen. Gäbe es in Deutschland kein Vertragsrecht, keine Währung, keine gut geschulten Arbeitskräfte, könnte Einkommen nicht erzielt werden. Wären in Deutschland die Schaufenster nicht gefüllt, die Handelshäuser nicht offen, könnte der Mensch trotz Kaufkraft die von ihm gesuchten Güter und Dienstleistungen nicht nachfragen. Die Steuer ist der Preis der Freiheit, die den Staat strukturell vom Erwerbsleben fernhält, die Erwerbsgrundlagen von Markt, Infrastruktur, Rechtsordnung, Friedensgemeinschaft aber finanzieren muss.[806]

b) Stärkung der Erwerbs- und Tauschgrundlagen

Der Verfassungsstaat stützt somit seine Kreditfähigkeit dank Steuerkraft auf historisch gewachsene, inzwischen verfassungsrechtlich verfestigte Steuerquellen, die nicht strikt in einem numerus clausus der Steuerarten gebunden sind, ihre Zugriffsschwerpunkte aber im Einkommen und im Umsatz finden. Auch diese Verfassungsstruktur darf die Staatsverschuldung nicht gefährden, muss vielmehr die Erwerbsgemeinschaft von

Steuerstaat und Steuerpflichtigen in den markt- und strukturabhängigen Erwerbs- und Tauschgrundlagen stärken und zukunftsgerecht entfalten. In dieser Gemeinsamkeit von Markt und Marktbedingungen liegt die Wurzel staatlicher Struktur- und Konjunkturverantwortlichkeit: Der Staatskredit ist nicht Instrument einer Konjunktur- und Struktursteuerung, sondern findet in der rechtlichen und institutionellen Verantwortlichkeit des Staates für den Markt und seine Rahmenbedingungen Auftrag und Grenze. Die Finanzmacht des Staates bleibt verfassungsrechtlich gebändigte Besteuerungsbefugnis, die grundsätzlich den gegenwärtigen Steuerzahler belastet, nicht kreditvermittelt auf zukünftige, von den gegenwärtigen Staatsleistungen nicht betroffene Steuerzahler vorgreift.

Soweit der Staatskredit als Übergangs- und Notlagenkredit zulässig ist,[807] dürfen die Staatsschuld und die daraus erwachsenden Zinslasten nicht ein Ausmaß erreichen, das die Erwerbsstrukturen und Tauschgrundlagen gefährdet oder stört, das wegen verspäteter Darlehenstilgung die Konjunktur schwächt oder niederdrückt. Wenn der Staatskredit insgesamt nur die Zinslasten finanziert,[808] der Staat also ohne Neuverschuldung und die daraus erwachsenden Zinsen eine gleiche Summe von Ausgaben hätte finanzieren können, so fehlt einer Verschuldung, die den Staat zum Kreditschuldner macht und damit in Abhängigkeit bringt, den Haushalt mit Zinszahlungen belastet und damit die Parlamentsentscheidungen verfremdet, der rechtfertigende Grund. Eine solche Staatsverschuldung fügt sich nicht in das Verfassungssystem des Steuerstaates, muss deshalb im Rahmen einer schrittweisen Annäherung an die Finanzstabilität sobald als möglich beendet werden. Auch für verschuldungsveranlasste Steuererhöhungen gilt somit das Steuerverfassungsrecht. Der verschuldensbedingte Finanzbedarf allein rechtfertigt noch keine steuerlichen Zusatzlasten. Es gibt jedoch besondere Steuerarten, die sich zur Schuldenfinanzierung anbieten.

V. Die Finanztransaktionsteuer

1. Die möglichen Abgabetypen

Nach den Erfahrungen der gegenwärtigen Finanzkrise werden neue Finanzabgaben erörtert, die den Finanzsektor – insbesondere Banken, Versicherungen, Fonds, Privatanleger – in seiner Mitverantwortung für die Finanzkrise zur Finanzierung von deren Folgen heranziehen, zugleich aber auch Spekulationen und die Bereitschaft zu Spiel und Wette mäßigen und verhindern sollen.[809] Eine Bankenabgabe soll den Fremdfinanzierungsgrad von Kreditinstituten – ihre Bilanzsumme abzüglich des Eigenkapitals und der garantierten Einlagen – besteuern, um daraus einen Sanierungsfonds zur Stabilisierung des Finanzmarktes und der Finanzinstitute zu finanzieren.[810]

Der Internationale Währungsfonds (IWF) hat die Einführung einer Finanzaktivitätsteuer vorgeschlagen, deren Bemessungsgrundlage die Gewinne und Gehaltssummen der Banken sein sollen. Diese Finanzaktivitätsteuer, die nur geringe Auswirkungen auf den Finanzmarkt haben soll, ist als ergänzendes Instrument zu der bereits beschlossenen Bankenabgabe gedacht.

Eine Finanztransaktionsteuer könnte den gesamten Handel an organisierten Börsen belasten, also Devisen, Aktien und Anleihen sowie den Handel mit Derivaten. Vorgeschlagen wird, eine Steuer in Höhe von 0,01 Prozent bis 0,1 Prozent des jeweiligen Kurswertes zu erheben. Manche empfehlen, die Steuerlast nach dem Risikogehalt des Geschäftes abzustufen. Diese Finanztransaktionsteuer beteiligt den gesamten Finanzsektor an den Kosten der Krisenbewältigung. Die aus einer Finanztransaktionsteuer zu erzielenden Einnahmen wären deutlich höher als die einer Finanzaktivitätsteuer. Eine Finanztransaktionsteuer trüge bei Geschäften mit niedrigen Margen zur Marktstabilisierung bei; die Gefahren, die vom automatisierten Handel ausgehen, wären eingedämmt. Diese Finanztransaktionsteuer könnte in einer Ausgestaltung als Kapitalverkehrsteuer einfach über Standardsysteme abgewickelt werden.[811]

In der Geschichte des Steuerrechts sind Kapitalverkehrsteuern geläufig. Diese Steuern gehen auf die Stempelabgaben zurück.[812] Die verschiedenen Gesetze des Deutschen Reiches wurden 1913 im sog. Reichsstempelgesetz zusammengefasst,[813] später aber in selbständigen Steuergesetzen weiterentwickelt. Das Kapitalverkehrsteuergesetz 1934[814] umfasste die Gesellschaftsteuer[815] und die Börsenumsatzsteuer.[816] Die Gesellschaftsteuer belastete die Eigenkapitalzufuhr an inländischen Kapitalgesellschaften, nicht an Personengesellschaften.[817] Die Gesellschaftsteuer besteuert also den Rechtserwerb nicht unmittelbar, sondern trifft ihn mittelbar durch die Besteuerung der Leistungen, die zum Erwerb der Rechte erbracht werden. Die Verselbständigung von Erwerbseinheiten, die Vereinigung von Vermögensbestandteilen verschiedener Personen erlaubt wirtschaftliche Erfolge, die dem Einzelnen kaum möglich, oft auch zu riskant wären. Die leichte Veräußerlichkeit der entstehenden Anteile und die Beschränkung der Haftung böten Vorteile. Deswegen würde der Erwerb des Gesellschaftsrechts unmittelbar der Gesellschaftsteuer unterworfen.[818]

Die Börsenumsatzsteuer belastete Anschaffungsgeschäfte über Wertpapiere, insbesondere entgeltliche Verträge über den Erwerb des Eigentums an Wertpapieren. Nach der amtlichen Begründung zum Kapitalverkehrsteuergesetz 1934[819] kommt in der Bewegung anonymen Kapitals eine besondere Leistungsfähigkeit zum Ausdruck, weil mit dem Umsatz börsengängiger Papiere ein Vermögenszuwachs möglich sei. Die indirekte Steuer belastet also nicht einen individuellen Zuwachs an Leistungsfähigkeit, sondern die Vermögenszuwachschancen.[820]

Die Kapitalverkehrsteuern trafen sehr bald auf grundsätzliche Kritik. Sie widersprächen dem Prinzip der Besteuerung nach der finanziellen Leistungsfähigkeit: Die Gesellschaftsteuer werde erhoben, wenn Beteiligungen an einer Kapitalgesellschaft erworben oder Anteile an einer solchen erhöht würden. Die Börsenumsatzsteuer belaste den Kauf und Verkauf bestimmter Wertpapiere. Diese Bemessungsgrundlagen erfassten Vermögensumschichtungen, nicht Einkommensmehrungen, hätten neben der Belastung des Einkommens, der Zinsen oder Dividenden keine Berechtigung.[821] Die Ausgestaltung der Kapitalverkehrsteuern sei kompliziert, erfordere einen Verwaltungsaufwand, der im Verhältnis zum Steuerertrag nicht angemessen sei. Vermögenspolitisch seien die Kapitalverkehrsteuern hinderlich, wenn Arbeitnehmer am Produktivvermögen beteiligt werden und sog. Arbeiter-Aktienoptionen angeboten werden sollten.[822] Eine auf den nationalen Markt beschränkte Kapitalverkehrsteuer begründe zudem einen Standortnachteil, weil der Finanzmarkt auf steuerfreie Märkte ausweichen werde.[823]

Die Börsenumsatzsteuer wurde 1991, die Gesellschaftsteuer 1992 abgeschafft, um „den Finanzplatz Deutschland zu fördern".[824] Aus ähnlichen Gründen haben Luxemburg 1987, Spanien 1988, die Niederlande 1990, Schweden 1991, Dänemark 1999, Österreich 2001, Italien und Frankreich 2008 die Börsenumsatzsteuer abgeschafft.[825] Unter den Mitgliedstaaten der Europäischen Union erheben bisher noch Belgien, Finnland, Griechenland, Irland, Malta, Polen, das Vereinigte Königreich und Zypern Kapitalverkehrsteuern ähnlich der Börsenumsatzsteuer.[826]

2. Die Tobin-Steuer

Der US-amerikanische Ökonom und Nobelpreisträger *James Tobin* hatte eine niedrige Finanztransaktionsteuer auf internationale Devisengeschäfte vorgeschlagen, die kurzfristigen Spekulationen auf Währungsschwankungen begegnen sollte. Wechselkurse der Währungen sollten nicht kurzfristige spekulative Erwartungen, sondern langfristige realwirtschaftliche

V. Die Finanztransaktionsteuer

Phänomene widerspiegeln.[827] Im Kern hatte *Tobin* folgendes vorgeschlagen: „*The proposal is an internationally uniform tax on all spot conversions of one currency into another, proportional to the size of the transaction. The tax would particularly deter short-term financial round-trip excursions into another currency. A 1 Percent tax, for example, could be overcome only by an 8 point differential in the annual yields of Treasury bills or Euro currency deposits denominated in Dollars and Deutschmarks. The corresponding differential for one-year maturities would be 2 points. A permanent investment in another country or currency area, with regular repatriation of yield when earned, would need a 2 Percent advantage in marginal efficiency over domestic investment. The impact of the tax would be less for permanent currency shifts, or for longer maturities. Because of exchange risks, capital value risks, and market imperfections, interest arbitrage and exchange speculation are less troublesome in long maturities. Moreover, it is desirable to obstruct as little as possible international movements of capital responsive to long-run portfolio preferences and profit opportunities*".[828] *James Tobin* wollte also „Sand ins Getriebe" der spekulativen Devisengeschäfte – internationaler Geschäfte zwischen Währungsräumen – streuen, in einer allgemeinen Finanztransaktionsteuer alle für Spekulationen anfälligen Bereiche (Währungen, Aktien, Derivate, Rohstoffe, Immobilientitel, Nahrungsmittel) – mit einer Steuer belegen.[829] In einer späteren Erläuterung seines Vorhabens[830] sagt *Tobin*: „Die Idee ist ganz simpel: Bei jedem Umtausch von einer Währung in die andere würde eine kleine Steuer fällig, sagen wir von einem ½ Prozent des Umsatzes. So schreckt man Spekulanten ab. Denn viele Investoren legen ihr Geld sehr kurzfristig in Währungen an. Wird dieses Geld plötzlich zurückgezogen, müssen die Länder die Zinsen drastisch anheben, damit die Währung attraktiv bleibt. Hohe Zinsen aber sind oft desaströs für die heimische Wirtschaft. Meine Steuer würde Notenbanken kleiner Länder Handlungsspielraum zurückgeben und dem Diktat der Finanzmärkte etwas entgegensetzen. … Ich wollte den Devisenhandel bremsen, Steuereinnahmen sind für mich nur ein Nebenprodukt." Schon *Keynes* habe sich bemüht, Investoren dauerhaft an ihre Aktien zu binden. Diese Idee habe *Tobin* 1971 auf Devisenmärkte übertragen in einer Zeit, als die USA sich von festen Wechselkursen verabschiedeten, gleichzeitig die ersten elektronischen Geldtransaktionen an Computern eine enorme Steigerung der Zahl von Transaktionen ankündigten. „Ich wollte diesen Prozess verlangsamen, damit weniger spekuliert wird und die Umtauschkurse nicht so schwanken".

Nach den Vorstellungen von *Tobin* wird eine Finanztransaktionsteuer auf alle grenzüberschreitenden Geldtransfers weltweit einheitlich erhoben. Für herkömmliche Transfers – Direktinvestitionen oder im Warenhandel anfallende Transaktionen – wäre die Steuer fast bedeutungslos. Die anfallenden Kosten wären im Verhältnis zu den erreichbaren Gewinnen unerheblich. Bei spekulativen Transfers hingegen würde auch eine geringe Steuer geringe Gewinne abschöpfen und kurzfristige, insbesondere auch technisch veranlasste Transaktionen sinnlos machen. Je häufiger – spekulativer – Transaktionen vereinbart würden, desto abschreckender wirkte die Steuer.

Der Vorschlag einer Tobin-Steuer ist auf lebhafte – auch kritische[831] – Aufmerksamkeit gestoßen. Die von *Tobin* geforderte Steuer wurde 1997 Thema eines von *Ignacio Ramonet* in der Zeitung Le Monde diplomatique veröffentlichten Artikels,[832] der im Ergebnis zur Gründung der Attac-Bewegung[833] führte. *James Tobin* allerdings hat sich gegen die hieraus resultierenden Folgerungen aus seinem Vorschlag nachdrücklich gewehrt, fühlt sich in diesen Verallgemeinerungen von den Globalisierungskritikern missbraucht.[834]

Die Fraktionen des Bundestages haben das Anliegen, eine Finanztransaktionsteuer einzuführen, immer wieder aufgegriffen.[835] Sowohl die CDU als auch die CSU sprechen sich im Jahr 2010 für die Einführung einer Spekulationsteuer aus[836] und haben dies jüngst bestätigt.

3. Die Besteuerung aller Finanztransaktionen

Die Finanztransaktionsteuer soll den Handel mit Aktien, Staats- und Unternehmensanleihen, Derivaten, Optionen, Zertifikaten besteuern, um den Finanzmarkt finanzwirtschaftlich für die von ihm mitverursachte Störung des Finanzmarktes zur Verantwortung zu ziehen und zugleich risikoreiche Spekulationsgeschäfte einzudämmen.

a) Finanzwetten

Wirtschaften heißt wagen. Dieses Wagnis hat auf dem Güter- und Dienstleistungsmarkt eine rationale Grundlage, weil der Unternehmer sein Produkt kennt, die Leistungsfähigkeit seiner Mitarbeiter und Vorlieferanten einzuschätzen weiß, die Nachfragebereitschaft seiner Kunden sorgfältig beobachtet. Der Nachfrager kann das nachgefragte Gut prüfen, kennt seinen Bedarf und seine Finanzierungsmittel. Der moderne Finanzmarkt hingegen bietet Spiel und Wette an, auch verbriefte Forderungen, deren Ursprünge keiner der Beteiligten kennt oder auch nur vermuten könnte. Ein solches Wirtschaften unter der Bedingung des Nichtwissens wird zu einem unkalkulierbaren Risiko.

V. Die Finanztransaktionsteuer

Finanzwetten bedrohen den Finanzmarkt.[837] Wer eine Aktie, eine Währung, einen Rohstoff kauft oder sich an einem Unternehmen beteiligt, übernimmt Chancen und Risiken des realen Austausches von Gütern und Dienstleistungen oder des ökonomischen Erfolgs eines Unternehmens. Bei Derivaten hingegen erwirtschaften die Vertragspartner nicht einen Gewinn durch Gütertausch am Markt, sondern beziehen ihn vom Gegenspieler, der dagegen gehalten und verloren hat. Diese Wette befriedigt nicht den Bedarf eines anderen Menschen, schafft keinen Mehrwert an Gütern oder Dienstleistungen, sondern genügt lediglich dem Spiel- und Gewinninteresse der Beteiligten. Der Anleger wird zum Spekulanten. Man kann heute in „Minifonds" auf die Veränderung des Kurses einer Aktie innerhalb eines halben Tages durch Kauf von Derivaten wetten. Bei bestimmten Gestaltungen kann ein Anleger seine Anlage vervielfachen, aber auch den Totalverlust des eingesetzten Kapitals erleben.

Hinzu treten Versicherungsgeschäfte, in denen sich ein Dritter gegen den Ausfall eines fremden Kredits versichert, ohne dass er durch diesen Kredit unmittelbar betroffen wäre. Möglich scheint auch eine Versicherung, wenn der eigene Vertragspartner dem versicherten Risikoträger nahe steht. Versicherungsnehmer dieser Credit Default Swaps (CDS) waren nicht – wie in der Realwirtschaft – bemüht, ihr Kapital zu erhalten, sondern vereinbarten eine Versicherungssumme, die sie nur erhalten, wenn das Darlehen nicht zurückgezahlt wird. Kreditierte Unternehmen oder Staaten werden in ihrer Kreditwürdigkeit in Frage gestellt. Ein schlechteres Rating oder gar die Insolvenz verheißt den Versicherungsfall. *George Soros* wird das Wort zugeschrieben, CDS-Verträge funktionierten wie eine Brandschutzversicherung auf das Haus des Nachbarn, das man später legal anzünden dürfe.[838]

Bei Optionsgeschäften wettet der Vertragspartner auf Preisveränderungen zum Optionszeitpunkt. Auch hier geht es nicht um einen realen Tausch, sondern um eine Finanzwette, die keinen Mehrwert produziert, keinen Bedarf befriedigt, für die Volkswirtschaft schädlich sein mag.

Zertifikate geben Derivate und Optionen in Form eines Wertpapiers zum unbegrenzten Handeln frei, verbriefen riskante Geschäfte und machen sie so handelbar. Sie verbürgen die in Derivaten und Terminkontrakten enthaltenen Rechte und Pflichten in Schriftform, bündeln derartige Geschäfte und erlauben die Weitergabe. Die Verbriefung von unsicheren Forderungen birgt außerdem die Gefahr, dass Staaten künftige Einnahmen (Strukturförderungen, Gebührenansprüche, Lotteriegewinne) verbriefen und über Banken in den Verkehr bringen, im Ergebnis damit das Jährlichkeitsprinzip des Budgets[839] verletzen.[840]

Diese Finanzwetten sind ein „Spiel", das nach § 762 Abs. 1 Satz 1 BGB eine Verbindlichkeit nicht begründet. Nunmehr allerdings hat der Gesetzgeber[841] bestimmt, dass Finanztermingeschäfte verbindlich sind. Herkömmliche Lotterien werden beim Staat monopolisiert oder zumindest unter ein Verbot mit Erlaubnisvorbehalt gestellt. Das unerlaubte Veranstalten, Anbieten oder Annehmen von Glücksspielen, Lotterien oder Ausspielungen ist strafbar (§§ 284 f., 287 StGB). Die Elementarwertungen des Rechts für das Jedermannsglücksspiel einerseits und das Finanzmarktglücksspiel andererseits brechen auseinander.

b) Ergänzende Regeln

Diese Wetten können das Ansehen einer Währung gefährden, damit höhere, für die betroffene Wirtschaft unbezahlbare Zinsen zum Schutz der Währung veranlassen, die monetären Grundlagen einer Volkswirtschaft zerstören, Armut vermehren, Emigrationen veranlassen. Sie werden deshalb zum Gegenstand prinzipieller Gesellschafts- und Systemkritik.[842] Soweit diese Realanalysen zutreffend sein sollten, böten sich hier als Gegenmaßnahmen zunächst rechtsverbindliche Regeln an: Zulassungspflichten für Derivate, Optionen und Zertifikate an der Börse, Transparenzpflichten für alle Finanzprodukte, Verantwortungszuweisung an den Anleger für die Art seines Erwerbs durch jeweilige Unterschrift oder computertechnische Identifizierung, Untersagung des Eigenhandels für Banken und Investmenthäuser, anteiliger Eigenbehalt beim Angebot bestimmter Risiken, Hinwirken auf ein völliges Verbot von Finanzwetten, Erneuerung des Verbots von Zweckgesellschaften, getrennte Haftungsräume für unterschiedlich riskante Geschäfte derselben Bank.

4. Wirkungen der Finanztransaktionsteuer

Die Finanztransaktionsteuer nimmt die Finanztransaktionen als Alltagstatbestand hin, belastet sie aber, um Art, Häufigkeit und Geschwindigkeit der Transaktionen zu mäßigen. Störende Umsätze sollen zur Finanzierung der Störungsfolgen herangezogen werden. Eine solche Steuer ist gerechtfertigt, weil sie eine Besteuerungslücke deckt (a), die Anleger nach und nach wieder an ihre reale Erwerbsgrundlage heranführt und dort bindet (b), zudem ein Finanzaufkommen sicherstellt, das zur Minderung der Finanzkrise eingesetzt werden kann (c).

V. Die Finanztransaktionsteuer

a) Die Besteuerungslücke

Börsengeschäfte sind gegenwärtig nach § 4 Nr. 8 e UStG[843] von der Umsatzsteuer befreit. Diese Umsatzsteuerbefreiung vermied ursprünglich die Doppelbelastung von Wertpapierveräußerungen mit Umsatzsteuer und Kapitalverkehrsteuern, hat aber nach Abschaffung der Kapitalverkehrsteuern[844] zur Folge, dass Verkehrsgeschäfte mit Wertpapieren, Gesellschaftsanteilen und Wechseln, alle modernen Finanzgeschäfte nunmehr gänzlich aus der Verkehrsbesteuerung ausgenommen bleiben. Wer über hinreichendes Einkommen verfügt, um es zu investieren und am Finanzmarkt einzusetzen, bleibt von indirekten Steuern verschont.[845]

Diese Verschonung lässt sich nicht rechtfertigen. Die Steuerbefreiung für Kredite (§ 4 Nr. 8 a UStG)[846] wird überwiegend damit gerechtfertigt, das Gewähren von Krediten sei kein Akt des Verbrauchs, sondern bereite einen Verbrauch erst vor.[847] Schon diese Begründung ist überprüfungsbedürftig, weil der vorzeitige Besitz von Kapital einen eigenständigen Liquiditätsvorteil bietet; heute verfügbares Geld ist mehr wert als später verfügbares. Bei den Geschäften des modernen Finanzmarktes aber wird ohnehin kein Tatbestand zukünftigen Verbrauchs vorbereitet, vielmehr in einem sich selbst genügenden Wettspiel Vermögen zu mehren versucht. Die Spiel- und Wetterlöse werden keinesfalls regelmäßig von einem Endverbraucher zum Erwerb verbrauchsteuer- und umsatzsteuerpflichtiger Güter genutzt. Diese Umsätze werden also von indirekten Steuern gänzlich entlastet.

Die völlige Steuerverschonung von Börsengeschäften entspricht keineswegs internationalem Standard, so dass die Steuerbefreiung nicht allein damit begründet werden könnte, Anleger würden Deutschland bei Einführung einer indirekten Steuer auf Finanztransfers meiden. An etlichen Börsen, darunter bedeutenden Finanzzentren in den USA, China und Großbritannien,[848] wird eine Börsenumsatzsteuer erhoben.

So ist in Deutschland eine ungerechtfertigte Besteuerungslücke entstanden. Zwar sind die Finanztransaktionen nicht für eine allgemeine Umsatzsteuer zugänglich, weil die dortigen Steuersätze, aber auch der Vorsteuerabzug einer sachgerechten Belastung aller Finanztransfers nicht entspräche. Doch ist es sach- und gleichheitsgerecht,[849] durch die Besteuerung des gesamten Handels an organisierten Börsen die in der Finanztransaktion vermutete Leistungsfähigkeit zu belasten. Diese Steuer entspricht der Umsatzsteuer, die ebenfalls nicht den individuell ermittelten Zuwachs an finanzieller Leistungsfähigkeit erfasst, sondern die Kaufkraft belastet, im Entgelt eine Leistungsfähigkeit vermutet.

b) Die Lenkungswirkung

Die Finanztransaktionsteuer soll alle Finanztransfers am Finanzmarkt belasten, dadurch das Marktgeschehen verlangsamen und Spekulationen unattraktiv machen. Bei den erwünschten – langfristigen – Investitionen fällt die Steuer nur einmal an, ist wegen der geringen Steuersätze kaum spürbar, im Vergleich zu dem geplanten Investitionserfolg jedenfalls kaum von Bedeutung. Die Spekulation hingegen lebt von der Kurzfristigkeit und Häufigkeit der Transfers. Ihre Gewinnchance würde durch die Steuer deutlich verringert. Die Steuer würde die Fremdfinanzierung von Unternehmen und Staaten verteuern, damit auf ein höheres Eigenkapital drängen und die Staatsverschuldung erschweren. Die elektronischen Geldtransaktionen an Computern verlören ihre Geschäftsgrundlage; zu erwarten sind nur noch von Menschen bedachte und gesteuerte Investitionen. Die – oft zerstörerischen – Handlungsmittel der Spekulanten wären deutlich zurückgenommen: Die Investoren legen ihr Geld oft sehr kurzfristig in Währungen oder Staatsanleihen an, ziehen dieses Geld dann plötzlich zurück, so dass die Länder die Zinsen drastisch anheben müssen, um ihre Währung attraktiv zu halten, dabei aber die heimische Wirtschaft gefährden.

Die Finanztransaktionsteuer wird mäßigend wirken, dann mit der Verlangsamung des Marktes das Steueraufkommen mindern. Die Lenkungsteuer korrigiert eine Besteuerungslücke. Der Lenkungserfolg führt den Markt zu einer Gleichheit der Steuerlasten zurück. Der Wegfall eines Steuerverzichts beendet eine Marktverzerrung. Die Finanzkrise wird verringert, die Gefahr weiterer Belastungen des Staatshaushaltes vermindert.

c) Die Ertragswirkung

Die Steuerlast wird eher einkommensstärkere Haushalte und Finanzunternehmen treffen. Dabei wird erwartet, dass Derivate, die an der Börse oder auf außerbörslichen Märkten gehandelt werden, vollständig erfasst werden können, das Steueraufkommen am Ort des Handels – insbesondere der Börse – anfällt und die Flucht in Steueroasen oder nicht besteuerte Produkte begrenzt bleibt. Vorläufige, aber unsichere Schätzungen verheißen gewaltige Erträge, die derzeit allerdings noch nicht in Zahlen ausgedrückt werden sollten. Die Finanztransaktionsteuer belastet nicht – wie die Mehrwertsteuer – die Wertschöpfung durch die jeweilige Finanzdienstleistung, sondern den Kurswert des Finanzproduktes. Die Steuer kann direkt in elektronischen Handelssystemen erhoben werden. Sie ist rechtlich eine Verkehrsteuer. Europarecht steht nach Art. 6 Abs. 1 a der Richtlinie 2008/7/EG des Rates[850] nicht entgegen.

Die Steuer sollte auf breiter Geltungsgrundlage – in der Europäischen Union und darüber hinaus – erhoben werden, um dem globalen Markt Verantwortlichkeiten zuzuweisen. Allerdings sollte der Steuerertrag dem jeweiligen Staat zustehen, um die demokratische Verantwortlichkeit des Budgetgesetzgebers zu bestätigen und zu bestärken.[851] Dieses demokratische Anliegen allerdings wird in der gegenwärtigen rechtspolitischen Debatte nur selten gesehen.

VI. Einmalige Vermögensabgabe

1. Einmalige, auf zehn Jahre gedehnte Abgabe auf Großvermögen

Bei der Suche nach Finanzquellen, mit deren Hilfe die Haushaltsnotlage behoben werden kann, erwägt die Politik gegenwärtig ein weiteres Instrument: die einmalige Vermögensabgabe i.S.d. Art. 106 Abs. 1 Nr. 5 GG.

Bündnis 90/Die Grünen schlagen im Wahlprogramm zur Bundestagswahl 2009[852] eine solche Vermögensabgabe vor, um die Lasten des Bundes aus der Finanz- und Bankenkrise zu finanzieren. Bündnis 90/Die Grünen hatten bereits eine einmalige Vermögensabgabe gefordert, um die Kosten der Wiedervereinigung zu finanzieren.[853]

Die Abgabe soll über einen Zeitraum von zehn Jahren von natürlichen Personen entrichtet werden, denen am 1.1.2010 ein Vermögen von mehr als einer Million Euro zusteht und die zu diesem Zeitpunkt ihren Wohnsitz oder gewöhnlichen Aufenthalt in Deutschland haben. Geplant ist ein Freibetrag für jeden Steuerpflichtigen in Höhe von einer Millionen Euro. Jedem Kind soll ein Freibetrag von 250 000 € zu gute kommen, der je zur Hälfte auf die Eltern verteilt wird. Den Schätzungen des DIW folgend werden rund 340 000 Personen die einmalige Vermögensabgabe entrichten müssen.[854] Der Abgabensatz soll sich auf jährlich rund 1,4 Prozent belaufen und dann so bemessen sein, dass in zehn Jahren die geplanten Einnahmen von 100 Mrd. Euro erzielt werden. Der einmalige Abgabensatz, der nicht ausdrücklich bezeichnet wird, würde rund 12 Prozent betragen. Die Einnahmen dienen zweckgebunden dazu, die aus der Banken- und Finanzkrise resultierenden Lasten des Bundes zu finanzieren. Erhebungskosten werden auf rund 7 Prozent des Aufkommens geschätzt.[855]

Eine solche Abgabe würde auf Vermögen zugreifen, also den Belastungsgrund schlicht dort wählen, wo „etwas zu holen ist". Sie würde sich deshalb als Steuerart nur auf schwache Rechtfertigungsgründe stützen,[856]

2. Vermögensteuer und einmalige Vermögensabgabe

Art. 106 GG verteilt die Erträge bestimmter Abgaben zwischen Bund und Ländern. Nach Art. 106 Abs. 1 Nr. 5 GG fließen die Einnahmen der „einmaligen Vermögensabgaben" und der „zur Durchführung des Lastenausgleichs erhobenen Ausgleichsabgaben" dem Bund zu. Der Ertrag aus der Vermögensteuer hingegen steht nach Art. 106 Abs. 2 Nr. 1 GG den Ländern zu. Die dem Bund zustehenden einmaligen Vermögensabgaben unterscheiden sich in ihrer Einmaligkeit von dieser Vermögensteuer. Diese Einmaligkeit betrifft vor allem die Zweckwidmung der Steuer. Steuern bemessen sich grundsätzlich nach der Leistungsfähigkeit der Steuerpflichtigen, nicht nach einem konkreten Finanzbedarf. Art. 106 Abs. 1 Nr. 5 GG macht hiervon eine Ausnahme, wenn er „einmalige Vermögensabgaben" vorsieht, um besondere Bundesausgaben zu finanzieren.

Jede Abgabe greift in das Vermögen und damit in eine durch die Eigentumsfreiheit geschützte Rechtsposition ein.[859] Dieses Maß des Art. 14 GG verdichtet sich für Vermögensabgaben, weil diese nicht wie die Einkommensteuer auf einen soeben am Markt erworbenen Ertrag – also auf Vermögen in der Phase der Neuzuordnung –, sondern auf die schon auf Dauer zugeordnete Substanz des Vermögens zugreifen. Wer seine Arbeitskraft nicht nutzt, muss grundsätzlich keine Steuer entrichten. Wer aber mit seinem Vermögen keine Erträge erwirtschaftet, müsste gleichwohl eine einmalige Vermögensabgabe zahlen.[860] Wer aus versteuertem Einkommen Vermögen gebildet hat, wird in der Einmaligkeit eines staatlichen Finanzbedarfs erneut belastet. Art. 14 GG setzt diesen einmaligen Vermögensabgaben eine besondere Grenze, weil diese das Ergebnis eines freiheitlichen Erwerbs belasten, um einen besonderen Bedarf des Bundes auszugleichen und dabei Vermögen umzuverteilen.[861]

Jede Abgabe muss im Zusammenwirken von Bemessungsgrundlage und Abgabensatz gleichheitsgerecht erhoben werden.[862] Eine neue Vermögensabgabe ist gleichmäßig zu erheben, das Vermögen gleichheitsgerecht zu bemessen.[863] Die Bewertung eines Vermögenswerts ist in der Praxis aber nur schwer möglich. Das Bundesverfassungsgericht hat die Vermögensteuer für verfassungswidrig erklärt, weil die damalige Vermögensbewertung nicht gleichheitsgerecht war.[864] Die historischen Erfahrungen mit der einmaligen Vermögensabgabe, die für den Kriegslastenausgleich erhoben wurde, bestätigen die kaum zu bewältigenden Probleme realitätsnaher Bewertung.[865]

3. Der finanzverfassungsrechtliche Maßstab

a) Finanzzweck

Gem. Art. 106 Abs. 1 Nr. 5 GG fließen die Einnahmen der „einmaligen Vermögensabgaben" dem Bund zu. Weist das Grundgesetz die Erträge aus einer Steuer einer Gebietskörperschaft zu, darf die Abgabe von Verfassungs wegen erhoben werden.[866] Die Befugnis, einmalige Vermögensabgaben grundsätzlich zu erheben, ist demnach in Art. 106 Abs. 1 Nr. 5 GG anerkannt. Sie ist aber tatbestandlich an die verfassungsrechtlichen Voraussetzungen dieser Abgabe gebunden.

aa) Finanzierung nur des Kriegslastenausgleichs?

Art. 106 Abs. 1 Nr. 5 GG teilt dem Bund die Erträge der „einmaligen Vermögensabgaben" (Alt. 1) und der „zur Durchführung des Lastenausgleichs erhobenen Ausgleichsabgaben" (Alt. 2) einheitlich, gleichsam in einem Atemzug zu. Die Rechtsbegriffe Lastenausgleich und Ausgleichsabgabe verdeutlichen, dass die dem Bund gem. Art. 106 Abs. 1 Nr. 5 Alt. 2 GG zustehenden Einnahmen die unterschiedlichen Lasten des Zweiten Weltkriegs kompensieren sollten. Der Finanzierungszweck des Lastenausgleichs[867] und die einmaligen Vermögensabgaben stehen in historischem Sinnzusammenhang. Zwar dürfen einmalige Vermögensabgaben nicht nur zur Finanzierung der Kriegsfolgelasten erhoben werden.[868] Eine Finanzierung der Staatsschuldenkrise durch eine einmalige Vermögensabgabe setzt aber einen kriegsfolgenähnlichen Finanzbedarf voraus.

bb) Finanzierung außergewöhnlicher Einmaligkeit

Die einmaligen Vermögensabgaben sind selbstständige Abgaben. Sie stehen verfassungssystematisch in einer eigenen Regelungsalternative des Art. 106 Abs. 1 Nr. 5 GG neben den Ausgleichsabgaben, sind daher nicht auf den Finanzierungszweck der Ausgleichsabgaben begrenzt.[869] Gleichwohl können die Abgaben nicht zur Finanzierung eines beliebigen Finanzbedarfs herangezogen werden. Das Grundgesetz stellt hohe Anforderungen an den Finanzierungszweck einmaliger Vermögensabgaben, reduziert diese aber nicht auf den Kriegslastenausgleich.

Die Debatten im Parlamentarischen Rat bestätigen, dass Art. 106 Abs. 1 Nr. 5 GG zwei unterschiedliche Alternativen regelt.[870] Von der zunächst erwogenen Fassung der Bestimmung, nach der die Vermögensabgaben ausschließlich den Kriegslastenausgleich finanzieren sollten,[871] wurde ausdrücklich Abstand genommen. *Höpker-Aschoff* hob hervor, dass einmalige Vermögensabgaben ausschließlich zur Finanzierung des Kriegslastenausgleichs erhoben werden dürfen.[872] *Menzel* deutete aber bereits die Grundgedanken der späteren Regelung an, als er vorschlug, weitere Finanzierungszwecke zuzulassen, die aber besonders sein müssten. *Wolff* bestätigte diesen Vorschlag in der Feststellung, es könne erforderlich sein, „besondere Abgaben bei Notständen abzuführen."[873]

In der anschließenden Diskussion wurde betont, einmalige Vermögensabgaben sollten besondere Einnahmen zur Finanzierung außergewöhnlicher Situationen erbringen. Die einmaligen Vermögensabgaben würden so von der den Ländern zustehenden Vermögensteuer[874] abgegrenzt. Die Vermögensteuer erbringe, wenn sie erhoben wird, einen regulären Ertrag, um die Länderhaushalte zu finanzieren. Die einmalige Vermögensabgabe betreffe demgegenüber einen außerordentlichen Finanzbedarf, der diese oder vergleichbare Einnahmen zwingend erfordere.[875] Die vom Ausschuss angenommene Fassung des Grundgesetzes regelte gleichwohl weiterhin die „für den Vermögensausgleich" erhobenen Abgaben.[876] *Dehler* erschien es ungewöhnlich, „in einer Verfassung festzulegen, wozu Einnahmen zu verwenden sind".[877] *Binder* lehnte eine „prononcierte" Regelung der Vermögensabgaben ab. Ansonsten liefe man Gefahr, „bei der Bevölkerung die Vorstellung zu erwecken, dass Vermögensabgaben zu wiederholten Male durchgeführt werden können. Das ist völlig ausgeschlossen".[878] *Menzel* betonte erneut, dass „vielleicht eines Tages" die „Notwendigkeit" bestehen könnte, „durch eine einmalige oder laufende Vermögensabgabe" die Finanzkraft des Bundes zu erhöhen. Den Ländern würden die Erträge der Vermögensteuer zugewiesen, dem Bund die der Vermögensabgaben, „die für den Vermögensausgleich erhoben werden". *Schmid* schlug vor, „für den Vermögensausgleich erhobene Vermögensabgaben oder sonstige einmalige oder laufende Vermögensabgaben außerhalb der allgemeinen Vermögensteuer" zu regeln. *Wolff* und *Binder* lehnten dies ab. Zusätzlich zu der allgemeinen Vermögensteuer und der Vermögensabgabe im Rahmen des Kriegslastenausgleichs dürfe – so *Binder* – „das Vermögen" nicht „noch ein drittes Mal" besteuert werden. Ein weiterer Raum für eine „Belastung des Vermögens [sei] nicht vorhanden." Mit 13 gegen 4 Stimmen wurde daraufhin der Finanzierungszweck nicht mehr auf den Kriegslastenausgleich beschränkt, sondern im entsprechenden Artikel von „einmaligen Vermögensteuern" gesprochen.[879]

Der Allgemeine Redaktionsausschuss schlug die Regelung der „einmaligen Vermögensteuern und Vermögensabgaben zum Zwecke des

VI. Einmalige Vermögensabgabe

Vermögensausgleichs (Lastenausgleichs)" vor.[880] Man verständigte sich schließlich auf den Text der „einmaligen Zwecken dienenden Vermögensabgaben"[881] und lässt den Finanzierungszweck der Vermögensabgaben bewusst offen.[882] Dieser Wortlaut wurde im Jahre 1955 in die heute geltende Fassung fortgeführt.[883]

Nach Wortlaut, Systematik und Entstehungsgeschichte des Grundgesetzes sind einmalige Vermögensabgaben somit nicht darauf beschränkt, den Kriegslastenausgleich zu finanzieren. Ihr Finanzzweck ist offen. Er muss aber besonderen Vorgaben der Einmaligkeit genügen.

b) Drei Vorgaben für einmalige Vermögensabgaben

Einmalige Vermögensabgaben i.S.d. Art. 106 Abs. 1 Nr. 5 GG sind nach dem Wortlaut der Regelung, dem System der Ertragsverteilung des Art. 106 Abs. 1 und Abs. 2 GG und der Entstehungsgeschichte der Bestimmung durch drei Kriterien gekennzeichnet.[884]

aa) Einmalige Erhebung

Die Vermögensabgabe ist im Unterschied zu der den Ländern gem. Art. 106 Abs. 2 Nr. 1 GG zufließenden Vermögensteuer einmalig. Sie wird nicht laufend, sondern nur ein Mal erhoben. Sie folgt insoweit dem in den Debatten im Parlamentarischen Rat betonten Vorbild des Kriegslastenausgleichs.[885]

Eine einmalige Vermögensabgabe zur Finanzierung der Staatsschulden dürfte nur ein Mal erhoben werden. Dies verbietet nicht, die Abgabenlast über einen bestimmten Zeitraum zu verteilen, wenn hierin lediglich eine Zahlungsmodalität – gleichsam eine Stundung, eine Ratenzahlung – liegt, die Höhe, die Bemessungsgrundlage und damit die Einnahmen der einmaligen Abgabe aber feststehen.

bb) Zweckbindung im Bundeshaushalt

Art. 106 Abs. 1 Nr. 5 GG weist den Ertrag der einmaligen Vermögensabgaben dem Bund zu. Die Ertragszuweisung an den Bund ist nur sinnvoll, wenn die Abgaben einen Finanzbedarf des Bundes, nicht der Länder, finanzieren. Die Vermögensteuer finanziert den Haushalt des Landes, das sie erhebt. Demgegenüber wird der Begriff der Vermögensabgabe gewählt, um einen besonderen Finanzbedarf des Bundes zu befriedigen.

Gemäß Art. 106 Abs. 1 GG steht der „Ertrag der Finanzmonopole und das Aufkommen der folgenden Steuern" dem Bund zu. Die Bestimmung begreift hier die in Art. 106 Abs. 1 Nr. 5 GG geregelte Vermögensabgabe als Steuer. Steuern sind Geldleistungen, die von einem erhebungsberechtigten Gemeinwesen voraussetzungslos zur Deckung des allgemeinen Finanzbedarfs grundsätzlich allen auferlegt werden.[886] Gleichwohl steht der verfassungsrechtliche Begriff der Steuer[887] der Zweckbindung im Bundeshaushalt nicht entgegen. Vermögensabgaben dürfen – anders als Steuern – nur erhoben werden, um besondere Ausgaben des Bundes zu finanzieren. Ansonsten würden sie zu einer den Ländern zustehenden Vermögensteuer. Hat eine einmalige Vermögensabgabe ihr Finanzziel erreicht, darf sie nicht weiter erhoben werden.

cc) Einzigartigkeit und Finanzlast

Die nach Art. 106 Abs. 1 GG erhobenen Abgaben sind in dieser Zweckbindung nur einmalig, wenn sie – so die Debatten im Parlamentarischen Rat – aufgrund zwingender Umstände (*Menzel*), eines Notstandes (*Wolff*)[888] notwendig sind. Die Kriegslasten[889] geben ein prägendes Beispiel, welche außergewöhnlichen, welche „einmaligen" Lasten mit der Vermögensabgabe finanziert werden dürfen. Die Geschehnisse, deren Finanzbedarf die einmalige Vermögensabgabe befriedigen soll, kommen in ihrer Einmaligkeit den Finanzbedrängnissen der Nachkriegszeit nahe. Ihre außerordentlichen Finanzwirkungen bleiben vermutlich einmalig. Die einmaligen Vermögensabgaben finanzieren nur ganz besondere Bundesausgaben, die nicht aus dem allgemeinen Steueraufkommen, aus dem allgemeinen Haushalt bestritten werden können. Nur erhebliche, aber nicht außergewöhnliche Lasten rechtfertigen den einmaligen Zugriff, die – neben der Vermögensteuer eines Landes – doppelte Belastung des Vermögens nicht.[890] Außerdem fordert die Euro-Krise eine strukturierende Verbesserung der Wirtschaftlichkeit und Aufgabenbegrenzung in allen Schuldnerstaaten, die durch eine einmalige Steuer eines Mitgliedstaates nicht ersetzt werden kann. Die Erhebung setzt ein historisch einmaliges Ereignis voraus, das zu einer einzigartigen Last des Bundes führt, die mit herkömmlichen Steuern nicht finanziert werden kann.

c) Die gegenwärtige Staatsschuldenkrise

aa) Die Verschuldung Deutschlands

Die gegenwärtige Staatsschuldenkrise fordert zwar wegen der Höhe der Altschulden besondere Maßnahmen. Die Altschulden beruhen aber nicht auf einem historisch einmaligen Ereignis i.S.d. Art. 106 Abs. 1 Nr. 5 GG, vermögen die Erhebung einer einmaligen Vermögensabgabe deshalb nicht zu rechtfertigen. Die explizite Staatsverschuldung Deutschlands von gegenwärtig über 2 Billionen Euro bewirkt zwar eine einzigartige Finanzlast für den Bund, die auch mit Sparanstrengungen und vermehrter Wirtschaftlichkeit nicht aus den gewöhnlichen Haushalten zu begleichen ist. Zählt man die schwer zu beziffernde implizite Staatsverschuldung hinzu, verschärft sich dieser Befund. Doch ist die Staatsverschuldung nicht aus einem einmaligen Ereignis, sondern in gewachsener – allerdings rechtswidriger[891] – Normalität entstanden. Der Zweite Weltkrieg hat zu dramatischen Zerstörungen und zu einzigartigen Finanzlasten geführt. Der Kriegslastenausgleich reagiert auf die besondere Situation, dass im Krieg manche alles, andere kaum verloren haben. Ein solches, nahezu jeden treffendes Belastungsgefälle, das einen Lastenausgleich „vordringlich aus moralisch sehr elementaren wie aus politisch sehr handfesten Gründen" forderte,[892] ist in der Finanz- und Schuldenkrise nicht entstanden.

Seit der Änderung des Art. 115 GG a.F. im Jahre 1969[893] ist die Staatsverschuldung auf den heutigen Stand gestiegen. Der rechtliche Grund liegt insbesondere darin, dass das Staatsbudget zum Instrument der Konjunktursteuerung wurde[894] und dass die Ausnahme der Konjunktursteuerung[895] zur Regel wurde. Die Politik berief sich kontinuierlich auf diese Ausnahme, ging regelmäßig von einer Störung des gesamtwirtschaftlichen Gleichgewichts aus, stellte nicht die Frage, ob eine weitere Neuverschuldung die Störung mehrt oder mindert, ob eine Verschuldung also ein geeignetes Gegenmittel ist. So sind die Staatsschulden auf das heutige Maß gestiegen. Die hohe Schuldenlast ist kein einmaliges Ereignis, sondern ein kontinuierlich gesteigerter Dauerzustand, der Deutschland noch lange begleiten wird. Es liegt keine einzigartige Situation[896] vor, die eine einmalige Vermögensabgabe rechtfertigen könnte.

Zudem erlaubt das System des Grundgesetzes nicht, das Regel-Ausnahmeverhältnis von Schuldengrenze und Störungsabwehr[897] umzukehren und die zur Regel erklärte Ausnahme als Sondersituation zu erfassen, auf die der Sondertatbestand der einmaligen Vermögensabgabe[898] anzuwenden wäre. Ein chronischer Verfassungsbruch erfüllt die Voraussetzungen dieses verfassungsrechtlichen Sondertatbestandes nicht. Die Staatsschuldenkrise ist kein historisch einzigartiges Ereignis, das eine einmalige Vermögensabgabe rechtfertigt, sondern eine langfristige Verfassungsverletzung, die eine Rückkehr in die Verfassungslegalität fordert.

bb) Die gegenwärtige Krise

Deswegen wird die geplante einmalige Vermögensabgabe weniger mit der hohen Staatsverschuldung in Deutschland und mehr mit der aktuellen Finanz- und Bankenkrise als einem historisch einzigartigen Ereignis begründet.[899] Die unmittelbaren Kosten der Banken- und Finanzkrise für

Deutschland wurden danach (2011) auf 115 Mrd. Euro geschätzt, werden nach heutigem Kenntnisstand deutlich höher liegen.[900] Dies sind erhebliche Lasten. Zudem stellt sich die Frage, ob die mittelbaren Finanzlasten hinzugerechnet werden müssten. Verglichen mit den schwer zu bemessenen Lasten des Zweiten Weltkriegs[901] haben diese Kosten aber auch dann ein deutlich geringeres Ausmaß. Als Ausnahmelagen, die unter den geltenden steuerrechtlichen Rahmenbedingungen einen Zugriff auf die Vermögenssubstanz erlauben, nennt das Bundesverfassungsgericht[902] die Finanzierung der mit dem Versailler Vertrag auferlegten Lasten durch das Reichsnotopfergesetz 1919[903] und den Lastenausgleich in der Nachkriegszeit nach dem Lastenausgleichsgesetz 1952.[904] Hier liegt eine Parallele zum finanzverfassungsrechtlichen Maßstab der Vermögensabgabe: Wenn zwingende Umstände es erfordern, der Staat einen Notstand abzuwehren hat, greift die öffentliche Hand zu außergewöhnlichen Finanzierungsmitteln. Eine solche Not begründet die Finanz- und Bankenkrise für Deutschland derzeit nicht. Die Finanzknappheit, die den Finanzstaat „immer ein wenig in die Nähe des Ausnahmezustandes" bringt, ist finanzwirtschaftliche Normalität.[905] Jedenfalls bestehen erhebliche Zweifel, die Finanz- und Bankenkrise als ein einzigartiges historisches Ereignis zu qualifizieren, das zu einmaligen Lasten führt. Zudem bleibt die Frage, ob die allenfalls im Übergang zulässige Beistands- und Gewährleistungserwartung in der Europäischen Union Grundlage einer einmaligen Vermögensabgabe sein kann.

cc) Parallele der europäischen Krise mit der Wiedervereinigung?

Bündnis 90/Die Grünen haben nach der Wiedervereinigung gefordert, den Aufwand der Wiedervereinigung Deutschlands mit einer einmaligen Vermögensabgabe zu finanzieren.[906] Die friedliche Revolution in Deutschland war ein historisch einmaliger Vorgang, der in der Rechtsgeschichte ohne Beispiel ist, hat in seinen finanzwirtschaftlichen Auswirkungen bis in die Gegenwart außerordentliche Haushaltslasten zur Folge, wird in dieser Einmaligkeit so nicht wiederkehren. Die Wiedervereinigung hätte deshalb eine einmalige Vermögensabgabe gerechtfertigt. Die Finanz- und Schuldenkrise der Gegenwart aber hat nicht die historische Bedeutung der Wiedervereinigung.

Zudem war auch die Schuldenkrise in den Mitgliedstaaten der Eurozone – wie die deutsche Staatsverschuldung – nicht einmalig, sondern hat sich stetig entwickelt. Sie entstand, weil die Vorgaben des europäischen Stabilitätsrechts kontinuierlich missachtet wurden. „Die gegenwärtige Krise im Euro-Raum ist von der Ursache her eine Staatsschuldenkrise", präsentiere „schonungslos die Rechnung für die Versäumnisse und Fehler der Vergangenheit". Der Weg zu einer „Fiskal- und Stabilitätsunion" werde die Währungsunion vollenden und „den Gründungsfehler des Euro" beheben.[907] Die „Krise im Euro-Raum" ist kein einmaliges historisches Ereignis, sondern ein durch Rechtsverletzung entstandener, in kollektiver Illegalität verstetigter Prozess. Auch die europäische Staatsschuldenkrise rechtfertigt derzeit keine einmaligen Vermögensabgaben.

4. Eigentumsrechtliche Grenzen von Vermögensabgaben

Die Eigentumsfreiheit mäßigt den Zugriff jeder Abgabe.[908] Deshalb muss eine einmalige Vermögensabgabe das Maß des Art. 14 GG wahren. Das Bundesverfassungsgericht verdeutlichte früh, dass eine Abgabe mit „erdrosselnder Wirkung" die Eigentumsfreiheit verletzt, vermied aber, jede Abgabe als einen zu rechtfertigenden Eingriff in die Eigentumsfreiheit zu werten.[909] Nunmehr betont die Rechtsprechung, dass jede Abgabe in den Schutzbereich der Eigentumsfreiheit eingreift und daher den Vorgaben des Verhältnismäßigkeitsgrundsatzes entsprechen muss.[910] Gegenwärtig stellt sich die Aufgabe, das Maß der Verhältnismäßigkeit der Steuern jeweils für die Einzelsteuer – die Einkommen-, Umsatz-, und Erbschaftsteuer – gegenstandsspezifisch zu konkretisieren.[911] Für Vermögensteuern und einmalige Vermögensabgaben greifen hier besondere Vorgaben.[912]

a) Vermögensteuer

Die Vermögensteuer greift in die Eigentumsfreiheit ein, indem sie die Verfügungsgewalt und Nutzungsbefugnis über das Vermögen verkürzt. Dem Eigentümer muss aber die grundsätzliche Verfügungsbefugnis über geschaffene vermögenswerte Rechtspositionen, muss die Privatnützigkeit des Erworbenen im Kern erhalten bleiben. Diese, durch das Bundesverfassungsgericht bestätigten Vorgaben des Art. 14 GG[913] geben der Vermögensteuer ein Maß. Ein Eigentümer erwirbt Vermögen in der Regel aus einem Ertrag, der bereits versteuert wurde. Vermögen wird aus versteuertem Einkommen gebildet. Im Falle der Schenkung wird auch diese besteuert. Hinzu treten indirekte Steuern beim Vermögenserwerb. Diese, durch unterschiedliche Steuern entstehende Belastung wird auf die Vermögensteuer nicht angerechnet. Daher bleibt für den Vermögensteuerzugriff nur noch ein enger Raum. Im Zusammenwirken mit den anderen Steuern darf die Vermögensteuerlast die Vermögenssubstanz, den Vermögensstamm, nicht berühren.[914] Sie muss so bemessen sein, dass sie aus den üblicherweise zu erwartenden möglichen Erträgen entrichtet werden kann (Sollerträge). Ansonsten würde das Vermögen schrittweise konfisziert, der Steuerpflichtige also übermäßig belastet. Seine Vermögensverhältnisse würden grundlegend und damit verfassungswidrig beeinträchtigt. Die Bemessung der Vermögensteuer muss sich an der Ertragsfähigkeit des Vermögens orientieren. Die Ertragsfähigkeit wird so zur grundsätzlichen Voraussetzung der Vermögensteuer. Die Bewertung des Vermögens darf zwar auch am Verkehrswert anknüpfen. Dann muss aber der Vermögensteuersatz so bemessen sein, dass der Steuerzugriff über den Sollertrag nicht hinausgreift. In dieser Vorgabe bringt das Grundgesetz das fiskalische Interesse, die Steuerquelle zu erhalten und das Interesse des Steuerpflichtigen, das eigene Vermögen zu bewahren, zu einem schonenden Ausgleich.[915]

b) Einmalige Vermögensabgaben

Die Vermögensabgaben werden nur ein Mal erhoben und rechtfertigen sich – anders als die regelmäßig zu entrichtende Vermögensteuer – aus dieser Einmaligkeit. Das Bundesverfassungsgericht hat „staatliche Ausnahmelagen", die einen ungewöhnlichen Finanzbedarf bewirken, von dem dichten eigentumsrechtlichen Maß der Vermögensbesteuerung ausgenommen und Eingriffe in die Vermögenssubstanz gestattet.[916] Die Sozialpflichtigkeit schon des Eigentumsbestandes[917] erlaubt in einer Ausnahmelage den Substanzeingriff, bestätigt damit zugleich die Einmaligkeit der Vermögensabgabe.[918] Nur in Zeiten großer Not sind Eingriffe außerhalb des üblichen Maßes gerechtfertigt und dürfen einmalige Vermögensabgaben erhoben werden. Eine solche Notlage ist die Staatsschuldenkrise aber nicht.[919]

Das Bundesverfassungsgericht betont zu der Frage, ob eine allgemeine Regel des Völkerrechts[920] es verbiete, Ausländer zur Deckung der Kriegsfolgelasten zu besteuern, dass auch in solchen Sondersituationen der einmalige Zugriff durch die Vermögensabgabe nicht zu einem „konfiskatorischen Effekt" führen darf.[921] Der verfassungsrechtliche Maßstab des Art. 14 GG wird in Zeiten der Not zurückgenommen, nicht aufgehoben. Auch in Sondersituationen, in denen einmalige Vermögensabgaben erhoben werden dürfen, gebietet die Verfassung, diese Abgabe auf den Sollertrag auszurichten, die Eigentumsubstanz nicht zu konfiszieren, sie in ihrem Kern nicht anzutasten.[922] Diese verfassungsrechtliche Vorgabe wurde bei den einmaligen Vermögensabgaben für den Kriegslastenausgleich eingehalten. Die Lastenausgleichsabgabe wurde – und so war die Regelung gedacht – „nicht wirklich aus der Substanz, sondern aus den Erträgen geleistet […]. So etwas wie eine solidarische Teilung des erhalten

VI. Einmalige Vermögensabgabe

gebliebenen Vermögens hat es nicht einmal ansatzweise gegeben."[923] Ein Zugriff auf die Vermögenssubstanz hätte zur Vermögensveräußerung geführt, um die Abgabe entrichten zu können, und damit den wirtschaftlichen Wiederaufbau gefährdet. Der Gesetzgeber entschied sich daher, die Zahlung der Vermögensabgabe auf rund 30 Jahre zu strecken, die Abgabenschuld also gleichsam „zu verrenten", die dann „in der Regel aus dem Ertrag des abgabepflichtigen Vermögens entrichtet werden konnte".[924] Die einmalige Vermögensabgabe, die für den Kriegslastenausgleich erhoben wurde, griff nur auf den Vermögensertrag zu. Dieses Maß hat auch eine neue einmalige Vermögensabgabe zu wahren. Die Vermögenssubstanz muss jedenfalls im Kern unangetastet bleiben. Einmalige Vermögensabgaben dürfen keine konfiskatorische Wirkung entfalten, dürfen die wirtschaftliche Erneuerung nicht erschweren.

5. Gleichheitsgerechte Bemessung und Erhebung der Vermögensabgabe

Art. 3 Abs. 1 GG gibt der öffentlichen Hand vor, Abgaben nach der Leistungsfähigkeit zu bemessen. Es muss zu einer „Gleichheit im Belastungserfolg" kommen.[925] Jede Abgabe ist in Bemessungsgrundlage und Abgabensatz gleichheitsgerecht auszugestalten. Die Vermögen sind gleichheitsgerecht zu bewerten, die Steuer ist gleichheitsgerecht zu erheben.[926] Diese Vorgaben fordern auch eine Gleichheit in der Zeit, die von der jährlich erhobenen Vermögensteuer gewahrt, von der einmaligen Vermögensabgabe durchbrochen wird, deshalb nur durch die Einmaligkeit des Bedarfs gerechtfertigt werden kann. Die Einmaligkeit des Bedarfs und der Erhebung erfassen die Vermögensabgabe an einem Stichtag, sind in dieser zeitlichen Fixierung zu rechtfertigen.

Auch der Gleichheitssatz gestattet somit, in Sondersituationen einmalige Vermögensabgaben zu erheben. Auch diese Abgaben dürfen den Eigentümer aber nicht aus seinem Eigentum verdrängen, sein Eigentum nicht konfiszieren.[927] Zudem verlangt der Gleichheitssatz, besondere, im Einzelfall auftretende Belastungen zu vermeiden. Wenn ein Steuerpflichtiger vor Jahren ein Haus erworben hat, dessen Wert dann um ein Vielfaches gestiegen ist, könnte er gezwungen sein, das Haus zu verkaufen, um die einmalige Vermögensabgabe zu entrichten.[928] Für diese und vergleichbare Fälle außergewöhnlicher Lasten wären von Verfassungs wegen Ausnahmeregelungen vorzusehen, sei es durch Steuerermäßigung oder Stundung. Der Gleichheitssatz[929] und der besondere Schutz von Ehe und Familie[930] fordern zudem, die besondere Situation von Familien angemessen zu berücksichtigen. Kinder haben aufgrund ihres Unterhaltsanspruchs gegen ihre Eltern an deren Vermögensverhältnissen und Lebensgestaltung teil.[931] Dieser Umstand ist durch Freibeträge für Kinder angemessen aufzunehmen.

Die Schwierigkeit, bei der Erhebung einer einmaligen Vermögensabgabe den besonderen Umständen des rechtfertigenden Sonderbedarfs gerecht zu werden, verdeutlichen auch die historischen Erfahrungen der benachbarten Abgabe, die für den Kriegslastenausgleich erhoben wurde. Zwar hat der Lastenausgleich vielen geholfen. Hilfreich war aber vor allem das „explosive Wirtschaftswachstum" der fünfziger Jahre. „Trotzdem bleibt der Lastenausgleich bedeutsam. Nicht nur, weil es den aus dem Osten vertriebenen Deutschen ohne einen solchen symbolisch-materiellen Akt der Solidarität wohl schwergefallen wäre, die Bonner Republik als die ihre zu akzeptieren, sondern auch, weil der Lastenausgleich für die, an denen das Wirtschaftswunder vorbeiging – viele aus der älteren Generation der Vertriebenen, auch der Witwen aus der Kriegsgeneration –, ganz praktisch eine entscheidende Lebenshilfe war. Die Renten für die Bedürftigen erwiesen sich am Ende als wichtiger als die sogenannte Hauptentschädigung".[932]

Um einen Zugriff auf die Vermögenssubstanz gleichheitsgerecht zu gestalten, wurden verschiedenartige Ausnahmen von der einmaligen Vermögensabgabe zugelassen, Abgabeermäßigungen wegen erlittener Vermögensschäden, Anrechnungen entrichteter Soforthilfeabgaben, Familienermäßigungen, Stundungs- und Erlassmöglichkeiten sowie zahlreiche weitere Sonderermäßigungen. Diese wurden teilweise vom Bundesverfassungsgericht ausdrücklich gefordert, in anderen Fällen von der Politik aus Gerechtigkeitserwägungen rückwirkend verdoppelt.[933] Der gleichheitsgerechte Vollzug des Gesetzes wurde insgesamt zu einem zentralen Problem.[934]

Eine neue einmalige Vermögensabgabe träfe ebenso auf erhebliche Bewertungs- und Vollzugsprobleme. Das historische Beispiel verdeutlicht, dass ein gleichheitsgerechter und angemessener Zugriff auf das Vermögen zahlreiche Ausnahmen fordert und erhebliche Vollzugskosten mit sich bringen wird. Doch diese Details bestätigen die grundsätzlichen verfassungsrechtlichen Bedenken gegen eine einmalige Vermögensabgabe, die von der gegenwärtigen Finanz- und Schuldenkrise nicht veranlasst ist, sie auch nicht mäßigen würde. Der durch diese Krise verursachte Finanzbedarf rechtfertigt in seinen gegenwärtigen Entstehensbedingungen und seinem derzeitigen Umfang keinen Vermögensausgleich durch eine einmalige Vermögensabgabe.

VII. Umwidmung von Steuererträgen

1. Grundsatz: *Autonome Verwendung der Steuererträge*

a) Demokratischer, grundrechtlicher, finanzverfassungsrechtlicher Geltungsgrund

Im Rahmen eines langfristigen Schuldenabbaus liegt es nahe, die Erträge bestimmter Steuern von vornherein ausschließlich für die Verminderung der Schulden zu reservieren. Derartige Zwecksteuern sind nicht schlechthin unzulässig, widersprechen aber der demokratisch-parlamentarischen Grundidee, dass der Gesetzgeber in den jährlichen Haushaltsberatungen ungebunden über die Verwendung des jährlichen Steueraufkommens entscheidet.[935] Seine Entscheidung über Einnahmen und Ausgaben ist grundlegender Teil der demokratischen Selbstgestaltungsfähigkeit des Verfassungsstaats. Diese Haushaltsverantwortung des Budgetgesetzgebers ist ein zentrales Element demokratischer Willensbildung. Das Grundgesetz schirmt sie auch gegenüber dem Europarecht ab.[936]

Der demokratische Bürger erwartet, dass alle Steuererträge nach dem Willen der Steuerpflichtigen – repräsentiert durch ihre Abgeordneten – für Gemeinaufgaben verwendet werden.[937] Ebenso setzt der bundesstaatliche Finanzausgleich[938] grundsätzlich voraus, dass die jeweilige Finanzkraft von Bund und Ländern vollständig in den Ausgleich einbezogen wird, der Vergleich also nicht durch Vorabverwendungen spezieller Steuererträge verfremdet und seiner rechtfertigenden Kraft beraubt wird.[939] Deshalb gilt verfassungsrechtlich das Prinzip besonderer Vorsicht, wenn der Gesetzgeber Steuererträge von vornherein einer bestimmten Zweckbindung rechtsverbindlich unterwerfen will. Die Budgetverantwortlichkeit des Parlaments, die Widmung der Steuererträge für die gemeinsamen Aufgaben der Steuerpflichtigen, die Finanzierung der Gegenwartsaufgaben durch gegenwärtige Steuererträge und der Finanzkraftvergleich beim bundesstaatlichen Finanzausgleich fordern grundsätzlich, dass alle Steuererträge ungebunden in den Staatshaushalt einbezogen werden, deren Verwendung dort parlamentarisch verantwortet wird. Die Zwecksteuern müssen die Ausnahme bleiben.

b) Das Beispiel der Wiedervereinigung

Der Gesetzgeber hat dieses Prinzip bei der Wiedervereinigung Deutschlands – einer Staatsaufgabe mit der bisher größten finanziellen Sonderlast – beachtet und verdeutlicht. Die ersten Maßnahmen der finanzrechtlichen Integration waren noch von einer Unsicherheit über das Ausmaß der

Finanzierungsaufgabe geprägt. Die Art der Finanzierung war ungewiss. Die Belastbarkeit der Volkswirtschaft ließ sich kaum einschätzen.[940] Für Berlin und die neuen Bundesländer galt bis 1995 noch ein Sonderrecht.[941] Doch schon bald wurde das Beitrittsgebiet in die Geltung der Finanzverfassung einbezogen, allerdings mit deutlichen Modifikationen bei der Umsatzsteuerverteilung, beim Länderfinanzausgleich und bei den Bundesergänzungszuweisungen.[942] Der Solidarpakt I und der Solidarpakt II bereiteten innerhalb der Finanzverfassung die Schritte zur finanzverfassungsrechtlichen Normalität vor. Die Zugehörigkeit von Berlin und den neuen Bundesländern als gleichberechtigte Mitglieder des Finanzstaates sollte deutlicher sichtbar werden.[943]

aa) Der Fonds „Deutsche Einheit"
Dieses bestätigt insbesondere der Fonds „Deutsche Einheit".[944] Dieses Sondervermögen des Bundes (§ 1 DEFG) diente in der Übergangsphase 1990–1994 der ergänzenden Finanzierung der deutschen Einheit.[945] Der Fonds beschaffte sich seine Mittel überwiegend durch die Aufnahme von Krediten.[946] Doch bereits durch das Gesetz zur Umsetzung des Föderalen Konsolidierungsprogramms vom 23.6.1993 (Solidarpakt I)[947] wurden die Fondsaufgaben ab dem 1.1.1995 in den Länderfinanzausgleich eingegliedert. Der Fonds hatte nur noch die Aufgabe, die früher entstandenen Verbindlichkeiten abzuwickeln. Seit 1.1.1995 ist er in die Tilgungsphase eingetreten.[948]

bb) Erblastentilgungsfonds
Durch den Solidarpakt I[949] wurde der Erblastentilgungsfonds als nicht rechtsfähiges Sondervermögen des Bundes gegründet. In diesem Fonds werden alle bis Ende 1994 aufgelaufenen Verbindlichkeiten des Kreditabwicklungsfonds und der Treuhandanstalt sowie Teile der Altschulden der ostdeutschen Wohnungswirtschaft zusammengefasst, verzinst und getilgt,[950] um diesen Fonds – den größten der deutschen und wohl auch der europäischen Finanzgeschichte[951] – innerhalb einer Generation abzutragen.[952] Auch dieser Fonds ist ein Instrument der Schuldenbewältigung, das aus Gründen der Haushaltsklarheit vom Schattenhaushalt in die Bundesschuld eingegliedert wird.[953]

Diese Finanzinstitute des Übergangs hatten vor allem die Aufgabe, durch Finanzzuweisungen an die neuen Bundesländer Konsumausgaben zu finanzieren. Deswegen sollte eine Teilverselbständigung der Schulden in Fonds der damaligen verfassungsrechtlichen Begrenzung der Kreditsumme in der Investitionssumme[954] ausweichen.[955] Doch im Ergebnis

VII. Umwidmung von Steuererträgen

zielt die gesamte Rechtsentwicklung auf die finanzverfassungsrechtliche Integration auch der neuen Bundesländer, auf die Normalität eines bundesstaatlichen Finanzausgleichs zwischen Bund und Ländern und unter den Ländern in Gleichberechtigung aller beteiligten Gebietskörperschaften, auf die haushaltsrechtliche Verfügbarkeit aller Steuererträge im Budgetrecht, im Finanzausgleich, in den Rechtsbeziehungen zwischen Staat und Steuerzahler.

2. Der Solidaritätszuschlag

a) Die Ziele des Gesetzgebers

Der Bundesgesetzgeber hat einen Solidaritätszuschlag eingeführt,[956] der ein solidarisches finanzielles Opfer aller Bevölkerungsgruppen für die innere Wiedervereinigung Deutschlands fordert.[957] Der Solidaritätszuschlag[958] wird als Ergänzungsabgabe zur Einkommensteuer und zur Körperschaftsteuer erhoben.[959] Diese Ergänzungsabgabe zur Finanzierung der deutschen Einheit wirkt wie eine Erhöhung der Einkommensteuer und der Körperschaftsteuer.[960] Der Solidaritätszuschlag bemisst sich nach der festgesetzten Einkommensteuer und Körperschaftsteuer. Der Zuschlag beträgt 5,5 Prozent dieser Bemessungsgrundlage.[961] Der Solidaritätszuschlag ist eine eigene, selbstständige Steuer,[962] deren Aufkommen allein dem Bund zusteht,[963] die also nicht – wie die Einkommensteuer und die Körperschaftsteuer – eine Gemeinschaftsteuer ist.[964] Der Solidaritätszuschlag ist ab dem Veranlagungszeitraum 1995 zu erheben.[965]

Mit der Wiedereinführung des Solidaritätszuschlags verfolgt der Gesetzgeber nach der Gesetzesbegründung[966] vier Ziele: Der Aufholprozess in Ost-Deutschland soll dauerhaft finanziert, die Erblastschulden der sozialistischen Herrschaft in der ehemaligen DDR sollen bewältigt, die daraus resultierenden Finanzierungslasten auf die öffentlichen Haushalte gerecht verteilt und die öffentlichen Haushalte als Grundlage einer gesunden gesamtwirtschaftlichen Entwicklung konsolidiert werden.

Diese Ziele begründen einen längerfristigen Bedarf, sind gegenwärtig annähernd, aber noch nicht vollständig erreicht. Damit stellt sich die Frage, ob das nach nunmehr 17-jähriger Laufzeit geltende Gesetz noch verfassungsgemäß oder eine verfassungswidrige Sondersteuer ist.

b) Politische Zweckbindung

Der Solidaritätszuschlag wäre als bloße Steuersatzerhöhung eine Gemeinschaftsteuer, deren Aufkommen Bund und Ländern nach Art. 106 gemeinsam zustünde.[967] Er wird zu einer „Ergänzung" zur Einkommen-

und Körperschaftsteuer,[968] damit zu einer Bundesertragsteuer erst, wenn er die Belastung des Einkommens ergänzend sozial ausgestaltet[969] und sich dadurch von der Einkommensteuer abhebt. Die Höhe der Belastung ist so zu begrenzen, dass die Einkommen- und Körperschaftsteuer durch den Zuschlag nicht ausgehöhlt wird.[970] Schließlich ist der Zuschlag zeitlich an seinen Zweck zu binden, allerdings nicht notwendig zu befristen.[971]

Der Solidaritätszuschlag soll die neuen Bundesländer stufenweise finanzverfassungsrechtlich integrieren, begründet insoweit einen Sonderbedarf, der vorrangig durch Bundesgesetz zu befriedigen ist.[972] Doch dieses Verwendungsziel ist nicht durch eine rechtsverbindliche Zweckbindung vorgegeben, sondern bleibt lediglich politische „Verwendungsabsicht".[973] Die Bezeichnung „Solidaritäts"zuschlag deutet ersichtlich auf eine soziale Finanzverantwortlichkeit für die neuen Bundesländer hin,[974] bezeichnet aber eher ein gelockertes Verwendungsziel, bindet das Steueraufkommen rechtlich nicht.[975] Der Ertrag aus dem Solidaritätszuschlag fließt vollständig in den allgemeinen Bundeshaushalt.

c) Zeitliche Begrenzung

Die Ergänzungsabgabe durch Art. 106 Abs. 1 Nr. 6 GG darf einen Mehrbedarf des Bundes auf längere Zeit decken, wenn lediglich der Bund einen Finanzbedarf hat, die Länder nicht gleichzeitig entsprechende Steuererträge benötigen.[976] Während der Erhebung der Ergänzungsabgabe mögen sich für den Bund neue Aufgaben ergeben, für deren Erfüllung das sonstige Steueraufkommen nicht ausreicht. Dann ist es gerechtfertigt, die Ergänzungsabgabe erneut einzuführen oder eine bereits bestehende Ergänzungsabgabe fortzuführen.[977] Eine Ergänzungsabgabe darf aber ersichtlich nicht mehr erhoben werden, wenn die regelmäßigen Steuererträge des Bundes zur Erfüllung seiner Aufgaben auf Dauer ausreichen.[978] Diese Rechtsprechungslinie ist vom Bundesverfassungsgericht in jüngster Zeit wiederholt bestätigt worden.[979]

d) Wegfall des Finanzierungszwecks

Der Solidaritätszuschlag dürfte gegenwärtig noch den verfassungsrechtlichen Anforderungen einer Ergänzungsabgabe entsprechen.[980] Der zur Begründung des Gesetzes genannte finanzpolitische Integrationszweck, die finanzverfassungsrechtliche „Solidarität" mit den noch nicht abschließend integrierten neuen Bundesländern, wird jedoch in naher Zukunft entfallen. Dabei mag auch das Solidaritätserfordernis in Europa das schwächer werdende Solidaritätsbedürfnis zwischen alten und neuen Bundesländern verdrängen.

Der Solidaritätszuschlag ist nicht unmittelbar Teil eines finanzverfassungsrechtlichen Übergangskonzepts, das den Finanzausgleich, aber nicht die Steuerfinanzierung dieses Ausgleichs betrifft.[981] Dennoch gehört er in seiner Besonderheit – er „ergänzt" die Einkommensteuer und Körperschaftsteuer – in den Kontext dieses Übergangs. Wenn Ost und West finanzverfassungsrechtlich zusammengeführt sind, entfällt die steuerliche „Solidarität", die ausschließlich Berlin und den neuen Bundesländern gilt, die finanzschwachen Westländer nunmehr nicht mehr von dieser Solidarität ausnehmen kann. Der „Solidaritätszuschlag" hat dann seinen Zweck erreicht.

e) Fortführung der Ergänzungsabgabe zum Schuldenabbau

Doch können sich während der Geltung einer Ergänzungsabgabe für den Bund neue Aufgaben ergeben, für deren Erfüllung seine allgemeinen Steuererträge nicht ausreichen, die deshalb die erneute Einführung oder die Fortführung einer Ergänzungsabgabe rechtfertigen.[982] Eine solche Finanzierungsaufgabe begründet das Übermaß an Altschulden, die aus laufenden Steuereinnahmen nicht getilgt werden können und die eine „Solidarität" der gegenwärtigen Steuerzahler zur Entlastung der zukünftigen Steuerzahler fordert. Deshalb kann der Solidaritätszuschlag in der Schuldentilgung einen neuen Zweck finden. Eine neue Ergänzungsabgabe kann – mit eigenem rechtfertigenden Zweck und eigener Zeitbindung – den alten Solidaritätszuschlag fortsetzen.

Seine Besonderheit liegt in dem – nicht einmaligen,[983] aber – außerordentlichen Finanzbedarf, der die überhöhte Verschuldung des Gesamtstaates, insbesondere des Bundes verursacht. Diese Zweckbindung der neuen Zuschlagsteuer sollte im Steuergesetz ausdrücklich geregelt werden. Diese Zweckbindung hat eine dreifache verfassungsrechtliche Bedeutung:
– Sie benennt den rechtfertigenden Grund für eine Ergänzung der Einkommen- und Körperschaftsteuer,
– sie schirmt das Steueraufkommen gegen die Verwendung im allgemeinen Staatshaushalt ab, sichert also einen verlässlichen Schuldenabbau mit dem gesamten Aufkommen dieser Steuer,
– sie verdeutlicht, dass die Erträge aus dieser Steuer nicht für fremde Haushalte anderer Staaten zur Verfügung stehen.

Das Aufkommen aus dem Solidaritätszuschlag betrug im Jahre 2010 11.713 Mrd. Euro.[984]

3. Die Erbschaftsteuer

a) Rechtfertigung der Erbschaftsteuer

Die Erbschaft- und Schenkungsteuer belastet den Zuwachs an individueller Leistungsfähigkeit.[985] Der Erbe wird in der Erbmasse, der Beschenkte im Gegenstand der Schenkung bereichert[986]; der Vermögenszugang des Erben und Beschenkten steigert deren Leistungsfähigkeit.[987]

Die Erbschaft- und Schenkungsteuer wird wie kaum eine andere Steuerart grundlegend in Frage gestellt. Sie schaffe falsche Anreize gegen Vermögensbildung und lebenslange Erwerbsanstrengung, benachteilige Sparen und Altersvorsorge, sei beratungs- und gestaltungsabhängig, zudem nur mit großem Aufwand und geringem Ertrag zu verwalten. Die Steuersätze seien zu hoch. Gewichtige Stimmen fordern ihre Abschaffung.[988] Andere schlagen die Integration der Erbschaftsteuer in die Einkommensteuer vor.[989]

Doch die Erbschaft- und Schenkungsteuer rechtfertigt sich, weil die Rechtsgemeinschaft einen wesentlichen Anteil an dem ererbten oder geschenkten Zuwachs an Leistungsfähigkeit hat. Das Grundgesetz garantiert das Erbrecht.[990] Das Bürgerliche Gesetzbuch gibt der Schenkungs- und Testierfreiheit, dem gesetzlichen Erb- und Pflichtteilsrecht seine gesetzliche Grundlage. Die staatliche Garantie von Sicherheit und Ordnung, von innerem und äußerem Frieden gewährleistet, dass der Erbe seine Erbschaft unbekümmert entgegennehmen und langfristig nutzen kann. Auch wenn der Erbfall – durch Testament und gesetzliche Erbfolge gerechtfertigt – zu großen, vielfach als „unverdient" empfundenen Vermögensunterschieden führt, gewährleistet die Rechtsordnung diese rechtliche Verschiedenheit. Das Erbrecht sichert strukturell, dass das Vermögen auch nach dem Tode in privater Hand bleibt, dass das Privateigentum dann nicht – wie etwa das Rentenrecht – an die Allgemeinheit und damit den Staat anfällt, langfristig somit immer mehr Vermögenswerte in staatliche Hand übergingen, die Garantie des privatnützigen Eigentums dadurch ständig an praktischen Anwendungsmöglichkeiten verlöre.

Diese Mitwirkung der Rechtsgemeinschaft – des Staates – am individuellen Vermögenszuwachs durch Erbschaft und Schenkung rechtfertigt eine Steuer, die eine dadurch zugewachsene Bereicherung maßvoll mindert, um dieses System von Recht und Frieden auch in Zukunft zu sichern. Das Recht zu schenken und zu vererben einerseits, andererseits das Recht, zu erben und sich beschenken zu lassen, setzt das staatliche System von Recht, Frieden und innerer Sicherheit voraus. Deswegen sollen Schenker,

VII. Umwidmung von Steuererträgen 197

Beschenkter und Erbe durch eine Steuer beitragen, dieses System auch in Zukunft zu finanzieren und weiterzuentwickeln.

b) Die Herkunft des Erbes verpflichtet auf die Zukunft

Da die Erbschaft sich aus dem Willen des Erblassers oder aus der verwandtschaftlichen und ehelichen Nähe zwischen Erblasser und Erben rechtfertigt, verdankt der Erbe seinen Vermögenszuwachs der Herkunft der Erbmasse. Diese Herkunft der ererbten Werte legt es nahe, die Entgegennahme gesicherter Werte für die Sicherung dieser Werte in Anspruch zu nehmen. Wenn eine überhöhte Staatsverschuldung den Geldwert strukturell gefährdet, sollen die Erträge aus der Erbschaftsteuer eingesetzt werden, um diese Gefahren zu verringern. Die Besteuerung eines gesicherten Erwerbs hilft, die Entwertung vermeintlich gesicherter Bestände zu verringern. Die Erben wirtschaftlich erheblicher Erbmassen werden steuerlich herangezogen, um die Gefährdung der Allgemeinheit im Staatshaushalt und Geldwert abzuwehren, die Unabhängigkeit der Demokratie vom Finanzmarkt zu stärken. Die staatliche Gewährleistung des Erbrechts rechtfertigt, die Erben für die Gewährleistung eines ausgeglichenen Haushalts, die Geldwertstabilität und die Unabhängigkeit des Staates vom Finanzmarkt durch die Erbschaftssteuer in Pflicht zu nehmen.

c) Ertragswirkung

Das Aufkommen aus der Erbschaftsteuer allerdings beträgt gegenwärtig (2010) nur 4,4 Mrd. Euro.[991] Eine Zweckbindung dieses Aufkommens für die Schuldentilgung[992] würde also das Entschuldungskonzept in einer dafür besonders geeigneten Steuer verdeutlichen, dabei ausschließlich die Steuererträge der Länder[993] mehren, in der Aufkommenssumme aber die Gesamtverschuldung kaum spürbar mindern können.

Eine strukturelle Reform der Erbschaftsteuer[994] wird – bei gleichbleibendem Gesamtsteueraufkommen – die Erträge aus dieser Steuer deutlich steigern, damit ein wachsendes Aufkommen für eine Entschuldung der Länder bereitstellen können.

VIII. Sanierung durch Veräußerung von Staatsvermögen

1. Der Auftrag zur Überprüfung von Staatsvermögen

Wenn ein Unternehmer zu hohe Schulden hat, wird er Vermögen einsetzen, um Schulden zu tilgen. Der Vermögende tilgt Schulden durch Vermögen.

Diese im Privatrechtsverkehr geläufige Sicherung der Schulden durch eigenes Vermögen greift für den Staat nicht. Das Staatsrecht[995] beschränkt Defizite nicht im Staatsvermögen als „Haftungssumme", sondern begrenzt die Staatsschulden im Bruttoinlandsprodukt, versteht also die Produktivität von Staatsvolk und Inländern, nicht das Staatsvermögen als wirtschaftliche Grundlage und Sicherheit für die Kreditfähigkeit des Staates.[996] Diese Zuordnung ist in einem freiheitlichen Steuerstaat[997] verständlich, weil die Garantie von Berufsfreiheit (Art. 12 GG) und Eigentümerfreiheit (Art. 14 GG) die Produktionsfaktoren Arbeit und Kapital strukturell in privater Hand belässt,[998] jede auf Dauer angelegte nicht steuerliche Erwerbsquelle deshalb besonderer Rechtfertigung bedarf.[999] Zwar gehört Staatsvermögen zu den Wirkungsvoraussetzungen des Staates, ist eine Realität des Staates;[1000] die Vorstellung eines vermögenslosen Staates ist Utopie.[1001] Verfassungswidrig wäre es aber, wollte der Staat möglichst viel Staatsvermögen ansammeln und bewahren, um daraus Macht und Gestaltungsmittel abzuleiten.[1002] Das „privatnützige"[1003] Eigentum liegt grundsätzlich in privater, nicht in staatlicher Hand. „Der öffentlichen Hand ist es verwehrt, Vermögen zu akkumulieren, um ihre Macht mit wirtschaftlichen Mitteln zu steigern oder um sich eine zusätzliche Einnahmequelle zu erschließen".[1004] Aus dieser Grundentscheidung für das privatnützige Eigentum und gegen eine Staatsfinanzierung aus Vermögenserträgen ergibt sich ein Auftrag, den Bestand von Staatsvermögen regelmäßig zu überprüfen.

Das Staatsvermögen entwickelt sich dementsprechend vom Ertragsvermögen zum Funktionsvermögen. Der Staat finanziert sich nicht mehr durch Domänen, Forsten, Post, Telegraphie, Eisenbahn, Industriebeteiligungen, sondern hält Vermögensobjekte im Dienst von öffentlichen Zwecken, gewidmet einer bestimmten Verwaltungsaufgabe oder dem Gemeingebrauch.[1005] Wesentliche staatliche Erwerbsgrundlagen – insbesondere von Post, Bahn, Flughäfen, Industriebeteiligungen – sind privatisiert.[1006] Staatlicher Erwerb und staatliches Eigentum an Vermögensgegenständen rechtfertigen sich durch einen öffentlichen Zweck. Staatseigentum beansprucht nutzbare Vermögensgegenstände, verringert damit die für

VIII. Sanierung durch Veräußerung von Staatsvermögen

das privatnützige Eigentum verfügbaren Objekte, beschränkt private Freiheit.[1007] Staatliche Erwerbstätigkeit verdrängt privaten Erwerb, berührt damit die Garantie der Berufsfreiheit[1008] und den Zugang zum Privateigentum.[1009]

2. Das Vermögen des Staates

a) Vermögen des Bundes

Zum 31. Dezember 2010 weist das Bundesministerium der Finanzen das Vermögen des Bundes unter Einbeziehung der Sonder- und Treuhandvermögen des Bundes in einer Höhe aus, die allenfalls einen Bruchteil der Staatsschulden decken könnte.[1010] Dieses Vermögen ist allerdings weitgehend zweckgebunden, kann also nicht beliebig zur Schuldentilgung eingesetzt werden.[1011]

Das Liegenschaftsvermögen des Bundes besteht aus den unbeweglichen Sachen des grundsätzlich ertraglosen und zweckgebundenen allgemeinen Verwaltungsvermögens, den Sachen im Gemeingebrauch – wie den Bundesautobahnen, Bundesstraßen und Kanälen –, dem unbeweglichen Vermögen der Bundesanstalten und Bundeseinrichtungen, dem unbeweglichen Betriebsvermögen sowie den unbeweglichen Sachen des allgemeinen Kapital- und Sachvermögens, das möglichst wirtschaftlich genutzt und verwendet wird.[1012]

Die Unternehmen der öffentlichen Hand bilden – auch nach der Privatisierung insbesondere von Post und Eisenbahn – einen wichtigen Teil der Volkswirtschaft und seiner Produktivität. Die Schwerpunkte der öffentlichen Unternehmen liegen – oft im Eigentum der Länder – in der Versorgung mit Energie und Wasser, der Entsorgung, dem Verkehr, dem Nachrichtenwesen, den Banken und Versicherungen, dem Grundstücks- und Wohnungswesen.[1013]

Beim Vergleich von Verschuldung und Vermögen ist zu berücksichtigen, dass den Schulden gegenwärtig nur das Vermögen der unmittelbaren Bundesverwaltung (Kernverwaltung) gegenübersteht und dies auch nur teilweise. Wesentliche Vermögenspositionen wie das gesamte Immobilienvermögen einschließlich der Bundesfernstraßen und der Bundeswasserstraßen sowie das bewegliche Vermögen sind zurzeit noch nicht erfasst. Das Vermögen rechtsfähiger Einrichtungen der mittelbaren Bundesverwaltung (z.B. Bundesanstalt für Immobilienaufgaben, Deutsche Bundesbank, Bundesagentur für Arbeit sowie die Deutsche Rentenversicherung Bund, Bundesinstitut für Berufsbildung) wurde aus der Vermögensrechnung ausgenommen.[1014] Ferner ist bei Beurteilung der Verschuldungshöhe zu berücksichtigen, dass rechtsfähige Einrichtungen vor ihrer Gründung zu den Schulden des Bundes beigetragen haben können und durch laufende, kreditfinanzierte Zuweisungen aus dem Bundeshaushalt zur jährlichen Erhöhung der Schulden des Bundes beitragen.[1015]

b) Vermögen der Länder

Die Länder verfügen ebenfalls über Verwaltungsvermögen, sind aber häufig auch Kapitalgeber und Anteilseigner von Wirtschaftsunternehmen. Diese sind teilweise Ertragsbetriebe, teilweise Zuschussbetriebe, teilweise finanzwirtschaftliche Beteiligungen, teilweise auch Instrumente der Lenkung und Strukturpolitik. Sie sind Vermögenswerte, aber auch Vermögenslasten. Die Beteiligungen der Länder betreffen insbesondere Bäder- und Kurverwaltungen, Einrichtungen der Wissenschaft und der Kunst, Kliniken, Verkehrsbetriebe des Nahverkehrs, der Flughäfen, der Wasserstraßen, der Häfen und der Seeschifffahrt, Kreditanstalten und Wirtschaftsförderungsorganisationen, Spielbanken, Toto- und Lottobetriebe, Landesbanken, Bau-, Siedlungs-, Wohnungs-, Gründungs- und Liegenschaftsbetriebe, Wasser-, Energie- und Entsorgungsbetriebe, Markt- und Tourismusbetriebe, Brauereien, Kabel- und Kommunikationsbetriebe, Münzämter, Sporteinrichtungen, Förderungs- und Sanierungsanstalten.[1016]

3. Staatsvermögen als Funktionsbedingung staatlicher Tätigkeit

Der Staat braucht Vermögen, um seine Aufgaben zu erfüllen. Die Polizei benötigt Autos und Akten, die Bundeswehr braucht militärische Sicherheitseinrichtungen, die Schule das Schulgebäude, die Universität Hörsaal, Bibliothek und Labor, die Stadt ihr Rathaus. Die Allgemeinheit erwartet Güter im Gemeingebrauch wie die Straßen und Plätze, Einrichtungen der Kultur und der Natur. Der Staat[1017] braucht ein hinreichendes, aufgabengerechtes Staatsvermögen.

Dementsprechend sind bestimmte Gegenstände als verkehrsunfähige Sachen (res extra commercium) dem privatrechtlichen Verkehr entzogen: Sachen im Gemeingebrauch (Meeresstrand, öffentliche Gewässer, Straßen und Wege), im Anstaltsgebrauch (Schulgebäude, öffentliche Verkehrsbetriebe, Strafanstalten, Friedhöfe), aber auch Sachen, die der behördlichen Nutzung gewidmet sind (Bürobauten und deren Ausstattung).[1018] Der staatliche Eigentümer darf über diese öffentlichen Sachen in der Regel nicht verfügen.[1019]

VIII. Sanierung durch Veräußerung von Staatsvermögen

Auch das Haushaltsrecht schränkt die Verfügbarkeit über Staatsvermögen deutlich ein: Staatsvermögen darf nur bei Entbehrlichkeit[1020] und nur zum vollen Wert veräußert werden,[1021] unterliegt einem Zustimmungsvorbehalt des Bundesministeriums der Finanzen[1022] und des Parlaments.[1023] Die Veräußerung muss wirtschaftlich sein,[1024] der Wert ermittelt werden.[1025]

Diese Vorschriften folgen dem historischen Dogma der Unveräußerlichkeit des Staatsgutes in der konstitutionellen Monarchie.[1026] Landesrechtliche Vorschriften zur Erhaltung des Grundstockvermögens und der Substanz des Landesvermögens verstärken diese Schranken.[1027] Die Gemeindeordnungen bestimmen in der Regel, dass Gemeinden Vermögensgegenstände nur veräußern dürfen, wenn sie zur Erfüllung ihrer Aufgaben in absehbarer Zeit nicht benötigt werden.[1028] In diesen Einzelvorschriften wird der allgemeine Grundsatz der sparsamen und wirtschaftlichen Haushalts- und Wirtschaftsführung,[1029] der Treuhänderschaft des Staates bei allem Finanzgebaren verdeutlicht und ausgeformt.[1030] Im demokratischen Rechtsstaat wird das – steuerfinanzierte – Staatsvermögen dem Staat als Treuhänder anvertraut. Er hat dieses Vermögen im Dienst des Staatsvolkes und der Allgemeinheit der Steuerzahler zu nutzen, in dieser Bindung auch in die Erwägungen einer Schuldentilgung einzubeziehen.

a) Verwaltungsvermögen

Die unterschiedliche Bindung des Staatsvermögens begreift die Rechtswissenschaft, wenn sie zwischen Verwaltungsvermögen und Finanzvermögen unterscheidet.[1031] Das Verwaltungsvermögen steht unmittelbar im Dienst einer Verwaltungsaufgabe, ist bestimmt von den Erfordernissen des staatlichen Auftrags,[1032] ist an die Verwaltungsaufgabe und den Verwaltungsträger gebunden. Das Verwaltungsvermögen folgt dem Rechtsträger, der jeweils die von der ursprünglichen Zweckbestimmung des Vermögens bestimmten Aufgaben erfüllt.[1033] Dieses Verwaltungsvermögen darf nicht veräußert und privatisiert werden, solange die Verwaltungsaufgabe besteht und das Verwaltungsvermögen ihr dient.

Zum Verwaltungsvermögen gehören insbesondere Verwaltungsgebäude, ihre Einrichtung, Büromaterial und Fahrzeuge, militärische Anlagen und Gerätschaften, Magazine und Archive.[1034] Dieses interne Verwaltungsvermögen ist gänzlich geprägt von den Bedürfnissen der staatlichen Aufgabe, der staatlichen Organisation und den rechtlichen Anforderungen an ein Verwaltungsmittel. Zum Verwaltungsvermögen gehören aber auch die öffentlichen Sachen im Gemeingebrauch – Straßen, Verkehrswege, Erholungsgelände, Gewässer, der Meeresgrund –, die bestimmten Verwaltungsaufgaben gewidmeten Grundstücke und Gegenstände wie Kindergärten, Schulen, Universitäten, Krankenhäuser, Theater, Museen, Verkehrsmittel, Markthallen und sonstige öffentliche Einrichtungen.[1035] Dieses Verwaltungsvermögen ist verwendungsgebunden, ist Kapital, über das der staatliche Eigentümer zur Schuldentilgung nicht verfügen darf.

Eine Vermögensprivatisierung aus fiskalischen Gründen[1036] kommt deswegen nur in Betracht, wenn die Verwaltungsaufgabe, der das Vermögen dient, zurückgenommen oder aufgehoben wird, die Erfüllung dieser Aufgabe verschlankt oder vereinfacht wird, deswegen die Vermögensbindung gelockert ist, oder das Verwaltungsvermögen wegen einer Verwaltungsrationalisierung, technischen Neuerung oder Abnutzung entbehrlich ist.

b) Finanzvermögen

Finanzvermögen dient nicht unmittelbar einer Verwaltungsaufgabe. Es entsteht in der Regel „zufällig", nicht von einer Staatsaufgabe geprägt,[1037] dient dem Staat durch seine wirtschaftliche Nutzbarkeit, seine Erträge für den Staatshaushalt.[1038] Die traditionellen Beispiele des Finanzvermögens sind Domänen und Forsten, Bergwerke und Salinen, Fabriken und Eisenbahnen.[1039] Heute gehören zum Finanzvermögen insbesondere die Wirtschaftsbetriebe der öffentlichen Hand, die staatliche Beteiligung an Wirtschaftsbetrieben, Wohnanlagen und sonstige Immobilien, Wertpapiere, Darlehensforderungen. Die Haushaltsrechnung und Vermögensrechnung des Bundes[1040] rechnet auch Sondermögen wie das ERP-Sondervermögen, das Bundeseisenbahnvermögen, den Fonds deutscher Einheit und das Treuhandvermögen zum Finanzvermögen.

Das Finanzvermögen dient überwiegend Finanzierungsinteressen der öffentlichen Hand, fördert daneben auch andere Zwecke. Verkehrsbetriebe befriedigen Transportbedürfnisse. Versorgungsbetriebe versorgen und entsorgen. Landesbanken und kommunale Sparkassen bieten Kredite und andere Bankleistungen an. Öffentliche Privatversicherer sichern gegen Risiken. Die Volkswagenwerk AG produziert unter Beteiligung des Staates Automobile. Wohnungsgesellschaften versorgen mit Wohnungen. Wirtschaftsbetriebe schaffen und sichern Arbeitsplätze und dienen der Infrastruktur.[1041]

Auch das Finanzvermögen unterliegt in der Regel dem gesetzlichen Bestandsschutz,[1042] ist aber eher einer Privatisierung zugänglich. Bei dem Finanzvermögen wirkt die Grundentscheidung des freiheitlichen

VIII. *Sanierung durch Veräußerung von Staatsvermögen* 203

Steuerstaates, den Staat durch Teilhabe am Erfolg privaten Wirtschaftens (Steuern), nicht durch Erträge aus Staatsvermögen zu finanzieren. Das Finanzvermögen steht grundsätzlich für eine Privatisierung aus fiskalischen Gründen zur Verfügung.[1043]

4. *Privatisierungsauftrag*

Der Staat entscheidet nach politischem Ermessen, ob und inwieweit er sein Finanzvermögen privatisieren will.[1044] Die Verfassung fordert nicht, das staatliche „Tafelsilber" zusammenzuhalten,[1045] ebenso nicht, es wegen aktueller Finanzbedürfnisse zu „versilbern". Doch das Programm liberaler Ordnungspolitik erwartet, der Staat solle Domänen verkaufen, weil er sie häufig teuer, nachlässig, unzweckmäßig verwalte. Er erziele nie Erträge und Wertzuwächse, welche die „Freiheit und Raschheit" unternehmerischen Handelns erreiche.[1046] Der Verkauf staatlichen Vermögens vermehre zugleich die Wirtschaftsgüter, die für das privatnützige Eigentum zur Verfügung stehen.[1047]

Das Grundgesetz hat sich nicht für ein bestimmtes Wirtschaftssystem entschieden, hält die Grundsatzentscheidung über richtiges Wirtschaften vielmehr offen.[1048] Doch muss der Staat jeden Eingriff in den Ablauf des sozialen und wirtschaftlichen Lebens an den Grundrechten messen.[1049] In einer Gesamtwürdigung der Verfassung anerkennt das Bundesverfassungsgericht einen Vorrang für die Freiheit der wirtschaftlichen Betätigung.[1050] Privates staatsfreies Wirtschaften ist die Regel, staatliches Wirtschaften die Ausnahme.[1051]

Die freiheitliche Struktur eines Steuerstaates sucht die Finanzierungsquellen der öffentlichen Hand in der Steuer, nicht in Vermögenserträgen. Deswegen ist eine Privatisierung des Finanzvermögens strukturell in der Finanzverfassung und in den Grundrechten des Grundgesetzes angelegt. Die Finanzvermögen von Bund und Ländern bieten auch ein Finanzierungspotential zum Abbau der Staatsschulden. Dabei ist allerdings zu berücksichtigen, inwieweit dieses Finanzvermögen mittelfristig Erträge bringt. Sollen Schulden und Zinslasten durch Veräußerung von Finanzvermögen getilgt werden, ist diese Tilgung finanzwirtschaftlich nicht mehr gerechtfertigt, wenn dadurch gleiche, erst recht wenn höhere Staatserträge entfallen.

5. Verkappte Kreditaufnahmen

Teilweise bedient sich der Staat eines in der Privatwirtschaft geläufigen Vertragsinstruments, der Veräußerung und Rückmiete eines Gegenstandes, um dadurch Liquidität zu gewinnen und in den Mietzahlungen die Kosten dieser Liquidität in die Zukunft zu verlagern. Das Land veräußert ein Schulgebäude, einen Regierungssitz, ein Gefängnis, um es sogleich zurück zu mieten. Diese Sale-and-Lease-Back-Geschäfte sind eine verkappte staatliche Kreditaufnahme, die den verfassungsrechtlichen Maßstäben der Kreditaufnahme ausweichen soll.[1052] Nach dem Schleswig-Holsteinischen „Liegenschaftsmodell" sollten Liegenschaften des Landes zum Verkehrswert an die Investitionsbank veräußert, die veräußerten Grundstücke sodann langfristig zur Marktmiete zurückgemietet werden. Die Investitionsbank sollte den Kauf durch Inanspruchnahme des Kapitalmarktes in Höhe von etwa 1 Milliarden DM finanzieren.[1053] Diese Kreditaufnahme durch die Investitionsbank muss sich das Land als eigene Kreditaufnahme zurechnen lassen. Das Land würde durch den Schuldendienst in Form von Mietzahlungen aus dieser Kreditaufnahme belastet. Das Immobiliengeschäft organisiert einen Geldzufluss mit Rückzahlungsverpflichtung. Das Bundesverfassungsgericht hat dem Land deshalb aufgegeben, die Einnahmen aus diesem Immobiliengeschäft so zu behandeln, als seien es Kredite.[1054] Der Kieler Landtag hat das Projekt daraufhin nicht weiter verfolgt.[1055] Verwaltungsvermögen, das noch benötigt wird, darf nicht veräußert werden.[1056]

Derartige Leasing-Modelle sind verfassungsrechtlich noch problematischer, wenn Leasingnehmer ein ausländischer – in den USA sitzender – Unternehmer ist, der aufgrund des Leasingvertrages steuerliche Vorteile nach amerikanischem Recht erzielt und diese teilweise an den deutschen Leasinggeber der öffentlichen Hand weitergibt (Cross-Border-Leasing). Diese Fehlentwicklung ist, da der US-amerikanische Steuergesetzgeber die wichtigsten Rechtsgrundlagen dieser Steuervermeidungsstrategien aufgehoben hat, im Abklingen.[1057]

Auch Kommunen haben die Vertragsgestaltung einer Veräußerung und Rückmiete von Grundstücken vielfach genutzt. Doch auch hier wird inzwischen bewusst, dass Verwaltungsvermögen, das noch benötigt wird, nicht veräußert werden darf.[1058]

Die Public-Private-Partnerships (PPP) unterscheiden sich von diesen Sale-and-Lease-Back-Verträgen dadurch, dass schon die Errichtung oder Ausstattung öffentlicher Vermögensgegenstände – Straßen und Gebäude – von privater Hand vorfinanziert werden. Auch hier nutzt die Verwaltung Vermögen, für das der finanzierende private Unternehmer ein Entgelt verlangt – sei es durch Überlassung der aus der Nutzung dieser Güter erzielten Straßenmaut oder Benutzungsgebühr, sei es durch mietzinsähnliche Zuwendungen der öffentlichen Hand. Im Kern ist diese Partnerschaft wiederum ein Kreditmodell,[1059] das in den verfassungsrechtlichen Grenzen der Staatsverschuldung gebunden ist.

6. Vorsorgevermögen

Wenn der Staat durch Bildung von Sondervermögen für einen zukünftigen Bedarf vorsorgt, also eine „verdeckte Staatsverschuldung" zu vermeiden sucht, so ist diese Finanzvorsorge vom Generationenvertrag geboten. Sie ist allerdings der Gefahr eines zweckwidrigen Zugriffs in einer finanziellen Staatskrise ausgesetzt.[1060] Diese Sondervermögen werden nicht durch private Finanzleistungen, insbesondere nicht durch versicherungsrechtlich angesparte Versorgungsanwartschaften erworben. Sie sind deshalb[1061] nicht eigentumsrechtlich gegen einen Staatszugriff geschützt, umso mehr aber finanzpolitischen Begehrlichkeiten ausgesetzt.

Der historische Modellfall ist der vom ersten Finanzminister der Bundesrepublik, *Fritz Schäffer*, gebildete „Juliusturm".[1062] Dieses Sondervermögen wurde aus Rücklagen für die bevorstehende Wiederbewaffnung und aus den von den Alliierten Siegermächten nicht abgerufenen Besatzungskosten von 1952–1956 in Höhe von rund 7 Milliarden DM gebildet, konnte aber bald nicht mehr gegen den tagespolitischen Zugriff der Finanzpolitiker abgeschirmt werden. 1959 waren die Gelder ausgegeben.[1063]

Ein strukturell und finanziell bedeutsames Problem bietet die verdeckte Staatsverschuldung durch die Pensions- und Versorgungsansprüche des öffentlichen Dienstes. Bund und Länder haben zur Sicherung der Pensionsansprüche ihrer Beamten eine Versorgungsrücklage eingeführt. Der Bund hat eine Rücklage in Form eines Sondervermögens gebildet,[1064] das von der Bundesbank in handelbaren Schuldverschreibungen angelegt und vom Bundesministerium des Innern als „Versorgungsfonds des Bundes" verwaltet wird.[1065] Die Länder haben entsprechende Fonds gegründet.[1066] Gegenüber diesen Versorgungsfonds haben die Versorgungsberechtigten keinen subjektiv-öffentlichrechtlichen Zahlungsanspruch.[1067] Das Gesetz hat die Rücklage vor Zweckentfremdung geschützt; sie darf zweckgebunden nur zur Deckung von Versorgungsausgaben verwendet werden. Diese Zweckbindung greift aber nicht gegenüber einem späteren Gesetzgeber. Dementsprechend wurden Zahlungen an den Fonds teilweise ausgesetzt, einige Fonds abgebaut oder aufgelöst.[1068] Der Kapitalstock dieser Fonds ist strukturell durch Finanzbegehrlichkeiten gefährdet.

Deshalb ist es notwendig, diesen Fonds verfassungsrechtlich gegen eine Zweckentfremdung abzuschirmen. Zwar greift das Verbot der Neuverschuldung nicht für die Begründung von Pensionslasten, weil diese als Altersbezüge die Dienstleistungen der Beamten entgelten. Die Fonds bereiten auf erworbene Leistungsansprüche vor, die aber noch nicht zu subjektivrechtlichen Ansprüchen umgrenzt, insoweit noch nicht eigentumsfähig sind. Doch die Idee der Generationengerechtigkeit verlangt, auch für diese Staatsschulden rechtlich verlässlich vorzusorgen.

IX. Schuldentilgung durch Inflation?

Wenn Staaten und Zentralbanken die Geldmenge dramatisch vermehren, den Geldmarkt mit Geld „fluten", sich außerdem teilweise die Umlaufgeschwindigkeit des Geldes steigert, treibt diese Politik die Inflation an, erreicht damit eine Geldentwertung, die auch die Schulden der öffentlichen Hand vermindert. Die Geldeigentümer müssen dulden, dass der Tauschwert des Wertaufbewahrungsmittels „Geld" sich verringert. Der reale Wert ihres Geldeigentums[1069] würde entwertet. Dieser Wertverlust wird teilweise einer staatlichen Abgabe gleichgestellt.[1070] Diese Entschuldungswirkung ist allerdings weniger spürbar, solange die Vermehrung des Geldes ausschließlich Geld innerhalb des Finanzmarktes bewegt, Geld gegen Geld getauscht, Hoffnungen und Erwartungen mit Geld gekauft, Spiel und Wetten mit Geld finanziert werden. Erst wenn die vermehrte Geldmenge den Realmarkt von Gütertausch und Dienstleistungsentgelt erreicht, verändert die Inflation die Kaufkraft des Geldes auch für den Tausch von Geld gegen Sachgüter, schwächt damit den Freiheitsnutzen des Geldeigentums.[1071] Eine derartige inflationstreibende Entschuldungspolitik ist mit der Stabilitätsgarantie und dem Eigentumsschutz des Grundgesetzes und des Europarechts nicht vereinbar.

1. Die Stabilitätsgarantie

a) Verfassungsrechtlicher und europarechtlicher Geltungsgrund

Die Europäische Währungsunion ist eine Stabilitätsgemeinschaft.[1072] Dieses Konzept rechtliche Bindung ist Grundlage und Gegenstand des deutschen Zustimmungsgesetzes zum Maastricht-Vertrag, Vertragsgrundlage der Währungsunion[1073] und bildet den verfassungsrechtlichen Maßstab für die verfassungsgerichtliche Überprüfung von Griechenland-Hilfe und Euro-Rettungsschirm.[1074] Die Europäische Union ist in ihrem gesamten Handeln dem Ziel einer Geldwertstabilität verpflichtet.[1075] Das Grundgesetz begrenzt von Anfang an die staatliche Kreditaufnahme.[1076] Der verfassungsändernde Gesetzgeber hat jüngst diese Regeln für die Kreditaufnahme tatbestandlich konkretisiert und sachlich verschärft[1077] und damit klargestellt, dass die Parlamente bei der Entscheidung über die Staatsverschuldung verfassungsrechtlich gebunden sind.[1078] Diese verfassungsrechtliche Bindung ist notwendig, „um langfristig die demokratische Gestaltungsfähigkeit für das Gemeinwesen zu erhalten".[1079]

Wenn Art. 88 Satz 2 GG eine unabhängige Europäische Zentralbank vorrangig auf die Sicherung der Preisstabilität verpflichtet, Art. 109 Abs. 2 GG Bund und Länder an die „Rechtsakte" der Europäischen Union zur Einhaltung der Haushaltsdisziplin bindet, Art. 14 Abs. 1 GG Geldeigentum schützt,[1080] dienen diese Bestimmungen gemeinsam und parallel dem Ziel der Währungsstabilität, die das „vorrangige Ziel" des Europäischen Systems der Zentralbanken ist.[1081] Diese europarechtlichen Vorgaben sind Gegenstand des deutschen Zustimmungsgesetzes, werden damit zu den rechtlichen Voraussetzungen, unter denen sich Deutschland an der Währungsunion beteiligt.[1082] Das deutsche Parlament ist, wenn es die Geltung dieses Europarechts in Deutschland anordnet, an die Stabilitätsvorgaben des Grundgesetzes gebunden.[1083]

Gegen eine Schuldenminderung durch eine gezielte Inflationspolitik schützen außerdem das Verbot an die Zentralbank, Schuldtitel öffentlicher Einrichtungen unmittelbar zu erwerben,[1084] das Verbot der Haftungsübernahme[1085] und die Stabilitätskriterien für eine tragfähige Haushaltswirtschaft.[1086]

b) Unaufgebbare Haushaltsverantwortung des Parlaments

In diesem Stabilitätskonzept stützt sich die Währungsunion auf die Eigenständigkeit der nationalen Haushalte.[1087] In ständiger Rechtsprechung weist das Bundesverfassungsgericht darauf hin, dass ein vereintes Europa sich auf verfassungsrechtlicher Grundlage verwirklicht, die dafür erforderliche Öffnung der staatlichen Herrschaftsordnung hin zur Europäischen Union[1088] auf verfassungsrechtliche Schranken stößt. Das Grundgesetz errichtet insbesondere gegen eine parlamentarische Selbstbeschränkung des Budgetrechts Grenzen.[1089] Der auch im Rahmen des Integrationsprozesses verfassungsfeste Identitätskern des deutschen Verfassungsstaates gewährleistet, „dass der Haushaltsgesetzgeber seine Entscheidungen über Einnahmen und Ausgaben frei von Fremdbestimmung seitens der Organe und anderer Mitgliedstaaten der Europäischen Union trifft" und dauerhaft „Herr seiner Entschlüsse" bleibt.[1090]

Die Grundentscheidungen über Einnahmen und Ausgaben der öffentlichen Hand zählen zum Kern der demokratischen Aufgaben eines Parlaments. Die Verfassung verbietet, durch völkervertragliche Vereinbarungen Aufgaben und Befugnisse des Bundestages so auf die Europäische Union zu übertragen, dass dadurch die politischen Gestaltungsmöglichkeiten des Parlaments entleert werden können.[1091]

In dieser verfassungsrechtlichen und – damit übereinstimmend – europarechtlichen Kompetenz und Verantwortlichkeit des Deutschen Bundestages für den deutschen Haushalt greifen die Bindungen des Grundgesetzes unmittelbar. Die Haushaltsentschuldungen sind Hoheitsakte deutscher öffentlicher Gewalt.[1092] Der Haushaltsplan wird durch das Haushaltsgesetz festgestellt,[1093] wirkt dabei als zeitlich begrenzter und aufgabenbezogener Wirtschaftsplan, als ein Hoheitsakt, der den Staat leitet.[1094] Umfang und Struktur des Haushaltsplans spiegeln die jeweilige Gesamtpolitik des Mitgliedstaates wider. Dabei begrenzen die erzielbaren Einnahmen den Gestaltungsrahmen für die Erfüllung ausgabenwirksamer Staatsaufgaben.[1095] Die parlamentarische Hoheitsgewalt über den Haushalt berechtigt zu politischen Konzeptionsentscheidungen „über den Zusammenhang von wirtschaftlichen Belastungen und staatlich gewährten Vergünstigungen".[1096] Die parlamentarische Aussprache über den Haushalt – insbesondere in ihren stabilisierenden oder destabilisierenden Wirkungen für den Geldwert – wird so zu einer öffentlichen politischen Generaldebatte über Schulden, Geldwert, Staatsvertrauen.[1097]

Selbst wenn sich die Bundesrepublik Deutschland in der europäischen Integration oder in Systemen kollektiver Sicherheit finanzpolitisch bindet, diese Bindungen auch einen erheblichen Umfang annehmen, bleibt die haushaltspolitische Gesamtverantwortung beim Bundestag. Er darf nicht in die Rolle des bloßen Nachvollzugs fremder Entscheidungen gedrängt werden. Dementsprechend darf der Deutsche Bundestag seine Budgetverantwortung nicht durch unbestimmte haushaltspolitische Ermächtigungen auf andere Akteure übertragen, sich nicht – auch nicht durch Gesetz – finanzwirksamen Mechanismen ausliefern, die zu nicht überschaubaren haushaltsbedeutsamen Belastungen ohne vorherige Zustimmung des Parlaments führen können. Dieses Verbot, sich der eigenen Budgetverantwortung zu entäußern, gilt für Ausgaben und für Einnahmen. Es wahrt die Haushaltskompetenz des mitgliedstaatlichen Gesetzgebers.[1098]

c) Gewährleistungsversprechen

Wenn der mitgliedstaatliche Haushaltsgesetzgeber auch im Rahmen der Europäischen Union „Herr seiner Entschlüsse" zu bleiben hat, geraten Gewährleistungsermächtigungen, mit denen ein Mitgliedstaat die Zahlungsfähigkeit anderer Mitgliedstaaten absichern soll, in ein erhebliches Spannungsverhältnis zum Prinzip der Haushaltsautonomie und seiner demokratischen Verankerung im jeweiligen Staatsvolk.[1099] Gewährleistungsermächtigungen, die von Deutschland im Rahmen internationaler Übereinkünfte übernommen werden, um die Liquidität anderer Staaten der Währungsunion zu erhalten, bergen in sich die Gefahr, die politischen Gestaltungsmöglichkeiten des Bundestags in verfassungsrechtlich unzulässigem Umfang einzuschränken. Eine solche Gefahr droht insbesondere, wenn die Bundesregierung ohne Zustimmung des Bundestages in erheblichem Umfang Gewährleistungen übernähme, die zur direkten oder indirekten Vergemeinschaftung von Staatsschulden beitragen, bei denen also der Eintritt des Gewährleistungsfalls allein vom Verhalten anderer Staaten abhängig wäre.[1100]

Zwar begrenzt Art. 115 Abs. 1 GG – anders als für Kreditaufnahmen – nicht ausdrücklich den Umfang von Gewährleistungsermächtigungen.[1101] Doch setzt das 57. Gesetz zur Änderung des Grundgesetzes vom 29.7.2009[1102] mit der Schuldenbremse[1103] jeder Staatsverschuldung Grenzen. Auch Gewährleistungsversprechen greifen auf zukünftige Steuererträge vor, sind an die verfassungsrechtlich[1104] genannten Obergrenzen gebunden.[1105] Vor allem aber weist das Prinzip der parlamentarischen Haushaltsautonomie Bürgschaften, Garantien und Gewährleistungen deutlich in verfassungsrechtliche Schranken, weil die Belastungsfolgen dieser Einstandspflichten von einem fremden Schuldner, nicht mehr von Entscheidungen des deutschen Parlaments abhängen.[1106]

Eine im staatlichen Handeln angelegte Inflation, die darauf angelegt ist, den Geldwert und damit die realen Schulden zu mindern, verletzt die Verpflichtung auf die Preisstabilität. Den Bundestag trifft eine Garantenpflicht für den Geldwert. Er muss jede ausgabenwirksame Hilfsmaßnahme des Bundes größeren Umfangs im internationalen oder unionalen Bereich im Einzelnen bewilligen und dabei Gefahren für die Geldwertstabilität abwehren. Sollten überstaatliche Vereinbarungen getroffen werden, die wegen ihrer Bedeutung für das Budgetrecht und den Umfang der Versprechen die Geldwertstabilität gefährden können, darf der Bundestag nicht zustimmen. So tritt neben die (parlaments-) unabhängige EZB ein weiterer Stabilitätsgarant, das Parlament.

2. Geldwert und Eigentumsgarantie

a) Das Geld als Schutzgut der Eigentumsgarantie

Die Eigentumsgarantien (Art. 14 GG, Art. 17 GRCh, Art. 1 1. ZP EMRK) haben bisher kaum Schutzwirkungen gegen eine Inflation entfaltet. Doch könnte das Grundgesetz, das die privat verfügbare ökonomische Grundlage individueller Freiheit schützt, auch Impulse für das Europarecht geben. Die Eigentumsgarantie erschließt dem Träger des Grundrechts einen vermögensrechtlichen Freiraum, um sein Leben eigenverantwortlich gestalten zu können.[1107] Heute sichert die große Mehrzahl der Staatsbürger die wirtschaftliche Grundlage ihrer Existenz und ihrer Freiheiten weniger durch privates Sachvermögen (Grund- und Gewerbeeigentum) und mehr durch den Ertrag ihrer Arbeit (Lohn- und Sozialversicherungsanspruch).[1108] Deshalb schützt die Eigentumsgarantie nicht nur körperlich greifbare Sachen, sondern auch geldwerte Forderungen, die den Einzelnen im Dienst seines privaten Nutzens berechtigen (Ausschließlichkeitsrecht), auf Eigenleistungen beruhen (verdiente Forderung) und als materielle Grundlagen persönlicher Freiheit dienen (Freiheitsdienlichkeit).[1109] Die Eigentumsgarantie[1110] gewährleistet insbesondere, Sachgüter gegen Geld tauschen zu können. Sach- und Geldeigentum sind gleichwertig.[1111]

b) Die Gemeinschaftsabhängigkeit des Geldwertes

Allerdings kann eine Rechtsnorm den Geldwert nicht auf Dauer sichern, nicht in seiner Stabilität kontinuierlich allein durch Recht gewährleisten. Der Geldwert bildet sich vielmehr im Rahmen der europäischen Währungs- und Finanzpolitik durch das Verhalten der Grundrechtsberechtigten selbst, die Preise, Löhne, Zinsen vereinbaren, wirtschaftliche Werte und Entwicklungen einschätzen und bewerten und daraus ihre vertraglichen Folgerungen ziehen. Der Geldwert ist gemeinschaftsbezogen und gemeinschaftsabhängig.[1112]

Der Außenwert des Geldes folgt aus der Beziehung des einen Währungsraumes zu anderen Währungsräumen, deren staatlichen, wirtschaftlichen und gesellschaftlichen Grundlagen.[1113] Gerade die Gegenwart lehrt, dass der Wert des Euro von den 17 Staaten der Euro-Gemeinschaft abhängt, er auch wesentlich im stetigen Tausch dieser Währung mit anderen Währungen beeinflusst wird. Der Euro ist auf die Wirtschafts-, Finanz- und Stabilitätspolitik der Mitgliedstaaten angewiesen, auch auf die Nachfrage anderer Staaten und Währungsräume nach dem Euro.[1114] Diese Abhängigkeiten greifen über den Geltungsbereich des Grundgesetzes und der Eigentumsgarantie hinaus. Schon deshalb kann der Geldwert nicht allein durch eine nationalverfassungsrechtliche Garantie gewährleistet werden. Außerdem beschränkt sich die Garantie der Eigentümerfreiheit auch beim Sacheigentum auf die Verfügungsfreiheit des anbietenden Eigentümers, kann nicht die Bereitschaft eines Nachfragers gewährleisten, für dieses Eigentum den erhofften Preis anzubieten. Ebenso kann das Grundrecht des Eigentümers auch beim Geld nur dessen Rechtswert sichern und diesen Wert dem Eigentümer zuordnen, nicht aber den von der Tauschbereitschaft des Vertragspartners abhängigen Tauschwert garantieren.[1115]

c) Das Einlösungsvertrauen als Grundlage des Geldwertes

Geld ist ein Wertzeichen, ein Wertaufbewahrungsmittel, eine Recheneinheit, eine Schuldverschreibung, die auf das Vertrauen in die Rechtsgemeinschaft baut, sie werde den im Geldschein, im Guthaben oder in sonstigen Einlösungsversprechen benannten Geldwert in Zukunft auch tatsächlich einzulösen.[1116] Dieses „Einlösungsvertrauen" stützt sich auf eine durch ein demokratisches Staatsvolk und einen Staat verfasste „Volkswirtschaft" oder findet in einer Währungsgemeinschaft und der Wirtschaftskraft ihrer Mitgliedstaaten ihre Vertrauensgrundlage.[1117] Wer heute einen Euroschein mit dem Aufdruck 100 Euro in der Tasche trägt, führt ein fast wertloses Stück Papier mit sich, das seinen Wert allein dadurch erhält, dass die folgende Generation in einem „Generationenvertrag des Geldes" zusichert, bei Vorlage dieses Scheins einen Realwert von 100 Euro eintauschen zu wollen. Dieser „Generationenvertrag" hat allerdings die Besonderheit, dass der Schuldner des Vertrages, die nachfolgende Generation, diesem Vertrag nicht zugestimmt hat, der Vertrag also eine Vereinbarung zulasten Dritter ist.

Diese Kühnheit eines Gemeinschaftsvertrauens ist Grundlage unserer Wirtschaft. Sie vertraut auf die Leistungskraft der beteiligten Volkswirtschaften, auf das Kontinuitätsbewusstsein einer in vertrauten Maßstäben und Handlungsprinzipien vertrauenswürdigen Rechtsgemeinschaft, auf eine Kultur des Maßes in Preisforderungen, Lohnvereinbarungen, Zinsverpflichtungen, Verschuldungen und Garantiezusagen.

Diese Gemeinschaftsabhängigkeit steht einem „Grundrecht auf Preisstabilität" entgegen. Zwar liegt es in der Konsequenz eines Eigentumsschutzes, der auch geldwerte Forderungen in den Schutzbereich des Eigentums einbezieht, auch den Tauschwert des Geldes prinzipiell zu gewährleisten.[1118] Das Geld vermittelt aber keinen eigenen Besitz- oder Nutzwert, gewinnt seine wirtschaftliche, freiheitsstützende Bedeutung als Tauschmittel.[1119] Diese Tauschfähigkeit, dieses Einlösungsvertrauen wächst in die Eigentumsgarantie hinein, allerdings in Abhängigkeit von dem tauschbereiten Nachfrager, der wertbildenden Tauschfähigkeit und Tauschbereitschaft des Marktes. Das Recht kann nur das Geld als Tauschmittel garantieren, nicht aber eine wertbildende Tauschbereitschaft der Rechtsgemeinschaft, deren einzelne Mitglieder nicht der Bestimmungsmacht des Geldeigentümers unterliegen.[1120]

Etwas anderes mag gelten, wenn „eindeutig staatlich induzierte inflatorische Wirkungen" „möglicherweise konjunkturpolitisch erwünscht sind".[1121] Ein solcher konjunkturpolitisch gewollter Wertentzug findet sein Maß in den verfassungsrechtlichen Stabilisierungsaufträgen, berührt aber auch die Eigentümerfreiheit, die zwar keine individuelle Herrschaft über das Marktverhalten anderer vermittelt, wohl aber gesamtwirtschaftliche Entscheidungen eines Staates oder eines Staatenverbundes binden kann.

3. Gleichheitswidrige Betroffenheit der Geldeigentümer

Die Entschuldungswirkung einer inflationstreibenden Politik belastet die Geldeigentümer, berührt hingegen weniger die Grundeigentümer, auch weniger die an Produktivkapital Beteiligten und sonstige Anlageeigentümer. Diese Unterschiede sind vor dem Gleichheitssatz kaum zu rechtfertigen. Die Problematik dieser Unterscheidung wird insbesondere ersichtlich, wenn die Auswahl der Geldeigentümer als nahezu alleinige Finanziers der Entschuldung gerechtfertigt werden muss.

Der Gleichheitssatz fordert die Gleichheit „vor dem Gesetz". Das Gesetz hat den Grad der Verallgemeinerung zu finden, der gleichheitsgerecht Gruppen bildet und mit der ihnen entsprechenden Rechtsfolge verbindet. Dieser Verallgemeinerungsmaßstab findet in seinem Gegenstand schärfere Konturen. Alt und Jung sind in der Menschenwürde gleich, in der Vertragsfähigkeit und Wahlberechtigung ungleich. Inländer und Ausländer sind in der Menschenwürde und im Vertragsrecht gleich, im Wahlrecht ungleich. Männer und Frauen sind in der Menschenwürde, im Vertragsrecht und im Wahlrecht gleich, beim Mutterschaftsschutz verschieden. Begabte und weniger Begabte haben in Würde, Vertragsrecht, Wahlrecht und Mutterschaft die gleichen Rechte, sind aber im Zugang zum Studium und zum öffentlichen Dienst verschieden. Die Rechtswirklichkeit stellt Anfragen an den Gleichheitssatz, fordert einen Vergleich, der die Unterscheidung des Gesetzes in seinem Gegenstand rechtfertigt. Der Gleichheitssatz muss deshalb „bereichsspezifisch" angewandt werden.[1122]

IX. Schuldentilgung durch Inflation?

Recht und Wirklichkeit sind so miteinander verbunden,[1123] dass das Recht nicht nur gestaltender Wille des Gesetzgebers, sondern ebenso Ausdruck der Lebensformen und Lebensziele des Menschen ist.[1124] Das Gesetz formt ein Lebensverhältnis zu einem Rechtsverhältnis,[1125] nimmt das Maß und die Ordnung auf, die in den Lebensverhältnissen angelegt sind. Der normative Gehalt der Gleichheitsbindung erfährt „seine Präzisierung jeweils im Hinblick auf die Eigenart des zu regelnden Sachbereichs".[1126] Die Maßstäbe und Kriterien, wann im Einzelfall der allgemeine Gleichheitssatz verletzt ist, lassen sich „nur bezogen auf die jeweils betroffenen – unterschiedlichen – Sach- und Regelungsbereiche bestimmen".[1127]

Eine inflationstreibende Konjunktur- und Entschuldungspolitik beträfe das Geld als allgemeine Grundlage modernen Wirtschaftens. Adressat dieser Regelung wäre grundsätzlich jeder Mensch, weil jedermann über Geld verfügt, Inflationsbetroffener ist, in seiner Verfügungsfreiheit frei zwischen Sacheigentum und Geldeigentum wählt, dabei in der Entscheidung für das Geldeigentum sich die tägliche Chance zum Tausch gegen Sacheigentum vorbehält.

Diese Breitenwirkung der Geldpolitik, die vielseitige Verwendbarkeit des Geldes im stetigen Eigentümerwechsel, auch die hohe Abstraktion des Geldeinlösungsvertrauens im Vertrauen auf die Währungsgemeinschaft eröffnen dem Gesetzgeber einen Verallgemeinerungs- und Typisierungsraum. Der Gesetzgeber wendet sich dabei an die Allgemeinheit der Wirtschaftsbeteiligten. Geldpolitik ist für eine weitere Unterscheidung von Betroffenengruppen nur schwer zugänglich. Zwar verlangen die zur Stabilisierung der Währungsunion erforderlichen Prüfungen und Bewertungen empirische Feststellungen, Einschätzungen und Prognosen, die sich nur annähernd auf Erfahrungswissen stützen können, in den Analysen und Voraussagen mittels praktischer Vernunft nur Wahrscheinlichkeitsurteile erlauben, nicht aber Gewissheit vermitteln. Sie erwarten von den verantwortlichen Organen Entscheidungen, in denen sich Tatsachenfeststellungen, Erfahrungswerte und willentliches Gestalten in fließenden Übergängen mischen.[1128] „In diesem Bereich rechtlich offener Tatbestände zwischen ökonomischer Erkenntnis und politischer Gestaltung weist das Grundgesetz die Entscheidungsverantwortlichkeiten Regierung und Parlament zu".[1129] Diese Verantwortlichkeit besteht aber wiederum gegenüber der Allgemeinheit aller an der Geldwirtschaft Beteiligten. Und wenn Geldwertschwankungen stets auf das Verhalten der Marktteilnehmer zurückzuführen sind, erwarten diese in ihren grundrechtlichen Freiheitsansprüchen Freiheit vom Staat. Das Grundrecht setzt also einer gesamtwirtschaftlichen Steuerung eher individualrechtliche

Grenzen, als dass es individualrechtliche Aufträge zur gesamtwirtschaftlichen Steuerung erteilen würde.

Ein gleichheitsrechtlicher Grundrechtsschutz kommt danach in Betracht, wenn die staatlich betriebene Destabilisierungspolitik die Geldeigentümer im Vergleich zu den Nichtgeldeigentümern jenseits der Zumutbarkeit beeinträchtigen würde. Wann jene Unerträglichkeit vorliegt, bestimmt sich nach der Inflationsrate, aber auch nach der allgemeinen Verteilung des Geldeigentums, also der Betroffenheit von Allgemeinheit und Eigentümergruppen.

Insgesamt drängen die Stabilisierungsaufträge des Grundgesetzes und des Europarechts, die Eigentumsgarantie und der Gleichheitssatz den Staat, auf eine Neuverschuldung zu verzichten, die Altschulden abzubauen, die Aufgaben des Staates und seine Finanzierung so zu bemessen, dass der Staat in seiner Finanzwirtschaft verlässlich zu einer Kultur des Maßes zurückkehrt. Der Geldwert bleibt dadurch stabil. Vertrauen in Recht und Geld wächst. Der demokratische Rechtsstaat wächst im Recht, der europäische Rechtsverbund gewinnt die Kraft des rechtlichen Zusammenhalts. Der Weg vom Bürgen zurück zum Bürger ist vorgezeichnet.

E. Ein rechtlich stabiler Sanierungsweg
   – Ergebnisse –

Im Ergebnis zeigt sich, dass eine baldige Rückführung der staatlichen Neuverschuldung auf Null und ein Abbau der Defizite möglich sind, ohne für die Stabilität von Geld und Finanzen eine Instabilität des Rechts hinnehmen zu müssen. Die derzeitige Staatsverschuldung bietet die Chance, staatliches Nehmen und Geben strukturell zu erneuern, ist nicht Anlass, Wege jenseits des Rechts zu suchen.

zu: A. Übermäßige Staatsverschuldung

1. Deutschland ist hochverschuldet. Der Gesamtschuldenstand von Bund, Ländern und Gemeinden steigt ständig. Seit 2003 übersteigt die Gesamtschuld Deutschlands stets den europarechtlich zulässigen Gesamtschuldenstand von 60 % des BIP. Auch die Schuldengrenzen des Grundgesetzes haben die chronisch überhöhte Staatsschuld nicht mäßigen können. Im Vergleich der Euro-Staaten nimmt Deutschland in der Höhe seiner Schulden einen Mittelplatz ein.
2. In der Zeit von 1950–2008 stehen einer Gesamtverschuldung von Deutschland in Höhe von rund 1,6 Billionen Euro Zinszahlungen in Höhe von rund 1,5 Billionen Euro gegenüber. Der Staat hat also durch die Verschuldung kaum Finanz- und Leistungskraft gewonnen. Doch die Schulden sind geblieben. Oft reicht die Neuverschuldung nicht aus, um die Zinsen zu tilgen.
3. Die Staatsschulden sind in den letzten Jahren deutlich stärker gewachsen als die Staatseinnahmen. Mancher Staat ist auf dem Weg, sich „kaputtzuverschulden".
4. Ein Staat will seinen Bürgern das geben, was diese wünschen. Die Bürger fordern höhere Staatsleistungen und geringere Steuern. Um diesem Anliegen zu genügen, weicht der Staat in die Staatsverschuldung aus. Wirtschaft und Staat sehen im Staatskredit zudem ein Instrument, um Produktivität und Wohlstand zu mehren. Der Finanzmarkt umwirbt den Staat, er möge höhere Schulden aufnehmen. Dadurch leidet der optimistische Ursprungsgedanke der Demokratie, Staatsausgaben, Steuerlasten und Staatsschulden würden gemäßigt,

wenn der Steuerschuldner selbst – repräsentiert durch seine Abgeordneten – über Steuern, Budgets und Schulden entscheidet.
5. Das deutsche Verfassungsrecht hat die Staatsverschuldung stets nur als Ausnahmeinstrument zugelassen. Nur die Änderung des Grundgesetzes im Jahre 1969 begrenzte die jährliche Kreditaufnahme in der Obergrenze der jährlichen Investitionsausgaben, sah zudem Ausnahmen zur Abwehr einer Störung des gesamtwirtschaftlichen Gleichgewichts vor.
   a) Der Gedanke, die nachfolgende Generation solle die Investitionen mitfinanzieren, widerspricht den Prinzipien des Erbrechts. Die gegenwärtige Generation erbt unentgeltlich von ihren Eltern und gibt das Ererbte unentgeltlich an die nächste Generation weiter.
   b) Die Staatsverschuldung zur Abwehr einer Störung des gesamtwirtschaftlichen Gleichgewichts verfehlt nach den Erfahrungen der Gegenwart ihr historisches Anliegen, weil der Staat nicht die Kraft hat, die Staatsschulden bei guter Konjunktur zurückzuführen. Die Finanzierungslast früherer Staatsschulden drückt die Konjunktur nieder. Diese Staatsschulden sind unsozial.
6. Das Verfassungsrecht garantiert den Steuerpflichtigen, dass aus den Steuererträgen ihre eigenen Lebens- und Erwerbsbedingungen finanziert werden. Dieser Grundsatz ist verletzt, wenn erhebliche Haushaltsmittel für Zinszahlungen verwendet werden, also an den Finanzmarkt abgeführt werden müssen. Zudem greift die Staatsschuld auf die Steuerkraft der Zukunft vor, verengt damit die Entscheidungsräume zukünftiger Wähler und Parlamente, bringt den Staat in Abhängigkeit vom Finanzmarkt. Es entstehen Formen moderner Feudalherrschaft.
7. Das demokratische Prinzip der Macht auf Zeit, die Jährlichkeit der Steuererhebung und der Budgetgesetzgebung begründen ein verfassungsrechtliches Prinzip gegenwartsnaher Finanzierung. Die Staatsverschuldung schafft zukünftige Steuerlasten. Doch Steuern sollen den Staat, nicht den Markt finanzieren. Der Markt lebt vom Anbieter und Nachfrager. Steuerlasten sind nicht geeignet, Konjunktur und Wachstum zu beleben.

zu: B. Verbindlichkeit des Rechts

8. Die Verbindlichkeit von Darlehensschulden und Staatskrediten ist eine Bedingung von Finanzmarkt und Geldwertstabilität. Doch wird

sich diese Rechtsverbindlichkeit nur bewahren lassen, wenn die europarechtlichen und verfassungsrechtlichen Verschuldungsgrenzen und Stabilisierungsregeln grundsätzlich beachtet, die Darlehensverträge in Kenntnis dieser Rechtstreue geschlossen werden. Ein Stabilisierungskonzept muss einheitlich für die Verbindlichkeit eines Rechts kämpfen, das Stabilitätsmaßstäbe wirksam werden lässt, zur Erfüllung von Darlehensschulden verpflichtet, den politischen Akteuren ihr Mandat gibt, der Europäischen Union ihre Rechtsstruktur wahrt.

9. Wenn Staat und Kreditgeber einen Darlehensvertrag ohne Rückzahlungswillen schließen, wächst die Zinsschuld ständig. Bei diesen schier endlos steigenden Dauerzinsen sollte die Zinsverpflichtung entfallen, sobald die Gesamtsumme der Zinszahlungen die Darlehenssumme erreicht hat.

10. Deutschland hat sich als Verfassungsstaat bewährt. Die Europäische Union ist als Friedensgemeinschaft und Binnenmarkt erfolgreich. Beide stehen nun als Stabilitätsgemeinschaft vor einer strukturellen Bewährungsprobe.

    a) Die neue Verschuldensgrenze des Grundgesetzes verpflichtet Bund und Länder zu einem materiellen Haushaltsausgleich ohne Kredite. Das Unionsrecht begrenzt die Staatsschulden in Obergrenzen, regelt die finanzwirtschaftliche Eigenverantwortung der Staaten, fordert den marktabhängigen Zins.

    b) Die Europäische Union darf sich nicht selbst verschulden.

    c) Bei einem Gesamtschuldenstand von 81 % des BIP kann Deutschland nicht sofort zur zulässigen Verschuldung zurückkehren. Sollte der Gesamtschuldenstand auf die Schuldengrenze von 60 % des BIP zurückgeführt werden, müssten in einem Haushaltsjahr bald rund 800 Milliarden Euro zurückgezahlt werden, bei einem Gesamtsteueraufkommen von rund 530 Milliarden Euro (2010) ein unmögliches Unterfangen. Deswegen braucht der Weg zum Recht schonende Übergänge.

11. Wenn der Weg zurück zum Recht nicht europarechtlich und verfassungsrechtlich vorgezeichnet ist, sind die Staatsorgane nicht in die Untätigkeit gedrängt. Sie sind nicht gehindert, das Gute – eine Stabilisierungspolitik – zu tun, wenn das Bessere – ein legaler Stabilisierungsweg – noch nicht erreichbar ist.

    a) Der Gedanke, „Not kennt kein Gebot" ist nicht geeignet, die gegenwärtige Finanz-und Verschuldungskrise zu bewältigen. Das Grundgesetz bewahrt selbst für den Verteidigungsfall ein Mindestmaß an Verfassung. Jede Änderung des Grundgesetzes und der Unionsverträge ist formengebunden. Im übrigen hätte die Loslösung vom Recht zur Folge, dass die politischen Akteure ihr Mandat verlören, die Darlehensverträge unverbindlich würden, Stabilitätsziele nicht mehr rechtsverbindlich wären. Der Staat und die Europäische Union wären ruiniert, ließe ein Sanierungskonzept eine Ruine des Rechts zurück.

b) Eine überdehnende Uminterpretation der verfassungsrechtlichen und europarechtlichen Verschuldensgrenzen in die Unverbindlichkeit bietet keinen Weg zurück zum Recht, weil dadurch das Ziel der Annäherung an das Recht verlorengeht, überdehnte Maßstäbe wohl unkorrigierbar als kaum noch verbindliches „Recht" zurückbleiben.

c) Erforderlich ist deshalb eine stetige Annäherung an den rechtlich gebotenen Zustand. Einen solchen stufenförmigen Rechtsanpassungsprozess sieht Art. 143 d GG für die haushaltsrechtliche Annäherung an den rechtlich gewollten Zustand ausdrücklich vor, ist im übrigen in der Verfassungsrechtsprechung geläufig. Die Wiederannäherung an die Stabilitätsgemeinschaft setzt jeden Annäherungsschritt unter Rechtfertigungszwang. Gerechtfertigt sind nur verlässliche, aber vorläufige Übergänge zu mehr Stabilität. Ein dauerhafter Beistandsmechanismus (ESM) und erst recht ein System von Eurobonds sind auf diesem Weg nicht erreichbar. Die verfassungsrechtlichen Verschuldensgrenzen und die europarechtlichen Verschuldensmaßstäbe werden nach und nach wieder zur Wirkung gebracht. Auf diesem Weg kommt der haushaltsrechtliche Parlamentsvorbehalt zur Wirkung.

zu: C. Vermeiden neuer Schulden

12. Neue Schulden werden vermieden, wenn der Haushalt Einnahmen und Ausgaben ohne neue Kredite ausgleicht. Diese rechtliche Normalität wird erreicht, wenn der Deutsche Bundestag seine Hoheit über den Haushalt bewahrt, diese auch gegenüber Begehrlichkeiten anderer Staaten und dem Zugriff des Finanzmarktes abschirmen kann. Dadurch wird der Kerngedanke des Steuerstaates verwirklicht: Die Steuerzahler finanzieren mit ihren Leistungen die gemeinsamen Bedingungen ihres Lebens, ihres Erwerbs, ihrer Gemeinschaftskultur.

13. Der deutsche Gesetzgeber sollte Finanzhilfen grundsätzlich einem Staat verweigern, dessen Pro-Kopf-Verschuldung günstiger oder ähnlich der eigenen Verschuldung ist. Außerdem wird der deutsche Staat zu Finanzhilfen nicht bereit sein, wenn sich dadurch die – bereits rechtswidrige – Staatsverschuldung pro Kopf in Deutschland auf Dauer erhöht. Soweit der helfende Staat besondere Stabilisierungsanstrengungen unternimmt, wird er mit den dadurch gewonnenen Finanzmitteln allenfalls die Staaten unterstützen, die ersichtlich gleichwertige Stabilisierungsmaßnahmen und Stabilisierungserfolge nachweisen können.
14. Verfassungsrecht und Europarecht verpflichten zu einer maßvollen Schuldenpolitik. Beide Rechtsordnungen binden Bund und Länder an die Grenze von 3 % (Neuverschuldung) und 60 % (Gesamtverschuldung) des BIP. Das Grundgesetz fordert außerdem den ohne Kredite ausgeglichenen Haushalt.
15. Der Wille zur schrittweisen Annäherung an einen ausgeglichenen Haushalt ohne Neuverschuldung wird verstärkt, wenn die Schulden in einer gesonderten Schuldenverwaltung allgemein sichtbar gemacht werden. Parlament und Öffentlichkeit können in dieser Schuldenverwaltung beobachten, wie die Aufgabe, neue Schulden zu vermeiden und bestehende abzubauen, jährlich erfüllt werden. Selbstverständlich werden die Schulden daneben in den Jahreshaushalt eingebracht.
16. Der Staatskredit verführt die Politik, die Gegenwart auf Kosten der Zukunft zu begünstigen. Deshalb müssen die Lasten einer Staatsverschuldung in der Gegenwart spürbar werden. Ein Gesetz sollte diese Gegenwärtigkeit der Last herstellen: Immer dann, wenn die Staatsschuld um ein Prozent gestiegen ist, sollen alle Staatsleistungen – von der Sozialhilfe über die Transferleistungen an die private Hand bis zu den Subventionen – entsprechend um ein Prozent gekürzt werden. Auszunehmen sind lediglich Leistungsentgelte (Lieferungen an den Staat, öffentlicher Dienst). Zu erwägen wäre aber, Kostensteigerungen nach Vergabe von Staatsaufträgen unter diesen Verschuldungsvorbehalt zu stellen, Lohn- und Gehaltserhöhungen, Pensions- und Rentensteigerungen von der Entwicklung der Staatsverschuldung abhängig zu machen.
17. Das Gebot der Null-Neuverschuldung soll rechtliche Normalität werden, erwartet deshalb keine Sondermaßnahmen, sondern ein konzeptionelles Sparen. Der Staat ist schlank, aber kraftvoll zu gestalten. Dem Unternehmer ist Freiheit zurückzugeben. Dadurch werden Konjunktur und Wachstum angeregt. Der verschuldete, kranke Staat

findet zur Gesundheit nur zurück, wenn er nicht nur die Symptome seiner Krankheit, sondern deren Ursachen behandelt.
18. Die Staatsaufgaben dürfen nicht formal durch einen in Zahlen vorgegebenen Stellenabbau zurückgeführt werden. Vielmehr muss jede Staatsaufgabe, auch die Art und Intensität ihrer Erfüllung als unverzichtbar oder verzichtbar gewürdigt werden.
19. Der Staat handelt durch das Amt und den Amtsträger. Die unbedingte Dienstbereitschaft für Recht und Gemeinwohl, die innere Unbefangenheit als Parteinahme für das Recht, die wirtschaftliche Unabhängigkeit, die von politischem und medialem Druck befreit, sind unverzichtbare Bedingungen, um den Verfassungsstaat aus der Finanzkrise zu führen. Deshalb darf nicht Personal nach den Formalkriterien einer vorgegebenen Zahl abgebaut werden. Vielmehr ist zu prüfen, ob Verwaltungsaufgaben verringert, Verwaltungsmaßstäbe vereinfacht, Verfahrens- und Entscheidungsabläufe erleichtert werden können.
20. Jedes kulturelle, ökonomische und gesellschaftliche Wachstum hat im Heranwachsen der Kinder seine Wurzeln. Deutschland liegt im Vergleich der rund 200 Staaten der Erde im Kapitalreichtum in der Spitzengruppe, im Kinderreichtum fast am Ende der Skala. Deswegen sind sechs Erneuerungserwägungen geboten.
    a) Das Rentenrecht muss anerkennen, dass die Eltern dem Generationenvertrag seinen Schuldner – die Kinder – geben, die Eltern deshalb bei der Rentenzahlung dem Grunde und der Höhe nach als erste berechtigt sein müssen.
    b) Die Ausbildungs- und Erwerbsbiografien könnten so umgestaltet werden, dass die jungen Menschen die Freiheit zurückgewinnen, die Frage nach einer Familiengründung rechtzeitig zu stellen. Entscheiden sich die Menschen im Alter von 22–25 Jahren für eine Familie, gewinnen sie dank ihrer Jugend für die Kindererziehung mehr Kraft. Familienleben und Erwerbsstreben gewinnen eine neue Balance. Junge Eltern könnten bei der Bewerbung um Arbeitsstellen und um eine weitere Berufsqualifikation vorrangig berücksichtigt werden, weil sie eine Doppelleistung – die familiäre und die berufliche – erbringen. Mann und Frau werden sich um Führungspositionen gleichberechtigt bewerben, wenn sie im Alter zwischen 40 und 50 Jahren die Kernphase ihrer Erziehungsaufgabe bereits hinter sich gelassen haben.
    c) Die moderne Arbeitstechnik, insbesondere der Computer, bieten Möglichkeiten, die Trennung von Familienort und Erwerbsort

zu: C. Vermeiden neuer Schulden 221

jedenfalls für Eltern von Kleinkindern zu lockern. Betreuungseinrichtungen für Kinder in Betrieben oder in der Nähe von Betrieben ermöglichen die regelmäßige Begegnung von Eltern und Kleinkindern.

d) Das Steuerrecht erlaubt für alle Erwerbsgemeinschaften ein Splitting der Einkünfte, muss dieses deshalb auch für die Erwerbsgemeinschaft der Ehe anerkennen. Ein Familiensplitting sollte den Nichtvermögenden ähnliche Entlastungen wie den Vermögenden bieten. Familien werden durch indirekte Steuern mehr als andere beschwert. Hier kann eine Finanztransaktionensteuer einen Ausgleich schaffen.

e) In der Demokratie gilt der Grundsatz: ein Bürger – eine Stimme. Kinder sind Bürger. Zwar wird das Wahlrecht grundsätzlich höchstpersönlich, unvertretbar ausgeübt. Für die Kinder ist aber nicht ausgeschlossen, dass sie ihr Wahlrecht bis zur Volljährigkeit in Vertretung durch ihre deutschen Eltern ausüben. Jeder Elternteil nimmt dann für je ein Kind eine zusätzliche halbe Stimme wahr. Alleinerziehende erhalten eine volle Stimme.

f) Familien brauchen Vertrauen und Anerkennung. Wir sollten für die Familie werben – in gleicher Intensität und mit gleicher Fantasie wie für Waren und Dienstleistungen.

21. Das geltende Recht verpflichtet zum Subventionsabbau. Damit wird dem Unternehmer die Vorstellung genommen, die Sanierung seines Unternehmens müsse von anderen – den Steuerzahlern – finanziert werden.

a) Jede Subvention trägt den Hang zum Privileg in sich. Würde der Staat heute 80 Millionen Bürgern je einen Euro geben, bliebe diese Zuwendung wirkungslos. Gibt er hingegen 80 Bürgern je eine Million Euro, erreicht er erhebliche Lenkungs- und Verteilungswirkungen.

b) Die Lenkungsteuer ist besonders fragwürdig, weil sie dem Adressaten ein Stück seiner Freiheit „abkauft". Sie gefährdet Prinzipien der parlamentarischen Demokratie, weil der Gesetzgeber die Kosten dieser Subvention nicht einschätzen, bei den Budgetberatungen nicht voll verantworten kann. Sie verfremdet das bundesstaatliche System der Finanzverfassung, weil der Bundesgesetzgeber die Subventionen zu Lasten fremder Kassen anbietet (Landesertragsteuern, Gemeinschaftsteuern). Sie widerspricht dem Gleichheitssatz, wenn sie durch Abzug von der Bemessungsgrundlage einer progressiven Steuer gewährt wird, in der Einkommensteuer also der

Großverdiener 45 Cent pro eingesetztem Euro spart, der Mittelverdiener 25 Cent, der Kleinverdiener null Cent.
c) Die Leistungssubvention gehört zu den Handlungsmitteln des modernen Staates. Doch auch sie bleibt Ausnahmeinstrument, kann um der Eigenverantwortlichkeit der Freiheitsberechtigten willen allenfalls Hilfe zur Selbsthilfe sein. Leistungssubventionen dürfen die Wettbewerbsfreiheit und die Gleichheit vor dem Gesetz nicht beeinträchtigen, haben das europäische Beihilfeverbot zu beachten. Keinesfalls dürfen Subventionen zu Spekulationen, Derivatgeschäften, Zertifikaten, Darlehenshingaben an ersichtlich nicht rückzahlungsfähige Staaten ermutigen.
22. Der bundesstaatliche Finanzausgleich des Grundgesetzes hat bisher keine Maßstäbe entwickeln können, die eine richtige Mitte zwischen Finanzautonomie und Ähnlichkeit der Lebensverhältnisse bietet. Die Realität des gegenwärtigen Finanzausgleichs verursacht einen „Verschuldungswettlauf". Dieser Finanzausgleich bietet dem Euro-Verbund ein warnendes Beispiel, kein bewährtes Lösungsmodell.

zu: D. Schuldenabbau

23. Die Schulden von Bund, Ländern und Gemeinden in Höhe von mehr als 2 Billionen Euro können bei Steuereinnahmen in Höhe von 530 Milliarden Euro (2010) nur durch Sondermaßnahmen abgetragen werden. Nur eine außerordentliche Anstrengung kann den Staat aus dem finanzwirtschaftlichen Ausnahmezustand herausführen. Die Hauptverantwortlichkeit für diese Entschuldung liegt beim Parlament, die Planungsverantwortlichkeit bei der Regierung.
a) Solange der Staat die Gesamtschuld nicht auf 60 % des BIP gesenkt hat, darf er sich nicht neu verschulden (Neuverschuldungsgrenze 0 %).
b) Der Nominalzuwachs an Staatseinnahmen sollte ausschließlich zur Schuldentilgung verwendet werden. Dabei bleiben Ausgabenerhöhungen möglich, soweit an anderer Stelle gespart wird.
c) Auch in der Not ist der Staat auf eine Sanierungsgerechtigkeit verpflichtet. Das Verfahren der Staatensanierung unterscheidet sich grundlegend von dem herkömmlichen Insolvenzverfahren und seinen Vorstufen: Die Abwicklung finanzstaatlicher Leistungsschwäche zielt nicht auf Insolvenz, sondern auf Resolvenz, die Erhaltung des Staates als demokratischer Handlungseinheit des Staatsvolkes, als Garant von Frieden, Recht und individuellen

zu: D. Schuldenabbau 223

Existenzgrundlagen, als Organisator allgemeiner Lebens-, Wirtschafts- und Kulturbedingungen.

d) An der Sanierung des finanzschwachen Staates sind die Gläubiger des Staates zu beteiligen, weil sie Nutznießer der zur Staatenresolvenz führenden Verschuldung waren, ihre Eigentümerposition oft durch frühere staatliche Förderung und Unterstützung geschwächt, der ökonomische Wert ihres Eigentums bereits durch Wertminderungen (Wertberichtigungsbedarf) verringert worden ist.

24. Staatliche Finanzhilfen sollten auf Gegenseitigkeit gewährt werden. Auch die helfenden Staaten sind sanierungsbedürftig. Wenn Unternehmen oder Staaten erfolgreich saniert sind, sollten sie – neben der Rückzahlung der Darlehen – an der Sanierung des helfenden Staates durch unentgeltliche Lieferung ihrer Produkte, durch Zinsnachlass, durch Forderungsverzicht, durch unentgeltlich gewährte Kredite mitwirken. Wer fremde Früchte zur Eigensanierung genutzt hat, sollte den Sanierungserfolg als gemeinsame Frucht verteilen.

25. Auch verschuldensveranlasste Steuererhöhungen sind verfassungsrechtlich gebunden. Ein Finanzbedarf allein rechtfertigt noch keine steuerlichen Zusatzlasten. Es bieten sich jedoch besondere Steuerarten zur Schuldenfinanzierung an. Empfohlen wird eine Finanztransaktionssteuer, die eine Besteuerungslücke schließt, manche Spekulationen unattraktiv macht, erhebliche Steuererträge erwarten lässt.

26. Zur Finanzierung der Schulden wird eine einmalige Vermögensabgabe erwogen, die in Höhe von rund 12 % – auf 12 Jahre verteilt – Vermögen von mehr als 1 Million Euro belasten und Erträge von 100 Milliarden Euro bringen soll. Diese dem Bund zustehende Vermögensabgabe unterscheidet sich von der den Ländern zustehenden Vermögensteuer in der Einmaligkeit des sie veranlassenden Ereignisses und des Finanzbedarfs. Diese Voraussetzungen dürften derzeit nicht erfüllt sein.

27. Im Rahmen eines langfristigen Schuldenabbaus liegt es nahe, die Erträge bestimmter Steuern von vornherein ausschließlich für die Verminderung der Schulden zu reservieren. Dazu bieten sich der – in Zweck und Zeitbindung erneuerte – Solidaritätszuschlag und die Erbschaftsteuer an.

28. Ein Staat kann auch sein Vermögen zur Schuldentilgung einsetzen. Gegenwärtig steht allerdings wegen der Höhe der Staatsschulden und eines bereits vollzogenen Privatisierungsprozesses dafür nur noch wenig Staatsvermögen zur Verfügung. In Betracht kommt im wesent-

lichen das staatliche Finanzvermögen. Verkappte Kreditaufnahmen (Sale-and-Lease-Back-Verträge, Cross-Border-Leasing, Public-Private-Partnership) sind eine Form der Neuverschuldung, steigern also das Problem der Staatsschulden, mildern es nicht.

29. Öffentliche Schulden dürfen nicht durch eine gezielte Inflationspolitik verringert werden. Das Verfassungsrecht und das Europarecht verpflichten vorrangig auf die Stabilität des Geldes. Die Haushaltsverantwortung des Parlaments für einen neuverschuldungsfreien Haushaltsausgleich, die rechtlichen Obergrenzen für Neuverschuldung und Gesamtverschuldung, auch das Rechtsinstitut der Eigentumsgarantie stehen einer Schuldenminderung durch Inflation entgegen. Auch der Gleichheitssatz verbietet eine Verschuldung durch inflationstreibende Politik, weil die Auswahl der Geldeigentümer als nahezu alleinige Finanziers dieses Schuldenabbaus nicht gerechtfertigt werden kann.

30. Das Grundgesetz und das Europarecht drängen den Staat, auf eine Neuverschuldung zu verzichten, die Altschulden abzubauen, die Aufgaben des Staates und seine Finanzierung so zu bemessen, dass der Staat in seiner Finanzwirtschaft verlässlich zu einer Kultur des Maßes zurückkehrt. Dieses rechtliche Maß ist Teil der Stabilität, hält den Geldwert stabil, sichert dem Staat Wachstum im Recht, dem europäischen Rechtsverbund rechtlichen Zusammenhalt. Der Weg vom Bürgen zurück zum Bürger ist vorgezeichnet.

F. Anmerkungen

[1] Tabellen 1 bis 4; die Tabellen und Darstellungen 1–31 verdanke ich Herrn Kollegen *Niklas Potrafke*, Universität München, der in naher Zukunft eine Studie zur Entwicklung der Schulden in Deutschland und Europa vorlegen wird.
[2] 15. Gesetz zur Änderung des Grundgesetzes vom 8.6.1967, BGBl. I S. 581.
[3] 20. Gesetz zur Änderung des Grundgesetzes vom 12.5.1969, BGBl. I S. 357.
[4] Tabellen 1 bis 4.
[5] Tabellen 4 und 5.
[6] Siehe Statistisches Bundesamt, Statistisches Jahrbuch 2011. Für die Bundesrepublik Deutschland mit „Internationalen Übersichten", 2011, S. 442 ff.
[7] Art. 126 Abs. 2 AEUV i.V.m. Art. 1 Protokoll (Nr. 12) über das Verfahren bei einem übermäßigen Defizit (Abl. 2010 Nr. C 83, 279), das gem. Art. 51 EUV Bestandteil des Primärrechts ist.
[8] Tabellen 6 und 7.
[9] Art. 143 d Abs. 1 Satz 6 GG.
[10] Tabellen 8 und 9.
[11] Tabelle 10 (Projektionen); der Unterschied dieses Ländervergleichs zu den Zahlen der Bundesrepublik (Tabellen 6 und 7) erklärt sich folgendermaßen: Destatis: Schuldenstand = Kreditmarktschulden im weiteren Sinne + Kassenverstärkungskredite; Eurostat: Schuldenstand nach Maastricht-Vertrag = Kreditmarktschulden im weiteren Sinne, plus kreditähnliche Rechtsgeschäfte (Restkaufgelder und Hypotheken-, Grund- und Rentenschulden), plus Kassenverstärkungskredite, plus Platzhaltergeschäfte, plus Bundes-Pensions-Service für Post- und Telekommunikation e.V., plus Münzumlauf, plus Schulden der Sozialversicherung, plus Differenz zwischen dem Nominal- und abgezinsten Wert der unverzinslichen Schatzanweisungen und Finanzierungsschätze, plus Sonstige Korrekturen aufgrund von Stützungsmaßnahmen von Banken, plus Sonstige Korrekturen im Zusammenhang mit der Kreditvergabe an Griechenland, plus sonstige Korrekturen, abzüglich Versorgungsrücklagen und sonstiger Konsolidierung, abzüglich Schulden der Gebietskörperschaften bei der Sozialversicherung.
[12] Tabelle 10 (Projektionen).
[13] Tabellen 13 und 14; zum unterschiedlichen Ausgangswert Deutschlands (25 459) vgl. Anm. 10.
[14] Tabellen 13, 14 und 15; vgl. Anm. 12.
[15] K. Biedenkopf, H. Bertram, M. Käsmann, P. Kirchhof, E. Niejahr, H.-W. Sinn, F. Willekens, Starke Familie. Bericht der Kommission „Familie und demografischer Wandel", Robert-Bosch-Stiftung 2005, S. 9, 39 f., 52 f.; Statistisches Bundesamt, Bevölkerung Deutschland bis 2060. 12. koordinierte Bevölkerungsvorausberechnung, 2009, S. 5, 12.
[16] Tabelle 17; bei einem Vergleich der Gesamtsteuereinnahmen zuzüglich Sozialversicherungsbeiträgen läge die Abgabenkraft im Jahre 2010 in Deutschland bei 12,11 Tausend Euro. Frankreich verfügte mit 13,99 Tausend Euro über eine höhere Abgabenkraft. Italien (11,04 Tausend Euro), Irland (10,40 Tausend Euro), Spanien (7,56 Tausend Euro), Griechenland (6,93 Tausend Euro) und Portugal (5,65 Tausend Euro) haben eine geringere Abgabenkraft pro Kopf, Tabelle 19.
[17] Tabelle 18; ein Vergleich der Gesamtsteuereinnahmen zuzüglich Sozialversicherungsbeiträgen pro Kopf von Personen im erwerbsfähigen Alter ergibt im Jahr 2010 für Deutschland Einnahmen in Höhe von 18,26 Tausend Euro. Frankreich hat mit 21,15 Tausend Euro höhere Einnahmen. Italien (16,76 Tausend Euro), Irland (15,51 Tausend Euro),

Spanien (11,08 Tausend Euro) und Portugal (8,44 Tausend Euro) haben geringere Abgabenerträge, Tabelle 20.

[18] Tabelle 13.
[19] Tabelle 17.
[20] Institut für den öffentlichen Sektor, Runter vom Schuldenberg, 2011, S. 10.
[21] Tabelle 13–16.
[22] Institut für den öffentlichen Sektor, a.a.O., S. 28.
[23] Bund der Steuerzahler Deutschland e. V., Zinsausgaben der öffentlichen Haushalte in Deutschland, Mai 2011.
[24] Bund der Steuerzahler Deutschland e. V., a.a.O.
[25] Bundesministerium der Finanzen, Bericht des Bundesministeriums der Finanzen über die Kreditaufnahme des Bundes im Jahr 2010, 2011, S. 19.
[26] Der Leitzins lag bei 1 Prozent, Liquidität wurde nach Bedarf voll zugeteilt, Bundesministerium der Finanzen, a.a.O.; ein marktgerechter Zins, der jedenfalls die Inflationsrate und die Steuerbelastung geringfügig übersteigt, hätte deutlich höhere Belastungen zur Folge. Die durchschnittliche Zinsbindungsfrist der vom Bund und seinen Sondervermögen aufgenommenen Kredite hat sich im Jahre 2010 gegenüber dem Jahr 2009 erhöht, bleibt jedoch unter der mittleren Zinsbindungsfrist der Jahre 2006–2008 zurück. Die mittlere Zinsbindungsfrist – ohne Zinsswaps – betrug 2006 6,39 Jahre, 2007 6,50 Jahre, 2008 ebenfalls 6,50 Jahre, verringerte sich im Jahr 2009 auf 6,09 Jahre und erreicht im Jahr 2010 6,19 Jahre, Bundesministerium der Finanzen, a.a.O., S. 21.
[27] Siehe oben zu Anm. 20.
[28] Bundesministerium der Finanzen, Die Steuereinnahmen von Bund, Ländern und Gemeinden im Haushaltsjahr 2010, 2011, S. 1 ff.
[29] Bundesministerium der Finanzen, a.a.O.
[30] Bundesministerium der Finanzen, a.a.O.
[31] Bundesministerium der Finanzen, a.a.O.
[32] Bundesministerium der Finanzen, a.a.O.
[33] Bundesministerium der Finanzen, a.a.O.
[34] *P. Kirchhof*, Die Steuern, HStR, Bd. V, 3. Aufl. 2007, § 118, Rn. 1 f.
[35] Vgl. *J. M. Buchanan/G. Brennan*, The Power to Tax, 1980; *C. B. Blankart*, Wieviel Schulden dürfen wir den nachfolgenden Generationen überlassen?, in: N. Goldschmidt, Generationengerechtigkeit, 2009, S. 205 (219 f.).
[36] *Buchanan/Brenn*an, a.a.O.; *Blankart*, a.a.O.
[37] Vgl. nunmehr Art. 109 und 115 GG, dazu unten B IV 2 c.
[38] BVerfGE 3, 383 (399) – Zulassung politischer Parteien zur Landtagswahl; 7, 377 (405, 407 f.) – Apothekenurteil, 89, 69 (84) – Haschischkonsum; 90, 145 (173) – Cannabis; 110, 141 (164.) – Kampfhunde; 115, 118 (162) – Luftsicherheitsgesetz; 115, 276 (304 f.) – Sportwetten; *P. Lerche*, Übermaß und Verfassungsrecht, 1961, S. 24 f.; *K. Stern*, Staatsrecht III/2, 1994, S. 765 f.; *B. Remmert*, Verfassungs- und verwaltungsrechtsgeschichtliche Grundlagen des Übermaßverbotes, 1995; *S. Heinsohn*, Der öffentlich-rechtliche Grundsatz der Verhältnismäßigkeit, 1997.
[39] Zum Willkürverbot BVerfGE 88, 87 (96) – Transsexuelle II (Namensrecht); 89, 15 (22) – Steuerfreiheit von Nacharbeitszuschlägen; 91, 389 (401) – Ausbildungsförderung; 92, 365 (407) – Kurzarbeitergeld; 93, 99 (111) – Rechtsmittelbelehrung; 95, 267 (316) – Altschulden; 97, 271 (290) – Hinterbliebenenrente (Eigentumsgarantie); 99, 367 (388) – Montan-Mitbestimmung (Mannesmann); 101, 54 (101) – Schuldrechtsanpassungsgesetz; 103, 172 (193) – Altersgrenze für Kassenärzte; 105, 73 (110) – Rentenbesteuerung; 107, 27 (45) – doppelte Haushaltsführung; 112, 164 (174) – Familienleistung; 115, 167 (214) – Risikostrukturausgleich; 116, 135 (160) – Vergaberecht; 116, 164 (180) – Tarifbegrenzung gewerblicher Einkünfte; *P. Kirchhof*, Allgemeiner Gleichheitssatz, HStR, Bd. VIII, 3. Aufl. 2010, § 181, Rn. 232 f.

F. Anmerkungen

⁴⁰ Zur Offenheit des Staates in Zielen und Aufgaben *J. Isensee*, Staat und Verfassung, HStR, Bd. II, 3. Aufl. 2004, § 15, Rn. 115 f.; zur Unterscheidung von freiheitsverpflichtetem Staat und freiheitsberechtigter Gesellschaft *H. H. Rupp*, Die Unterscheidung von Staat und Gesellschaft, ebenda, § 31, Rn. 3 f., 29 f., 44 f.; zu den Elementaraufgaben des Staates im Verhältnis zur Europäischen Union BVerfGE, 123, 267 (358) – Lissabon.

⁴¹ *P. Kirchhof*, Die Steuern, HStR, Bd. V, 3. Aufl. 2007, § 118, Rn. 90 f.

⁴² *C.B. Blankert*, Wieviel Schulden dürfen wir den nachfolgenden Generationen überlassen? In: *N. Goldschmidt*, Generationengerechtigkeit, 2009, S 205 (217).

⁴³ So aber *J. Wieland*, JZ 2012, S. 213 (219).

⁴⁴ BVerfGE 55, 274 (303) – Ausbildungsplatzförderungsgesetz; 91, 186 (201 f.) – Kohlepfennig; vgl. auch 79, 311 (329) – Staatsverschuldung (Haushaltsgesetz 1981).

⁴⁵ *S. Becker/W. v. Rotberg*, Staatsverschuldung 2020, Deutsche Bank Research, 2011, S. 8.

⁴⁶ Anlage 33; daneben stellt sich das Problem der Target-Salden vgl. *H.-W. Sinn/T. Wollmershäuser*, Target-Kredite, Leistungsbilanzsalden und Kapitalverkehr: Der Rettungsschirm der EZB, ifo Working Paper Nr. 105, 2011.

⁴⁷ BVerfGE 89, 155 (200) – Maastricht.

⁴⁸ In Verbindung mit Art. 126 AEUV, Art. 51 EUV.

⁴⁹ Siehe bereits S. 16.

⁵⁰ Siehe S. 16 f.

⁵¹ Siehe S. 97 f.

⁵² 52. Gesetz zur Änderung des Grundgesetzes vom 28.8.2006, BGBl. I S. 2034, und 57. Änderung des Grundgesetzes vom 29.7.2009, BGBl. I S. 2248; siehe C II 1.

⁵³ Vgl. S. 71 f.

⁵⁴ BVerfG, NJW 2011, S. 2946 (Leitsatz 3 a) – Euro-Rettungsschirm; BVerfGE 89, 155 (172 f.) – Maastricht; 97, 311 (328) – Euro; 123, 267 (359) – Lissabon; zum Erfordernis umfassender Unterrichtung des Bundestages nunmehr BVerfG v. 19.6.2012, – 2 BvE 4/11.

⁵⁵ Art. 126 Abs. 2 AEUV i.V.m. Art. 1 Protokoll (Nr. 12) über das Verfahren bei einem übermäßigen Defizit (Abl. 2010 Nr. C 83, 279), das gem. Art. 51 EUV Bestandteil des Primärrechts ist; siehe 1; vgl. dazu *U. Häde*, in: Calliess/Ruffert, EUV/AEUV, 4. Aufl. 2011, Art. 126, Rn. 100 f.; *J. Wieland*, JZ 2012, S. 213 (214).

⁵⁶ *J. Wieland*, JZ 2012, S. 213 (214); *U. Häde*, a.a.O., Art. 126, Rn. 100 f.; *L. Dittrich*, ZSE 2011, S. 574 (576).

⁵⁷ Pressemitteilung vom 30.1.2002 der Kommission, DN:IP/02/164, Schlussfolgerung 7.

⁵⁸ Vgl. Rats-Dok. 6108/02, S. 9.

⁵⁹ Entscheidung 2003/89/EG vom 21.1.2003, ABl. 2003 Nr. 1, 165/29.

⁶⁰ 2546. Tagung des Rates Wirtschaft und Finanzen am 25. November 2003 in Brüssel, Doc. 14492/03.

⁶¹ EuGH, Rs. C-27/04, Slg 2004 I-6649 – Kommission gegen Rat; siehe insgesamt *R. Streintz/C. Ohler/C. Herrmann*, NJW 2004, S. 1553.

⁶² 2804. Tagung des Rates Wirtschaft und Finanzen, Luxemburg, 5. Juni 2007, Doc. 10319/07.

⁶³ Siehe insbesondere die Änderungen des Art. 5 der Verordnung (EG) Nr. 1055/2005 des Rates vom 27. Juni 2005 zur Änderung der Verordnung (EG) Nr. 1466/97 über den Ausbau der haushaltspolitischen Überwachung und der Überwachung und Koordinierung der Wirtschaftspolitiken, Abl. L 174/1. Die Motive der Novelle verdeutlichen die Erwägungsgründe 5, 6 und 8: „Nach dem Stabilitäts- und Wachstumspakt sind die Mitgliedstaaten verpflichtet, das mittelfristige Ziel eines „nahezu ausgeglichenen oder einen Überschuss aufweisenden Haushalts" anzustreben. Angesichts der wirtschaftlichen und haushaltspolitischen Heterogenität in der Union sollte das mittelfristige Haushaltsziel für die einzelnen Mitgliedstaaten differenziert gestaltet sein, um den unterschiedlichen wirtschaftlichen und haushaltspolitischen Positionen und Entwicklungen sowie dem unterschiedlichen finanzpolitischen Risiko für die langfristige Tragfähigkeit der öffentlichen Finanzen auch angesichts des sich anbahnenden demografischen Wandels Rechnung zu

tragen. Das mittelfristige Haushaltsziel kann für einzelne Mitgliedstaaten vom Grundsatz des „nahezu ausgeglichenen oder einen Überschuss aufweisenden Haushalts" abweichen. Für die Mitgliedstaaten des Euroraums und des WKM2 gäbe es dann eine festgelegte Spanne länderspezifischer mittelfristiger Haushaltsziele, die konjunkturbereinigt wären und bei denen einmalige und befristete Maßnahmen nicht angerechnet würden. Ein symmetrischerer Ansatz für die Finanzpolitik über den Konjunkturzyklus hinweg sollte durch verbesserte Haushaltsdisziplin in Phasen des wirtschaftlichen Aufschwungs erreicht werden; angestrebt wird damit, eine prozyklische Politik zu vermeiden und das mittelfristige Haushaltsziel schrittweise zu erreichen. Das Festhalten an dem mittelfristigen Ziel sollte den Mitgliedstaaten die Möglichkeit geben, normale Konjunkturschwankungen zu bewältigen und dabei das öffentliche Defizit unter dem Referenzwert von 3 % des BIP zu halten sowie rasche Fortschritte in Richtung auf langfristig tragfähige öffentliche Finanzen zu gewährleisten. In diesem Zusammenhang sollte es einen haushaltspolitischen Spielraum insbesondere für öffentliche Investitionen eröffnen. [...] Zur Stärkung der Wachstumsorientierung des Paktes sollten größere Strukturreformen, die direkte langfristige Kosteneinsparungseffekte – auch durch Steigerung des Potenzialwachstums – und daher nachprüfbare positive Auswirkungen auf die langfristige Tragfähigkeit der öffentlichen Finanzen haben, berücksichtigt werden, wenn der Anpassungspfad zur Erreichung des mittelfristigen Haushaltsziels für Länder festgelegt wird, die dieses Ziel noch nicht erreicht haben, und Ländern, die es bereits erreicht haben, eine befristete Abweichung von diesem Ziel eingeräumt wird. Da die Rentenreformen, durch die ein Mehrsäulensystem mit einer gesetzlichen, vollständig kapitalgedeckten Säule eingeführt wird, eine kurzfristige Verschlechterung der öffentlichen Finanzen während des Umsetzungszeitraums zur Folge haben, sollte diesen Reformen besondere Aufmerksamkeit gelten, damit Strukturreformen, die die Nachhaltigkeit der öffentlichen Finanzen eindeutig stärken, nicht beeinträchtigt werden."

[64] Siehe Tabellen 4 ff.
[65] Siehe S. 66 f.
[66] Tabelle 6.
[67] Die Bezeichnung knüpft an den Turm der Spandauer Zitadelle, in dem nach 1871 der Reichskriegsschatz aufbewahrt wurde, *C. Waldhoff,* Versilbern und Verschulden, in: K. v. Lewinski (Hrsg.), Staatsbankrott als Rechtsfrage, 2011, S. 77 (82).
[68] *Waldhoff,* a.a.O., S. 77 (82 ff.).
[69] Vgl. Anm. 1064.
[70] Anm. 1064 und unten S. 208 f.
[71] Gesetz zur Förderung der Stabilität und des Wachstums der Wirtschaft (StWG) vom 8.6.1967, BGBl. I S. 582.
[72] *J. A. Kämmerer,* Subventionen, HStR, Bd. V, 3. Aufl. 2007, § 124, Rn. 3 f.
[73] BT-Drs. 8/1195.
[74] BT-Drs. 8/1195, S. 4.
[75] BT-Drs. a.a.O., S. 5.
[76] BT-Drs. a.a.O., S. 5 zu 4., S. 6 zu 6.
[77] BT-Drs. a.a.O., S. 6.
[78] Vgl. im Einzelnen *P. Kirchhof,* Bundessteuergesetzbuch, 2011, S. 4 f.; *ders.,* Die Steuern, HStR, Bd. V, 3. Aufl. 2007, § 118, Rn. 23 f., 34 f., 46 f. sowie unten S. 126 f.
[79] Art. 4 des Finanzmarktförderungsgesetzes vom 22.2.1990, BGBl. I S. 226.
[80] BVerfGE 1, 117 – Finanzausgleich I; 72, 330 – Länderfinanzausgleich II, Zerlegungsgesetz und Finanzausgleichsgesetz; 86, 148 – Länderfinanzausgleich III, Einbeziehung der Gemeindefinanzen; 101, 158 – Finanzausgleich IV, Maßstäbegesetz.
[81] BVerfGE 101, 158 (217) – Finanzausgleich IV, Maßstäbegesetz; vgl. auch unten S. 126 f.
[82] Vgl. die Übersicht bei *W. Höfling,* Staatsschuldenrecht, 1993, S. 109 ff.; *H. Pünder,* Staatsverschuldung, HStR, Band V, 3. Aufl. 2007, § 123, Rn. 2 ff.

F. Anmerkungen

[83] D. *Ricardo*, Untersuchungen über das Anleihesystem (1820), in: K. Diehl/P. Mombert (Hrsg.), Das Staatsschuldenproblem, 1980, S. 94 ff. (108).

[84] Vgl. BVerfGE 55, 274 (304) – Berufsausbildungsabgabe.

[85] *L. v. Stein*, Lehrbuch der Finanzwissenschaft, 2. Aufl. 1871, S. 666; dazu: BVerfGE 79, 311 (353) – (Haushaltsgesetz 1981).

[86] *K. Dietzel*, Das System der Staatsanleihen im Zusammenhang der Volkswirtschaft betrachtet, 1855, S. 140 ff.

[87] *A. Hensel*, Der Finanzausgleich im Bundesstaat in seiner staatsrechtlichen Bedeutung, 1922, S. 169 ff.

[88] *J. Burckhardt*, Weltgeschichtliche Betrachtungen, Hrsg. von Rudolf Marx, 1963, S. 133.

[89] § 51 der Paulskirchenverfassung, E. R. *Huber* (Hrsg.), Dokumente zur Deutschen Verfassungsgeschichte, Band 1, 3. Aufl. 1978, S. 380; ähnlich die Verfassung des Deutschen Reiches von 1871, RGBl. S. 63 f., dazu Staatssekretär des Innern, *Graf v. Posadowsky-Wehner*, in der Reichstagssitzung vom 9.6 1902, StB. 5501B und vom 12.12.1905, StB. 239B.

[90] *F. E. M. Saemisch*, Das Staatsschuldenwesen, in: G. Anschütz (Hrsg.), Handbuch des deutschen Staatsrechts, Band 2, 1932, S. 435 (438); vgl. schon Art. 73 der Verfassung des Norddeutschen Bundes vom 26.7 1887, GBl. S. 1.

[91] Abgeordneter *Dr. Kroll* im Hauptausschuss, 15. Sitzung, JöR, n.F., Bd. 1 (1949), S. 822.

[92] Siehe S. 15 f.

[93] Gutachten zum Begriff der öffentlichen Investitionen, erstattet vom Wissenschaftlichen Beirat beim Bundesministerium der Finanzen, 26.4.1980, Schriftenreihe des Bundesministeriums der Finanzen, Heft 29, S. 17.

[94] 20. Gesetz zur Änderung des Grundgesetzes vom 2.5.1969, BGBl. I S. 357.

[95] Vgl. die Begründung des Regierungsentwurfs, BT-Drs. V/3040, S. 31 f.

[96] *A. Hensel*, Der Finanzausgleich im Bundesstaat in seiner staatsrechtlichen Bedeutung, 1922, S. 169.

[97] *Hensel*, a.a.O.; *F. Terhalle*, Finanzwissenschaft, 1930, S. 538 f.

[98] Vgl. *H. Pünder*, Staatsverschuldung, HStR, Band V, 3. Aufl. 2007, § 123, Rn. 3 f. m.N.; Sachverständigenrat zur Begutachtung der gesamtwirtschaftlichen Entwicklung, Staatsverschuldung wirksam begrenzen – Expertise im Auftrag des Bundesministeriums für Wirtschaft und Technologie, 2007, S. 49 f.; 74 f.: Investitionsabhängige Verschuldung als „Goldene Regel der Finanzpolitik".

[99] *Pünder*, a.a.O., Rn. 4; *J. Isensee*, Schuldenbarriere für Legislative und Exekutive – zur Reichweite und Inhalt der Kreditkauteln des Grundgesetzes, in: Festschrift für Karl-Heinz Friauf, 1996, S. 705 (706); *P. Henseler*, Verfassungsrechtliche Aspekte zukunftsbelastender Parlamentsentscheidungen, in: AöR 108 (1983), S. 489 (520 f.); Sachverständigenrat a.a.O., S. 41.

[100] *B. Rüthers/C. Fischer/A. Birk*, Rechtstheorie mit juristischer Methodenlehre, 6. Aufl. 2011, Rn. 361 f.

[101] Zum Investitionsbegriff vgl. im Einzelnen, *Pünder*, a.a.O., Rn 33 ff.

[102] Modernisierung der Verwaltungsbeziehungen von Bund und Ländern, Gutachten des Präsidenten des Bundesrechnungshofes als Bundesbeauftragter für Wirtschaftlichkeit und Verwaltung, 2007, S. 155 f.

[103] Zum Begriff vgl. *Pünder*, a.a.O., § 123, Rn. 3.

[104] Siehe aber Sachverständigenrat zur Begutachtung der gesamtwirtschaftlichen Entwicklung, Staatsverschuldung wirksam begrenzen – Expertise im Auftrag des Bundesministers der Wirtschaft und Technologie, 2007, S. 74 ff.

[105] Vgl. aber *R. A. Musgrave*, The theory of public finance – a study in public economy, 1959: „Pay as you use".

[106] *Pünder*, a.a.O., Rn. 4, 58 ff.

[107] Vgl. BVerfGE 79, 311 (331) – (Haushaltsgesetz 1981); zur verfassungswidrigen Ausdehnung dieses Tatbestandes abweichende Meinung der Richter *U. Di Fabio* und *R. Mellinghoff*, BVerfGE 119, 96, 155 (163 ff.) – Staatsverschuldung (Bundeshaushalt 2004).

[108] 15. Gesetz zur Änderung des Grundgesetzes vom 8.6 1967 BGBl. I S. 581 (Änderung des Art. 109 Abs. 2 und 3 GG); Gesetz zur Förderung der Stabilität und des Wachstums der Wirtschaft vom 8.6 1967, BGBl. I S. 582; 20. Gesetz zur Änderung des Grundgesetzes vom 2.5 1969, BGBl. I S. 357 (Novellierung des Art. 115 GG); vgl. auch Haushaltsgrundsätzegesetz vom 19.9 1969, BGBl. I S. 1273; zu den politischen Grundlagen und Wertungen siehe die abweichende Meinung der Richter *U. Di Fabio* und *R. Mellinghoff*, BVerfGE 119, 96 (155) – Staatsverschuldung (Bundeshaushalt 2004).

[109] *J. M. Keynes*, The general theory of employment, interest and money, 1936; dazu BVerfGE 79, 311 (331) – Staatsverschuldung (Haushaltsgesetz 1981).

[110] Abweichende Meinung der Richter *U. Di Fabio* und *R. Mellinghoff*, BVerfGE 119, 96 (155) – Staatsverschuldung (Bundeshaushalt 2004).

[111] Zum „magischen Viereck" vgl. § 2 des Gesetzes zur Förderung des Stabilität und des Wachstums der Wirtschaft vom 8.6 1967, BGBl. I S. 182.

[112] Vgl. dazu *Keynes*, a.a.O.; Sachverständigenrat, a.a.O., S. 45 f.; BVerfGE 79, 311 (331) – Staatsverschuldung (Haushaltsgesetz 1981); *Pünder*, a.a.O., Rn. 8 f.; *M. Heintzen*, Staatshaushalt, HStR, Bd. V, 3. Aufl. 2007, § 120, Rn. 21.

[113] *M. Friedman*, Die Gegenrevolution in der Geldtheorie (1970), in: P. Kalmbach (Hrsg.), Der Neue Monetarismus, 1973, S. 47 f.

[114] Zu diesen Fragen und ihren wirtschaftstheoretischen Hintergründen *Pünder*, a.a.O., Rn. 8 f.

[115] Vgl. im Einzelnen *Pünder*, a.a.O., Rn. 9 f.

[116] *Keynes*, a.a.O.; BVerfGE 119, 96 (162 ff.) – Staatsverschuldung (Bundeshaushalt 2004).

[117] Institut für den öffentlichen Sektor, Runter von dem Schuldenberg, 2011, S. 28.

[118] Art. 109 Abs. 3, Art. 115 Abs. 2 GG.

[119] *J. A. Kämmerer*, Subventionen, HStR, Bd. V, 3. Aufl. 2007, § 124, Rn. 29 ff., 40 ff.

[120] Vgl. *P. Kirchhof*, Steuern, HStR, Bd. V, 3. Aufl. 2007, § 118, Rn. 57 ff.

[121] Vgl. den Gesetzesvorbehalt mit Junktimklausel ausdrücklich für Enteignung und Sozialisierung in Art. 14 Abs. 3 Satz 2, Art. 15 Satz 1 GG.

[122] Zum Begriff der Paradoxie (sprachliches Verwirrspiel) vgl. *O. Höffe*, Paradoxie, Dialog, Abhandlung, Aphorismus: Die vier Kardinalstypen der Philosophie, in: P. Kirchhof (Hrsg.), Wissenschaft und Gesellschaft, Ihre Begegnung in Sprache, Symposion zur Hundertjahrfeier der Heidelberger Akademie der Wissenschaften, 2010, S. 57 (58).

[123] *H.-W. Sinn / T. Wollmershäuser*, Target-Kredite, Leistungsbilanzsalden und Kapitalverkehr: Der Rettungsschirm der EZB, ifo Working Paper No. 105, 2011.

[124] Zur Lehensherrschaft als einem System der Bindung unter gesellschaftlichen Eliten im Gegensatz zu grundherrlichen Abhängigkeiten in der Landwirtschaft, *B. Schneidmüller*, Grenzerfahrung und monarchische Ordnung, Europa 1200–1500, 2011, S. 29 f.

[125] Vgl. S. 97 f.

[126] Zur generationengerechten Staatsfinanzierung und den Verfassungsmaßstäben der Staatsverschuldung vgl. *A. Hensel*, Der Finanzausgleich im Bundesstaat und seine staatsrechtliche Bedeutung, 1922, S. 169 f.; *D. Birk*, DVBl. 1984, S. 745; *K. Lüder*, Neues öffentliches Haushalts- und Rechnungswesen, 2001, S. 36; *S. Mückl*, „Auch in Verantwortung für die zukünftigen Generationen" – „Generationengerechtigkeit" und Verfassungsrecht, in: Festschrift für Josef Isensee, 2007, S. 183 (184 f.); *H. Pünder*, Staatsverschuldung, HStR, Bd. V, 3. Aufl. 2007, § 123, Rn. 4 f.; *H. Kube*, in: Maunz/Dürig, Grundgesetz, Kommentar, Art. 115 (Stand 2009), Rn. 62 f.; 118 f.

[127] Vgl. Der Präsident des Bundesrechnungshofs, Bericht nach § 99 BHO über die Modernisierung des staatlichen Haushalts- und Rechnungswesens, BT-Drs. 16/2400 vom 17.8.2006, S. 4 zu 1.5; *H. Pünder*, Haushaltsrecht im Umbruch, 2003, S. 322 f.; *G. Färber*, Budgetierung – Möglichkeiten, praktische Erfahrungen, Folgen für das Parlament, in: Staatswissenschaften und Staatspraxis, 1997, S. 61 (63 f.); *N. Hauser*, Reform des Haushalts- und Rechnungswesens auf Bundesebene, in: H. Pünder (Hrsg.), Neues öffentliches

F. Anmerkungen

Finanzmanagement – Das doppische Haushalts- und Rechnungswesen: Reform und erste Erfahrungen, 2007, S. 13 (14 f.).

[128] *D. Birk*, DVBl. 1984, S. 745 (746, 748); *H. Pünder*, Staatsverschuldung, HStR, Bd. V, 3. Aufl. 2007, § 123, Rn. 45.

[129] BVerfGE 15, 126 (143) – Waldenfels; BVerfGE 27, 253 (285) – Besatzungsschäden; BVerfGE 41, 126 (151 ff.). – Reparationsschäden.

[130] *A. Vosskuhle*, Strukturen und Bauformen ausgewählter neuer Verfahren, in: W. Hoffmann-Riem/E. Schmidt-Aßmann, Verwaltungsverfahren und Verwaltungsverfahrensgesetz, 2002, S. 277 (290 f.).

[131] *D. A. Bauer*, Ein Organisationsmodell zur Regulierung der Rating-Agenturen, 2009, S. 23; *H. Fleischer*, Empfiehlt es sich, im Interesse des Anlegerschutzes und zur Förderung des Finanzplatzes Deutschland das Kapitalmarkt- und Börsenrecht neu zu regeln?, Gutachten zum 63. DJT Berlin, 2002, F 132 f.; *Thiele*, Die zivilrechtliche Einordnung des Ratings im deutschen Recht, 2005, S. 1 f.; *E. Vetter*, WM 2004, S. 1701 f.

[132] *P. Korth*, Dritthaftung von Ratingagenturen, 2010, S. 20; *W. Gerke/F. Mager*, BFuP 2005, S. 203; *Thiele*, a.a.O., S. 20; *E. Vetter*, WM 2004, S. 1702;

[133] *J. Sanio*, Deutscher Bundestag, 15. Wahlperiode, Finanzausschuss (7. Ausschuss), Protokoll Nr. 20 (Wortprotokoll) über die öffentliche Anhörung am 4. Juni 2003, Berlin, S. 29.

[134] Vgl. zur Erwerbstätigkeit, zur Tätigkeit im Auftrag und auf Wunsch eines Dritten, zu den Methoden *E. Vetter*, WM 2004, S. 1701 (1702 f.); *Thiele*, a.a.O., S. 22 f.; *Fleischer*, a.a.O., F 137 f.; *E. Weiß*, Kriterien des Branchenratings, in: H. E. Büschgen/O. Everling, Handbuch Rating, 1996, S. 499 (501 f.).

[135] *Weiß*, a.a.O., S. 504.

[136] *Korth*, a.a.O., S. 17; *J. Rosenbaum*, Der politische Einfluss von Rating-Agenturen, 2008, S. 11; *G. Deipenbrock*, WM 2009, S. 1165 (1165); *J. Möllers*, JZ 2009, S. 861 (864).

[137] *J. Möllers*, JZ 2009, S. 861 (862).

[138] *Rosenbaum*, a.a.O., S. 11.

[139] *Korth*, a.a.O., S. 20.

[140] *Bauer*, a.a.O., S. 40.

[141] Allein die beiden US-amerikanischen Ratingagenturen Moody's und Standard & Poor's haben weltweit einen Marktanteil von rund 80 Prozent, s. *Bauer*, a.a.O., S. 34; *J. Asmussen*, BFuP 2005, S. 246 (247); *A. Strunz-Happe*, BFuP 2005, S. 231 (231).

[142] In den USA besteht seit Erlass des Credit Rating Agency Reform Act vom 29. September 2006 (CRA Reform Act) ein gesetzlicher Rahmen für die Tätigkeit von Ratingagenturen, Credit Rating Agency Reform Act, Public Law Nr. 109–291, 120 Stat. 1327. S. dazu *Korth*, a.a.O., S. 27; *J. Möllers*, JZ 2009, S. 861 (863); *Bauer*, a.a.O., S. 227 f. Der CRA Reform Act zielt darauf, die Ratingqualität zum Schutz der Anleger und im öffentlichen Interesse zu verbessern, insbesondere Verantwortlichkeit, Transparenz und Wettbewerb im Ratingwesen zu fördern, *G. Deipenbrock*, WM 2009, S. 1165 (1167); *Bauer*, a.a.O., S. 227. Weltweit setzen zwei Regelwerke der International Organization of Securities Commissioners (IOSCO) den Rahmen für die Tätigkeit der Ratingagenturen: Das Statement of Principles Regarding the Activities of Credit Rating Agencies und die Code of Conduct Fundamentals for Credit Rating Agencies, Statement of Principles Regarding the Activities of Credit Rating Agencies, 25. September 2003, www.iosco.org. Siehe zum Ganzen *Korth*, a.a.O., S. 21 f.; *G. Deipenbrock*, WM 2009, S. 1165 (1165). Bei dem Code of Conduct Fundamentals (veröffentlicht im Dezember 2004, http://www.IOSCO.org) handelt es sich nicht um ein Gesetz oder einen Vertrag mit völkerrechtlicher Wirkung, sondern um eine Empfehlung der am Zustandekommen beteiligten Finanzaufsichtsbehörden verschiedener Länder. Deutschland wird von der Bundesanstalt für Finanzdienstleistungsaufsicht (BaFin) vertreten. S. dazu *Oliver v. Schweinitz*, WM 2008, S. 953 (953); *J. Asmussen*, BFuP 2005, S. 246 (251.). Nachdem im Frühjahr 2007 erste Anzeichen der „Subprime Krise" auch erste Zweifel an der Qualität der Ratings begründeten, wurden Auftrag und Arbeitsweise

der Ratingagenturen erneut durch die IOSCO überprüft und im Mai 2008 durch eine überarbeitete Fassung der Code of Conduct Fundamentals for Credit Rating Agencies neu ausgerichtet, *G. Deipenbrock*, WM 2009, S. 1165 (1165); *J. Möllers*, JZ 2009, S. 861 (864); *Korth*, a.a.O., S. 23.;im September 2009 hat die Europäische Union eine Verordnung über Ratingagenturen erlassen, Verordnung (EG) Nr. 1060/2009 des Europäischen Parlaments und des Rates vom 16. September 2009, Abl. Nr. L 302 vom 17. November 2009; dazu Entwurf eines Ausführungsgesetzes zu dieser Verordnung, BT-Drs. 17/716 vom 15.2.2010. Die Verordnung verfolgt vier Ziele: Ratingagenturen sollen Interessenkonflikte vermeiden oder zumindest angemessen handhaben. Die Qualität des Ratings soll verbessert werden. Ratingagenturen müssen die Transparenz ihrer Tätigkeit erhöhen. Ein effizienter Registrierungs- und Aufsichtsrahmen wird begründet. Ausführlich dazu *Korth*, a.a.O., S. 25 ff.; *A. Strunz-Happe*, BFuP 2005, S. 231 (235 ff.); *G. Deipenbrock*, WM 2009, S. 1165 (1169). Die Art. 14–20 der Verordnung legen ein Registrierungsverfahren fest, welches die Ratingagenturen durchlaufen müssen, die auf dem Gebiet der EU tätig werden wollen. Die Agenturen müssen beim Ausschuss der europäischen Wertpapierregulierungsbehörden (CESR) eine Registrierung beantragen. Der CESR benachrichtigt dann die zuständige Behörde des Herkunftmitgliedstaats, in Deutschland die Bundesanstalt für Finanzdienstleistungsaufsicht (BaFin), welche den Antrag prüft und die Aufsicht übernimmt; Deutschland hat bislang keine eigenständigen Verhaltensvorschriften für Ratingagenturen erlassen, *Korth*, a.a.O., S. 21.

[143] *O. Everling*, Credit Rating durch internationale Agenturen. Eine Untersuchung zu den Komponenten und instrumentalen Funktionen des Rating, 1991, S. 143; *Rosenbaum*, a.a.O., S. 20 f.

[144] *Everling*, a.a.O., S. 143; *Rosenbaum*, a.a.O., S. 21.

[145] *Rosenbaum*, a.a.O., S. 23 ff.

[146] Siehe S. 131 f.

[147] *M. Jestaedt*, Grundrechtsentfaltung im Gesetz, 1999, S. 288; *K. F. Gärditz,* Säkularität und Verfassung, in: O. Depenheuer/C. Grabenwarter (Hrsg.), Verfassungstheorie, 2010, § 5, Rn. 21.

[148] *F. Ossenbühl*, Gesetz und Recht – Die Rechtsquellen im demokratischen Rechtsstaat, HStR, Bd. V, 3. Aufl. 2007, § 100, insbes. Rn. 4

[149] *K. Stern*, Staatsrecht I, 2. Aufl. 1984, S. 94; *H. H. Klein*, Verfassungsgerichtsbarkeit und Gesetzgebung, in: P. Badura/R. Scholz (Hrsg.), Verfassungsgerichtsbarkeit und Gesetzgebung, 1998, S. 49 (61); *K. Hesse*, Grundzüge des Verfassungsrechts der Bundesrepublik Deutschland, 20. Aufl. 1995, Rn. 114 ff.; *Chr. Starck*, Grundrechtliche und demokratische Freiheitsidee, HStR, Bd. III, 3. Aufl. 2005, § 33; mit besonderem Blick auf die Allgemeinheit des Gesetzes *G. Kirchhof*, Die Allgemeinheit des Gesetzes, 2009, insbes. S. 3 ff.

[150] BVerfGE 88, 87 (96) – Namensrecht; 89, 1522 – Nachtarbeitszuschläge; 92, 365 (407) – Kurzarbeitergeld; 93, 99 (110) – Rechtsmittelbelehrung; 113, 167 (214) – Risikostrukturausgleich; 116, 135 (180) – Vergaberecht; st. Rspr.; *P. Kirchhof*, Allgemeiner Gleichheitssatz, HStR, Bd. VIII., 3. Aufl. 2010, § 181, Rn. 232 f. m.N.

[151] Vgl. *D. Grimm*, Ursprung und Wandel der Verfassung, HStR, Bd. I, 3. Aufl. 2003, § 1, Rn. 11 f.; *P. Kirchhof*, Begriff und Kultur der Verfassung, in: O. Depenheuer/C. Grabenwarter, Verfassungstheorie, 2010, § 3, Rn. 65 f.

[152] *P. Kirchhof*, Die Identität der Verfassung, HStR, Bd. II, 3. Aufl. 2004, § 21, Rn. 28 f.

[153] Vgl. im Einzelnen S. 6 f., 65 f. und S. 95 ff.

[154] Vgl. abweichende Meinung der Richter *U. Di Fabio* und *R. Mellinghoff*, BVerfGE 119, 96, 155 (172) – Staatsverschuldung (Bundeshaushalt 2004); siehe bereits II 3.

[155] Die neuen Grenzen der Staatsverschuldung gelten nach Art. 143 d Abs. 1 GG zwar für den Bund erst für das Haushaltsjahr 2016, für die Länder erst für das Haushaltsjahr 2020; nach Art. 143 d Abs. 1 Satz 6 soll mit dem Abbau des bestehenden Defizits im Bundeshaushalt jedoch im Haushaltsjahr 2011 begonnen werden.

[156] Siehe insgesamt sogleich S. 65 f. und 70 f.

F. Anmerkungen

[157] Zu dieser Stabilitätsgemeinschaft als Grundlage und Gegenstand des deutschen Zustimmungsgesetzes BVerfGE 89, 155 (205) – Maastricht; BVerfG, NJW 2011, S. 2946 (2952) – Euro-Rettungsschirm.
[158] *P. Kirchhof*, Erwerbsstreben und das Maß des Rechts, HStR, Bd. VIII, 3. Aufl. 2010, § 169, hier insb. Rn. 28 f.
[159] *P. Kirchhof*, a.a.O., Rn. 38 f.
[160] Siehe hierzu *R. Streinz*, in: ders., EUV/AEUV, 2. Aufl. 2012, Präambel EUV Rn. 2; *C. Calliess*, in: ders./Ruffert, EUV AEUV, Kommentar, 4. Aufl. 2011, Art. 1 EUV Rn. 1, 9 ff.
[161] *P. M. Huber*, in: Streinz, EUV/AEUV, 2. Aufl. 2012, Art. 19 EUV Rn. 25.
[162] Vgl. im Einzelnen S. 56 f.
[163] *L. Erhard*, Wohlstand für alle, 8. Aufl. 1964, S. 256 f.
[164] *A. Smith*, Theorie der ethischen Gefühle (1759), übersetzt von Walther Eckstein, 2. Aufl. 1977, S. 317.
[165] Vgl. *P. Bernholz*, Währungsordnung und Inflationsneigung: Die Bedeutung unterschiedlicher Währungsordnungen angesichts politisch bedingter Inflationsneigung, in: V. Vanberg (Hrsg.), Währungsunion und Inflation, 2003, S. 61 (71).
[166] *R. Seckelmann*, ZVersWiss 90 (2001), S. 23.
[167] Vgl. BVerfGE 15, 126 (143) – Staatsbankrott; 27, 253 (285) – Kriegsfolgeschäden; 41, 126 (151 ff.) – Reparationsschaden.
[168] Zum geltenden Recht: *M. Heintzen*, Staatshaushalt, HStR, Bd. V, 3. Aufl. 2007, § 120, Rn. 50 f.; *K. H. Friauf*, Öffentlicher Haushalt und Wirtschaft, VVDStRL 27 (1969), S. 1 f.; *C. Gröpl*, Haushaltsrecht und Reform, 2001; *T. Puhl*, Budgetflucht und Haushaltsverfassung, 1996; *H. Kube*, Finanzgewalt in der Kompetenzordnung, 2004.
[169] Zur Sprache als Entstehens- und Erkenntnisquelle für Recht *P. Kirchhof*, Deutsche Sprache, HStR, Bd. II, 3. Aufl. 2004, § 20, Rn. 23 f.
[170] *P. Kirchhof*, a.a.O., Rn. 8.
[171] *L. Wittgenstein*, Tractatus logico-philosophicus, 1921, 4, 002.
[172] Beschluss der im Rat der EU vereinigten Vertreter der Regierungen der dem Euro-Währungsgebiet angehörenden Mitgliedstaaten vom 10.5.2010.
[173] Verordnung (EU) Nr. 407/2010 des Rates vom 11.5.2010 zur Einführung eines Europäischen Finanzstabilisierungsmechanismus, ABl. 2010 L 118/1.
[174] Vertrag zur Einrichtung des Europäischen Stabilitätsmechanismus (ESM); unten S. 98 f.
[175] Europäischer Rat: Erklärung der Staats- und Regierungschefs des Euro-Währungsgebietes vom 9.12.2011, S. 2.
[176] *P.-C. Müller-Graff*, Editorial, ZHR 2012, S. 2 f.
[177] *P.-C. Müller-Graff*, Editorial, ZHR 2012, S. 2 f.
[178] Vgl. dazu S. 72 und *P.-C. Müller-Graff*, Editorial, ZHR 2012, S. 2 f.; *C. Herrmann*, Staatsbankrott in der EU: Versagen, Bewährung oder Chance der Europäischen Währungsverfassung, in: K. v. Lewinski, Staatsbankrott als Rechtsfrage, 2011, S. 29 f.
[179] Siehe S. 79.
[180] Art. 3 Abs. 2 EUV.
[181] Vgl. 79 f.
[182] Zur Idee des Darlehens *P. O. Mülbert*, AcP 192 (1992), 447 (451 ff. m.w.N., Zitate: 451, 453): Darlehen überlässt Kapital oder einen anderen Wert auf Zeit, ist „Gebrauchsüberlassungsvertrag". Zinsen sind als „Entgelt" dafür zu entrichten, dass „der Darlehnsnehmer für die Laufzeit des Darlehns wirtschaftlich fremdes (Darlehns)kapital, d.h. einen wirtschaftlich fremden Vermögenswert, in Anspruch nehmen darf." *R. Freitag*, in: J. v. Staudingers, Kommentar zum Bürgerlichen Gesetzbuch, Buch, Recht der Schuldverhältnisse, §§ 488–490, 607–609, Rn. 1 ff., 24 f. (Dauerschuldverhältnis), 33 f. (Risikostruktur, Selbstverantwortungsprinzip).
[183] Zum Zeichencharakter des Geldes, *F. Tönnies*, Philosophische Terminologie in psychologisch-soziologischer Ansicht, 1906, S. 30 f.

184 A. *Sohn-Rethel,* Das Geld, die bare Münze des Apriori, 1990.
185 Das Sprachbild, im Geld verkörpere sich „geprägte Freiheit", verwendet das BVerfG in seiner Entscheidung BVerfGE 97, 350 (371) – Euro und lehnt sich dabei an ein Wort *F. Dostojewskis* aus dem Roman „Aufzeichnungen aus einem Totenhaus, 1. Teil", übersetzt von *Dieter Pommerenke,* 1994, S. 25, an.
186 *R. Sédillot,* Muscheln, Münzen und Papier, Die Geschichte des Geldes, 1992, S. 29 f.; *Patrick Muhl,* Von der Muschel zum virtuellen Geld, 2001, S. 15 f.; *P. Einzig,* Primitive Money (1946), 2. Aufl. 1966, S. 345 f.; *A. Smith,* Der Wohlstand der Nationen (1776), 1999, S. 23 f.
187 Vgl. BVerfGE 55, 274 (304) – Berufsausbildungsabgabe.
188 *O. Mayer,* Deutsches Verwaltungsrecht, Band I, 1895, S. 245 ff.; *F. K. Mann,* Steuerpolitische Ideale, 1937, S. 50 ff.; *E. Schremmer,* Über „gerechte Steuern". Ein Blick zurück ins 19. Jahrhundert, 1994, S. 14 ff.; *P. Kirchhof,* Die Steuern, HStR, Bd. V, 3. Aufl. 2007, § 118, Rn. 16 ff.
189 Vgl. *O. Gandenberger,* Öffentlicher Kredit und Einkommensverteilung, FinArch Neue Folge, Band 29, 1970, S. 1 (10 ff.).
190 Dazu kritisch *C. B. Blankart,* Wieviel Schulden dürfen wir den nachfolgenden Generationen überlassen?, in: Nils Goldschmidt, Generationengerechtigkeit, 2009, S. 205 (220 f.) m.N.
191 *A. Schäffle,* Die Steuern, I/II, in: L. v. Stein, Lehrbuch der Finanzwissenschaften, Band I, 1895, S. 74 (107); *H.-P. Ullmann,* Der deutsche Steuerstaat, 2005, S. 8, 15 f.; *P. Kirchhof,* a.a.O., Rn. 6.
192 Vgl. BVerfGE 55, 274 (304) – Berufsausbildungsabgabe im Anschluss an *J. Hatschek,* Deutsches und preußisches Staatsrecht, Band II, 2. Aufl. 1930, S. 270 f.; dabei wird die Steuer unabhängig von einer Gegenleistung geschuldet, *O. Mayer,* Deutsches Verwaltungsrecht, 3. Aufl. 1924, 1. Band, S. 315 f. („voraussetzungslose" Abgabe); *H. v. Gerlach,* Die Geschichte des preußischen Wahlrechts, 1908, S. 11.
193 BVerfGE 14, 221 (241) – Fremdrenten; 19, 119 (129) – Cuponsteuer; 82, 159 (190) – Absatzfonds; 105, 73 (32) – Sozialpfandbriefe: Verbot „erdrosselnder", „konfiskatorischer" Steuern; BVerfGE 93, 121 (137 f.) – Vermögensteuer: Obergrenze in der Nähe der hälftigen Teilung; BVerfGE 115, 97 (112) – Obergrenze für Einkommen- und Gewerbesteuer: Verfassungsrechtliches Mäßigungsgebot, Schutz der Privatnützigkeit des Einkommens gegenüber der Besteuerung.
194 Als Kernelement des Demokratieprinzips BVerfGE 44, 125 (139) – Öffentlichkeitsarbeit; vgl. auch BVerfGE 1, 14 (33) – Südweststaat; 13, 54 (91) – Hessenklage; 18, 151 (154) – Fraktionszuschüsse; 77, 1 (40) – Neue Heimat.
195 Zur historischen Durchsetzung des jährlichen Budgetrechts als Stärkung des Parlaments *R. Mußgnug,* Der Haushaltsplan als Gesetz, 1976, S. 94, 136, 180; *K. Stern,* Staatsrecht II, 1980, S. 1272 f.
196 *M. Heintzen,* Staatshaushalt, HStR, Band V, 3. Aufl., § 120, Rn. 42 ff.; *C. Gröpl,* in: Bonner Kommentar, Loseblatt, Art. 110 Rn. 129; *T. Maunz,* in: ders./Dürig, Kommentar zum Grundgesetz, Art. 110 (1981), Rn. 22.
197 Vgl. § 30 BHO; BVerfGE 45, 1 (33) – Notkompetenz des Bundesministers der Finanzen; BVerfGE 66, 26 (38) – Parlamentarische Kontrolle der Haushaltstitel für Geheimdienste.
198 BVerfG a.a.O.
199 Vgl. *G. Kisker,* Staatshaushalt, HStR, Bd. IV, 1. Aufl. 1990, § 89, Rn. 70; *Heintzen,* a.a.O., Rn. 43.
200 Von dieser Möglichkeit macht die Staatspraxis des Bundes keinen Gebrauch, *Heintzen,* a.a.O., Rn. 43.
201 Das Jährlichkeitsprinzip wird durch die Regel ergänzt, dass in den Haushaltsplan nur Einnahmen und Ausgaben eingestellt werden dürfen, die in diesem Jahr fällig werden, *Gröpl,* a.a.O., Rn. 127; *Heintzen,* a.a.O., Rn. 43.

F. Anmerkungen

²⁰² BVerfGE 127, 1 (24) – Spekulationsfrist; vgl. auch § 2 Abs. 7 EStG, § 7 Abs. 3 KStG, § 14 Satz 2 GewStG, § 16 UStG.

²⁰³ Zur Rechtfertigung der Einzelsteuern aus dem Gedanken, jeder, der den von dieser Rechtsgemeinschaft bereitgestellten Markt genutzt hat, soll im Markterfolg zur Finanzierung des Systems beitragen: *P. Kirchhof*, in: ders., EStG, Kommentar, 11. Aufl. 2012, Einleitung, Rn. 5.

²⁰⁴ Vgl. *P. Kirchhof*, a.a.O., § 2, Rn. 119 ff.

²⁰⁵ Vgl. *Heintzen*, a.a.O., Rn. 89; *J. Isensee*, Staatsvermögen, HStR, Bd. V, 3. Aufl. 2007, § 122, Rn. 5 ff.

²⁰⁶ Vgl. § 48 Abs. 1, 2 HGrG; *C. Gröpl*, Wirtschaftlichkeit und Sparsamkeit staatlichen Handelns, HStR, Bd. V, 3. Aufl. 2007, § 121, Rn. 43.

²⁰⁷ Zum Problem einer grundsätzlich in die Zukunft vorgreifenden, im Einzeltatbestand aber rückwirkenden Gesetzgebung BVerfGE 127, 1 (16) – Spekulationsfrist (Zitat); 63, 343 (357) – Rechtshilfevertrag zwischen Deutschland und Österreich; 72, 200 (257 f.) – Deutsch-Schweizer Doppelbesteuerungsabkommen; 57, 67 (68) – Schiffsbausubvention; 105, 17 (37) – Sozialpfandbriefe; 114, 258 (300) – Private Altersvorsorge für Beamte.

²⁰⁸ *R. Freitag,* in: J. v. Staudingers, Kommentar zum Bürgerlichen Gesetzbuch, Buch, Recht der Schuldverhältnisse, §§ 488–490, 607–609, Rn. 24 f. (Dauerschuldverhältnis), 33 f. (Risikostruktur, Selbstverantwortungsprinzip).

²⁰⁹ Sowohl Verfassungsrecht (Art. 115 Abs. 1 GG) als auch Europarecht (Art. 126 AEUV) können ein gesetzliches Verbot begründen. Dieses Verbot ist öffentlich verkündet, deswegen allgemein bekannt (vgl. dazu BGH, NJW 1990, S. 1356 – Darlehensvertrag trotz eines an einen Vertragspartner gerichteten Verbotes durch das Bundesaufsichtsamt für das Kreditwesen). Problematisch könnte sein, ob die Vorschriften des Haushaltsverfassungsrechts und die europarechtlichen Regeln für die Wirtschaftspolitik der Mitgliedstaaten beide Vertragspartner binden (zu diesem Maßstab BGH, a.a.O.).

²¹⁰ Zu diesem Maßstab vgl. BGH, NJW 1990, S. 1356 (1357).

²¹¹ Vgl. auch S. 43.

²¹² Art. 1 Nr. 2, Grundsatz 1, Art. 55

²¹³ *K. Heilbronner/M. Kau,* in: Graf Vitzthum, Völkerrecht, 5. Aufl. 2010, 3. Abschnitt, Rn. 122 f.

²¹⁴ *Graf Vitzthum,* ebenda, 1. Abschnitt, Rn. 46.

²¹⁵ *Heilbronner/Kau,* a.a.O., Rn. 143.

²¹⁶ *F. Terhalle,* Finanzwissenschaft, 1930, S. 538 f.; *A. Smith,* Der Wohlstand der Nationen (1776), übersetzt von H. C. Recktenwald, 1974, S. 803; *J. Isensee,* Damoklesschwert über der Finanzverfassung: Der Staatsbankrott, in: L. Osterloh/K. Schmidt/H. Weber (Hrsg.): Staat, Wirtschaft, Finanzverfassung. Festschrift für Peter Selmer, 2004, S. 687 (695 f.).

²¹⁷ Inflationen, die wenigsten in einem Monat eine Inflationsrate von mindestens 50 Prozent erreichten, *P. Bernholz,* Währungsordnung und Inflationsneigung: Die Bedeutung unterschiedlicher Währungsordnungen angesichts politisch bedingter Inflationsneigung, in: V. Vanberg (Hrsg.), Währungsordnung und Inflation, 2003, S. 61 (71).

²¹⁸ *Bernholz* a.a.O., S. 67 (Tabelle); ders., Monetary Regimes and Inflation, 2003, S. 64 f.

²¹⁹ *M. Drelichman/H.-J. Voth,* The Sustainable Debts of Philip II: A Reconstruction of Spain's Fiscal Position, 1560–1598, 2010.

²²⁰ *Drelichman/Voth,* a.a.O., S. 3: in den Jahren 1557, 1560, 1575 und 1596.

²²¹ Zu diesem Stichwort und zum Folgenden vgl. das Projekt des Max-Planck-Instituts für Europäische Rechtsgeschichte, Frankfurt, „Das Völkerrecht und seine Wissenschaft (1789–1914)"; Vorabbericht über ein der staatlichen Insolvenzabwicklung gewidmetes Teilprojekt von *L. Heimbeck,* FAZ vom 29.12.2011, S. 8.

²²² *Heimbeck,* a.a.O.: Griechenland fünfmal, Spanien siebenmal.

²²³ *K. v. Lewinski,* Öffentlich-rechtliche Insolvenz und Staatsbankrott, 2010, S. 519 ff.

²²⁴ *Heimbeck,* a.a.O.

²²⁵ *V. Lewinski,* a.a.O.

[226] C. M. *Rheinhart*/K. S. *Rogoff*, This Time is Different, Eight Centuries of Financial Folly, Princton University Press, Princeton and Oxford 2009, S. 62.

[227] R. *Seckelmann*, ZVersWiss 90 (2003), S. 23; B. *Großfeld*/J. *Höltzenbein*, ZVglRWiss 104, (2005), S. 31.

[228] BGH, NJW 1979, S. 540 (541).

[229] Zum – begrenzten – Zinsverbot *Moses*, 23, 20 und 21; zur Pfändung und weiteren Nutzung des Handels durch den Pfandgeber, *Moses*, 24, 10–13; zur Sabbatruhe, das Brachjahr und das Jubeljahr Moses 25; im übrigen *M. T. Kloft*, Das christliche Zinsverbot in der Entwicklung von der Alten Kirche zum Barock. Eine Skizze, in: J. Heil/B. Wacker (Hrsg.), Zinsverbot und Geldverleih in jüdischer und christlicher Tradition, 1997, S. 21 f.; *J. Heil*, Das Geld und das Gold des Kalbes. Momente der Exodusdeutung zwischen Patristik und Neuzeit, ebenda, S. 35; K. *Hanke-Wehrle*, Zins und Wucher – kein Thema für die Theologische Ethik und Sozialethik der Gegenwart?, ebenda, S. 281.

[230] Siehe S. 57 f.

[231] S. *Becker*/W. v. *Rotberg*, Staatsverschuldung 2020, Deutsche Bank Research, 2011, S. 8.

[232] Vgl. Institut für den öffentlichen Sektor, Runter von dem Schuldenberg, 2011, S. 12.

[233] Institut für den öffentlichen Sektor, a.a.O., S. 12 f.

[234] Art. 109 Abs. 3, Art. 115 Abs. 2 GG; siehe unter S. 93 f.

[235] Kreditmarktschulden und Kassenkredite zusammengerechnet, Statistisches Bundesamt, Finanzen und Steuern. Schulden der öffentlichen Haushalte, Fachserie 14, Reihe 5, 2011, S. 20, 25.

[236] Tabelle 4 sowie Tabelle 1, BMF, Monatsbericht, September 2011, S. 110.

[237] Siehe hierzu Sachverständigenrat zur Begutachtung der gesamtwirtschaftlichen Entwicklung, Staatsverschuldung wirksam begrenzen. Expertise im Auftrag des Bundesministers für Wirtschaft und Technologie, 2007, S. 24 und unten Anm. 1064.

[238] Die impliziten Staatsschulden für das Jahr auf 2008 werden auf 251,3 und für das Jahr 2009 auf 195,5 Prozent des Bruttoinlandsproduktes beziffert. Die explizite Staatsverschuldung betrug hiernach 63,2 Prozent des Bruttoinlandsproduktes im Jahr 2008 und 80,2 Prozent im Jahr 2009 (T. *Hackmann*/S. *Moog*/B. *Raffelhüschen*, Ehrbarer Staat? Die Generationenbilanz. Update 2011: Was die Pflegereform bringen könnte – und was sie bringen sollte, Stiftung Marktwirtschaft, Argumente zu Marktwirtschaft und Politik, Nr. 114, Oktober 2011, S. 6). Der Sachverständigenrat zur Begutachtung der gesamtwirtschaftlichen Entwicklung ging für das Jahr 2002 von einer impliziten Staatsverschuldung von 270,5 Prozent des Bruttoinlandsproduktes aus (Sachverständigenrat zur Begutachtung der gesamtwirtschaftlichen Entwicklung, Staatsfinanzen konsolidieren – Steuersystem reformieren. Jahresgutachten 2003/04, S. 276); vgl. im übrigen oben Anm. 125.

[239] Siehe S. 70 f.

[240] Art. 3 Abs. 2 EUV

[241] 15. Gesetz zur Änderung des Grundgesetzes vom 8.6.1967, BGBl. I S. 581 (Art. 109); 20. Gesetz zur Änderung des Grundgesetzes vom 12.5.1969, BGBl. I S. 357 (Art. 109 Abs. 3, 115).

[242] E. *Dönnebrink*/M. *Erhardt*/F. *Höppner*/M. *Sudhof*, Entstehungsgeschichte und Entwicklung des BMF-Konzepts, in: C. Kastrop/G. Meister-Scheufelen/M. Sudhof (Hrsg.), Die neuen Schuldenregeln im Grundgesetz. Zur Fortentwicklung der bundesstaatlichen Finanzbeziehungen, 2010, S. 22 (25).

[243] Art. 87 WRV: „Im Wege des Kredits dürfen Geldmittel nur bei außerordentlichem Bedarf und in der Regel nur für Ausgaben zu werbenden Zwecken beschafft werden. Eine solche Beschaffung sowie die Übernahme einer Sicherheitsleistung zu Lasten des Reichs dürfen nur auf Grund eines Reichsgesetzes erfolgen." Diese Hürden wurden aber schon bald gelockert. „Vom Erfordernis eines Reichsgesetzes zur Aufnahme von Krediten und zur Übernahme von Sicherheitsleistungen dispensierte § 15 des *Gesetzes vom 18. Mai 1924*

F. Anmerkungen

mit Wirkung zum 1. April 1924." (insgesamt D. Gosewinkel/J. Masing, Die Verfassungen in Europa 1789–1949, 2006, S. 818 mit Fn. 10).

[244] Art. 115 der ursprünglichen Fassung des Grundgesetzes: „Im Wege des Kredites dürfen Geldmittel nur bei außerordentlichem Bedarf und in der Regel nur für Ausgaben zu werbenden Zwecken und nur auf Grund eines Bundesgesetzes beschafft werden. Kreditgewährungen und Sicherheitsleistungen zu Lasten des Bundes, deren Wirkung über ein Rechnungsjahr hinausgeht, dürfen nur auf Grund eines Bundesgesetzes erfolgen. In dem Gesetze muß die Höhe des Kredites oder der Umfang der Verpflichtung, für die der Bund die Haftung übernimmt, bestimmt sein" (BGBl. 1949 S. 1).

[245] 20. Gesetzes zur Änderung der Grundgesetzes vom 12.5.1969, BGBl. I S. 357.

[246] Statistisches Bundesamt, Finanzen und Steuern. Schulden der öffentlichen Haushalte, Fachserie 14, Reihe 5, 2011, S. 20, 25.

[247] *E. Wolfrum*, Die geglückte Demokratie. Geschichte der Bundesrepublik Deutschland von ihren Anfängen bis zur Gegenwart, 2007, S. 322; *A. Möller*, Genosse Generaldirektor, 1978, S. 486; ders., Tatort Politik, 1982, S. 366 ff.

[248] *E. Dönnebrink/M. Erhardt/F. Höppner/M. Sudhof*, a.a.O., S. 22 (25).

[249] Statistisches Bundesamt, a.a.O., S. 20, 25.

[250] Tabellen 1, 2 und 3.

[251] Zur Entwicklung der deutschen Finanz- und Sozialpolitik in ihrem Zusammenspiel und unter dem – nicht sehr erheblichen – Einfluss der Parteien, *Niklas Potrafke*, Konvergenz in der deutschen Finanz- und Sozialpolitik?, 2008, S. 74 und passim.

[252] 20. Gesetzes zur Änderung der Grundgesetzes vom 12.5.1969, BGBl. I S. 357.

[253] Abweichende Meinung der Richter *U. Di Fabio* und *R. Mellinghoff*, BVerfGE 119, 96, 155 (157) – Staatsverschuldung (Bundeshaushalt 2004).

[254] BVerfGE 79, 311 (331 f.) – Haushaltsgesetz 1981.

[255] Abweichende Meinung der Richter *U. Di Fabio* und *R. Mellinghoff*, BVerfGE 119, 96, 155 (172) – Staatsverschuldung (Bundeshaushalt 2004).

[256] Tabellen 1, 2 und 3; Statistisches Bundesamt, a.a.O., S. 20, 25.

[257] Art. 115 GG hatte in der Fassung des 20. Gesetzes zur Änderung der Grundgesetzes vom 12.5.1969, BGBl. I S. 357, folgenden Wortlaut:
„(1) Die Aufnahme von Krediten sowie die Übernahme von Bürgschaften, Garantien oder sonstigen Gewährleistungen, die zu Ausgaben in künftigen Rechnungsjahren führen können, bedürfen einer der Höhe nach bestimmten oder bestimmbaren Ermächtigung durch Bundesgesetz. Die Einnahmen aus Krediten dürfen die Summe der im Haushaltsplan veranschlagten Ausgaben für Investitionen nicht überschreiten; Ausnahmen sind nur zulässig zur Abwehr einer Störung des gesamtwirtschaftlichen Gleichgewichts. Das Nähere wird durch Bundesgesetz geregelt.
(2) Für Sondervermögen des Bundes können durch Bundesgesetz Ausnahmen von Absatz 1 zugelassen werden."

[258] Dazu *T. Maunz*, in: Maunz/Dürig, Grundgesetz, Kommentar, Art. 115 (1981), Rn. 28 f.

[259] Siehe S. 31 f.

[260] Siehe hierzu *J. Isensee*, Verfassungsrechtliche Würdigung der Schuldengrenze nach Artikel 115 GG – Implikationen der Finanzkontrolle –, in: U. Müller (Hrsg.), Haushaltsreform und Finanzkontrolle, 1997, S. 111 (insbes. 119); *C. Gröpl*, Die Verwaltung 39 (2006), 215 (230 ff.); *W. Göke*, ZG 2006, 1 (20); zur grundsätzlichen Kritik an der Junktim-Klausel oben S. 31 f.

[261] *H. Beck/A. Prinz*, Staatsverschuldung, 2011, S. 94.

[262] Vgl. die kritischen Bemerkungen in BVerfGE, 119, 96 – Staatsverschuldung (Haushaltsgesetz 2004).

[263] Gesetz zur Förderung der Stabilität und des Wachstums der Wirtschaft vom 8.6.1967 (BGBl. I S. 582).

[264] Siehe hierzu G. *Kirchhof,* Die Allgemeinheit des Gesetzes, 2009, S. 585 ff.; *ders.,* in: v. Mangoldt/Klein/Starck, GG. 6. Auflage 2010, Band 3, Art. 109 Abs. 2 Rn. 47 ff.
[265] BVerfGE 79, 311 (329) – Staatsverschuldung (Haushaltsgesetz 1981).
[266] 57. Gesetz zur Änderung des Grundgesetzes vom 29.7.2009, BGBl. I S. 2248.
[267] *G. Kirchhof,* in: v.Mangoldt/Klein/Starck, GG. 6. Auflage 2010, Band 3, Art. 109 Abs. 2 Rn. 32 ff.; *H. Kube,* in: Maunz/Dürig, GG, 62. Lfg. 2011, Art. 109 Rn. 77 ff.; *H. Siekmann,* in: Sachs, GG, 6. Auflage 2011, Art. 109 Rn. 24 ff.; vgl. auch Anm. 432.
[268] Siehe sogleich S. 93 f.
[269] Art. 143 d Abs. 1 Satz 5 GG
[270] Art. 143 d Abs. 1 Satz 3 GG.
[271] Tabelle 4 und 6.
[272] Siehe oben S. 19.
[273] Art. 143 d Abs. 1 Sätze 6 u. 7 GG.
[274] § 9 Abs. 2 des Gesetzes zur Ausführung von Art. 115 des Grundgesetzes vom 10.8.2009, BGBl. I S. 2702.
[275] Art. 143 d Abs. 1 Satz 4 GG; dazu *G. Kirchhof,* a.a.O., Art. 143 d Rn. 7, 10.
[276] Tabelle 4 und Statistisches Bundesamt, Finanzen und Steuern. Schulden der öffentlichen Haushalte, Fachserie 14, Reihe 5, 2011, S. 20, 25.
[277] Tabelle 4; BMF, Monatsbericht, September 2011, S. 110.
[278] Sachverständigenrat zur Begutachtung der gesamtwirtschaftlichen Entwicklung, Verantwortung für Europa wahrnehmen. Jahresgutachten 2011/12, S. 178.
[279] *G. Kirchhof,* a.a.O., Art. 109 Rn. 2.
[280] Allgemeine Ansicht, vgl. *R. Streinz/C. Ohler/C. Herrm*ann, NJW 2004, S. 1553 (1554) m.N.
[281] Art. 126 Abs. 6 AEUV
[282] Dazu *U. Häde,* in: Calliess/Ruffert, EUV/AEUV, Kommentar, 4. Aufl. 2011, Art. 126 AEUV, Rn. 53 f.
[283] Ein Vertragsverletzungsverfahren vor dem EuGH ist nach Art. 126 Abs. 10 AEUV ausgeschlossen.
[284] *U. Häde,* a.a.O., Art. 126 AEUV, Rn. 109; *L. Dittrich,* ZSE, 2011, S. 574 (580); siehe bereits S. 26 f.
[285] Siehe hierzu *B. Kempen*: in: Streinz, EUV/AEUV, 2. Aufl. 2012, Art. 126 AEUV Rn. 19 ff.
[286] Tabelle 10, gewahrt wurde die Grenze – nach der steigenden Höhe des öffentlichen Schuldenstandes – von Estland, Bulgarien, Luxemburg, Rumänien, Schweden, Litauen, der Tschechischen Republik, der Slowakei, Slowenien, Lettland, Finnland, Dänemark und knapp auch von Polen. Übertreten haben die Grenze folglich in selbiger Ordnung die Niederlande, Spanien, Zypern, Malta, Österreich, Deutschland, Ungarn, das Vereinigte Königreich, Frankreich, Belgien, Irland, Portugal, Italien und Griechenland (EuroStat, Pressemitteilung Euroindikatoren, 20/2012 – 6. Februar 2012, S. 2).
[287] Insgesamt EuroStat, Pressemitteilung Euroindikatoren, 20/2012 – 6.2.2012, S. 1 f.
[288] Insgesamt MEMO/11/898 vom 12.12.2011.
[289] Siehe bereits oben unter S. 79 f.
[290] *U. Häde,* in: Calliess/Ruffert, EUV AEUV, Kommentar, 4. Aufl. 2011, Art. 123 AEUV Rn. 1, 7, 10; *R. Bandilla,* in: Grabitz/Hilf/Nettesheim, Das Recht der Europäischen Union, 46. Lfg. 2011, Art. 123 AEUV Rn. 1 ff.
[291] *M. C. Kerber/St. Städter,* EuZW 2011, 536 (536).
[292] *M. Seidel,* EuZW 2010, 521 und andererseits *C. Herrmann,* EuZW 2010, 645 (646), nach dem der Ankauf „ohne Zweifel" Art. 123 AEUV verletzt; zum mittelbaren Ankauf auch *M. C. Kerber/St. Städter* EuZW 2011, 536 (536 f.), die aber gleichwohl davon ausgehen, dass gegen die Bestimmung verstoßen wurde.
[293] *M. C. Kerber/St. Städter,* EuZW 2011, 536 (537).

F. Anmerkungen

[294] R. Bandilla, in: Grabitz/Hilf/Nettesheim, Das Recht der Europäischen Union, 46. Lfg. 2011, Art. 123 AEUV Rn. 4: „Die im Zusammenhang mit der Finanz- und Wirtschaftskrise 2009/2010 offenbar gewordene *Überschuldung Griechenlands* und die akuten Finanzierungsprobleme einiger anderer Euro-Staaten haben gezeigt, dass dieses auf die Marktmechanismen vertrauende Modell [des Art. 123 AEUV] nicht wie erwartet funktioniert, wenn nicht sogar versagt hat. Es hat nicht verhindern können, dass die sich entwickelnde Überschuldung einiger Mitgliedstaaten zu spät offenbar wurde. Die der Union zur Durchsetzung der Gemeinschaftsdisziplin im Haushaltsbereich zur Verfügung stehenden Instrumente haben offenbar nicht ausgereicht oder sind nicht rechtzeitig und konsequent genug angewendet worden, um dieser Entwicklung Einhalt zu gebieten. Daraufhin haben 2010 die Union bzw. die Euro-Staaten *Maßnahmen zur Sicherung der finanziellen Stabilität der Euro-Währung insgesamt* beschließen müssen [...]."

[295] *Häde*, a.a.O., Art. 125 AEUV, Rn. 1.

[296] *Bandilla*, a.a.O., Art. 103 EGV, Rn. 2; *D. Hattenberger*, in: Schwarze, EU-Kommentar, 2008, Art. 103, Rn. 1; *Häde*, a.a.O., Art. 125 AEUV, Rn. 2.

[297] *Häde*, a.a.O., Rn. 3.

[298] *H. Kube/E. Reimer*, ZG 2011, 332, (336).

[299] Siehe S. 97 f.

[300] *R. Bandilla*, a.a.O., Art. 125 AEUV Rn. 10 ff.

[301] *J. Wieland*, NVwZ 2011, 340 (342); vgl. *C. Herrmann*, EuZW 2010, 413 (415 f.).

[302] Kritisch *H. Kube/E. Reimer*, NJW 2010, S. 1911 (1912 ff.).

[303] *T. Oppermann*, Euro-Stabilisierung durch EU-Notrecht, in: FS für Wernhard Möschel, 2011, S. 909 (910 ff.).

[304] Kritisch *H. Kube/E. Reimer*, NJW 2010, S. 1911 (1912 ff.); *Häde*, a.a.O., Art. 125 AEUV Rn. 1 f.; *B. Kempen*, in: Streinz, EUV/AEUV, 2. Aufl. 2012, Art. 125 AEUV Rn. 3 ff.; a.A. *R. Bandilla*, a.a.O., Art. 125 AEUV Rn. 24 ff.

[305] Vgl. *Kempen*, a.a.O., Art. 125 AEUV Rn. 6; *Häde*, a.a.O., Art. 125 AEUV Rn. 7; a.A. *Bandilla*, a.a.O., Art. 125 AEUV Rn. 11.

[306] *H. Kube/E. Reimer*, ZG 2011, 332 (336 f.).

[307] Verordnung (EU) Nr. 407/2010 des Rates vom 11. Mai 2010 (Abl. 2010 Nr. L 118, S. 1).

[308] Erwägungsgründe 3 bis 5 der Verordnung a.a.O.

[309] *J. Wieland*, NVwZ 2011, 340 (341).

[310] EuroStat, Pressemitteilung Euroindikatoren, 20/2012 – 6.2.2012, S. 2; siehe bereits zu A I 1.

[311] Tabellen 6 und 10, siehe auch *Kempen*, a.a.O., Art. 126 AEUV Rn. 19 ff.; EuroStat, Pressemitteilung Euroindikatoren, 20/2012 – 6.2.2012, S. 2; siehe bereits 1.

[312] Regierungserklärung von Bundeskanzlerin *Dr. Angela Merkel* zu den Ergebnissen des Europäischen Rates am 8./9.12.2011 in Brüssel vor dem Deutschen Bundestag am 14.12.2011 in Berlin (http://www.bundesregierung.de/Content/DE/Bulletin/2011/12/135-1-bk-reg-erkl.html, Stand: 27.4.2012); vgl. hierzu mit konkretem Blick auf Art. 122 AEUV *P.-C. Müller-Graff*, Editorial, ZHR 2012, S. 2 (3 f.).

[313] Deutsche Bundesbank, Destatis, Sektorale und gesamtwirtschaftliche Vermögensbilanzen, 1992–2020, Oktober 2010. Das Sachvermögen wird durch das Statistische Bundesamt ermittelt, das Geldvermögen von der Deutschen Bundesbank berechnet. Methodische Grundlage ist das europäische System volkswirtschaftlicher Gesamtrechnungen (ESVG 95). Das Anlagevermögen wird netto zum Wiederbeschaffungspreis nachgewiesen; zum Staatsvermögen vgl. Tabelle 22; zur Erläuterung Tabellen 23 – 30; zu den Goldreserven der Bundesbank von rund 3400 Tonnen (2010) vgl. die Schriftliche Frage des Abg. *Dr. Gauweiler* und die Antwort der BReg. vom 15.11.2010, BT-Drs. 17/3807.

[314] Vgl. Wochenbericht, Deutsches Institut für Wirtschaftsforschung, Nr. 50/2010, 15.12.2010, S. 5.

[315] Art. 3 Abs. 1 c AEUV.

[316] Art 5 Abs. 1 AEUV; *T. Oppermann*, Euro-Stabilisierung durch EU-Notrecht, in: FS für Wernhard Möschel, 2011, S. 909 (913); *C. Calliess*, in: Calliess/Ruffert, EUV, AEUV, Kommentar, 4. Aufl. 2011, Art. 3 AEUV Rn. 11, Art. 5 AEUV Rn. 5.
[317] Art. 121 AEUV, dort auch zu den Handlungsinstrumenten.
[318] *Oppermann*, a.a.O., S. 909 (914).
[319] Zur Nichteinschlägigkeit des Art. 143 und des Art. 122 Abs. 2 AEUV *Oppermann*, a.a.O., S. 913.
[320] *Oppermann*, a.a.O., S. 921.
[321] Vgl. S. 66 f.
[322] *J. M. Keynes*, The general theory of employment, interest and money, 1936; dazu BVerfGE 79, 311 (331) – Staatsverschuldung (Haushaltsgesetz 1981).
[323] *Oppermann*, a.a.O., S. 909 (914 f.); in den Rechtsfolgen deutlich zurückhaltend.
[324] *Oppermann*, a.a.O., m.N.
[325] Abschnitt X a, Art. 115a ff. GG
[326] Art. 79 Abs. 2 GG
[327] Art. 79 Abs. 3 GG
[328] *P. Kirchhof,* Die Identität der Verfassung, HStR, Bd. II, 3. Aufl. 2004, § 21, Rn. 38 f.; *R. Scholz*, in: Maunz/Dürig, Grundgesetz, Art. 143, Rn. 4.
[329] Vgl. Art. 143 und 143 d GG, dazu *Scholz*, a.a.O., Rn. 4 f.
[330] Art. 5 Abs. 1 EUV
[331] *C. Calliess*, a.a.O., Art. 5 EUV, Rn. 6 f. m.N.
[332] BVerfGE 89, 155 (190) – Maastricht.
[333] Insbesondere nicht jenseits der von allen Mitgliedstaaten einstimmig geregelten Vorschriften über die Wirtschaftspolitik (Art. 120 f. AEUV) und jenseits der ebenfalls der Gesamtunion vorbehaltenen besonderen Bestimmungen für die Mitgliedstaaten, deren Währung der Euro ist (Art. 136 f. AEUV).
[334] BVerfGE 89, 155 (205) – Maastricht; 97, 350 (373) – Euro; BVerfG, NJW 2011, S. 2946 (2952) – Euro-Rettungsschirm.
[335] BVerfGE 97, 350 (372) – Euro.
[336] *P. Kirchhof,* Erwerbsstreben und Maß des Rechts, HStR, Bd. VIII, 3. Aufl. 2010, § 169, Rn. 80 f.
[337] *P. Kirchhof,* a.a.O.
[338] BVerfGE 89, 155 (207 f.) – Maastricht; 123, 267 (359) – Lissabon; BVerfG, NJW 2011, S. 2946 (2951) – Euro-Rettungsschirm.
[339] BVerfGE 97, 350 (370 f., Zitat 371) – Euro.
[340] Vgl. soeben S. 72 f.
[341] *R. Scholz*, in: Maunz/Dürig, Grundgesetz, Art. 143, Rn. 2.
[342] Eingefügt gem. Art. 4 Nr. 5 des Vertrages zwischen der Bundesrepublik Deutschland und der DDR über die Herstellung der Einheit Deutschlands vom 31.8.1990, BGBl. II S. 889.
[343] Zu diesen verfassungsrechtlichen Grundlagen in Art. 23 Satz 2 GG a.F., vgl. BVerfGE 82, 316 (319 f.) – Einigungsvertrag.
[344] BVerfGE 4, 157 (168 f.) – Saarstatut.
[345] Dazu *Scholz*, a.a.O., Rn. 5; *P. Lerche*, DÖV 1971, S. 721.
[346] BVerfGE 36, 1 (18 f.) – Grundlagenvertrag; 77, 137 (149 f.) – Teso; vgl. auch 14, 1 (7) – Überleitungsvertrag; 15, 337 (348 f.) – Höfeordnung für die britische Zone (Vorrang des männlichen Geschlechts bei der gesetzlichen Erbfolge); 27, 253 (282) – vertraglicher Verzicht auf Entschädigungsansprüche wegen Besatzungsschäden als Bedingung, den deutschen Gesetzgeber von besatzungsrechtlichen Schranken zu befreien; 82, 316 (321) – Einigungsvertrag.
[347] BVerfGE 88, 203 (209 f.) – Schwangerschaftsabbruch II.
[348] BVerfGE 41, 126 (167) – Reparationsschädengesetz; 53, 257 (312 f.) – Versorgungsausgleich nach Ehescheidung; 55, 274 (308) – Berufsausbildungsabgabe; 73, 118 (121)

F. Anmerkungen

– Niedersächsisches Landesrundfunkgesetz; 80, 1 (31 ff.) – ärztliche Prüfungen; 92, 365 (396) – Neutralität der Bundesanstalt für Arbeit bei Arbeitskämpfen.

[349] BVerfGE 54, 173 (202) – Ausbildungskapazitäten; 56, 54 (81 f.) – Fluglärm; 85, 97 (107) – Lohnsteuerhilfevereine; *K. Schlaich/S. Korioth,* Das Bundesverfassungsgericht, 8. Aufl. 2010, Rn. 432 f.

[350] BVerfGE 93, 121 (148 f.) – Vermögensteuer; 93, 165 (178 f.) – Erbschaftsteuer.

[351] BVerfGE 101, 158 (237 f.) – Finanzausgleich IV, Maßstäbegesetz.

[352] Vgl. auch *P. Lerche,* DÖV 1971, S. 721 (722 f.).

[353] Art. 126 AEUV.

[354] Art. 125 AEUV.

[355] Art. 123 AEUV.

[356] Art. 122 Abs. 2 AEUV.

[357] Zu dem auch hier erforderlichen Abwägungsgebot *P. Lerche,* DÖV 1971, S. 721 (722).

[358] Zum Budgetrecht des Bundestages und der Identitätsgarantie (Art. 79 Abs. 3 GG) als Grenze für die Ausgabe der Eurobonds *S. Müller-Franken,* Eurobonds und Grundgesetz, JZ 2012, S. 219

[359] Art. 14 Abs. 1 GG.

[360] Art. 5 AEUV.

[361] Siehe S. 67 f.; vgl. auch *P. Lerche,* DÖV 1971, S. 721 (724), zu den Zielen sozialer Ausgleich, Frieden, Wiedervereinigung.

[362] 2804. Tagung des Rates Wirtschaft und Finanzen, Luxemburg, 5.6.2007, 10319/07; *R. Streinz/C. Ohler/C. Herrmann,* NJW 2004, S. 1553; *U. Palm,* EuZW 2004, S. 71; *A. Hatje,* DÖV 2006, S. 597.

[363] *U. Häde,* in: Calliess/Ruffert, EUV/AEUV, Kommentar, 4. Aufl. 2011, Art. 123 AEUV, Rn. 2 f.

[364] BVerfG, WM 2012, 494 – Neunergremium, EFSF.

[365] *K. F. Gärditz,* Grundrechte im Rahmen der Kompetenzordnung, HStR, Bd. IX, 3. Aufl. 2011, § 189, Rn. 11 f.

[366] Vgl. dazu grundsätzlich *K. F. Gärditz,* Säkularität und Verfassung, in: O. Depenheuer/C. Grabenwarter, Verfassungstheorie, 2010, § 5, Rn. 17 f., m.N.; *M. Jestaedt,* Grundrechtsentfaltung im Gesetz, 1999, S. 288; *C. Engel,* Offene Gemeinwohldefinitionen, Rechtstheorie 32 (2001), S. 23 (25 f.).

[367] *U. Di Fabio,* Gewaltenteilung, HStR, Bd. II, 3. Aufl. 2004, § 27, Rn. 1 f.; *C. Starck,* Grundrechtliche und demokratische Freiheitsidee, HStR, Bd. III, 3. Aufl. 2005, § 33, Rn. 2, 8 f.; *E.-W. Böckenförde,* Demokratische Willensbildung und Repräsentation, ebenda, § 34, Rn. 9 f.

[368] BVerfGE 89, 155 (182) – Maastricht; 123, 267 (243) – Lissabon.

[369] BVerfGE 89, 155 (187 f.); 123, 267 (344 f.).

[370] BVerfGE 89, 155 (172) – Maastricht; 123, 267 (359) – Lissabon; NJW 2011, 2946 (2950) – Euro-Rettungsschirm.

[371] BVerfGE 89, 155 (187 f., 192, 199) – Maastricht; 123, 267 (349 f.) – Lissabon.

[372] Art. 5 Abs. 1 EUV.

[373] Art. 4 Abs. 2 Satz 1 EUV.

[374] BVerfGE 123, 267 (350) – Lissabon.

[375] Dazu *R. Schmidt,* Geld und Währung, HStR, Bd. V, 3. Aufl. 2007, § 117, Rn. 10 f.

[376] Art. 88 Satz 2 GG, Art. 127 f. AEUV.

[377] *C. Seiler,* EuR 2004, 52; *C. Waldhoff,* Grundzüge des Finanzrechts des Grundgesetzes, HStR, Bd. V, 3. Aufl. 2007, § 116, Rn. 145.

[378] Art. 88 Satz 2 GG; Art. 130, 282 AEUV.

[379] BVerfGE 89, 155 (208) – Maastricht.

[380] Für Deutschland: Art. 23 Abs. 1 GG.

[381] BVerfGE 89, 155 (189) – Maastricht.

[382] BVerfGE 89, 155 (188).

[383] BVerfGE 89, 155 (200) – Maastricht; 97, 350 (373) – Euro; BVerfG, NJW 2011, S. 2946 (2952) – Euro-Rettungsschirm.

[384] Zu dem dieser Entscheidung zugrundeliegenden Prinzip der Steuergleichheit BVerfGE 6, 55 (70) – Steuersplitting (bloße Zusammenrechnung der Einkommen beider Ehegatten); 8, 51 (68 f.) – Parteienfinanzierung I (1958); 55, 274 (302 f.) – Ausbildungsplatzförderungsgesetz.

[385] BVerfGE 55, 2743 (303) – Ausbildungsplatzförderungsgesetz.

[386] BVerfGE 89, 155 (172) – Maastricht; 123, 267 (341, 359) – Lissabon; BVerfG, NJW 2011, S. 2946 (2949) – Euro-Rettungsschirm.

[387] BVerfG, NJW 2011, S. 2946 (2952) – Euro-Rettungsschirm.

[388] BVerfGE 123, 267 (361) – Lissabon; BVerfG, NJW 2011, S. 2946 (2952) – Euro-Rettungsschirm.

[389] BVerfGE 45, 1 (32) – Notkompetenz des Bundesministers der Finanzen.

[390] Zum verfassungsrechtlichen Kern, C. *Waldhoff,* Grundzüge des Finanzrechts des Grundgesetzes, HStR, Bd. V, 3. Aufl. 2007, § 116, Rn. 140; M. *Heintzen,* Staatshaushalt, ebenda, § 120, Rn. 47.

[391] § 7, Satz 1 HGrG, § 8, Satz 1 BHO; *Heintzen,* a.a.O.; zum Paralellprinzip der Nonaffektion *Heintzen,* a.a.O.; W. *Heun,* Staatshaushalt und Staatsleitung, 1989, S. 272; *Waldhoff,* a.a.O., Rn. 140; zu Durchbrechungen vgl. insbesondere auch die Mineralölsteuer, die Totalisatorsteuer, die Feuerschutzsteuer und landesrechtliche Feuerwehrabgaben, C. *Waldhoff,* StuW 2002, S. 285 (292 f.); zur ökologischen Steuerreform mit politischer Bindung *C.* Waldhoff, Grundzüge des Finanzrechts des Grundgesetzes, HStR, Bd. V, 3. Aufl. 2007, § 116, Rn. 139; zu den Sonderabgaben P. *Kirchhof,* Nichtsteuerliche Abgaben, HStR, Bd. V, 3. Aufl. 2007, § 119, Rn. 69 f.

[392] BVerfGE 89, 155 (205) – Maastricht; BVerfG, NJW 2011, S. 2946 (2952) – Euro-Rettungsschirm.

[393] BVerfG, NJW 2011, S. 2946 (2952 f.) – Euro-Rettungsschirm.

[394] BVerfG, NJW 2011, S. 2946 (2952) – Euro-Rettungsschirm.

[395] BVerfGE 89, 155 (172) – Maastricht; 123, 267 (361) – Lissabon.

[396] BVerfG, NJW 2011, S. 2946 (2952) – Euro-Rettungsschirm.

[397] BVerfG, a.a.O.

[398] Zum Begriff unten S. 159 f.

[399] Die Frage, inwieweit das zeitlich nachfolgende Haushaltsgesetz die vorausgehende gesetzliche Zweckbindung abändern könnte, findet eine Antwort in der Qualifikation des Haushaltsgesetzes als Einspruchsgesetz, das Zustimmungsgesetze – Änderungen der Staatsaufgaben (Art. 83 f. GG), das Finanzausgleichsgesetz (Art. 106 Abs. 3 S. 3, 107 Abs. 1 S. 2 GG) oder die Steuergesetze (Art. 105 Abs. 3 GG) – nicht abändern kann; C. *Waldhoff,* Grundzüge des Finanzrechts des Grundgesetzes, HStR, Bd. V, 3. Aufl. 2007, § 116, Rn. 142; vgl. im übrigen zum Gebot gesetzlicher Folgerichtigkeit gerade im Finanz- und Steuerrecht BVerfGE 84, 239 (271) – Kapitalertragsteuer; 93, 121 (136) – Vermögensteuer; 98, 83 (100) – Abfallabgaben; 122, 210 (231) – Pendlerpauschale; *P. Kirchhof,* Allgemeiner Gleichheitssatz, HStR, Bd. VIII, 3. Aufl. 2010, § 181, Rn. 209 ff.; zu den übrigen Gründen der Selbstbindung BVerfGE 101, 158 (216 f., 226) – Finanzausgleich IV, Maßstäbegesetz.

[400] Vgl. oben S. 17 f.

[401] EZB: Schattenverschuldung bedroht die Stabilität der Euroländer, FAZ, Freitag, 13.4.2012, Nr. 87, S. 11.

[402] Zu dem Beurteilungsraum BVerfGE 79, 311 (343) – Staatsverschuldung (Haushaltsgesetz 1981); 119, 96 (142 f.) – Staatsverschuldung (Bundeshaushalt 2004); BVerfG, NJW 2011, S. 2946 (2952) – Euro-Rettungsschirm.

[403] Siehe oben S. 33, 66 f..

[404] 57. Gesetz zur Änderung des Grundgesetzes vom 29.7.2009, BGBl. I S. 2248.

[405] Art. 115 Abs. 2 Satz 1 GG wiederholt die Regelung für den Bund.

F. Anmerkungen

[406] Zu Ermittlung der strukturellen Nettoneuverschuldungsgrenze in Art. 115 Abs. 2 Satz 2 GG durch das Statistische Bundesamt vgl. *H. Kube*, in: Maunz/Dürig, Grundgesetz, Kommentar, Art. 115 (Stand: Oktober 2009), Rn. 147.

[407] *G. Kirchhof*, Die Allgemeinheit des Gesetzes, 2009, S. 589; *C. Seiler*, JZ 2009, S. 721 f.; *Kube*, a.a.O., Rn. 3 f.; zur zeitlichen Anwendbarkeit vgl. Art. 143 d Abs. 1 GG.

[408] Art. 109 Abs. 3 Satz 4, für den Bund zudem: Art. 115 Abs. 2 Satz 2 GG.

[409] § 4 des Gesetzes zur Ausführung von Artikel 115 des Grundgesetzes vom 10.8.2009, BGBl. I S. 2702, im Folgenden: Artikel 115-Gesetz.

[410] Vgl. *C. Seiler*, JZ 2009, S. 721 (723); *C. Lenz/E. Burgbacher*, NJW 2009, S. 2561 (2562); *Kube*, a.a.O., Rn. 138; zur Kritik an diesem Investitionsgedanken oben S. 33 f. (Typisierung eines vermuteten Mindestniveaus stetiger Zukunftsinvestitionen).

[411] *S. Korioth*, JZ 2009, S. 729 f.; *Kube*, a.a.O., Rn. 136.

[412] BT-Drs. 16/12410, S. 11.

[413] Art. 109 Abs. 3 S. 1 GG bezieht das Gebot des materiellen Haushaltsausgleichs auf den gesamten Haushalt. Erfasst sind auch die mit ihren Zuführungen und Ablieferungen im Haushalt ausgewiesenen Bundesbetriebe und Sondervermögen. Neben- und Schattenhaushalte, die Defizite von Sozialversicherungen und Gemeinden sowie die Bundesbetriebe und Sondervermögen des Bundes sind deshalb in die Schuldengrenze des Art. 109 Abs. 3 Satz 1 GG einzubeziehen; *G. Kirchhof*, in: v. Mangoldt/Klein/Starck, GG. 6. Auflage 2010, Band 3, Art. 109 Abs. 3 Rn. 82 ff.; a.A. insbesondere aufgrund der Begründung des Gesetzesentwurfs *H. Kube*, a.a.O., Rn. 119 ff.; Art. 115 Abs. 2 S. 1 GG nimmt diese Grenze auf und bestätigt sie im Erfordernis des materiellen Haushaltsausgleichs. Zudem konnten nach Art. 115 Abs. 2 GG a.F. durch Gesetz Sonderregelungen für Sondervermögen des Bundes erlassen werden. Diese Möglichkeit bestätigt, dass die Sondervermögen von der Schuldengrenze grundsätzlich erfasst sind. Hieran hat sich nach der Aufhebung der Bestimmung nichts geändert. Das Gebot des materiellen Haushaltsausgleichs erfasst den gesamten Haushalt; *G. Kirchhof*, a.a.O., Rn. 82.

[414] *G. Kirchhof*, a.a.O., Rn. 103 ff.

[415] Dieses Ergebnis bestätigt die Begründung des Gesetzentwurfs. Der eng begrenzte Verschuldungsraum, den der Bund unabhängig von der konjunkturellen Lage erhält, wurde „mit Blick auf die intergenerative Gerechtigkeit" für „qualitativ hochwerte Maßnahmen geschaffen", die „nicht nur der dauerhaften Stärkung von Wachstum und nachhaltiger Entwicklung dienen, sondern insbesondere künftigen Generationen zugute kommen, ohne dass dadurch eine langfristig nicht tragfähige Entwicklung der öffentlichen Finanzen verursacht wird." Es sei „keineswegs ein Automatismus beabsichtigt", der Verschuldungsraum soll nicht „stets in der laufenden Haushaltsplanung ausgenutzt werden", BT-Drs. 16/12410, S. 5 f.

[416] Diese Kreditaufnahme bedarf gem. Art. 115 Abs. 2 S. 6 für den Bund eines Beschlusses der Mehrheit der Mitglieder des Bundestages. „Der Beschluss ist" – hier wird die Regelung des Art. 109 Abs. 3 S. 3 GG für den Bund wiederholt – „mit einem Tilgungsplan zu verbinden. Die Rückführung der nach Satz 6 aufgenommenen Kredite hat binnen eines angemessenen Zeitraums zu erfolgen" (Art. 115 Abs. 2 S. 7 u. 8 GG). Die Länder regeln das Nähere selbst, Art. 109 Abs. 3 Satz 5 GG.

[417] *Kube*, a.a.O., Rn. 153 ff.

[418] *J. M. Keynes*, The general theory of employment, interest and money, 1936; dazu BVerfGE 79, 311 (331) – Staatsverschuldung (Haushaltsgesetz 1981).

[419] *Keynes*, a.a.O.; BVerfGE 119, 96 (162 ff.) – Staatsverschuldung (Bundeshaushalt 2004).

[420] Siehe insgesamt oben S. 666 f.

[421] Siehe oben B IV 2 b.

[422] § 5 Abs. 2 Artikel 115-Gesetz.

[423] § 5 Abs. 3 Artikel 115-Gesetz.

[424] *C. Seiler*, JZ 2009, 721 (724).

[425] G. *Kirchhof*, a.a.O., Rn. 92.
[426] Siehe S. 66 f.
[427] Art. 126 Abs. 2 AEUV, Art. 1 des Protokolls (Nr. 12) über das Verfahren bei einem übermäßigen Defizit (ABl. C 83, 279): 3 Prozent, 60 Prozent des BIP; Art. 109 Abs. 2 GG und oben B V 1.
[428] C. *Lenz/E. Burgbacher*, NJW 2009, S. 2561 (2563).
[429] Vgl. im einzelnen H. *Kube*, a.a.O., Rn. 164; G. *Kirchhof*, a.a.O., Rn. 91 f.; S. *Korioth*, JZ 2009, 729 (732).
[430] H. *Kube*, a.a.O., Rn. 161 ff.
[431] G. *Kirchhof*, a.a.O., Rn. 90 ff., insbes. 96. Eine Missbrauchsgefahr besteht auch bei einer anderen, im Grunde sachgerechten Regelung des Art. 115-Gesetzes. Nach § 3 sind aus dem Haushalt, der materiell auszugleichen ist, „die Ausgaben für den Erwerb von Beteiligungen, für Tilgungen an den öffentlichen Bereich und für die Darlehensvergabe" und die Einnahmen „aus der Veräußerung von Beteiligungen, aus der Kreditaufnahme beim öffentlichen Bereich sowie aus Darlehensrückflüssen" herauszurechnen. Hier besteht die Gefahr, durch sachwidrige Umschichtungen im Bereich der öffentlichen Hand die Kreditgrenze zu umgehen.
[432] Die veraltete Formulierung des Art. 109 Abs. 2 GG i.d.F. des 57. Gesetzes zur Änderung des Grundgesetzes vom 29.7.2009, BGBl. I S. 2248 – die Rede ist noch von „der Europäischen Gemeinschaft" und „des Art. 104 des Vertrages zur Gründung der Europäischen Gemeinschaft" – ist ein Redaktionsversehen, vgl. Art. 126 AEUV i.d.F. vom 1.12.2007, BGBl. II S. 1038, berichtigt am 9.3.2010, BGBl. II S. 151.
[433] I.d.F. des 57. Gesetzes zur Änderung des Grundgesetzes vom 29.7.2009, BGBl. I S. 2248.
[434] BVerfGE 89, 155 (199 ff.) – Maastricht; 97, 350 (373) – Euro; BVerfG NJW 2011, S. 2946 (2951) – Euro-Rettungsschirm; vgl. Vgl. U. *Häde*, in: Calliess/Ruffert, EUV/AEUV, Kommentar, 4. Aufl. 2011, Art. 123 AEUV Rn. 1 ff.
[435] Art. 126 Abs. 1 AEUV.
[436] Art. 126 Abs. 2 AEUV, Art. 1 des Protokolls (Nr. 12) über das Verfahren bei einem übermäßigen Defizit (ABl. C 83, 279).
[437] Siehe oben S. 70 ff.
[438] Siehe oben S. 79 f. und S. 83 f.
[439] Siehe oben S. 70 ff.
[440] Zum Begriff: Europäische Kommission, Ein Fahrplan für Stabilität und Wachstum, Mitteilung vom 12.10 2011, KOM (2011), 669, S. 7. Es handelt sich um folgende Rechtsakte: Verordnung (EU) 1173/2011 des Europäischen Parlaments und des Rates vom 16. November 2011 über die wirksame Durchsetzung der haushaltspolitischen Überwachung im Euro-Währungsgebiet, Abl. Nr. L 306, S. 1; Verordnung (EU) 1174/2011 des Europäischen Parlaments und des Rates vom 16. November 2011 über Durchsetzungsmaßnahmen zur Korrektur übermäßiger makroökonomischer Ungleichgewichte im Euro-Währungsgebiet, Abl. Nr. L 306, S. 8; Verordnung (EU) 1175/2011 des Europäischen Parlaments und des Rates vom 16. November 2011 zur Änderung der Verordnung (EG) 1466/97 des Rates über den Ausbau der haushaltspolitischen Überwachung und der Überwachung und Koordinierung der Wirtschaftspolitiken, Abl. Nr. L 306, S. 12; Verordnung (EU) 1176/2011 des Europäischen Parlaments und des Rates vom 16. November 2011 über die Vermeidung und Korrektur makroökonomischer Ungleichgewichte, Abl. Nr. L 306, S. 25; Verordnung (EU) 1177/2011 des Rates vom 8. November 2011 zur Änderung der Verordnung (EG) 1467/97 über die Beschleunigung und Klärung des Verfahrens bei einem übermäßigen Defizit, Abl. Nr. L 306, S. 33; Richtlinie 2011/85/EU des Rates vom 8. November 2011 über die Anforderungen an die haushaltspolitischen Rahmen der Mitgliedstaaten, Abl. Nr. L 306, S. 41.
[441] Siehe Art. 5 der VO (EG) 1466/97 in der Fassung der VO (EU) 1175/2011, a.a.O.
[442] Art. 4 bis 7, 12 VO (EU) 1173/2011, a.a.O.; Art. 3 bis 5 VO (EU) 1174/2011, a.a.O.
[443] Art. 8. VO (EU) 1173/2011 a.a.O.

F. Anmerkungen

[444] 12. Erwägungsgrund der VO (EU) 1175/2011, a.a.O.

[445] Königreich Belgien, Bundesrepublik Deutschland, Republik Estland, Hellenische Republik, Irland, Königreich Spanien, Französische Republik, Italienische Republik, Republik Zypern, Großherzogtum Luxemburg, Malta, Königreich Niederlande, Republik Österreich, Portugiesische Republik, Republik Slowenien, Slowakische Republik und Republik Finnland.

[446] Der permanente ESM soll die Aufgaben der vorläufigen Europäischen Finanzstabilisierungsfazilität („EFSF") und des zeitlich begrenzten europäischen Finanzstabilisierungsmechanismus („EFSM") ohne Zwischenschritte übernehmen, Erster Erwägungsgrund des ESM-Vertrags.

[447] Anhänge I und II des ESM-Vertrags, die gem. Art. 45 ESM-Vertrag Bestandteil des Vertrags sind.

[448] Art. 10 Abs. 1 ESM-Vertrag.

[449] Rat der Europäischen Union, 2.2.2012 (http://www.consilium.europa.eu/homepage/showfocus?lang=de&focusID=79757, Stand: 27.4.2012).

[450] Zweiter Erwägungsgrund des ESM-Vertrags.

[451] Zweiter Erwägungsgrund des ESM-Vertrags; siehe auch den Antrag der Regierungsfraktionen auf Einvernehmensherstellung zur Ergänzung des Artikels 136 vom 23. Februar 2011, BT-Drs. 17/4880, S. 2; Art. 136 AEUV soll um einen neuen Absatz 3 ergänzt werden. Hiernach können die Mitgliedstaaten, deren Währung der Euro ist, „einen Stabilitätsmechanismus einrichten, der aktiviert wird, wenn dies unabdingbar ist, um die Stabilität des Euro-Währungsgebiets insgesamt zu wahren. Die Gewährung aller erforderlichen Finanzhilfen im Rahmen des Mechanismus wird strengen Auflagen unterliegen." Die neue Bestimmung soll im vereinfachten Änderungsverfahren nach Art. 48 Abs. 6 EUV eingeführt werden, also durch einen einstimmigen Beschluss des Europäischen Rates nach Anhörung des Europäischen Parlaments und der Kommission und nach Zustimmung der Mitgliedstaaten im Einklang mit ihren jeweiligen verfassungsrechtlichen Vorschriften (Ratifikation); s. hierzu *H. Kube/E. Reimer*, ZG 2011, 332 (339).

[452] Vgl. oben S. 79 f. und S. 83 f.

[453] Zum abrufbaren Kapital vgl. Art 8 Abs. 1 und 2 ESM-Vertrag; zum effektiven Kredit vgl. Sechster Erwägungsgrund, Art. 39 ESM-Vertrag; zum Ausschluss einer Haftung allein wegen der Mitgliedschaft vgl. Art. 8 Abs. 1, 4 und 5 ESM-Vertrag.

[454] BVerfGE 89, 155 (174 ff.) – Maastricht.

[455] Europäischer Rat (http://www.european-council.europa.eu/home-page/highlights/treaty-on-stability,-coordination-and-governance-signed?lang=de, Stand: 27.4.2012).

[456] Siehe S. 97 f.

[457] Vgl. insbes. die Art. 3 Abs. 1 Fiskalvertrag, Art. 5, 6, 9 f. VO (EU) Nr. 1175; Art. 5, Art. 6, Art. 9 f. der Verordnung (EU) Nr. 1175 des Europäischen Parlaments und des Rates vom 16. November 2011 zur Änderung der Verordnung (EG) Nr. 1466/97 des Rates über den Ausbau der haushaltspolitischen Überwachung und der Überwachung und Koordinierung der Wirtschaftspolitiken, ABl. L 306/12; 18. Erwägungsgrund und Art. 2 Abs. 4, Art. 5 Abs. 1 der Verordnung (EU) Nr. 1177/2011 des Rates vom 8. November 2011 zur Änderung der Verordnung (EG) Nr. 1467/97 über die Beschleunigung und Klärung des Verfahrens bei einem übermäßigen Defizit, Abl. L 306/33.

[458] Art. 3 Abs. 1 a Fiskalvertrag.

[459] Art. 3 Abs. 2 Fiskalvertrag; zum Problem fremdbestimmter Verfassungsänderungen vgl. BVerfGE 82, 316 (319 ff.) – Einigungsvertrag; dort die Ausnahme: der Einigungsvertrag unter den wiedervereinigungsbereiten Staaten war keine Vereinbarung unter Staaten, sondern der Weg zu der verfassungsgebotenen Wiedervereinigung.

[460] Art. 4 Fiskalvertrag.

[461] Art. 5 Abs. 1 u. 2 EUV, Art. 23 Abs. 1 Satz 1 GG.

[462] *A. v. Bogdandy/J. Bast*, in: Grabitz/Hilf/Nettesheim, Das Recht der Europäischen Union, 46. Ergänzungslieferung 2011, Art. 5 EUV Rn. 14: „Eine Ausweitung der unionalen

Verbandskompetenzen ist nur mittels eines Vertragsänderungsverfahrens zulässig, das Mitwirkungs- und Blockademöglichkeiten jedes einzelnen Mitgliedstaats sichert."

⁴⁶³ Der Fiskalvertrag betont allerdings an verschiedenen Stellen, dass er das Unionsrecht „uneingeschränkt wahrt", dass die Bestimmungen nur insoweit gelten, als „sie mit den die Europäische Union begründenden Verträgen und mit dem Unionsrecht vereinbar sind. Sie lassen die Zuständigkeiten der Union bezüglich des Handelns auf dem Gebiet der Wirtschaftsunion unberührt". Der Vertrag legt so die Rechtsauffassung nahe, Verträge zwischen weniger als den 27 Mitgliedstaaten dürften unter Wahrung des Europarechts höhere Stabilitätshürden errichten, das Primärrecht also gleichsam übererfüllen. Das Stabilitätsrecht regelt aber Ober- und Untergrenzen staatlichen Finanzgebarens.

⁴⁶⁴ Art. 16 Fiskalvertrag.

⁴⁶⁵ Art. 3 Abs. 3 Satz 1 Fiskalvertrag.

⁴⁶⁶ Siehe S. 97, 95.

⁴⁶⁷ Das Institut für den öffentlichen Sektor, Runter von dem Schuldenberg, 2011, S. 15, empfiehlt eine weisungsfreie „Deutsche Finanzagentur" in der Rechtsform einer Stiftung des öffentlichen Rechts.

⁴⁶⁸ *M. Heintzen,* Staatshaushalt, HStR, Bd. V, 3. Aufl. 2007, § 120, Rn. 24 f.

⁴⁶⁹ *Heintzen,* a.a.O., Rn. 25, 30 a.E.

⁴⁷⁰ *Heintzen,* a.a.O., Rn. 25.

⁴⁷¹ Zu diesen haushaltsrechtlichen Begriffen vgl. §§ 10, Abs. 3 HGrG, 13, Abs. 3 BHO, *Heintzen,* a.a.O., Rn. 27.

⁴⁷² *C. Gröpl,* Haushaltsrecht und Reform, 2001, S. 59 f.; *Heintzen,* a.a.O., Rn. 25; zu Ausnahmen der sozialen Selbstverwaltung *J. Isensee,* JZ 2005, S. 971 (979); *Heintzen,* a.a.O., Rn. 28; zur praktischen Bedeutung der Nebenhaushalte, die die Ermächtigungsgrundlage des Art. 110 Abs. 1 Satz 1 GG weit übersteigt, vgl. *T. Puhl,* Budgetflucht und Haushaltsverfassung, 1996, S. 84 f. und passim; *M. Kilian,* Nebenhaushalt des Bundes, 1993, S. 275 f. und passim; *Heintzen,* a.a.O., Rn. 29; *J. Isensee,* Staatsvermögen, HStR, Bd. V, 3. Aufl. 2007, § 122, Rn. 19; die wichtigsten Sondervermögen sind der Fonds deutscher Einheit und der Erblastentilgungsfonds.

⁴⁷³ BVerfGE 55, 274 (303) – Ausbildungsplatzförderung; 91, 186 (201 f.) – Kohlepfennig; vgl. auch 79, 311 (329) – Staatsverschuldung (Haushaltsgesetz 1981); zur haushaltsflüchtigen Sonderabgabe als seltene Ausnahme BVerfGE 82, 159 (181) – Absatzfonds; 91, 186 (203 f.) – Kohlepfennig; 92, 91 (113) – Feuerwehrabgaben; 98, 83 (100) – Landesabfallabgaben; 101, 141 (147) – Ausgleichsfonds; 108, 186 (217) – Altenpflegeabgabe; 110, 370 (384 f.) – Klärschlamm-Entschädigungsfonds; zur Dokumentationspflicht der Sonderabgabe zum Schutz des parlamentarischen Budgetrechts BVerfGE 108, 186 (280) – Altenpflegeabgabe; 110, 370 (393) – Klärschlammentschädigungsfonds.

⁴⁷⁴ BVerfGE 105, 185 (193 f.) – UMTS-Lizenzen; 108, 1 (14) – Rückmeldegebühr.

⁴⁷⁵ BVerfGE 82, 159 (181) – Absatzfonds; 91, 186 (203 f.) – Kohlepfennig; 92, 91 (113) – Feuerwehrabgaben; 98, 83 (100) – Landesabfallabgaben; 101, 141 (147) – Ausgleichsfonds; 108, 186 (217) – Altenpflegeabgabe; 110, 370 (384 f.) – Klärschlamm-Entschädigungsfonds.

⁴⁷⁶ BVerfGE 75, 108 (146) – Künstlersozialversicherung; 81, 156 (184) – Erstattung von Arbeitslosengeld.

⁴⁷⁷ Vgl. dazu *P. Kirchhof,* Nichtsteuerliche Abgaben, HStR, Bd. V, 3. Aufl. 2007, § 119, Rn. 69 f.

⁴⁷⁸ Zum Prinzip der Vollständigkeit des Haushalts und zu seinen geschriebenen und ungeschriebenen Ausnahmen *M. Noll,* Haushalt und Verfassung, 2000, S. 24 f.; *Heintzen,* a.a.O., § 120, Rn. 30.

⁴⁷⁹ Zu den modernen Anforderungen an die Vermögensrechnung vgl. Der Präsident des Bundesrechnungshofs, Bericht nach § 99 BHO über die Modernisierung des staatlichen Haushalts- und Rechnungswesens, BT-Drs. 16/2400 vom 17.8.2006, S. 4 zu 1.5.

⁴⁸⁰ Der Präsident des Bundesrechnungshofs, a.a.O. S. 4 zu 2.

⁴⁸¹ Vgl. Anm. 1064.

F. Anmerkungen

[482] Vgl. S. 17 f. und sogleich unter S. 121.

[483] Vgl. Tabelle 18.

[484] Zur Bindungskraft eines solchen normdirigierenden Gesetzes nach dem Gebot gesetzlicher Folgerichtigkeit gerade im Finanz- und Steuerrecht vgl. BVerfGE 84, 239 (271) – Kapitalertragsteuer; 93, 121 (136) – Vermögensteuer; 98, 83 (100) – Abfallabgaben; 122, 210 (231) – Pendlerpauschale; *P. Kirchhof,* Allgemeiner Gleichheitssatz, HStR, Bd. VIII, 3. Aufl. 2010, § 181, Rn. 209 ff.; zu den übrigen Gründen der Selbstbindung BVerfGE 101, 158 (216 f., 226) – Finanzausgleich IV, Maßstäbegesetz; vgl. auch Art. 109 Abs. 4 GG, HGrG.

[485] Zu dem Realbefund, dass durch Staatskredite angesichts der damit verbundenen Zinslasten kaum staatliche Handlungsräume gewonnen worden sind, vgl. oben S. 19.

[486] Zur Bildung von Zukunftsfonds im öffentlichen Dienst vgl. Anm. 1064.

[487] Vgl. oben S. 79 f.

[488] *P. Kirchhof,* Die Steuern, HStR, Bd. V, 3. Aufl. 2007, § 118, Rn. 220 f.

[489] *P. Kirchhof,* Nichtsteuerliche Abgaben, HStR, Bd. V, 3. Aufl. 2007, § 119, Rn. 26 f., 62 f., 69 f.

[490] *G. Kirchhof,* Die Allgemeinheit des Gesetzes, 2009, S. 160 f.

[491] *P. Axer,* Gesundheitswesen, HStR, Bd. IV, 3. Aufl. 2006, § 95, Rn. 19 f.; *W. Rüfner,* Daseinsvorsorge und soziale Sicherheit, HStR, Bd. IV, 3. Aufl. 2006, § 96, Rn. 93 f.

[492] *M. Kloepfer/E. Rehbinder/E. Schmidt-Aßmann,* in: Umweltbundesamt (Hrsg.), Umweltgesetzbuch – Allgemeiner Teil 1990.

[493] *M. Henssler/U. Preis,* Entwurf eines Arbeitsvertragsgesetzes, i.E. (2013).

[494] *D. Althaus/H. Binkert,* Solidarisches Bürgergeld, 2010; vgl. auch BVerfGE 99, 216 (243) – Kinderbetreuungskosten: Anregung eines einfachen und klaren Grundtatbestandes, in dem die gesamte kindbedingte Minderung der steuerlichen Leistungsfähigkeit in einem Grundtatbestand erfasst, alle kindbezogenen Entlastungen umfasst und dessen Voraussetzungen allein durch die Angabe familienbezogener Daten dargelegt werden können.

[495] *P. Kirchhof,* Bundessteuergesetzbuch, ein Reformentwurf zur Erneuerung des Steuerrechts, 2011.

[496] Vgl. unten S. 132 ff.

[497] § 2 StabWG.

[498] Zur Europa- und Völkerrechtsoffenheit vgl. *K. Vogel,* Die Verfassungsentscheidung des Grundgesetzes für eine internationale Zusammenarbeit, 1964; *U. Di Fabio,* Das Recht offener Staaten, 1998; *C. Hillgruber,* Der Nationalstaat in übernationaler Verflechtung, HStR, Bd. II, 3. Aufl. 2004, § 32, m.w.N.

[499] Zu der Unterscheidung zwischen ausschließlichen und konkurrierenden Staatsaufgaben vgl. *G. Jellinek,* Allgemeine Staatslehre, 3. Aufl. 1940, S. 255 f.; *H. Krüger,* Allgemeine Staatslehre, 1964, S. 766 f.

[500] *M. Möstel,* Die staatliche Garantie für die öffentliche Sicherheit und Ordnung, 2002, S. 37 f., 290 f.

[501] *J. Isensee,* Grundrechtsvoraussetzungen und Verfassungserwartungen, HStR, Bd. IX, 3. Aufl. 2011, § 190, Rn. 129 f.

[502] *A. Voßkuhle,* Beteiligung Pivater an der Wahrnehmung öffentlicher Aufgaben und staatlicher Verantwortung, VVDStRL 62 (2003), S. 266 (307 f.); *H. Butzer,* Sicherstellungsauftrag, HStR, Bd. IV, 3. Aufl., 2006, § 74, Rn. 23 f.

[503] *J. Isensee,* Abwehrrecht und Schutzpflicht, HStR, Bd. IX, 3. Aufl. 2011, § 191, Rn. 146 f.

[504] BVerfGE 33, 303 (330 f.) – numerus clausus; 40, 121 (133) – Waisenrente II; 56, 139 (143) – Armenrecht; 66, 214 (224) – zwangsläufige Unterhaltsaufwendungen; 82, 60 (80) – steuerfreies Existenzminimum; 99, 216 (233) – Familienleistungsausgleich; 99, 246 (259) – Kinderexistenzminimum I; dazu *A. v. Arnauld,* Das Existenzminimum, in: Andreas v. Arnauld/Andreas Musil, Strukturfragen des Sozialverfassungsrechts, 2009, S. 252 (283 f.).

[505] BVerfGE 41, 29 (49) – christliche Gemeinschaftsschule; 125, 39 (78) – Sonntagsschutz.

[506] BVerfGE 54, 277 (292) – Revisionsannahme; *E. Schmidt-Aßmann*, Der Rechtsstaat, HStR, Bd. II, 3. Aufl. 2004, § 26, Rn. 71.
[507] *J. Isensee*, Staatsaufgaben, HStR, Bd. IV, 3. Aufl. 2006, § 73, Rn. 19 f.; für das Steuerverfassungsrecht: BVerfGE 14, 105 (111) – Branntweinmonopol; 21, 12 (26) –Allphasenumsatzsteuer; 37, 38 (45) – Mehrwertsteuer; 69, 174 (183 f.) – Vergnügungsteuer; 69, 174 (183 f.) – Getränkesteuer; 93, 121 – Vermögensteuer; 120, 1 (26) – Gewerbesteuer.
[508] *J. Isensee*, a.a.O., Rn. 23 f.
[509] Die folgenden sieben Gruppen bei *Isensee*, a.a.O., Rn. 36;vgl. auch BVerfGE 68, 193 (213) – Zahntechniker-Innung; *H. Peters*, Öffentliche und staatliche Aufgaben, in: FS für Hans Carl Nipperdey, Bd. II, 1965, S. 877 (878); *M. Burgi*, Funktionale Privatisierung und Verwaltungshilfe, 1999, S. 64 f.; *Butzer*, a.a.O., § 74, Rn. 10 f.
[510] Dazu BVerfGE 22, 180 (204 f.) – Jugendhilfe.
[511] *W. Rüfner*, Daseinsvorsorge und soziale Sicherheit, HStR, Bd. IV, 3. Aufl. 2006, § 96, Rn. 22 f.
[512] BVerfGE 73, 1 (1 f.) – politische Stiftungen.
[513] *R. Pitschas*, Berufsfreiheit und Berufslenkung, 1983, S. 106 f., 136 f.
[514] Dazu *P. Kirchhof*, Die Steuern, HStR, Bd. V, 3. Aufl. 2007, § 118, Rn. 46 f. und unten C X.
[515] *O. Depenheuer*, Staatliche Finanzierung und Planung des Krankenhauses, 1986, S. 32 f., 189 f.
[516] BVerfGE 123, 267 (357 f.) – Lissabon.
[517] BVerfG, a.a.O., S. 358.
[518] BVerfG, a.a.O., S. 359, für die Staatsbürgerschaft: S. 358.
[519] BVerfGE 68, 1 (56 f.) – Pershing 2; 98, 218 (252) – Rechtschreibreform.
[520] *J. Isensee*, ZBR, 2004, S. 3 f.; *O. Depenheuer*, Das öffentliche Amt, HStR, Bd. III, 3. Aufl. 2005, § 36, Rn. 3 f.
[521] *R. Gröschner*, Die Republik, HStR, Bd. II, 3. Aufl. 2004, § 23, Rn. 62 f.
[522] BVerfGE 39, 334 (346 f.) – Extremisten im öffentlichen Dienst; *J. Isensee*, Gemeinwohl im Verfassungsstaat, HStR, Bd. IV, 3. Aufl. 2006, § 71, Rn. 136; *Depenheuer*, a.a.O.; *Gröschner*, a.a.O., Rn. 62 f.
[523] *Isensee*, a.a.O., Rn. 134 ff.; *H. Lecheler*, Der öffentliche Dienst, HStR, Bd. V, 3. Aufl. 2007, § 110, Rn. 39 f.
[524] *U. Hilp*, Den bösen Schein vermeiden, 2003, S. 24 f., 94 f.
[525] Für eine Übersicht, *Lecheler*, a.a.O., Rn. 39 f. m.N.
[526] *Depenheuer*, a.a.O., Rn. 17 f.
[527] *F. E. Schnapp*, Amtsrecht und Beamtenrecht, 1977, S. 90 f.; *H. Dreier*, Hierarchische Verwaltung im demokratischen Staat, 1991, passim.
[528] *N. T. Gönner*, Der Staatsdienst aus dem Gesichtspunkt des Rechts, 1808, § 79, S. 202.
[529] Zu den methodischen Problemen einer Bewertung der Leistung des öffentlichen Dienstes vgl. IFO-Institut für Wirtschaftsforschung an der Universität München, Der Beitrag des öffentlichen Sektors zur Wertschöpfung: Messprobleme und Lösungsansätze, vorläufiger Endbericht, München, 30.10.2008, S. 8 f., 36 f.
[530] IFO-Institut, a.a.O., S. 39, 43.
[531] Ausgenommen vom Vergleich ist Bulgarien wegen geringer Datenverfügbarkeit, IFO-Institut, a.a.O., S. 44.
[532] IFO-Institut, a.a.O., S. 39, 44.
[533] IFO-Institut, a.a.O.
[534] So nach einer Messung der Weltbank, Government Matters Datenbank, 2007; vgl. IFO-Institut, a.a.O., S. 48, deren Aussagewert vom IFO-Institut allerdings als „äußerst fragwürdig" gewertet wird.
[535] Gesetz über die Feststellung des Bundeshaushaltsplans für das Haushaltsjahr 2011 vom 22.12.2010, BGBl I S. 2228.
[536] Der öffentliche Dienst des Bundes – Daten zur Personalstruktur, 22.8.2011, S 10.

F. Anmerkungen

537 Vgl. BVerfGE 84, 239 (271 f.) – Zinsurteil; 110, 94 (112 f.) – private Spekulationsgeschäfte bei Wertpapieren (1997/1998).

538 Zur Notwendigkeit und Grenzen sachverständiger Beratung des Staates vgl. *A. Voßkuhle*, Sachverständige Beratung des Staates, HStR, Bd. III, 3. Aufl. 2007, § 43, Rn. 17 f., 26 f., 50 f.

539 Antwort der Bundesregierung vom 17.12.2010 auf eine Kleine Anfrage der Fraktion Die Linke „Stellensituation beim Zoll angesichts einer Vielzahl offener Vollstreckungsfälle und neue Aufgaben", BT-Drs. 17/4331.

540 Antwort der Bundesregierung auf eine Kleine Anfrage der Fraktion Die Linke „Durchführung von Sicherheitsbefragungen im Rahmen aufenthaltsrechtlicher Verfahren" vom 17.10.2011, BT-Drs. 17/7321.

541 Antwort der Bundesregierung, a.a.O.

542 Auskunft dbb-beamtenbund und tarifunion, 2012

543 Zum Begriff *O. v. Nell-Breuning/C. G. Fetsch*, Drei Generationen in Solidarität, 1981; *P. B. Baltes/J. Mittelstraß*, Zukunft des Alterns und gesellschaftliche Entwicklung, 1992; *J. Tremmel*, Generationengerechtigkeit – Versuch einer Definition, in: Stiftung für die Rechte zukünftiger Generationen (Hrsg.), Handbuch Generationengerechtigkeit, 2003, S. 27 f.; *N. Goldschmidt*, (Hrsg.), Generationengerechtigkeit, 2009.

544 Berlin-Institut für Bevölkerung und Entwicklung, 2006, S. 6 f.; Enquete-Kommission Deutscher Bundestag, Zur Sache 3/2002, S. 41 f.; *H. Birg*, Strategische Optionen der Familien- und Migrationspolitik in Deutschland und Europa, in: C. Leipert (Hrsg.), Demografie und Wohlstand, 2003, S. 27 f. (S. 38 f.); Hessische Staatskanzlei (Hrsg.), Die Familienpolitik muss neue Wege gehen, 2003, S. 32 f.

545 *C. Seiler*, Grundzüge eines öffentlichen Familienrechts, 2008, S. 1; *H. Birg*, Die demografische Zeitenwende – der Bevölkerungsrückgang in Deutschland und Europa, 4. Aufl. 2005, S. 81; *F.-X. Kaufmann*, Schrumpfende Gesellschaft – vom Bevölkerungsrückgang und seinen Folgen, 2005, S. 49; das bedeutet, dass eine Frau 0,66 Töchter bekommt, 0,44 Enkeltöchter, 0,29 Urenkeltöchter, weil die Generationen in Deutschland sich nur noch zu zwei Dritteln ersetzen, *Kaufmann*, a.a.O., S. 52.

546 Berlin-Institut, a.a.O.

547 Vgl. im Ansatz: BVerfGE 87, 1 (38 f.) – Trümmerfrauen; 88, 203 (260 f.) – Schwangerschaftsabbruch II.

548 Vgl. zu diesen Vorschlägen *K. Biedenkopf, H. Bertram, M. Käsmann, P. Kirchhof, E. Niejahr, H.-W. Sinn, F. Willekens,* Starke Familie. Bericht der Kommission „Familie und demografischer Wandel", Robert-Bosch-Stiftung 2005, S. 6 f., 22 f.

549 Vgl. S. 170 f. (Finanztransaktionsteuer).

550 Zum Stellvertreterwahlrecht: *Isabel Rupprecht*, Das Wahlrecht für Kinder, 2011, S. 145 ff. und passim.

551 Gesetz zur Förderung der Stabilität und des Wachstums der Wirtschaft vom 8.6.1967 (BGBl. I S. 582), zuletzt geändert am 31.10.2006 (BGBl. I S. 2407).

552 *J. A. Kämmerer*, Subventionen, HStR, Bd. V, 3. Aufl. 2007, § 124, Rn. 3 f.

553 20. Bericht der Bundesregierung über die Entwicklung der Finanzhilfen des Bundes und der Steuervergünstigungen für die Jahre 2003–2006, BT-Drs. 16/1020, S. 17, 19 f.

554 *Kämmerer*, a.a.O., Rn. 3; *H.-P. Vierhaus*, NVwZ 2000, S. 734.

555 Vgl. S. 28

556 Frankfurter Allgemeine Zeitung vom 9.2.2012, S. 2.

557 Vgl. *P. Kirchhof*, Bundessteuergesetzbuch, 2011.

558 Zu verfassungsrechtlichen Problemen der Lenkungssteuern vgl. *P. Selmer*, Steuerinterventionismus und Verfassungsrecht, 1972, S. 59 ff.

559 BVerfGE 96, 1 (6 f.) – Weihnachtsfreibetrag; 101, 97 (309) – Häusliches Arbeitszimmer.

560 BVerfGE 84, 239 (269) – Kapitalertragsteuer.

[561] BVerfGE 93, 121 (146 f.) – Einheitsbewertung; 98, 106 (117) – Kommunale Verpackungsteuer.

[562] Vgl. auch § 3 Abs. 1, 2. Hs. AO.

[563] Vgl. ausführlich P. Kirchhof, Die Steuern, HStR, Bd. V, § 118, Rn. 57 ff.

[564] Für eine weitgehende soziale Lenkungsfunktion als Steuer: H. Weber-Grellet, Steuern im modernen Verfassungsstaat, 2001; zurückhaltend: K. Tipke, Die Steuerrechtsordnung, Band III, 1993, S. 1060 ff.; J. Hey, Steuerplanungssicherheit als Rechtsproblem, 2002, S. 4 ff.

[565] P. Kirchhof u. a., Karlsruher Entwurf zur Reform des Einkommensteuergesetzes, 2001, S. 19 f.

[566] BGH-Urteil vom 25.4.2006, BGHZ 157, 252; BGH-Urteil vom 16.5.2006, BGHZ 168, 1.

[567] BVerfGE 101, 151 (156 ff.) – Schwarzwaldklinik.

[568] Zum Gebot der widerspruchsfreien, folgerichtigen Steuergesetzgebung vgl. BVerfGE 98, 83 (97 f.) – Landesrechtliche Abfallabgabe; 98, 106 (118 f.) – Kommunale Verpackungsteuer; 117, 1 – Erbschaftsteuer.

[569] Vgl. Art. 105 Abs. 3 GG.

[570] Zum Subventionsbegriff im Verfassungsrecht, im Verwaltungsrecht, im europäischen Beihilferecht, im Strafrecht vgl. D. Ehlers, DVBl. 1993, S. 861; D. Bös, Gedanken zum Subventionsbegriff in den Wirtschaftswissenschaften, in: K. Wenger (Hrsg.), Förderungsverwaltung, 1973, S. 43 f.; H. P. Ipsen, Subventionen, HStR, Bd. IV, 1. Aufl. 1990, § 92, Rn. 31 f.; J. A. Kämmerer, Subventionen, HStR, Bd. V, 3. Aufl. 2007, § 124, Rn. 5 f.

[571] Zur Unterscheidung dieser beiden Subventionsformen P. Kirchhof, Verwalten durch mittelbares Einwirken, 1977, S. 380 ff.; H. Zacher, Verwaltung durch Subventionen, VVDStRL 25 (1967), S. 308 (317 f.).

[572] Zum folgenden Kämmerer, a.a.O., Rn. 13 f.

[573] Dazu M. Burgi, NZBau 2001, S. 64 f.; Kämmerer, a.a.O., Rn. 19.

[574] Dazu M. Rodi, Die Subventionsrechtsordnung, 2000, S. 18 f.

[575] R. Stober, BB 1996, S. 1845 (1847); Kämmerer, a.a.O., Rn. 4; allgemein zum Subsidiaritätsprinzip J. Isensee, Subsidiaritätsprinzip und Verfassung, 1968; H. H. Rupp, Die Unterscheidung von Staat und Gesellschaft, HStR, Bd. II, 3. Aufl. 2004, § 31, Rn. 51 f.

[576] D. Ehlers, DVBl. 1993, S. 861 f.; M. Rodi, a.a.O., S. 18 f.

[577] Kämmerer, a.a.O., Rn. 2, 7 f.

[578] BVerfGE 72, 330 (405) – Länderfinanzausgleich II, Zerlegungsgesetz und Finanzausgleichsgesetz; 116, 327 (382) – Finanzausgleich V, Sanierungshilfen.

[579] So die Erforderlichkeitsklausel des Art. 72, Abs. 2 als eine Voraussetzung konkurrierender Bundesgesetzgebung.

[580] Zu den Grundrechten auch als Leistungsrechten vgl. J. Isensee, Abwehrrecht und Schutzpflicht, HStR, Bd. IX, 3. Aufl. 2011, § 191, Rn. 146 f. m.N. der Rspr.; D. Murswiek, Grundrechte als Teilhaberechte, soziale Grundrechte, ebenda, § 192, Rn. 16 f., 73 f., 91 f. m.N. der Rspr.

[581] BVerfGE 101, 158 (221) – Finanzausgleich IV, Maßstäbegesetz.

[582] BVerfGE 101, 158 (222) – Finanzausgleich IV, Maßstäbegesetz; 86, 148 (215) – Finanzausgleich III, FAG 1988; zum Begriff der Solidarität S. 159 f.

[583] BVerfG, a.a.O.

[584] BVerfGE 72, 330 (383) – Länderfinanzausgleich II – Zerlegungsgesetz und Finanzausgleichsgesetz; 86, 178 (213, 215) – Finanzausgleich III, FAG 1988; 101, 158 (223, 229) – Finanzausgleich IV, Maßstäbegesetz.

[585] Vgl. BVerfGE 72, 330 (400) – Länderfinanzausgleich II – Zerlegungsgesetz und Finanzausgleichsgesetz; 86, 148 (223 f.) – Finanzausgleich III, FAG 1988; 101, 158 (223, 229) – Finanzausgleich IV, Maßstäbegesetz.

[586] P. M. Huber, in: v. Mangoldt/Klein/Starck, Grundgesetz, Kommentar, Bd. III, 6. Aufl. 2010, Art. 107, Abs. 2, Rn. 90; H. Siekmann, in: Sachs, Grundgesetz, Kommentar, 6. Aufl.

F. Anmerkungen

2011, Art. 107, Rn. 23; *B. Pieroth,* in: Jarass/Pieroth, Grundgesetz, Kommentar, 11. Aufl. 2011, Art. 107, Rn. 6.

[587] BVerfGE 72, 330 (396 f.) – Länderfinanzausgleich II – Zerlegungsgesetz und Finanzausgleichsgesetz; 101, 158 (218) – Finanzausgleich IV, Maßstäbegesetz; *Pieroth,* a.a.O.; *Huber,* a.a.O.; *Siekmann,* a.a.O.

[588] BVerfGE 101, 158 (202) – Finanzausgleich IV, Maßstäbegesetz.

[589] *S. Korioth,* Staatsbankrott im deutschen Föderalsystem – Instrumente innerhalb und außerhalb des Finanzausgleichs, in: K. v. Lewinski (Hrsg.), Staatsbankrott als Rechtsfrage, 2011, S. 45 (50).

[590] BVerfGE 116, 327 (385) – Finanzausgleich V, Sanierungshilfen.

[591] BVerfG, a.a.O.

[592] BVerfG, a.a.O.

[593] BVerfG, a.a.O., S. 385 f., dort auch unter Hinweis auf BVerfGE 72, 330 (405) – Länderfinanzausgleich II, Zerlegungsgesetz und Finanzausgleichsgesetz.

[594] BVerfGE 116, 327 (382) – Finanzausgleich V, Sanierungshilfen.

[595] BVerfG, a.a.O., S. 384.

[596] BVerfGE 116, 327 (386) – Finanzausgleich V, Sanierungshilfen.

[597] BVerfGE 116, 327 (387) – Finanzausgleich V, Sanierungshilfen.

[598] BVerfGE 116, 327, Leitsatz 2 a – Finanzausgleich V, Sanierungshilfen.

[599] *S. Korioth,* Staatsbankrott im deutschen Föderalsystem – Instrumente innerhalb und außerhalb des Finanzausgleichs, in: K. v. Lewinski (Hrsg.), Staatsbankrott als Rechtsfrage, 2011, S. 45 (50 f.).

[600] BVerfG, a.a.O.

[601] *Korioth,* a.a.O., S. 52; *J. Eschenbach,* NdsVBl. 2007, 177 (181 f., 184).

[602] Vgl. bereits BVerfGE 1, 117 (134) – Finanzausgleich I; 86, 148 (270) – Finanzausgleich III, FAG 1988.

[603] BVerfGE 116, 327 (386) – Finanzausgleich V, Sanierungshilfen.

[604] BGBl. I S. 2381.

[605] *Korioth,* a.a.O., S. 57

[606] *Korioth,* a.a.O., S. 51.

[607] *Korioth,* a.a.O., S. 54.

[608] *G. Kirchhof,* in: v.Mangoldt/Klein/Starck, Grundgesetz, 6. Aufl. 2010, Art. 109 a, Rn. 13, 16; *Korioth,* a.a.O., S. 55.

[609] Aufgrund des 57. Gesetzes zur Änderung des Grundgesetzes vom 29.7.2009, BGBl. I S. 2248.

[610] BVerfGE 116, 327 (380 f.) – Finanzausgleich V, Sanierungshilfen.

[611] *Korioth,* a.a.O., S. 55.

[612] Zur Frage, ob deshalb das aufwändige Verfahren und die neue Einrichtung eines Stabilitätsrates wirklich sinnvoll ist, vgl. *W. Heun,* in: Dreier (Hrsg.), Grundgesetz, Kommentar, 2. Aufl. 2004, Art. 109 a, Rn. 5; *G. Kirchhof,* a.a.O., Rn. 20; *Korioth,* a.a.O., S. 55 f.

[613] BVerfGE 116, 327 (338) – Finanzausgleich V, Sanierungshilfen.

[614] Durch das 57. Gesetz zur Änderung des Grundgesetzes vom 29.7.2009, BGBl. I S. 2248.

[615] Vgl. dazu oben S. 73

[616] BVerfGE 101, 158 (215 f.) – Finanzausgleich IV, Maßstäbegesetz.

[617] Art. 106, 107 GG.

[618] BVerfGE 72, 330 (383) – Finanzausgleich II, Zerlegungsgesetz und Finanzausgleichsgesetz; 101, 158 (214) – Finanzausgleich IV, Maßstäbegesetz.

[619] Art. 106 Abs. 3 Satz 2 GG.

[620] Art. 107 Abs. 1 Satz 4, 2. Halbsatz GG.

[621] Art. 107 Abs. 2 Satz 2 GG.

[622] Art. 107 Abs. 2 Satz 3 GG.

[623] Art. 106 Abs. 4 Satz 1 GG.

624 BVerfGE 101, 158 (215) – Finanzausgleich IV, Maßstäbegesetz.
625 Zum Gebot gesetzlicher Folgerichtigkeit gerade im Finanz- und Steuerrecht vgl. BVerfGE 84, 239 (271) – Kapitalertragsteuer; 93, 121 (136) – Vermögensteuer; 98, 83 (100) – Abfallabgaben; 122, 210 (231) – Pendlerpauschale; *P. Kirchhof,* Allgemeiner Gleichheitssatz, HStR, Bd. VIII, 3. Aufl. 2010, § 181, Rn. 209 ff.; zu den übrigen Gründen der Selbstbindung BVerfGE 101, 158 (216 f., 226) – Finanzausgleich IV, Maßstäbegesetz; vgl. auch Anm. 484.
626 BVerfGE 101, 158 (215) – Finanzausgleich IV, Maßstäbegesetz.
627 BVerfGE 101, 158 (216 f.) – Finanzausgleich IV, Maßstäbegesetz.
628 BVerfGE 101, 158 (226) – Finanzausgleich IV, Maßstäbegesetz.
629 BVerfGE 101, 158 (262) – Finanzausgleich IV, Maßstäbegesetz.
630 BVerfGE, 101, 158 (Zitat S. 217 f.) – Finanzausgleich IV, Maßstäbegesetz; vgl. auch BVerfGE 116, 327 (378) – Finanzausgleich V, Sanierungshilfen.
631 BVerfGE 101, 158 (218) – Finanzausgleich IV, Maßstäbegesetz.
632 Maßstäbegesetz vom 9.9.2001, BGBl. I S. 2302.
633 Art. 106 Abs. 3 Satz 4 und Abs. 4 Satz 1 GG.
634 Art. 107 Abs. 1 Satz 4 GG.
635 Art. 107 Abs. 2 Satz 1 und 2 GG.
636 Art. 107 Abs. 2 Satz 3 GG.
637 BVerfGE 101, 158 (217) – Finanzausgleich IV, Maßstäbegesetz.
638 BVerfGE 101, 158 (219 f.) – Finanzausgleich IV, Maßstäbegesetz; 116, 327 (378 f.) – Finanzausgleich V, Sanierungshilfen.
639 Art. 106 Abs. 3 Satz 4 GG.
640 BVerfGE 101, 158 (220) – Finanzausgleich IV, Maßstäbegesetz.
641 Art. 107 Abs. 1 Satz 4, 1. Halbsatz GG.
642 BVerfGE 72, 330 (384 f.) – Länderfinanzausgleich II, FAG 1988; 101, 158 (221) – Finanzausgleich IV, Maßstäbegesetz.
643 Art. 107 Abs. 2 GG.
644 BVerfGE 72, 330 (398) – Länderfinanzausgleich II, FAG 1988; 101, 158 (222) – Finanzausgleich IV, Maßstäbegesetz.
645 BVerfGE 1, 117 (131) – Finanzausgleich I, Maßstäbegesetz; 72, 330 (398) – Länderfinanzausgleich II, FAG 1988; 101, 158 (222) – Finanzausgleich IV, Maßstäbegesetz.
646 Art. 107 Abs. 2 Satz 3 GG
647 Anders als der Begriff der Finanzkraft Art. 107 Abs. 2 Satz 1 GG
648 BVerfGE 116, 327 (338) – Länderfinanzausgleich V, Sanierungshilfen.
649 BVerfGE 72, 330 (405) – Länderfinanzausgleich II, FAG 1988; 86, 148 (262 ff.) – Länderfinanzausgleich III, Einbeziehung der Gemeindefinanzen, 101, 158 (225) – Finanzausgleich IV, Maßstäbegesetz; 116, 327 (383) – Länderfinanzausgleich V, Sanierungshilfen.
650 BVerfGE 116, 327 (384) – Länderfinanzausgleich V, Sanierungshilfen.
651 BVerfGE 72, 330 (405) – Länderfinanzausgleich II, FAG 1988; 116, 327 (385) – Finanzausgleich V, Sanierungshilfen.
652 BVerfGE 116, 327 (384 f.) – Finanzausgleich V, Sanierungshilfen.
653 BVerfGE 72, 330 (405)) – Länderfinanzausgleich II, FAG 1988; 116, 327 (386) – Finanzausgleich V, Sanierungshilfen.
654 BVerfGE 116, 327 (385 ff.) – Finanzausgleich V, Sanierungshilfen.
655 BVerfGE 116, 327 (385 f.) – Finanzausgleich V, Sanierungshilfen.
656 BVerfGE 116, 327 (392) – Finanzausgleich V, Sanierungshilfen.
657 Art. 109 Abs. 3 Satz 1, Art. 115 Abs. 2 Satz 1 GG.
658 Art. 109 Abs. 2 GG.
659 Zu dem Redaktionsversehen oben S. 68
660 Art. 109 Abs. 3 GG wurde durch das 57. Gesetz zur Änderung des Grundgesetzes vom 29.7.2009, BGBl. I S. 2248, neu gefasst.
661 Art. 115 Abs. 2 Satz 2 GG.

F. Anmerkungen

[662] Art. 143 d wurde in das Grundgesetz durch das 57. Gesetz zur Änderung des Grundgesetzes vom 29.7.2009, BGBl. I S. 2248, eingefügt.
[663] Vgl. soeben S. 107 f.
[664] Tabelle 4.
[665] Bundesministerium der Finanzen, Kassenmäßige Steuereinnahmen nach Steuerarten in den Kalenderjahren 2010–2011.
[666] Vgl. oben S. 19.
[667] Vgl. oben S. 101 f.
[668] BVerfGE S. 89, 155 (172) – Maastricht; 123, 267 (341) – Lissabon; BVerfG, NJW 2011, S. 2946 (2948 ff.) – Euro-Rettungsschirm.
[669] Art. 115 GG, Art. 143 d Abs. 1 GG i.d.F. des 57. Gesetzes zur Änderung des Grundgesetzes vom 29.7.2009, BGBl. I S. 2248.
[670] BVerfG, NJW 2011, S. 2946 (2949) – Euro-Rettungsschirm.
[671] BVerfG, NJW 2011, S. 2946 (2950) – Euro-Rettungsschirm.
[672] Vgl. oben S. 106.
[673] Finanzplan des Bundes 2011 – 2015, BT-Drs. 17/6601, S. 55; Bundesministerium der Finanzen, Kassenmäßige Steuereinnahmen nach Steuerarten in den Kalenderjahren 2006–2010; dass. Steuereinnahmen nach Steuergruppen, 10.3.2011.
[674] Vgl. sogleich S. 170 f.
[675] Vgl. oben S. 77 f.
[676] Abschnitt X a, Art. 115 a f.
[677] BVerfGE 6, 55 (80) – Steuersplitting; 82, 60 (89) – Steuerfreiheit des Existenzminimums.
[678] BVerfGE 82, 60 (89) – Steuerfreiheit des Existenzminimums; 116, 164 (182) – Tarifbegrenzung gewerblicher Einkünfte; 122, 210 (233) – Pendlerpauschale.
[679] *A. v. Arnauld*, Kürzen und Kappen: Staatssanierung durch Einschnitte in soziale Leistungen und Subventionen, in: K. v. Lewinski (Hrsg.), Staatsbankrott als Rechtsfrage, 2011, S. 125 (134 f.).
[680] *C. Kreuter-Kirchhof,* Völkerrechtliche Schutzverantwortung bei elementaren Menschenrechten, Archiv des Völkerrechts, 2010, S. 338 f.
[681] BVerfGE 90, 286 (346 f.) – Somalia.
[682] *K. M. Hettlage,* Die Finanzverfassung im Rahmen der Staatsverfassung, VVDStRL, 14 (1956), S. 2 (13).
[683] Art. 115 Abs. 2 Satz 1 GG.
[684] Art. 2 Nr. 1 der Charta der Vereinten Nationen.
[685] *W. Graf Vitzthum,* in: ders. (Hrsg.), Völkerrecht, 5. Aufl. 2010, 1. Abschnitt, Rn. 46 f.
[686] *K. Hailbronner/U. Kau,* in: Graf Vitzthum (Hrsg.), a.a.O., 3. Abschnitt, Rn. 122 f.
[687] So jetzt auch *C. Paulus,* ZG 2010, S. 313 (316 mit Fn. 10).
[688] § 1 Satz 1 Alternative 2 InsO.
[689] *M. Kloepfer,* Verfassungsrecht, Bd. 1, 2011, § 26, Rn. 339; *K. v. Lewinski,* Öffentlich-rechtliche Insolvenz und Staatsbankrott, 2010, S. 476.
[690] *K. v. Lewinski,* a.a.O., S. 476 ff.
[691] *K. v. Lewinski,* a.a.O., S. 257 f., 477 f.
[692] *K. v. Lewinski,* a.a.O., S. 519 f.; zur Retorsion und Repressalie ebenda, S. 520 f.; zu besonderen Vollstreckungsbeschränkungen, ebenda, S. 524 f.
[693] *K. v. Lewinski,* a.a.O., S. 531.
[694] Vgl. Gutachten des Wissenschaftlichen Beirats beim Bundesministerium der Finanzen, Haushaltskrisen im Bundesstaat, Hrsg. vom Bundesministerium der Finanzen, 2005, S. 17 f.; *P. Selmer,* KritV 2008, S. 71 (184).
[695] *S. Häseler,* Collective Action Clauses, Sovereign Bonds, in: R. W. Kolb (Hrsg.), Sovereign Debt: from Safety to Default, 2011, S. 235.
[696] *K. v. Lewinski,* Öffentlich-rechtliche Insolvenz und Staatsbankrott, 2011, S. 157.

[697] § 12 Abs. 1 Nr. 1 InsO, dazu *K. v. Lewinski,* a.a.O., S. 164 f., 256 f.; zu dem dieser Regelung zugrundeliegenden historischen Denken *J. Isensee,* Damoklesschwert über der Finanzverfassung: Der Staatsbankrott, in: FS Selmer, 2004, S. 687 (688).

[698] *C. Paulus,* ZG 2010, S. 313 f.; *K. v. Lewinski,* a.a.O., passim; *P. Selmer,* KritV 2008, S. 171 (182 f.); *W. Leisner,* Wirtschaftliche Notstandsverfassung für Krisenzeiten, DVBl. 2009, S. 1409.

[699] Vgl. BVerfGE 100, 1 (38) – Rentenanwartschaften der DDR; 117, 272 (294) – Beschäftigungsförderungsgesetz.

[700] BVerfGE 15, 126 (140) – Waldenfels.

[701] BVerfGE 15, 126 (141) – Waldenfels.

[702] Vgl. soeben S. 152

[703] Vgl. dazu S. 125

[704] *P. Kirchhof,* Bundessteuergesetzbuch, 2011.

[705] Vgl. dazu S. 162 f.

[706] Art. 109 Abs. 2, Art. 115 GG, Art. 126 AEUV.

[707] Art. 125 Abs. 1 AEUV.

[708] Art. 127 Abs. 1 Satz 1 AEUV.

[709] Art. 127 Abs. 1 Satz 1 AEUV, Art. 88 Satz 2 GG.

[710] *P. Kirchhof,* NVWZ 1983, S. 505; *M. Heintzen,* Staatshaushalt, HStR, Bd. V, 3. Aufl. 2007, § 120, Rn. 53; *K. v. Lewinski,* a.a.O., S. 1.

[711] *K. v. Lewinski,* a.a.O., S. 2 f. und oben S. 60.

[712] BVerfGE 123, 267 (357 f.) – Lissabon.

[713] BVerfGE 123, 267 (358) – Lissabon.

[714] BVerfGE 123, 267 (Zitat 361 f.) – Lissabon; im übrigen böte bisher weder der Art. 136 AEUV über das Funktionieren der Wirtschafts- und Währungsunion sowie über die Haushaltsdisziplin, die Vertragsabrundungskompetenz des Art. 352 AEUV noch ein neuer Art. 136 Abs. 3 AEUV („vereinfachtes Verfahren der Vertragsänderung") eine hinreichende Ermächtigungsgrundlage, *C. Herrmann,* Staatsbankrott in der EU: Versagen, Bewährung oder Chance der Europäischen Währungsverfassung, in: *K. v. Lewinski,* Staatsbankrott als Rechtsfrage, 2011, S. 29 (41 f.).

[715] Zu deren verfassungsrechtlichen Grenzen BVerfG, NJW 2011, S. 2946 (2949 f.) – Euro-Rettungsschirm.

[716] Siehe S. 79.

[717] *G. Franz* (Hrsg.), Staatsverfassungen, 2. Aufl. 1964, S. 303 (307): „für den Unterhalt der Streitmacht und für die Kosten der Verwaltung", vgl. oben S. 66.

[718] Vgl. *P. Kirchhof,* Die Steuern, HStR, Bd. V, 3. Aufl. 2007, § 118, Rn. 12 f.

[719] Zur Entwicklung BVerfGE 84, 239 (269) – Zinsurteil.

[720] BVerfGE 55, 274 (303) – Ausbildungsplatzförderungsgesetz.

[721] BVerfGE 82, 159 (181) – Absatzfonds; 91, 186 (203 f.) – Kohlepfennig; 92, 91 (113) – Feuerwehrabgaben; 98, 83 (100) – Landesabfallabgaben; 101, 141 (147) – Ausgleichsfonds; 108, 186 (217) – Altenpflegeabgabe; 110, 370 (388 ff.) – Klärschlamm-Entschädigungsfonds; *P. Kirchhof,* Nichtsteuerliche Abgaben, HStR, Bd. V, 3. Aufl. 2007, § 119, Rn. 71 f.

[722] BVerfGE 55, 274 (303) – Ausbildungsplatzförderungsgesetz.

[723] Art. 105 f. GG.

[724] Art. 110 GG.

[725] BVerfGE 123, 267 (359) – Lissabon; BVerfG, NJW 2011, S. 2946 (2951) – Euro-Rettungsschirm.

[726] BVerfG, NJW 2011, S. 2946 (2951) – Euro-Rettungsschirm.

[727] Art. 114 GG.

[728] Art. 3 Abs. 1 GG.

[729] BVerfGE 55, 274 (303) – Ausbildungsplatzförderungsgesetz .

[730] *B. Rüthers/C. Fischer/A. Birk,* Rechtstheorie, 6. Aufl. 2011, Rn. 351 f.

[731] *Rüthers/Fischer/Birk,* a.a.O.

F. Anmerkungen

⁷³² *Rüthers/Fischer/Birk,* a.a.O., Rn. 351 f.
⁷³³ *Rüthers/Fischer/Birk,* a.a.O.
⁷³⁴ BVerfGE 12, 354 (367) – Volkswagenprivatisierung.
⁷³⁵ *J. Isensee,* Privatautonomie, HStR, Bd. VII, 3. Aufl. 2009, § 150, Rn. 1.; zu den Besonderheiten des „gerechten Lohnes" (Art. 9 Abs. 3 GG) *Rüthers/Fischer/Birk,* a.a.O., Rn. 361 f.
⁷³⁶ Zu diesen Leitgedanken staatlichen Gebens und Nehmens *P. Kirchhof,* EStG, Kommentar, 11. Aufl. 2012, Einl. Rn. 3 ff.
⁷³⁷ *Rüthers/Fischer/Birk,* a.a.O., Rn. 371.
⁷³⁸ *J. Isensee,* a.a.O., Rn. 24; *M. Weber,* Wirtschaft und Gesellschaft (1922), Hrsg. von Johannes Winckelmann, 1. Halbband, 1956, S. 562.
⁷³⁹ *Isensee,* a.a.O., Rn. 26.
⁷⁴⁰ Vgl. nunmehr die Diskussion zum Gemeinnützigkeitsrecht, die den Kreis der Zuwendungsempfänger in § 10 b Abs. 2–6 erweitert; dazu EUGH, DStR 2009, 207 – Persche; NJW 2006, S. 3765 – Centro di Musicologia Walter Stauffer; *Kirchhof,* in: ders., Einkommensteuergesetz, Kommentar, 11. Aufl. 2012, § 10 b, Rn. 18 f.
⁷⁴¹ BVerfGE 55, 274 (303) – Ausbildungsplatzförderungsgesetz.
⁷⁴² BVerfG, NJW 2011, S. 2946 (2953) – Euro-Rettungsschirm.
⁷⁴³ Dazu BVerfGE 97, 350 (372) – Euro.
⁷⁴⁴ Zur Einschätzung der Stabilitätsgefahr durch das Parlament BVerfG, NJW 2011, S. 2946, (2953) – Euro-Rettungsschirm.
⁷⁴⁵ *Rüthers/Fischer/Birk,* a.a.O., Rn. 350, 369.
⁷⁴⁶ Art. 125 Abs. 1 Satz 2 AEUV.
⁷⁴⁷ Vgl. oben S. 79 f.
⁷⁴⁸ Zu diesem *U. Volkmann,* Solidarität – Programm und Prinzip der Verfassung, 1998; *I. Spieckergen. Döhmann,* Verfassungstheorie des Sozialstaates, in: O. Depenheuer/C. Grabenwarter, Verfassungstheorie, 2010, § 23, Rn. 12, 15, 39; *H. F. Zacher,* Das soziale Staatsziel, HStR, Bd. II, 3. Aufl. 2004, § 28, Rn. 166 ff.
⁷⁴⁹ *Spieckergen. Döhmann,* a.a.O., Rn. 12.
⁷⁵⁰ *H. Bauer,* Die Verfassungsentwicklung des wiedervereinten Deutschland, HStR, Bd. I, 3. Aufl. 2003, § 13, Rn. 22 f.
⁷⁵¹ *Zacher,* a.a.O., Rn. 167.
⁷⁵² Siehe die Präambel zum EUV („[…] In dem Wunsch, die Solidarität zwischen ihren Völkern unter Achtung ihrer Geschichte, ihrer Kultur und ihrer Traditionen zu stärken; […]"), Art. 2 (Solidarität als Wert der Union), Art. 3 Abs. 3 und Abs. 5 (Solidarität zwischen den Generationen; Solidarität und gegenseitige Achtung zwischen den Völkern; Union, die „den wirtschaftlichen, sozialen und territorialen Zusammenhalt und die Solidarität zwischen den Mitgliedstaaten" fördert), Art. 21, Art. 24 Abs. 2 (Außen und Sicherheitspolitik, die auf einer Entwicklung der gegenseitigen politischen Solidarität der Mitgliedstaaten […] beruht; siehe auch Abs. 3), Art. 31 Abs. 2, Art. 32 EUV; siehe zudem Art. 67 Abs. 2 („Solidarität der Mitgliedstaaten"), Art. 80, Art. 122, Art. 194 und Art. 222 AEUV.
⁷⁵³ Zu diesem Prinzip und dessen rechtlichen Grenzen *Rüthers/Fischer/Birk,* a.a.O., Rn. 362; *Isensee,* a.a.O., Rn. 11, 13, 26 f.
⁷⁵⁴ Zu den verschiedenen grundrechtlichen Ausgangspositionen nach der Rechtsprechung des BVerfG *Isensee,* a.a.O., Rn. 62 f., 88; dort auch Rn. 51 zur privaten Rechtserzeugung, die über die grundrechtlichen Gewährleistungen hinausgeht.
⁷⁵⁵ BVerfGE 89, 214 (234) – Bürgschaft; vgl. auch 81, 242 (254 f.) – Handelsvertreter; 103, 89 (100 f.) – Ehevertrag über Kindesunterhalt.
⁷⁵⁶ BVerfGE 81, 242 (245 f., 260 f.) – Handelsvertreter; 103, 89 (104) – die Rechtsposition der Schwangeren bei Abschluss eines Ehevertrages; 90, 27 (31 f.) – die Rechtsposition des Mieters gegenüber dem Vermieter bei Anbringung einer Parabolantenne; zum Problem des Basistarifs in der privaten Krankenversicherung *Isensee,* a.a.O. Rn. 130, zu der Antidiskriminierungsgesetzgebung Rn. 136.
⁷⁵⁷ BVerfGE 61, 82 (100 f.) – Sasbach; BVerfG, NJW 2011, S. 1201 (1202 ff.) – Fraport.

256 F. Anmerkungen

[758] Finanzplan des Bundes 2011–2015, BT-Drs. 17/6601, S. 52.
[759] Art. 115 Abs. 2 Satz 1 GG mit der Typisierung des Art. 115 Abs. 2 Satz 2 GG (0,35 Prozent).
[760] Finanzplan des Bundes, a.a.O., S. 52; s. auch dort die weitere Kreditermächtigung von 244,4 Milliarden Euro für die „Anschlussfinanzierung des Bundes"; hinzu tritt die Kreditaufnahme durch drei Sondervermögen des Bundes, den Finanzmarktstabilisierungsfonds, den Investitions- und Tilgungsfonds sowie den Restrukturierungsfonds, „deren Höhe sich nicht belastbar prognostizieren lässt".
[761] Finanzplan des Bundes, a.a.O., S. 52, 59.
[762] Finanzplan des Bundes a.a.O., S. 59.
[763] Vgl. Finanzplan des Bundes a.a.O., S. 59 ff.
[764] *Ullmann*, a.a.O.; *Tilly*, a.a.O.; *P. Kirchhof*, Der sanfte Verlust der Freiheit, 2004.
[765] BVerfGE 55, 274 (303) – Ausbildungsplatzförderung; 91, 186 (201 f.) – Kohlepfennig; vgl. auch 79, 311 (329) – Staatsverschuldung (Haushaltsgesetz 1981).
[766] Finanzplan des Bundes, a.a.O., S. 36.
[767] Finanzplan des Bundes, a.a.O., S. 36.
[768] Vgl. BVerfGE 6, 55 (70) – Steuersplitting (bloße Zusammenrechnung der Einkommen beider Ehegatten); 8, 51 (68 f.) – Parteienfinanzierung I (1958); 55, 274 (302 f.) – Ausbildungsplatzförderungsgesetz und unten S. 89.
[769] Vgl. dazu Finanzplan des Bundes, a.a.O., S. 60.
[770] Art. 115 Abs. 2 Satz 1 GG.
[771] *A. Schäffle*, Die Steuern I/II, in: L. v. Stein, Lehrbuch der Finanzwissenschaften, Bd. I, 1895, S. 74 (107); *Ullmann*, a.a.O., S. 8, 15 f.
[772] *O. Mayer*, Deutsches Verwaltungsrecht, 1924, Bd. I, S. 316.
[773] *W. Gerloff*, Steuerwirtschaftslehre, in: HdbFW, Bd. II, 2. Aufl. 1956, S. 239 (241 f.); *A. Tautscher*, Geschichte der deutschen Finanzwissenschaft bis zum Ausgang des 18. Jahrhunderts, in: HdbFW, Bd. I, 2. Aufl. 1952, S. 382 (386 f.).
[774] *K. Häuser*, Abriss der geschichtlichen Entwicklung der öffentlichen Finanzwirtschaft, in: HdbFW, Bd. I, 3. Aufl. 1977, S. 3 (27); vgl. auch *T. Mayer*, Geschichte der Finanzwirtschaft vom Mittelalter bis zum Ende des 18. Jahrhunderts, ebenda, S. 247 (Hinweis auf das Wort „stuofa", das mit dem Hohlmaß „stauf" in Verbindung gebracht wird).
[775] Magna Carta Libertatum von 1215, im von *Hans Wagner* bearbeiteten Band, 1951, S. 28 f.
[776] Die politischen Testamente der Hohenzollern, bearbeitet von *Richard Dietrich*, 1986, S. 499.
[777] *G. Franz* (Hrsg.), Staatsverfassungen, 2. Aufl. 1964, S. 303 (307).
[778] BVerfGE 84, 239 (269) – Zinsurteil n. N.
[779] Die Verwendung des Begriffs „Staatsbürger" statt „Inländer" wurde schon damals als „schief und unbedacht" gerügt, *R. Thoma*, Grundrecht und Polizeigewalt, in: Festgabe für das Preußische Oberverwaltungsgericht, 1925, S. 183 (199); *G. Anschütz*, Die Verfassung des Deutschen Reichs vom 11. August 1919, 14. Aufl. 1933, Art. 134 Anm. 1.
[780] *O. Mayer*, a.a.O., S. 245 f.; BVerfGE 115, 97 (111) – Obergrenze für Einkommen- und Gewerbesteuer.
[781] BVerfGE 40, 237 (249) – Rechtsschutzverfahren im Strafvollzug; 47, 46 (78 f.) – Sexualkundeunterricht; 115, 97 (111) – Obergrenze für Einkommen- und Gewerbesteuer.
[782] Art. 14 Abs. 1 Satz 2 GG.
[783] BVerfGE 97, 350 (370) – Euro; 105, 17 (30) – Sozialpfandbriefe.
[784] BVerfGE 115, 97 (111) – Obergrenze für Einkommen- und Gewerbesteuer; *P. Kirchhof*, Besteuerung im Verfassungsstaat, 2000, S. 22 ff., 50 ff.
[785] BVerfGE 4, 7 (12) – Investitionshilfe; 14, 221 (241) – Fremdrenten; 82, 159 (190) – Absatzfonds; st. Rspr.
[786] BVerfGE 2, 237 (254) – Gebäudeentschuldungssteuer; 10, 141 (177) – Feuerversicherungsabgabe; 16, 147 (187) – Werkfernverkehr.

F. Anmerkungen

787 BVerfGE 14, 221 (241) – Fremdrenten; 19, 119 (129) – Couponsteuer; 82, 159 (190) – Absatzfonds; 105, 73 (92) – Sozialpfandbriefe; st. Rspr.

788 Zum Schutz aller rechtlich ausgeformten vermögenswerten Rechtspositionen auch des durch Leistung erworbenen Forderungseigentums BVerfGE 45, 142 (179) – Kaufpreisanspruch; 51, 193 (216) – Warenzeichen; 70, 278 (286) – Steuerlicher Erstattungsanspruch; 78, 58 (71) – Ausstattungsschutz; 79, 174 (191) – Erbbaurecht; 83, 201 (209) – Vorkaufsrecht; 89, 1 (6) – Mieterrecht; st. Rspr.

789 Vgl. BVerfGE 16, 147 (161) – Werkfernverkehr; 38, 61 (80 f.) – Leberpfennig.

790 BVerfGE 115, 97 (115) – Obergrenze für Einkommen- und Gewerbesteuer.

791 Vgl. *Trübners* Deutsches Wörterbuch, Bd. VIII, 1957, S. 49 f. (Begriff des Wortes „zugleich" als „zu gleichen Teilen", nachweisbar schon seit 1655, aber auch „im selben Augenblick"); *Jacob Grimm/Wilhelm Grimm,* Deutsches Wörterbuch, bearbeitet von *Gustav Rosenhagen,* Bd. XVI, 1954, Spalte 430 f. („zugleich" in seiner ursprünglichen Bedeutung als „in gleicher Weise").

792 BVerfGE 93, 121 (138) – Vermögensteuer.

793 Vgl. soeben S. 165

794 Art. 19 Abs. 2 GG.

795 BVerfGE 115, 97 (118) – Obergrenze Einkommen- und Gewerbesteuer.

796 BVerfGE 115, 97 (114) – Obergrenze Einkommen- und Gewerbesteuer.

797 BVerfG, a.a.O., unter Hinw. auf BVerfGE 93, 121 (138) – Vermögensteuer.

798 Art. 14, Art. 3 GG.

799 Vgl. S. 169.

800 Vgl. *K. Tipke,* Die Steuerrechtsordnung, Bd. I, 2. Aufl. 1993, S. 253 f.; *H.-P. Ullmann,* Der deutsche Steuerstaat, S. 39 f.; *B. Großfeld,* Die Einkommensteuer, geschichtliche Grundlage und rechtsvergleichender Ansatz, 1981; *Schremmer,* a.a.O., S. 14 f.; *D. Birk,* Steuerrecht, 13. Aufl. 2010, Rn. 6 f.

801 Vgl. Anm. 866.

802 Art. 14 Abs. 2 Satz 1 GG.

803 Art. 14 Abs. 2 Satz 2 GG.

804 Art. 12 Abs. 1 GG.

805 Seit BVerfGE 7, 377 (401, 403 f.) – Apothekenurteil; st. Rspr.; BVerfGE 16, 286 (297) – Chefarzt, Privatpraxis; 78, 155 (182) – Nicht-Kassenzulassung von Heilpraktikern; 111, 10 (32) – Ladenschlussgesetz (Sonn- und Feiertage); 114, 196 (251 f.) – Beitragssatzsicherungsgesetz; 121, 317 – Rauchverbot in Gaststätten.

806 Vgl. *P. Kirchhof,* Bundessteuergesetzbuch, ein Reformentwurf zur Erneuerung des Steuerrechts, 2011, S. 2 ff.

807 Art. 115 Abs. 2 Sätze 3 und 6 GG.

808 Institut für den öffentlichen Sektor, Runter von dem Schuldenberg, 2011, S. 10.

809 Vgl. Initiative der Europäischen Kommission, Taxation on the Financial Sector, COM (2010) 549 und SEC (2010) 1166; International Monetary Fund, Affaire and Substantial Contribution by the Financial Sector, 2010; *T. Hemmelghar,* Steuern und Abgaben im Finanzsektor. Abgabenrechtliche Regulierung und neue Finanzmarktsteuern in der Europäischen Union, 2011.

810 Vgl. Rekustrukturierungsfondsgesetz vom 9.12.2010, BGBl. I S. 2010, 1900 (1921), dazu: *W. Schön/A. Hellgardt/C. Osterloh-Konrad,* WM 2010, S. 2145 (Teil I) und S. 2193 (Teil II); *E. Reimer/C. Waldhoff,* Verfassungsrechtliche Vorgaben für Sonderabgaben des Banken- und Versicherungssektors, 2010.

811 *Hemmelghar,* a.a.O., S. 18 f.; vgl. auch Antrag der Fraktion Bündnis 90/Die Grünen, BT-Drs. 16/12303; Kleine Anfrage der FDP-Fraktion, BT-Drs. 16/12333 und die Antwort der Bundesregierung, BT-Drs. 16/12571 – darin zum Schwerpunkt zur Börsenumsatzsteuer; Antrag der Fraktion Bündnis90/Die Grünen, BT-Drs. 17/1422.

812 *V. Stern,* Abbau der Kapitalverkehrsteuer, 1989, S. 7 f.; *L. Mirre,* Die Verkehrsteuern, in: Handbuch der Finanzwissenschaft, Bd. 2, 1927, S. 296 f.

F. Anmerkungen

[813] RGBl. 1913 S. 639.
[814] RGBl. 1934 I S. 1058.
[815] Dazu *Stern*, a.a.O., S. 11 f.; *K. Tipke*, Steuerrecht, 11. Aufl. 1987, S. 78, 494 f.
[816] Stern, a.a.O., S. 12 f.; *Tipke*, a.a.O., S. 78, 497 f.
[817] *Tipke*, a.a.O., S. 494.
[818] *L. Mirre*, Handkommentar der Reichsteuergesetze, VII: Das Kapitalverkehrsteuergesetz, 1927, S. 3, Anm. 1.
[819] RStBl. 1934 S. 1460, 1462.
[820] *Tipke*, a.a.O., S. 497.
[821] *Tipke*, a.a.O., S. 78, 494, 496; *V. Stern*, Abbau der Kapitalverkehrsteuer, 1989, S. 21.; vgl. auch *L. Mirre*, Die Verkehrsteuern, in: Handbuch der Finanzwissenschaft, Bd. 2, 1927, S. 296 f.
[822] *Stern*, a.a.O., S. 29.
[823] Vgl. BT-Drs. 11/3478, Tz. 277.
[824] Art. 4 des Gesetzes zur Verbesserung der Rahmenbedingungen der Finanzmärkte (erstes Finanzmarktförderungsgesetz) vom 22.2.1990, BGBl. I S. 266
[825] Vgl. Antwort der Bundesregierung auf eine Kleine Anfrage der FDP-Fraktion, Drs. 16/1233, in: BT-Drs. 16/12571, S. 7.
[826] Antwort der Bundesregierung, a.a.O., S. 5, 3 f.
[827] *J. Tobin*, A Proposal of Monetary Reform, Eastern Economic Journal, 1978, S. 153 f.; ebenso *ders.*, The New Economics One Decade Older, in: Janeway Lectures at Princeton, 1974, S. 88 f.
[828] *Tobin*, a.a.O., 1978, S. 154.
[829] *J. Alt*, ZRP, 2010, S. 109.
[830] Der Spiegel, 36/2001 vom 3.9.2001 „Die missbrauchen meinen Namen".
[831] *R. v. Rosen*, BB 2010, Heft 3, S. 1; *M. Weber*, WM 2001, S. 2338; *B. Beichelt*, StuW 1998, S. 358 (368); *P. B. Spahn*, Zur Durchführbarkeit einer Devisentransaktionsteuer, 2002.
[832] *I. Ramonet*, Die Märkte entschärfen, in: Le Monde diplomatique, deutsche Ausgabe vom 12.12.1997.
[833] Association pour une taxation des transactions financiéres pur l'aide aux citoyens.
[834] *Tobin*, Interview: Der Spiegel 36/2001, 3.9.2001.
[835] Zur Lage 1998: *B. Beichelt*, StuW 1998, S. 358 (368).
[836] Berliner Erklärung der CDU 2010, S. 8.
[837] Dazu *F. Kirchhof*, Finanzwetten zerstören Finanzmärkte, in: FS für Michael Streck, 2011, S. 849 f., zum Folgenden, S. 852 f.
[838] Vgl. FAZ vom 20.2.2010, S. 21; siehe auch *J Wieland*, JZ 2012, S. 213 (214).
[839] Vgl. oben S. 56 f.
[840] *F. Kirch*hof, a.a.O., S. 855.
[841] Vgl. Gesetz zur weiteren Fortentwicklung des Finanzplatzes Deutschland vom 26.6.2002, BGBl. I S. 2009, das den § 764 BGB a.F. aufgehoben und nun in einem neuen § 37 e Wertpapierhandelsgesetz bestimmt hat, das „gegen Ansprüche aus Finanztermingeschäften der Einwand des § 762 BGB nicht erhoben werden" kann; für Börsentermingeschäfte bereits § 38 BörsG.
[842] *I. Ramonet*, Die Märkte entschärfen, in: Le Monde diplomatique, deutsche Ausgabe vom 12.12.1997; Association pour une taxation des transactions financiéres pur l'aide aux citoyens, attac; vgl. auch Antrag der Fraktion Die Linke im Deutschen Bundestag „Finanztransaktionsteuer international vorantreiben und national einführen", BT-Drs. 17/518 vom 26.1.2010.
[843] Rechtsgrundlage: Art. 135 Abs. 1 f, 1. Fall, MwstSystRL.
[844] Vgl. Art. 4 des Finanzmarktförderungsgesetzes vom 22.2.1990, BGBl. I S. 1990, S. 226.
[845] Vgl. oben S. 28.
[846] Rechtsgrundlage Art. 135 Abs. 1 d MwstSysRL.

F. Anmerkungen

[847] W. Reiss, in: Tipke/Lang, Steuerrecht, 20. Aufl. 2011, § 14, Rn. 91.
[848] Ebenso in Belgien und der Schweiz.
[849] Zu diesem Maßstab P. Kirchhof, Die Steuern, HStR, Bd. V, 3. Aufl. 2007, § 118, Rn. 174 ff.
[850] Richtlinie 2008/7/EG des Rates vom 12. Febr. 2008 betreffend die indirekten Steuern auf die Ansammlung von Kapital, Amtsblatt der Europäischen Union, ABl. Nr. L 46/11.
[851] Zum Maßstab vgl. BVerfGE 89, 155 (172) – Maastricht; 123, 267 (330) – Lissabon; BVerfG, NJW 2011, S. 2946 (2948) – Euro-Rettungsschirm.
[852] Bündnis 90/Die Grünen, Der Grüne Neue Gesellschaftsvertrag. Klima Arbeit Gerechtigkeit Freiheit, Bundestagswahlprogramm 2009, 2009, S. 50 f.; Bundestagsfraktion Bündnis 90/Die Grünen, Eckpunkte einer Grünen Vermögensabgabe, Arbeitskreis 1 Wirtschaft und Soziales, März 2010, S. 1; *L. Paus/J. Trittin/R. Künast/F. Kuhn/K. Andreae/Th. Gambke/Chr. Scheel/G. Schick*, Die grüne Vermögensabgabe. Autorenpapier, Januar 2011 (www.gruene-bundestag.de/cms/finanzen/dok/367/367285.die_gruene_vermoegensabgabe.html, Stand: 27.4.2012); vgl. auch *S. Bach/M. Beznoska/V. Steiner*, Aufkommens- und Verteilungswirkung einer Grünen Vermögensabgabe. Forschungsprojekt im Auftrag der Bundestagsfraktion Bündnis 90/Die Grünen, DIW Berlin. Politikberatung kompakt 59, 2010.
[853] Bündnis 90/Die Grünen, Der Grüne Neue Gesellschaftsvertrag. Klima Arbeit Gerechtigkeit Freiheit, Bundestagswahlprogramm 2009, 2009, S. 50 f.
[854] Vgl. auch *S. Bach/M. Beznoska/V. Steiner*, a.a.O., S. 2, insgesamt: S. 8 ff., 19, 95 ff.; Bundestagsfraktion Bündnis 90/Die Grünen, Eckpunkte einer Grünen Vermögensabgabe, Arbeitskreis 1 Wirtschaft und Soziales, März 2010, S. 1 f.; *L. Paus/J. Trittin/R. Künast/F. Kuhn/K. Andreae/Th. Gambke/Chr. Scheel/G. Schick*, a.a.O., S. 1.
[855] *L. Paus/J. Trittin/R. Künast/F. Kuhn/K. Andreae/Th. Gambke/Chr. Scheel/G. Schick*, a.a.O.; *S. Bach/M. Beznoska/V. Steiner*, a.a.O., S. 2, 6, 8 ff., 19, 23 f., 95 ff.; siehe insgesamt *G. Kirchhof*, StuW 2011, 189 (190).
[856] Vgl. oben S. 168 f.
[857] *P. Kirchhof*, Allgemeiner Gleichheitssatz, HStR VIII, 3. Aufl. 2010, § 181 insbes. Rn. 224.
[858] Zum Folgenden *G. Kirchhof*, StuW 2011, 189 ff.
[859] BVerfGE 115, 97 (115 ff.) – Obergrenze Einkommen- und Gewerbesteuer.
[860] Siehe für die Vermögensteuer BVerfGE 93, 121 (135) – Vermögensteuer; zur einmaligen Vermögensabgabe: *G. Kirchhof*, StuW 2011, 189 (190 f.).
[861] Vgl. unten zu S. 168.
[862] BVerfGE 93, 121 (143) – Vermögensteuer: „Gleichheit im Bemessungserfolg".
[863] BVerfGE 84, 239 (271 ff.) – Zinsurteil; 93, 121 (143) – Vermögensteuer.
[864] BVerfGE 93, 121 (142 ff.) – Vermögensteuer.
[865] *P. Graf Kielmannsegg*, Die Deutschen und ihre Nation. Nach der Katastrophe. Eine Geschichte des geteilten Deutschland, 2000, S. 360 f.
[866] Für das Steuerverfassungsrecht: BVerfGE 14, 105 (111) – Branntweinmonopol; 21, 12 (26) – Allphasenumsatzsteuer; 37, 38 (45) – Mehrwertsteuer; 69, 174 (183 f.) – Vergnügungsteuer; 69, 174 (183 f.) – Getränkesteuer; 93, 121 – Vermögensteuer; 120, 1 (26) – Gewerbesteuer.
[867] *J. W. Hidien*, in: BK (2002), Art. 106 Rz. 648, 1427; *K. Vogel/H. Walter*, in: BK (1972), Art. 106 Rz. 237.
[868] So aber *J. W. Hidien*, in: BK (2002), Art. 106 Rz. 648, 1427; *K. Vogel/H. Walter*, in: BK (1972), Art. 106 Rz. 237.
[869] *T. Maunz*, in: Maunz/Dürig, GG, Art. 106 Rz. 27; vgl. *H. Siekmann*, in: Sachs, GG, 6. Aufl. 2011, Art. 106 Rz. 6; *J.-P. Schneider*, in: AK (2001), Art. 106 Rz. 5; *H. B. Brockmeyer*, in: Schmidt-Bleibtreu/Hofmann/Hopfauf, GG, 11. Aufl. 2008, Art. 106 Rz. 16; *W. Heun*, in: Dreier, GG, 2. Aufl. 2008, Art. 106 Rz. 15; *G. Kirchhof*, StuW 2011, 189 (191).
[870] Siehe hierzu wie zum Folgenden *G. Kirchhof*, StuW 2011, 189 (192 f.).

[871] Art. 122 b Abs. 1 der vorläufigen Fassungen der Fachausschüsse, Stand: 18.10 1948, Deutscher Bundestag/Bundesarchiv, Der Parlamentarische Rat 1948–1949, Band 7, Entwürfe zum Grundgesetz, 1995, S. 33.

[872] 13. Sitzung des Ausschusses für Finanzfragen, 6.10 1948, Deutscher Bundestag/ Bundesarchiv, Der Parlamentarische Rat 1948–1949, Band 12, Ausschuß für Finanzfragen, 1999, S. 439.

[873] 13. Sitzung des Ausschusses für Finanzfragen, 6.10 1948, Deutscher Bundestag/ Bundesarchiv, Der Parlamentarische Rat 1948–1949, Band 12, Ausschuß für Finanzfragen, 1999, S. 423.

[874] Art. 106 Abs. 2 Nr. 1 GG.

[875] 13. Sitzung des Ausschusses für Finanzfragen, 6.10 1948, Deutscher Bundestag/ Bundesarchiv, Der Parlamentarische Rat 1948–1949, Band 12, Ausschuß für Finanzfragen, 1999, S. 423 f., 439.

[876] Vom Ausschuss für Finanzfragen in erster Lesung angenommene Fassung, 13.10 1948, Deutscher Bundestag/Bundesarchiv, Der Parlamentarische Rat 1948–1949, Band 7, Entwürfe zum Grundgesetz, 1995, S. 486.

[877] 14. Sitzung des Hauptausschusses, 2.12 1948, Deutscher Bundestag/Bundesarchiv, Der Parlamentarische Rat 1948–1949, Band 14/I, Hauptausschuss, 2009, S. 417, 419.

[878] 14. Sitzung des Hauptausschusses, 2.12 1948, Deutscher Bundestag/Bundesarchiv, Der Parlamentarische Rat 1948–1949, Band 14/I, Hauptausschuss, 2009, S. 421 f.

[879] 14. Sitzung des Hauptausschusses, 2.12 1948, Deutscher Bundestag/Bundesarchiv, Der Parlamentarische Rat 1948–1949, Band 14/I, Hauptausschuss, 2009, S. 428 ff.; Art. 122 b Abs. 1 vom Hauptausschuss in erster Lesung angenommenen Fassung, Stand: 10.12 1948, Deutscher Bundestag/Bundesarchiv, Der Parlamentarische Rat 1948–1949, Band 7, Entwürfe zum Grundgesetz, 1995, Satz 121, und Art. 122 b Abs. 1 des Entwurfs zum Grundgesetz in der vom Allgemeinen Redaktionsausschuss redigierten Fassung, Stand: 13.–18.12 1948, ebenda, S. 182.

[880] Vorschlag des Allgemeinen Redaktionsausschusses an den Vorsitzenden des Ausschusses für Finanzfragen, 17. Dezember, 1948, Deutscher Bundestag/Bundesarchiv, Der Parlamentarische Rat 1948–1949, Band 7, Entwürfe zum Grundgesetz, 1995, S. 532.

[881] Art. 122 Abs. 1 der Änderungsvorschläge des Siebener-Ausschusses, Stand: 17.3 1949, Deutscher Bundestag/Bundesarchiv, Der Parlamentarische Rat 1948–1949, Band 7, Entwürfe zum Grundgesetz, 1995, S. 460.

[882] Art. 122 Abs. 1 des vereinfachten Entwurfs der SPD, Stand: April 1949, Deutscher Bundestag/Bundesarchiv, Der Parlamentarische Rat 1948–1949, Band 7, Entwürfe zum Grundgesetz, 1995, S. 487; Art. 107 Abs. 1 der vom Hauptausschuss in vierter Lesung angenommenen Fassung, Stand: 5.5 1949, ebenda, S. 560; Art. 106 Abs. 1 des Entwurfs des Grundgesetzes in der Fassung der zweiten Lesung des Parlamentarischen Rates, Stand: 6.5 1949, ebenda, S. 598; Art. 106 Abs. 1 des Grundgesetzes vom 23.5 1949, ebenda, S. 640.

[883] Vgl. bereits die Ursprungsfassung des Art. 109 Abs. 1 der vom Hauptausschuss in vierter Lesung angenommenen Fassung, Stand: 5.5 1949, Deutscher Bundestag/Bundesarchiv, Der Parlamentarische Rat 1948–1949, Band 7, Entwürfe zum Grundgesetz, 1995, S. 561; Art. 108 Abs. 1 des Entwurfs des Grundgesetzes in der Fassung der zweiten Lesung des Parlamentarischen Rates, Stand: 6.5 1949, ebenda, S. 599; Art. 108 Abs. 1 des Grundgesetzes vom 23.5 1949, ebenda, S. 641.

[884] G. *Kirchhof*, StuW 2011, 189 (193 f.).

[885] Siehe soeben S. 181 f.

[886] § 3 Abs. 1 AO.

[887] Art 106 Abs. 1 GG.

[888] 13. Sitzung des Ausschusses für Finanzfragen, 6.10 1948, Deutscher Bundestag/ Bundesarchiv, Der Parlamentarische Rat 1948–1949, Band 12, Ausschuß für Finanzfragen, 1999, S. 423; siehe 1.

[889] Siehe S. 164.

F. Anmerkungen

[890] Siehe S. 165.
[891] Siehe S. 65 f.
[892] *P. Graf Kielmansegg*, Die Deutschen und ihre Nation. Nach der Katastrophe. Eine Geschichte des geteilten Deutschland, 2000, S. 360 f.
[893] 20. Gesetz zur Änderung des Grundgesetzes vom 12. 5 1969, BGBl. I S. 357.
[894] Art. 109 Abs. 2 S GG a.F.
[895] Art. 115 Abs. 1 S. 2 Hs. GG a.F.
[896] I.S.d. Art. 109 Abs. 1 Nr. 5 GG.
[897] Art. 115 Abs. 1 GG a.F.
[898] Art. 106 Abs. 1 Nr. 5 GG.
[899] *L. Paus/J. Trittin/R. Künast/F. Kuhn/K. Andreae/Th. Gambke/Chr. Scheel/G. Schick*, a.a.O., S. 2.
[900] *L. Paus/J. Trittin/R. Künast/F. Kuhn/K. Andreae/Th. Gambke/Chr. Scheel/G. Schick*, a.a.O., S. 1 m. w. H.
[901] Siehe hierzu *H.-J. Brodesser/B. Fehn/T. Franosch/W. Wirth*, Wiedergutmachung und Kriegsfolgenliquidation, 2000, S. 247 ff.; Statistisches Bundesamt, Statistisches Jahrbuch 2011. Für die Bundesrepublik Deutschland mit „Internationalen Übersichten", 2011, S. 237 ff.
[902] BVerfGE 93, 121 (138 f.) – Vermögensteuer; siehe zudem sogleich 4.
[903] Reichsnotopfergesetz vom 31.12.1919, RGBl. II S. 2189.
[904] Lastenausgleichsgesetz vom 14.8.1952, BGBl. I S. 446.
[905] *K. M. Hettlage*, Die Finanzverfassung im Rahmen der Staatsverfassung, VVDStRL, 14 (1956), S. 2 (13).
[906] Bündnis 90/Die Grünen, Der Grüne Neue Gesellschaftsvertrag. Klima Arbeit Gerechtigkeit Freiheit, Bundestagswahlprogramm 2009, 2009, S. 51.
[907] Regierungserklärung von Bundeskanzlerin *Dr. Angela Merkel* zu den Ergebnissen des Europäischen Rates am 8./9.12.2011 in Brüssel vor dem Deutschen Bundestag am 14.12.2011 in Berlin, Bulletin 135–1 (http://www.bundesregierung.de/Content/DE/Bulletin/2011/12/135-1-bk-reg-erkl.html, Abruf: 27.4.2012)
[908] Vgl. BVerfGE 115, 97 (insbes. 115 f.) – Obergrenze Einkommen- und Gewerbesteuer; siehe S. 166.
[909] BVerfGE 2, 237 (254) – Gebäudeentschuldungsteuer; 4, 7 (12) – Investitionshilfe; 14, 221 (241) – Fremdrenten; 16, 147 (187) – Werkfernverkehr; 82, 159 (190) – Absatzfonds.
[910] Vgl. BVerfGE 93, 121 (136 f.) – Vermögensteuer; 115, 97 (115 f.) – Obergrenze Einkommen- und Gewerbesteuer.
[911] *P. Kirchhof*, Bundessteuergesetzbuch, 2011, Leitgedanken der Steuerreform, Rn. 6, 22 ff.
[912] BVerfGE 93, 121 (138 f.) – Vermögensteuer.
[913] BVerfGE 87, 153 (169 ff.) – Familienexistenzminimum.
[914] BVerfGE 93, 121 (137 ff.) – Vermögensteuer.
[915] BVerfGE 93, 121 (137 f.) – Vermögensteuer.
[916] BVerfGE 93, 121 (138 f.) – Vermögensteuer.
[917] Art. 14 Abs. 2 Satz 1 GG.
[918] Siehe S. 183.
[919] Siehe S. 184.
[920] Art. 25 GG.
[921] BVerfGE 23, 288 (305) – Kriegsfolgelasten; die Frage wurde verneint.
[922] Siehe S. 188.
[923] *P. Graf Kielmansegg*, Die Deutschen und ihre Nation. Nach der Katastrophe. Eine Geschichte des geteilten Deutschland, 2000. S. 362; in diese Richtung weist auch *P. Erker*, Ausgebliebene Eigentumsrevolution, in: ders. (Hrsg.), Rechnung für Hitlers Krieg. Aspekte und Probleme des Lastenausgleichs, 2004, S. 7 (12 f.).

924 *L. Wiegand*, Der Lastenausgleich in der Bundesrepublik Deutschland 1949 bis 1985, 1992, S. 149 f.; vgl. *P. Erker*, Ausgebliebene Eigentumsrevolution, in: ders. (Hrsg.), Rechnung für Hitlers Krieg. Aspekte und Probleme des Lastenausgleichs, 2004, S. 7 (12 f.).
925 BVerfGE 84, 239 (271 ff.) – Zinsbesteuerung; 93, 121 (143) – Vermögensteuer.
926 BVerfGE 84, 239 (271 ff.) – Zinsbesteuerung; 93, 121 (143) – Vermögensteuer.
927 Siehe für Art. 14 GG soeben S. 188.
928 *G. Kirchhof*, StuW 2011, 189 (197 f., 201).
929 Art. 3 Abs. 1 GG.
930 Art. 6 Abs. 1 GG.
931 BVerfGE 93, 121 (141 f.) – Vermögensteuer; s. insgesamt *C. Seiler*, Grundzüge eines öffentlichen Familienrechts, 2008, S. 88 ff.
932 *P. Graf Kielmansegg*, Die Deutschen und ihre Nation. Nach der Katstrophe. Eine Geschichte des geteilten Deutschland, 2000. S. 362; vgl. *P. Erker*, Ausgebliebene Eigentumsrevolution, in: ders. (Hrsg.), Rechnung für Hitlers Krieg. Aspekte und Probleme des Lastenausgleichs, 2004, S. 7 (12 f.); *C.-J. Müller*, Die Lasten des Ausgleichs – Gesetzesvollzug zwischen Gleichheitspostulat und kommunalen Heterogenitäten. Das Beispiel Mannheim, ebenda, S. 140 (158).
933 *L. Wiegand*, Der Lastenausgleich in der Bundesrepublik Deutschland 1949 bis 1985, 1992, S. 145 ff.; vgl. *W. Rüfner*, Probleme des Lastenausgleichs aus juristischer Sicht, in: Erker (Hrsg.), Rechnung für Hitlers Krieg. Aspekte und Probleme des Lastenausgleichs, 2004, S. 19 ff.; siehe für die Diskussion über den Lastenausgleich insgesamt *R. Schillinger*, Der Entscheidungsprozess beim Lastenausgleich 1945–1952, 1985.
934 Siehe hierzu mit Blick auf den gesamten Lastenausgleich *C.-J. Müller*, Die Lasten des Ausgleichs – Gesetzesvollzug zwischen Gleichheitspostulat und kommunalen Heterogenitäten. Das Beispiel Mannheim, in: Erker (Hrsg.), Rechnung für Hitlers Krieg. Aspekte und Probleme des Lastenausgleichs, 2004, S. 140 ff.
935 Vgl. S. 89 f., S. 102 f. und *C. Waldhoff*, Grundzüge des Finanzrechts des Grundgesetzes, HStR, Bd. V, 3. Aufl. 2007, § 116, Rn. 133 f.; *M. Heintzen*, Staatshaushalt, ebenda, § 120, Rn. 24 f.
936 Vgl. S. 89 f. und BVerfGE 89, 155 (172) – Maastricht; 97, 350 (368 f.) – Euro; 123, 267 (359) – Lissabon; BVerfG, NJW 2011, S. 2946 (2951 f.) – Euro-Rettungsschirm
937 Vgl. oben S. 89 und BVerfGE 55, 274 (302 f.) – Ausbildungsplatzförderungsgesetz.
938 Art. 106, 107 GG.
939 Vgl. dazu oben S. 89 (Sonderabgaben) und S. 126 f. (Lenkungsteuern).
940 Jahresgutachten 1992/93 des Sachverständigenrates zur Begutachtung der gesamtwirtschaftlichen Entwicklung, BT-Drs. 12/3774, Ziff. 335.
941 *G. F. Schuppert*, Maßstäbe für einen künftigen Finanzausgleich, in: Staatswissenschaften und Staatspraxis IV (1993), S. 26 (27).
942 *H. Bauer*, Die Verfassungsentwicklung des wiedervereinten Deutschlands, HStR, Bd. I, 3. Aufl. 2003, § 14, Rn. 22 f.
943 *Bauer*, a.a.O., Rn. 22 f.; *ders.*, Die finanzverfassungsrechtliche Integration der neuen Länder, HStR, Bd. IX, 1. Aufl. 1997, § 206, Rn. 52 f.
944 Geschaffen durch Gesetz über die Errichtung eines Fonds „Deutsche Einheit" vom 25.6.1990, BGBl. II S. 518, 533, zuletzt geändert durch Art. 3 Abs. 1 des Gesetzes vom 12.7.2006, BGBl. I S. 1466.
945 *J. W. Hidien*, LKV 1998, S. 431 (432 f.)
946 OVG Koblenz, NVwZ RR 2009, S. 72 (73).
947 BGBl. I S. 944.
948 OVG Koblenz, NVwZ RR 2009, S. 72 (73).
949 Gesetz zur Umsetzung des föderalen Konsolidierungsprogramms vom 23.6.1992, BGBl. I S. 944.
950 *H. Bauer*, Die finanzverfassungsrechtliche Integration der neuen Länder, HStR, Bd. IX, 1. Aufl. 1997, § 206, Rn. 59.

F. Anmerkungen

[951] M. *Kilian*, Nebenhaushalte des Bundes, 1993, S. 920.
[952] Bundesministerium der Finanzen (Hrsg.), Finanzgericht 1994, 1993, S. 11, 40; *Bauer*, a.a.O., Rn. 59.
[953] Gesetz zur Eingliederung der Schulden von Sondervermögen in die Bundesschuld vom 21.6.1999, BGBl. I S. 1384.
[954] Art. 115 Abs. 1 Satz 2 GG a.F.
[955] Kritisch dazu *Bauer*, a.a.O., § 206, Rn. 42; *J. Wieland*, DVBl. 1992, S. 1181 (1191).
[956] Art. 31 des Gesetzes zur Umsetzung des föderalen Konsolidierungsprogramms vom 23.6.1993, BGBl. I S. 944.
[957] Gesetzesbegründung BT-Drs. 12/4401, S. 51.
[958] Solidaritätszuschlaggesetz 1995 in der Fassung der Bekanntmachung vom 15.10.2002 (BGBl. I S. 4130), zuletzt geändert durch das Gesetz vom 7.12.2011 (BGBl. I S. 2592).
[959] § 1 Abs. 1 SolZG 1995, Art. 106 Abs. 1 Nr. 6 GG.
[960] § 2 und 3 SolZG.
[961] § 4 SolZG.
[962] BFHE 167, 551 (553).
[963] Art. 106 Abs. 1 Nr. 6 GG.
[964] Art. 106 Abs. 3 Satz 1 GG.
[965] § 6 Abs. 1 SolZG.
[966] BT-Drs. 12/4401, S. 45.
[967] Art. 106 Abs. 3 Satz 1 GG.
[968] Art. 106 Abs. 1 Satz 1 GG.
[969] Als eine „Steuer vom Einkommen", ein weiterer Verfassungsbegriff als der der „Einkommensteuer", der auch die Abgabe „Notopfer Berlin" (Art. 106 Abs. 1 Nr. 6 GG a.F.) und die Ergänzungsabgabe umfasst, BVerfGE 16, 64 (75) – Einwohnersteuer; 32, 333 (337 f.). – Ergänzungsabgabegesetz 1967, dort als Gegengewicht zur gleichzeitigen Erhöhung der Umsatzsteuer.
[970] BVerfGE 32, 333 (339 f.) – Ergänzungsabgabegesetz 1967, dort zur damaligen Ergänzungsabgabe mit 3 Prozent.
[971] BVerfGE 32, 333 (340 f.) – Ergänzungsabgabegesetz 1967.
[972] Art. 106 Abs. 3 Sätze 3 und 4, Abs. 4, 5 Satz 2, 107 Abs. 1 und 2 GG.
[973] *C. Waldhoff*, Grundzüge des Finanzrechts des Grundgesetzes, HStR, Bd. V, 3. Aufl. 2007, § 116, Rn. 139.
[974] *Waldhoff*, a.a.O., Rn. 139; *J. Wieland*, StVJ 1992, S. 97; kritisch zum Begriff der Solidarität oben S. 159 f.
[975] BFH, DStRE 2011, 1199 (2012) – Solidaritätszuschlag zur Körperschaftsteuer 2007; *Waldhoff*, a.a.O.; *J. Wieland*, StVJ 1992, S. 97.
[976] BVerfGE 32, 333 (342) – Ergänzungsabgabegesetz 1967.
[977] BVerfGE 32, 333 (342 f.) – Ergänzungsabgabegesetz 1967; dort auch zum Einschätzungsraum des Gesetzgebers.
[978] BVerfGE 32, 333 (343) – Ergänzungsabgabegesetz 1967.
[979] BVerfG, 1. Kammer des 2. Senats, NJW 2000, S. 797 – zum SolZG 1991; BVerfG, 3. Kammer des 2. Senats, DStZ 2008, S. 229 – Nichtannahme einer Verfassungsbeschwerde gegen die Entscheidung des BFH, BStBl. II, 2006, S. 692, die das SolZG 1995 als verfassungsgemäß bestätigte; BVerfG, 1. Kammer des 2. Senats, NJW 2011, S. 441 (442 f.) – unzulässiger Normenkontrollantrag wegen des SolZG 1995.
[980] *H. Siekmann*, in: Sachs, GG. Kommentar, 6. Aufl. 2011, Art. 106, Rn. 7; *K.-A. Schwarz*, in: v. Mangoldt/Klein/Starck, GG. Kommentar, Art. 106, Rn. 39 m. F. 26.
[981] Das Beitrittsgebiet ist in mehreren Entwicklungsphasen finanzverfassungsrechtlich integriert worden: *H. Bauer*, Die Verfassungsentwicklung des wiedervereinigten Deutschlands, HStR, Bd. I, 3. Aufl. 2003, § 14, Rn. 20 f.; Art. 7 des Einigungsvertrages schloss noch einen gesamtdeutschen Länderfinanzausgleich aus. Nach Art. 7 Abs. 5 Einigungsvertrag sollte der Fonds „Deutsche Einheit" im Kern die angemessene Finanzausstattung der neuen

264　　　　　　　　　　　　　　　　　　　　　　　　　　F. Anmerkungen

Länder gewährleisten; *Bauer,* a.a.O., m.N. Seit 1995 sind – im Anschluss an den Solidarpakt I und an das Föderale Konsolidierungsprogramm – die neuen Länder gleichberechtigt in die Finanzverfassung des Grundgesetzes einbezogen: *Bauer,* a.a.O., Rn. 22 m.N.; Nach einer 10-jährigen Konsolidierungsphase sieht der Solidarpakt II eine 15-jährige Schlussphase vor, wonach der Bund den neuen Ländern und Berlin bis einschließlich 2019 Sonderbedarfs-Bundesergänzungszuweisungen gewährt. Im Jahre 2020 ist dann die Aufgabe, Ost und West auch finanzwirtschaftlich zusammenzuführen, bewältigt: *Bauer,* a.a.O., Rn. 23.

[982] BVerfGE 32, 333 (342f.) – Ergänzungsabgabegesetz 1967; ebenso BFH, DStR 2011, 1199 (1202) – Solidaritätszuschlag zur Körperschaftsteuer 2007; vgl. auch BVerfG, 1. Kammer des 2. Senats, NJW 2011, S. 441 (442f.).

[983] Vgl. oben S. 183.

[984] Finanzplan des Bundes 2011 -2015 a.a.O. S. 52.

[985] BVerfGE 93, 165 – Erbschaftsteuer; 97, 1 – fehlgeschlagene vorweggenommene Erbfolge; 117, 1 – Erbschaftsteuer II; zum Leistungsfähigkeitsprinzip im Übrigen vgl. BVerfGE 61, 319 (343f.) – Ehegattensplitting; 82, 60 (86) – steuerfreies Existenzminimum speziell zur Erbschaftsteuer.

[986] Zur Anknüpfung der Steuerpflicht an die Bereicherung vgl. § 10 Abs. 1 Satz 1 ErbStG.

[987] *K. Tipke,* Die Steuerrechtsordnung, Bd. II, 2. Aufl. 2003, S. 842; *J. P. Meincke,* Rechtfertigung der Erbschaft- und Schenkungsteuer, DStJG 22 (1999), S. 39 (40); *R. Mellinghoff,* Das Verhältnis der Erbschaftsteuer zur Einkommen- und Körperschaftsteuer – zur Vermeidung steuerlicher Mehrfachbelastung, DStJG 22 (1999), S. 127 (135).

[988] *H. W. Kruse,* BB 1996, S. 717 (719); *B. Fischer,* StuW 1978, S. 345.

[989] *J. Lang,* StuW 2008, S. 189; *T. Siegel,* Die Integration der Erbschaftsteuer in die Einkommensteuer auf der Grundlage des Realisationsprinzips, in: FS für Jochen Sigloch, 2009, S. 445.

[990] Art. 14 Abs. 1 Satz 1 GG.

[991] Bundesministerium der Finanzen, Anlage Kassenmäßige Steuereinnahmen nach Steuerarten in den Kalenderjahren 2006 – 2010, I A 6 vom 9.3.2011.

[992] Vgl. soeben zum Solidaritätszuschlag S. 193.

[993] Art. 106 Abs. 2 Satz 2 GG.

[994] Vgl. *P. Kirchhof,* Bundessteuergesetzbuch, 2011, S. 581ff.

[995] Art. 115 Abs. 2 Satz 2ff. GG; Art. 126, Abs. 2 AEUV i.V.m. Art. 1 Protokoll (Nr. 12) über das Verfahren bei einem übermäßigen Defizit (Abl. 2010 Nr. C 83, 279), das gem. Art. 51 EUV Bestandteil des Primärrechts ist.

[996] Vgl. im Übrigen zum Schutz des Staatsvermögens vor dem Zugriff der Gläubiger § 882 a, Abs. 1 ZPO, dazu *J. Isensee,* Staatsvermögen, HStR, Bd. V, 3. Aufl. 2007, § 122, Rn. 112.

[997] *J. Isensee,* Steuerstaat als Staatsform, in: FS H. P. Ipsen, 1977, S. 409; *K. Vogel,* Der Finanz- und Steuerstaat, HStR, Bd. II, 3. Aufl. 2004, § 30, Rn. 51f.; *P. Kirchhof,* Die Steuern, HStR, Bd. V, 3. Aufl. 2007, § 118, Rn. 1f.

[998] *P. Kirchhof,* a.a.O., Rn. 2 – 5; zur Kritik am Maßstab des BIP oben S. 15f.

[999] BVerfGE 78, 249 (266f.); *Isensee,* a.a.O.; *Vogel,* a.a.O., § 30, Rn. 51f.; *C. Waldhoff,* Versilbern und Verschulden, K. v. Lewinski (Hrsg.), Staatsbankrott als Rechtsfrage, 2011, S. 77 (91f.); vgl. auch BVerfGE 105, 185 – UMTS-Versteigerungserlöse a.E.

[1000] *Vogel,* a.a.O., § 30, Rn. 2f., 22f.

[1001] Vgl. auch *K. Stern,* Staatsrecht II, 1980, S. 1256; *Waldhoff,* a.a.O., S. 85.

[1002] Vgl. *Stern,* a.a.O.; *Waldhoff,* a.a.O.

[1003] BVerfGE 100, 226 (239f.) – Rheinland-Pfälzisches Denkmalschutzgesetz; ferner 87, 114 (138) – Kleingartenpachtvertrag; 91, 294 (308) – Mietpreisbindung.

[1004] *Isensee,* a.a.O., Rn. 85.

[1005] *Isensee,* a.a.O., Rn. 22, 85f.

[1006] Finanzplan des Bundes 2011 – 2015 a.a.O. S. 59ff.

F. Anmerkungen

[1007] *P. Kirchhof,* JZ 1979, S. 153 (157).
[1008] Art. 12 Abs. 1 GG.
[1009] Art. 14 Abs. 1 GG.
[1010] Bundesministerium der Finanzen, Vermögensrechnung des Bundes für das Haushaltsjahr 2011, S. 7 ff. und oben S. 75.
[1011] BMF, auch S. 9 ff.
[1012] Haushaltsrechnung und Vermögensrechnung des Bundes für das Haushaltsjahr 2006 (Jahresrechnung 2006), S. 1364 f.
[1013] *Isensee,* a.a.O., Rn. 51.
[1014] § 2 VBRO.
[1015] Bundesministerium der Finanzen, Vermögensrechnung des Bundes für das Haushaltsjahr 2011, S. 7 ff.
[1016] Beteiligungsbericht des Landes Baden-Württemberg 2010, S. 6 f., 225 f.
Beteiligungsbericht des Freistaates Bayern 2010, S. 19 f.
Beteiligungsbericht 2009 des Landes Berlin – Geschäftsjahr 2008 –.
Beteiligungsbericht 2010 des Landes Brandenburg, S. 177 f.
Beteiligungsbericht der Freien Hansestadt Bremen 2009/2010, S. 161 f.
Hamburgs öffentliche Unternehmen, Beteiligungsbericht 2009.
Haushaltsrechnung des Landes Hessen für das Haushaltsjahr 2009.
Beteiligungsbericht des Landes Mecklenburg-Vorpommern 2009 (Stand: Juli 2009).
Beteiligungsbericht des Landes Niedersachsen 2009.
Beteiligungsbericht der Landesregierung Nordrhein-Westfalen für das Jahr 2009.
Beteiligungsbericht des Landes Rheinland-Pfalz 2009.
Beteiligungsbericht des Saarlandes 2009 (zu staatlichen Beteiligungen an Unternehmen des privaten Rechts).
Beteiligungsbericht des Freistaates Sachsen 2009.
Bericht über die Beteiligungen des Landes Sachsen-Anhalt an Unternehmen des öffentlichen und privaten Rechts 2010.
Vierte Fortschreibung des 4. Beteiligungsberichts des Landes Schleswig-Holstein (März 2007).
Beteiligungsbericht des Landes Thüringen 2009.
[1017] Vgl. Anlage 31, zur Funktionsfähigkeit des Staates vgl. BVerfGE 9, 268 (281) – Funktionsfähigkeit der Regierung; 44, 353 (384) – Beratungsstelle Suchtkranke; 48, 127 (158) – Wehrpflichtnovelle; 69, 1 (21) – Kriegsdienstverweigerung, zur Funktionsfähigkeit der Bundeswehr; 80, 387 (375) – Tagebuch, zur Funktionsfähigkeit der Strafrechtspflege; dazu *C. Waldhoff,* Versilbern und Verschulden, K. v. Lewinski (Hrsg.), Staatsbankrott als Rechtsfrage, 2011, S. 77 (93 f.).
[1018] *Isensee,* a.a.O., Rn. 107.
[1019] *Isensee,* a.a.O., Rn. 110.
[1020] *§ 63 Abs. 2 BHO.*
[1021] *§ 63 Abs. 3 Satz 1 BHO.*
[1022] *§ 64 Abs. 1 BHO*
[1023] *§ 64 Abs. 2 BHO.*
[1024] *§ 7 Abs. 1 Satz 1 BHO.*
[1025] *§ 64 Abs. 3 BHO.*
[1026] *H. H. Klein,* Die Teilnahme des Staates am wirtschaftlichen Wettbewerb, 1968, S. 124 f.; *Isensee,* a.a.O., Rn. 106.
[1027] *Waldhoff,* a.a.O., S. 77 f. (94 f.); *Isensee,* a.a.O., Rn. 104 f.
[1028] *Waldhoff,* a.a.O., S. 77 (99 f.) m.N.
[1029] *Art. 114 Abs. 2 Satz 1 GG.*
[1030] *C. Gröpl,* Wirtschaftlichkeit und Sparsamkeit staatlichen Handelns, HStR, Bd. V, 3. Aufl. 2007, § 121, Rn. 10 f., 25 f.

[1031] *L. v. Stein*, Lehrbuch der Finanzwissenschaft, 2. Aufl. 1871, S. 154 f. („Staatsbesitz" und „Staatsdomänen"); *P. Laband*, Das Staatsrecht des Deutschen Reiches, Bd. II, 2. Aufl. 1891, S. 854 (Das Inventar des Staates und das werbende, wirtschaftliche Vermögen des Staates); zur Entwicklung *Isensee*, a.a.O., § 122, Rn. 20.
[1032] BVerfGE 10, 20 (37) – Preußischer Kulturbesitz.
[1033] Vgl. Art. 135 Abs. 2 GG; Art. 21 Abs. 1 Satz 1 und Art. 22 Abs. 1 Satz 1 Einigungsvertrag.
[1034] *Isensee*, a.a.O., Rn. 32; zur Privatisierung von Aufgaben und damit von Verwaltungsvermögen, an deren Stelle ein Sicherstellungsauftrag oder eine regulierte Selbstregulierung tritt: *H. Butzer*, Sicherstellungsauftrag, HStR, Bd. IV, 3. Aufl. 2006, § 74, Rn. 20 f.
[1035] *K. Stern*, Staatsrecht II, 1980, S. 1261; *Isensee*, a.a.O., § 122, Rn. 33.
[1036] Vgl. dazu *M. Burgi*, Funktionale Privatisierung und Verwaltungshilfe, 1999, S. 10 f.; *J. A. Kämmerer*, Privatisierung, 2001, S. 39; *Waldhoff*, a.a.O., S. 77 (78 f.).
[1037] *P. Laband*, Das Staatsrecht des Deutschen Reiches, Bd. II, 2. Aufl. 1891, S. 855.
[1038] *Stern*, a.a.O., S. 1262; *Isensee*, a.a.O., Rn. 36.
[1039] *Laband*, a.a.O., S. 25.
[1040] Haushaltsrechnung und Vermögensrechnung des Bundes für das Haushaltsjahr 2011.
[1041] Zu den fließenden Übergängen beider Kategorien *H. Krüger*, Allgemeine Staatslehre, 2. Aufl. 1966, S. 329 f.; *B. Schmitz*, Die Unterscheidung zwischen Finanz- und Verwaltungsvermögen im Lichte des modernen Rechts- und Wirtschaftsstaates, 1966, S. 84 f., 206 f.
[1042] *Isensee*, a.a.O., Rn. 100 f.
[1043] BVerfGE 12, 354 (363) – Volkswagenprivatisierung.
[1044] BVerfGE 12, 354 (363) – Volkswagenprivatisierung.
[1045] *Isensee*, a.a.O., Rn. 115.
[1046] *R. v. Mohl*, Die Polizei-Wissenschaft nach den Grundsätzen des Rechtsstaates, Bd. II, 2. Aufl. 1844, S. 47 f.; vgl. auch *K. v. Rotteck*, Eigentum, in: von Rotteck/Welcker, Staats-Lexikon oder Enzyklopädie der Staatswissenschaften, Bd. 4, o. J. (1835), S. 628 (633).
[1047] *V. Mohl*, a.a.O.
[1048] BVerfGE 4, 7 (13) – Investitionshilfe; 50, 290 (338) – Mitbestimmungsurteil.
[1049] BVerfGE 4, 7 (18 f.) – Investitionshilfe; 25, 1 (19 f.) – Mühlengesetz; 30, 292 (317) – Erdölbevorratung.
[1050] BVerfGE 25, 1 (23) – Mühlengesetz; 50, 290 (366) – Mitbestimmung.
[1051] *R. Schmidt*, Staatliche Verantwortung für die Wirtschaft, HStR, Bd. IV, 3. Aufl. 2006, § 92, Rn. 27; dort Rn. 28 die Kritik an BVerfGE 105, 279 – Osho und 105, 252 – Glykolhaltiger Wein; nunmehr die Grundrechtsbindung wieder betonend: BVerfGE 110, 284 (288) – Ökosteuer; vgl. auch § 7 Abs. 1, § 65 Abs. 1 BHO.
[1052] *F. Kirchhof*, DÖV, 1999, S. 242 (245 f.).
[1053] Zum Sachverhalt vgl. BVerfGE 99, 57 (58 f.) – Schleswig-Holsteinisches Liegenschaftsmodell; *F. Kirchhof*, DÖV, 1999, S. 242 (243).
[1054] BVerfGE 99, 97 (98 f.) – Schleswig-Holsteinisches Liegenschaftsmodell.
[1055] *O. Fleischmann*, Die verfassungsrechtlichen Rahmenbedingungen der Veräußerung von Verwaltungsvermögen zur allgemeinen Haushaltsfinanzierung, 2003, S. 66 f.; *Waldhoff*, a.a.O., S. 77 (81).
[1056] *F. Kirchhof*, DÖV, 1999, S. 242 (243).
[1057] *Waldhoff*, a.a.O., S. 77 (83) m.N.
[1058] *Waldhoff*, a.a.O., S. 77 (83).
[1059] Vgl. *Waldhoff*, a.a.O., S. 77 (83 f.).
[1060] Anm. 1064; *K. v. Lewinski*, Öffentlich-rechtliche Insolvenz und Staatsbankrott, 2011, S. 273.

F. Anmerkungen

1061 Vgl. BVerfGE 53, 257 (289) – Versorgungsausgleich; 100, 1 (32) – gesetzliche Rentenversicherung im wiedervereinigten Deutschland; 112, 368 (396) – Bestandsrenten im Beitrittsgebiet.

1062 C. *Waldhoff*, Versilbern und Verschulden, K. v. Lewinski (Hrsg.), Staatsbankrott als Rechtsfrage, 2011, S. 77 (82); siehe bereits oben Anm. 67.

1063 *Waldhoff*, a.a.O.

1064 § 14 a Bundesbesoldungsgesetz in der Fassung der Bekanntmachung vom 19.6.2009 (BGBl. I S. 1434), zuletzt geändert durch Gesetz vom 20.12.2011 (BGBl. I S. 2854) und entsprechendes Landesrecht. Versorgungsrücklage: Bildung von Sondervermögen aus Verminderungen von Besoldungs- und Versorgungsanpassungen um 0,2 % ab 1998 bis 2017. Aussetzung nach Versorgungsänderungsgesetz 2001 und Absenkung des Versorgungsniveaus ab 2003. In Bund und Ländern nach Durchlaufen der Absenkungsschritte des § 69 e BeamtVG Wiederaufleben im Jahr 2011 und 2012 ff. Vorgesehen sind Versorgungsleistungen aus der Rücklage ab 2018 ff. zur Ergänzung der haushaltsfinanzierten Versorgungsleistungen. Daneben Versorgungsfonds zur Vollabdeckung der Altersbezüge für ab 2007 neu berufene Beamte. Versorgungsrücklage Bund ca. 3,8 Mrd. Euro (12/2010); Versorgungsfonds Bund ca. 230 Mio. Euro (12/2010). Entsprechende Daten der Länder Baden-Württemberg 1,2 Mrd. / 650 Mio. Euro; Bayern 1,0 Mrd. / 205 Mio. Euro; Berlin 378 Mio. / – Euro; Brandenburg 90 Mio. / 220 Mio. Euro; Bremen 70 Mio. / – Euro; Hamburg 200 Mio. / – Euro; Hessen 800 Mio. / – Euro; Mecklenburg-Vorpommern 40 Mio. / 54 Mio. Euro; Niedersachsen 550 Mio. / – Euro; Nordrhein-Westfalen 3,4 Mrd. / 550 Mio. Euro; Rheinland-Pfalz 360 Mio. / 1,9 Mrd. Euro; Saarland 98 Mio. / – Euro; Sachsen 83 Mio. / – Euro; Sachsen-Anhalt 61 Mio. / 160 Mio. Euro; Schleswig-Holstein 200 Mio. / – Euro; Thüringen 172 Mio. / – Euro.

1065 § 5 Gesetz über eine Versorgungsrücklage des Bundes (Versorgungsrücklagegesetz) vom 9.7.1998 (BGBl. I S. 1800).

1066 Anm. 1064.

1067 § 3, Satz 3 VersRücklG.

1068 Anm. 1064.

1069 BVerfGE 97, 350 (370) – Euro; entsprechend für das Sacheigentum: BVerfGE 70, 191 (201) – Fischereibezirke.

1070 Vgl. die Aussage des britischen Schatzkanzlers und Premierministers *John Major*, man wolle eine der größten Steuern abschaffen: die Inflation, berichtet bei *M. Elicker/V.-P. Heintz*, DVBl. 2012, S. 143 (144); vgl. auch *H.-W. Forkel*, ZRP 2011, S. 140 (142): Die Entschuldungswirkung der Inflation als eine „Art von parafiskalischer Sonderabgabe".

1071 BVerfGE 97, 350 (371) – Euro.

1072 BVerfG, NJW 2011, S. 2946 (2948) – Euro-Rettungsschirm.

1073 BVerfGE 89, 155 (205) – Maastricht.

1074 BVerfG, NJW 2011, S. 2946 (Leitsatz 4) – Euro-Rettungsschirm.

1075 Vgl. oben S. 97.

1076 Vgl. oben S. 65 f.

1077 Art. 109 a, 115, 143 d Abs. 1 GG i. d. Fass. des 57. Gesetzes zur Änderung des Grundgesetzes vom 29.7.2009, BGBl. I S. 2248.

1078 BVerfG, NJW 2011, S. 2946 (2948) – Euro-Rettungsschirm.

1079 BVerfG, NJW 2011, S. 2946 (2948) – Euro-Rettungsschirm.

1080 Vgl. dazu sogleich zu S. 209 f.

1081 Art. 127 Abs. 1, Art 130 AEUV.

1082 BVerfG, NJW 2011, S. 2946 (2951) – Euro-Rettungsschirm.

1083 BVerfG, NJW 2011, S. 2946 (2951) – Euro-Rettungsschirm.

1084 Art. 123 AEUV.

1085 Art. 125 AEUV.

1086 Art. 126, 136 AEUV Art. 126, 136 AEU; im Ergebnis ebenso BVerfG, NJW 2011, S. 2946 (2951) – Euro-Rettungsschirm.

[1087] BVerfG, NJW 2011, S. 2946 (2952) – Euro-Rettungsschirm.
[1088] Art. 23 GG.
[1089] BVerfGE 89, 155 (172) – Maastricht; 97, 350 (368 f.) – Euro; BVerfG, NJW 2011, S. 2946 (2951) – Euro-Rettungsschirm.
[1090] BVerfG, NJW 2011, S. 2946 (2951) – Euro-Rettungsschirm.
[1091] BVerfGE 89, 155 (172) – Maastricht; 123, 267 (330) – Lissabon; BVerfG, NJW 2011, S. 2946 (2949) – Euro-Rettungsschirm.
[1092] BVerfG, NJW 2011, S. 2946 (2951), dort auch mit der Antithese, Hoheitsakte nicht deutscher öffentlicher Gewalt seien kein tauglicher Beschwerdegegenstand einer Verfassungsbeschwerde.
[1093] Art. 110 Abs. 2 Satz 1 GG.
[1094] BVerfGE 45, 1 (32) – Notkompetenz des Bundesministers der Finanzen; 70, 324 (355) – Haushaltsveranschlagungen für Nachrichtendienste; 79, 311 (328) – Staatsverschuldung (Haushaltsgesetz 1981); NJW 2011, S. 2946 (2951) – Euro-Rettungsschirm.
[1095] Art. 110 Abs. 1 Satz 2 GG.
[1096] BVerfG, NJW 2011, S. 2946 (2951) – Euro-Rettungsschirm.
[1097] Vgl. BVerfGE 123, 267 (361) – Lissabon; BVerfG, NJW 2011, S. 2946 (2952) – Euro-Rettungsschirm.
[1098] BVerfG, NJW 2011, S. 2946 (2952) – Euro-Rettungsschirm.
[1099] BVerfG, NJW 2011, S. 2946 (2952) – Euro-Rettungsschirm.
[1100] BVerfG, NJW 2011, S. 2946 (2950) – Euro-Rettungsschirm.
[1101] *H. Kube*, in: Maunz/Dürig, Grundgesetz, Art. 115 (2009), Rn. 78, 124, 241 f.; *R. Wendt*, in: v. Mangoldt/Klein/Starck, Grundgesetz, 6. Aufl. 2010, Art. 115 Rn. 26.
[1102] BGBl. I S. 2248.
[1103] Art. 109 Abs. 3, 115 Abs. 2 GG.
[1104] Art. 109, 115 GG.
[1105] *G. Kirchhof*, in: v. Mangoldt/Klein/Starck, GG. 6. Auflage 2010, Band 3, Art. 109 Abs. 3 Rn. 85 ff.; *H. Kube/E. Reimer*, ZG 2011, 332 (340 ff.).
[1106] Vgl. BVerfG, NJW 2011, S. 2946 (2952) – Euro-Rettungsschirm.
[1107] BVerfGE 50, 290 (339) – Mitbestimmung; 53, 257 (290) – Versorgungsausgleich; 97, 350 (371) – Euro.
[1108] BVerfGE 40, 65 (84) – Knappschafts-Familienhilfe; 53, 257 (290) – Versorgungsausgleich.
[1109] Vgl. BVerfGE 40, 65 (82 f.) – Knappschafts-Familienhilfe; 45, 142 (179) – EWG-Interventionsrecht; 69, 272 (300) – beitragsfreie Krankenversicherung; 70, 278 (285) – Steuererstattungsanspruch; 97, 350 (371) – Euro.
[1110] Art. 14 Abs. 1 GG.
[1111] BVerfGE 97, 350 (371) – Euro.
[1112] BVerfGE 97, 350 (371) – Euro.
[1113] BVerfGE 97, 350 (371) – Euro.
[1114] Vgl. BVerfGE 97, 350 (371) – Euro.
[1115] BVerfGE 97, 350 (371) – Euro.
[1116] Zu Bedeutung und Funktion des Geldwertes vgl. oben S. 54 f.
[1117] BVerfGE 97, 350 (372, dort Zitat) – Euro; vgl. auch BVerfGE 89, 155 (200) – Maastricht: zur Rechtfertigung des Übergangs von der Deutschen Mark zum Euro aufgrund der ausdrücklichen Ermächtigung des Art. 88 Satz 2 GG sowie der Zustimmung von Bundestag und Bundesrat zum Maastricht-Vertrag gem. Art. 23 Abs. 1 Satz 2 und 3 GG.
[1118] *H.-J. Papier*, in: Maunz/Dürig, Grundgesetz, Art. 14 Rn. 186.
[1119] *Papier*, a.a.O.
[1120] *A.A. M. Elicker/V.-P. Heintz*, DVBl. 2010, S. 141 (142 f.).
[1121] Ob hier der Schutz des Art. 14 Abs. 1 GG greift, wird von BVerfG, NJW 2011, S. 2946 (2949) – Euro-Rettungsschirm, ausdrücklich offen gelassen.

F. Anmerkungen

¹¹²² BVerfGE 75, 108 (157) – Künstlersozialversicherungsgesetz; 76, 256 (329) – Beamtenversorgung; 78, 249 (287) – Fehlbelegungsabgabe; 93, 121 (135) – Vermögensteuer; 96, 1 (6) – Weihnachtsfreibetrag; 99, 280 (289) – Aufwandsentschädigung-Ost; 105, 17 (46 f.) – Sozialpfandbrief; 120, 1 (30) – Abfärberegelung.

¹¹²³ *G. Radbruch,* Die Natur der Sache als juristische Denkform, in: FS für Rudolf Laun, 1948, S. 157 (165 f.); *F. Müller,* Normstruktur und Normativität, 1966, S. 185 f.; *G. Kirchhof,* Grundrechte und Wirklichkeit, 2007.

¹¹²⁴ *F. C. v. Savigny,* Vom Beruf unserer Zeit für Gesetzgebung und Rechtswissenschaft, 1892, S. 18.

¹¹²⁵ *Radbruch,* a.a.O., S. 171 f.

¹¹²⁶ BVerfGE 75, 108 (157) – Künstlersozialversicherungsgesetz; 90, 226 (239) – Kirchensteuer-Hebesatz; 93, 319 (349) – Wasserpfennig; 103, 310 (318) – Beschäftigungszeiten öffentlicher Dienst (MfS/AfNS); 107, 218 (244) – Beamtenbesoldung Ost I; 107, 257 (270) – Beamtenbesoldung Ost II.

¹¹²⁷ BVerfGE 75, 108 (157) – Künstlersozialversicherungsgesetz; 90, 125 (196) – Cannabis; 93, 319 (348) – Wasserpfennig; 105, 73 (111) – Rentenbesteuerung; 107, 27 (46) – doppelte Haushaltsführung; 107, 218 (244) – Beamtenbesoldung Ost I; 112, 146 (174) – Familienbesteuerung; 112, 268 (297) – Kinderbetreuungskosten; 113, 167 (215) – Risikostrukturausgleich.

¹¹²⁸ BVerfGE 97, 350 (371 f.) – Euro.

¹¹²⁹ BVerfGE 97, 350 (374) – Euro.

G. Anlagen

G. Anlagen

Tabelle 1: Gesamtschuldenstand von Bund, Ländern und Gemeinden pro Kopf in jeweiligen Preisen (Euro) in den Jahren 1950 bis 2010

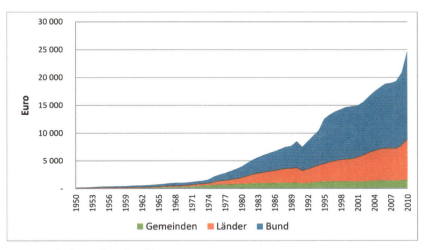

Vor 1991: Früheres Bundsgebiet
Quelle: Statistisches Bundesamt, Berechnungen des ifo Instituts

Tabelle 2: Gesamtschuldenstand von Bund, Ländern und Gemeinden in jeweiligen Preisen (Mrd. Euro) in den Jahren 1970, 1980, 1990 und 2010

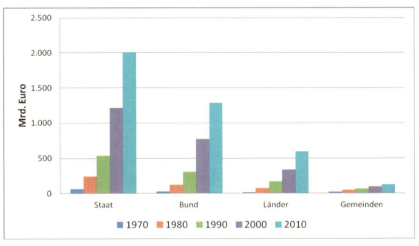

Quelle: Statistisches Bundesamt

Tabelle 3: Gesamtschuldenstand von Bund, Ländern und Gemeinden in jeweiligen Preisen (Mrd. Euro) in den Jahren 1950 bis 2010

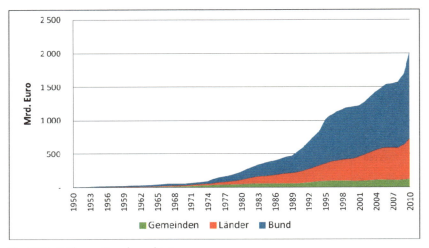

Vor 1991: Früheres Bundesgebiet

Quelle: Statistisches Bundesamt

Tabelle 4: Schuldenstand in der Bundesrepublik Deutschland in jeweiligen Preisen (Mrd. Euro) in den Jahren 1991 bis 2010

Jahr	Staat	Bund	Länder	Gemeinden
	Mrd. EUR	Mrd. EUR	Mrd. EUR	Mrd. EUR
1991	600	348	180	72
1992	686	410	199	77
1993	770	461	222	87
1994	848	513	241	94
1995	1 019	658	262	99
1996	1 083	696	286	101
1997	1 132	727	304	101
1998	1 165	745	319	101
1999	1 200	770	327	102
2000	1 211	775	338	98
2001	1 224	760	364	99
2002	1 277	785	392	101
2003	1 358	827	424	108
2004	1 430	869	449	112
2005	1 490	903	471	115
2006	1 545	950	483	112
2007	1 552	957	484	111
2008	1 578	986	483	109
2009	1 694	1 054	527	114
2010	2 012	1 287	600	124

Quelle: Statistisches Bundesamt

G. Anlagen

Tabelle 5: Gesamtschuldenstand von Bund, Ländern und Gemeinden in jeweiligen Preisen (Mrd. Euro) in den Jahren 1970, 1980, 1990, 2000 und 2010

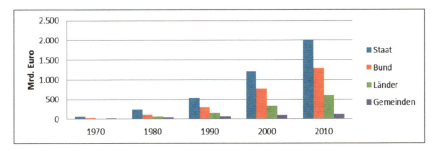

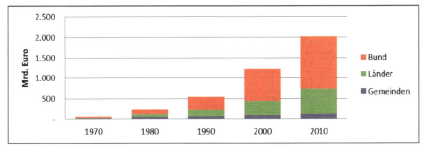

Quelle: Statistisches Bundesamt

G. Anlagen

Tabelle 6: Schuldenstand in der Bundesrepublik Deutschland in Prozent des BIP in den Jahren 1991 bis 2010

Jahr	Staat	Bund	Länder	Gemeinden
	in % des BIP	in % des BIP	in % des BIP	in % des BIP
1991	39,07	22,67	11,73	4,67
1992	41,64	24,86	12,08	4,70
1993	45,37	27,19	13,07	5,11
1994	47,58	28,79	13,51	5,28
1995	55,11	35,61	14,16	5,34
1996	57,76	37,14	15,25	5,37
1997	59,21	38,00	15,91	5,30
1998	59,47	38,03	16,27	5,17
1999	59,97	38,51	16,36	5,10
2000	59,14	37,84	16,51	4,79
2001	58,21	36,17	17,34	4,70
2002	59,90	36,80	18,39	4,72
2003	63,22	38,49	19,73	5,01
2004	65,12	39,59	20,43	5,09
2005	66,98	40,61	21,19	5,18
2006	66,79	41,07	20,86	4,85
2007	63,92	39,42	19,95	4,56
2008	63,78	39,85	19,54	4,40
2009	71,36	44,38	22,18	4,79
2010	81,22	51,98	24,22	4,99

Quelle: Statistisches Bundesamt, Berechnungen des ifo Instituts

Tabelle 7: Gesamtschuldenstand von Bund, Ländern und Gemeinden in Prozent des BIP in den Jahren 1950 bis 2010

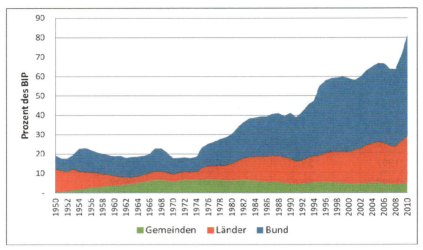

Vor 1991: Früheres Bundesgebiet

Quelle: Statistisches Bundesamt, Berechnungen des ifo Instituts

G. Anlagen

Tabelle 8: Schuldenstand in der Bundesrepublik Deutschland pro Kopf in jeweiligen Preisen (Euro) in den Jahren 1991 bis 2010

Jahr	Staat	Bund	Länder	Gemeinden
	Euro je Einwohner	Euro je Einwohner	Euro je Einwohner	Euro je Einwohner
1991	7 498	4 351	2 252	966
1992	8 519	5 086	2 472	1 035
1993	9 483	5 683	2 732	1 152
1994	10 417	6 303	2 957	1 247
1995	12 478	8 064	3 206	1 302
1996	13 226	8 504	3 493	1 324
1997	13 800	8 857	3 709	1 329
1998	14 208	9 086	3 886	1 330
1999	14 614	9 384	3 988	1 335
2000	14 734	9 428	4 114	1 282
2001	14 860	9 233	4 427	1 291
2002	15 487	9 513	4 754	1 311
2003	16 454	10 016	5 134	1 401
2004	17 331	10 538	5 438	1 457
2005	18 066	10 953	5 715	1 503
2006	18 761	11 537	5 861	1 466
2007	18 871	11 637	5 890	1 447
2008	19 213	12 003	5 884	1 427
2009	20 698	12 873	6 435	1 498
2010	24 606	15 749	7 339	1 629

Quelle: Statistisches Bundesamt, Berechnungen des ifo Instituts

Tabelle 9: Gesamtschuldenstand von Bund, Ländern und Gemeinden pro Kopf in jeweiligen Preisen (Euro) in den Jahren 1970, 1980, 1990, 2000 und 2010

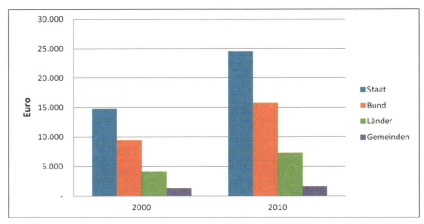

Quelle: Statistisches Bundesamt, Berechnungen des ifo Instituts

Tabelle 10: Staatliche Bruttogesamtverschuldung nach Maastricht in Prozent des BIP in den Ländern der EU 27 in den Jahren 1995 bis 2012

	1995	1996	1997	1998	1999	2000	2001	2002	2003	2004	2005	2006	2007	2008	2009	2010	2011 Projections	2012 Projections
Austria	68,3	68,3	64,4	64,8	67,2	66,5	67,1	66,5	65,5	64,8	63,9	62,1	59,3	62,5	69,6	72,3	73,8	75,4
Belgium	130,4	127,3	122,7	117,4	113,7	107,9	106,6	103,5	98,5	94,2	92,1	88,1	84,2	89,6	96,2	96,8	97,0	97,5
Bulgaria			105,1	79,6	77,6	72,5	66,0	52,4	44,4	37,0	27,5	21,6	17,2	13,7	14,6	16,2	18,0	18,6
Cyprus	40,6	42,8	46,7	51,2	51,8	48,7	52,1	64,6	68,9	70,2	69,1	64,6	58,3	48,3	58,0	60,8	62,3	64,3
Czech Republic	14,6	12,5	13,1	15,0	16,4	18,5	24,9	28,2	29,8	30,1	29,7	29,4	29,0	30,0	35,3	38,5	41,3	42,9
Denmark	72,6	69,4	65,4	61,4	58,1	52,4	49,6	49,5	47,2	45,1	37,8	32,1	27,3	34,1	41,8	43,6	45,3	47,1
Estonia	9,0	7,4	6,2	5,5	6,0	5,1	4,8	5,7	5,6	5,0	4,6	4,4	3,7	4,6	7,2	6,6	6,1	6,9
Finland	56,6	57,0	53,9	48,4	45,7	43,8	42,5	41,5	44,5	44,4	41,7	39,7	35,2	34,1	43,8	48,4	50,6	52,2
France	55,5	58,0	59,3	59,4	58,8	57,3	56,9	58,8	62,9	64,9	66,4	63,7	63,8	67,5	78,3	81,7	84,7	86,8
Germany	55,6	58,4	59,7	60,3	60,9	59,7	58,8	60,4	63,9	65,8	68,0	67,6	64,9	66,3	73,5	83,2	82,4	81,1
Greece	97,0	99,4	96,6	94,5	94,0	103,4	103,7	101,7	97,4	98,9	100,3	106,1	105,0	110,3	127,1	142,8	157,7	166,1
Hungary	85,4	71,4	62,0	59,9	59,8	54,9	52,0	55,6	58,3	59,1	61,8	65,7	66,1	72,3	78,4	80,2	75,2	72,7
Ireland	82,1	73,5	64,3	53,6	48,5	37,8	35,5	32,1	30,9	29,6	27,4	24,8	25,0	44,3	65,6	96,2	112,0	117,9
Italy	121,5	120,9	118,1	114,9	113,7	109,2	108,8	105,7	104,4	103,8	105,8	106,6	103,6	106,3	116,1	119,0	120,3	119,8
Latvia	15,1	13,9	11,1	9,6	12,5	12,3	14,0	13,5	14,6	14,9	12,4	10,7	9,0	19,7	36,7	44,7	48,2	49,4
Lithuania	11,5	13,8	15,4	16,5	22,7	23,7	23,1	22,3	21,1	19,4	18,4	18,0	16,9	15,6	29,5	38,2	40,7	43,6
Luxembourg	7,4	7,4	7,4	7,1	6,4	6,2	6,3	6,3	6,1	6,3	6,1	6,7	6,7	14,6	18,4	17,2	19,0	20,9
Malta	35,3	40,1	48,4	53,4	57,1	55,9	62,1	60,1	69,3	72,2	69,9	63,4	61,7	63,1	67,6	68,0	68,0	67,9
Netherlands	76,1	74,1	68,2	65,7	61,1	53,8	50,7	50,5	52,0	52,4	51,8	47,4	45,3	58,2	60,8	62,7	63,9	64,0
Poland	49,0	43,4	42,9	38,9	39,6	36,8	37,6	42,2	47,1	45,7	47,1	47,7	45,0	47,1	50,9	55,0	55,4	55,1
Portugal	59,2	58,3	54,4	50,4	49,6	48,7	51,0	53,7	55,1	56,5	61,7	63,9	62,7	65,3	83,0	93,0	101,7	107,4
Romania	7,0	11,2	15,3	16,8	21,7	22,5	25,7	24,9	21,5	18,7	15,8	12,4	12,6	13,4	23,6	30,8	33,7	34,8
Slovak Republic	22,1	31,1	33,7	34,5	47,8	50,3	48,9	43,4	42,4	41,5	34,2	30,5	29,6	27,8	35,4	41,0	44,8	46,8
Slovenia							26,8	28,0	27,5	27,2	27,0	26,7	23,4	22,5	35,2	38,0	42,8	46,0
Spain	63,3	67,4	66,1	64,1	62,3	59,3	55,5	52,5	48,7	46,2	43,0	39,6	36,1	39,8	53,3	60,1	68,1	71,0
Sweden	72,2	72,9	70,8	68,6	64,4	53,2	53,9	52,1	51,7	50,4	50,2	45,0	40,0	38,2	42,8	39,8	36,5	33,4
United Kingdom	51,2	51,3	49,8	46,7	43,7	41,0	37,7	37,5	39,0	40,9	42,5	43,4	44,5	52,1	69,6	80,0	84,2	87,9

Leere Zellen: Daten nicht verfügbar

Quelle: OECD Economic Outlook No. 89, CESifo DICE

282 G. Anlagen

Tabelle 11: Staatliche Bruttogesamtverschuldung nach Maastricht in Prozent des BIP in den Ländern der EU 27 in den Jahren 2000 und 2010

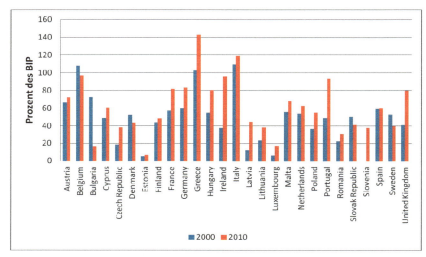

Quelle: OECD Economic Outlook No. 89, CESifo DICE

Tabelle 12: Staatliche Bruttogesamtverschuldung nach Maastricht in Prozent des BIP in den Ländern der EU 27 in den Jahren 1995, 2000, 2005 und 2010

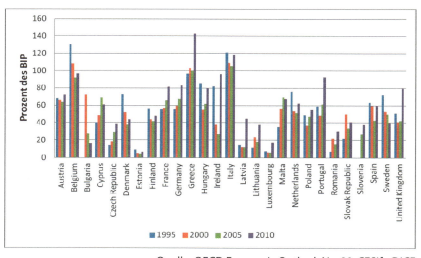

Quelle: OECD Economic Outlook No. 89, CESifo DICE

G. Anlagen   283

Tabelle 13: Staatliche Bruttogesamtverschuldung nach Maastricht pro Kopf in jeweiligen Preisen (Euro) in den Ländern der EU 27 in den Jahren 1995 bis 2010

	1995	1996	1997	1998	1999	2000	2001	2002	2003	2004	2005	2006	2007	2008	2009	2010
Austria	15 641	15 846	14 748	15 422	16 666	17 224	17 714	18 022	18 013	18 468	18 914	19 313	19 450	21 250	22 829	24 510
Belgium	27 906	27 242	26 503	26 298	26 492	26 543	26 863	26 910	26 201	26 282	26 617	26 606	26 523	28 851	30 207	31 363
Bulgaria	0	0	1 156	1 114	1 164	1 233	1 320	1 153	1 066	962	825	734	688	644	672	778
Cyprus	4 425	4 751	5 464	6 451	6 889	7 062	8 023	10 142	11 231	12 074	12 438	12 274	11 835	10 529	12 296	13 194
Czech Republic	599	588	642	810	902	1 110	1 693	2 200	2 354	2 589	2 911	3 263	3 567	4 260	4 624	5 313
Denmark	19 312	19 154	18 639	17 990	17 837	17 030	16 616	17 028	16 520	16 462	14 477	12 904	11 384	14 493	16 845	18 399
Estonia	179	192	197	197	233	231	244	327	359	362	380	441	442	552	737	708
Finland	11 094	11 229	11 373	10 890	10 831	11 169	11 390	11 454	12 416	12 920	12 510	12 506	11 968	11 901	14 235	16 262
France	11 211	12 064	12 453	13 009	13 348	13 580	13 941	14 700	16 102	17 199	18 127	18 091	18 885	20 318	22 942	24 347
Germany	13 122	13 724	13 850	14 351	14 921	14 985	15 112	15 704	16 742	17 634	18 496	19 063	19 210	20 023	21 536	25 459
Greece	9 215	10 139	10 723	10 679	11 374	13 028	13 896	14 543	15 194	16 516	17 553	20 159	21 315	23 273	26 437	29 131
Hungary	2 904	2 570	2 480	2 516	2 691	2 745	3 068	3 892	4 256	4 846	5 438	5 847	6 610	7 664	7 291	7 860
Ireland	11 658	11 834	12 603	11 363	11 689	10 433	10 757	10 657	10 815	10 863	10 686	10 317	10 850	17 942	23 419	33 093
Italy	18 347	21 037	21 849	21 946	22 513	22 823	23 827	23 994	24 221	24 808	25 815	26 863	26 936	27 851	29 257	30 464
Latvia	227	250	255	240	363	443	560	567	628	715	707	749	837	2 009	3 009	3 576
Lithuania	161	248	385	462	658	830	901	959	1 013	1 028	1 122	1 278	1 437	1 498	2 331	3 171
Luxembourg	2 864	2 901	2 886	2 890	2 957	3 125	3 219	3 389	3 489	3 780	3 977	4 811	5 233	11 855	14 094	14 121
Malta	2 577	3 048	4 066	4 699	5 367	6 037	6 769	6 791	7 692	8 159	8 388	7 925	8 268	9 086	9 599	10 200
Netherlands	15 753	15 709	14 936	15 045	14 918	14 149	14 145	14 544	15 288	15 825	16 317	15 689	15 810	21 127	21 037	22 321
Poland	1 372	1 389	1 544	1 556	1 624	1 803	2 106	2 321	2 355	2 422	3 014	3 387	3 690	4 475	4 123	5 115
Portugal	5 269	5 539	5 494	5 443	5 754	6 039	6 630	7 250	7 549	8 023	9 008	9 649	10 032	10 579	13 197	15 066
Romania		146	214	269	326	405	514	548	516	524	585	558	731	871	1 298	1 756
Slovak Republic	1 790	2 612	3 067	3 381	5 019	5 432	5 624	5 338	5 470	5 644	4 925	4 728	5 062	5 115	6 124	7 216
Slovenia							1 179	1 344	1 513	1 714	1 917	2 216	2 387	2 678	4 083	4 598
Spain	7 343	8 358	8 461	8 654	9 034	9 310	9 269	9 293	9 058	9 101	8 987	8 831	8 484	9 512	12 206	13 883
Sweden	15 884	17 933	17 912	17 630	17 646	16 066	15 362	15 578	16 079	16 330	16 566	15 750	14 760	13 790	13 396	14 726
United Kingdom	7 782	8 465	10 259	10 367	10 488	11 152	10 481	10 800	10 803	12 106	12 920	13 975	14 997	15 422	17 609	21 920

Leere Zellen: Daten nicht verfügbar   Quelle: OECD Economic Outlook No. 89, CESifo DICE, Berechnungen des ifo Instituts

Tabelle 14: Staatliche Bruttogesamtverschuldung nach Maastricht pro Kopf in jeweiligen Preisen (Euro) in den Ländern der EU 27 in den Jahren 2000 und 2010

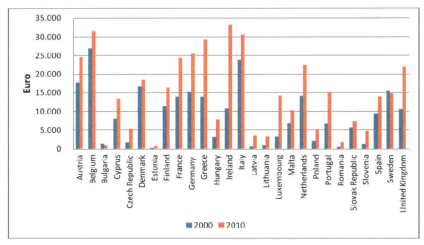

Quelle: OECD Economic Outlook No. 89, CESifo DICE, Berechnungen des ifo Instituts

Tabelle 15: Staatliche Bruttogesamtverschuldung nach Maastricht pro Kopf in jeweiligen Preisen (Euro) in den Ländern der EU 27 in den Jahren 1995, 2000, 2005 und 2010

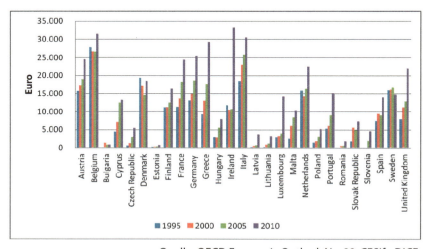

Quelle: OECD Economic Outlook No. 89, CESifo DICE, Berechnungen des ifo Instituts

G. Anlagen

Tabelle 16: Deutsche Bruttogesamtverschuldung in Prozent des BIP in den Jahren 1850 bis 2010

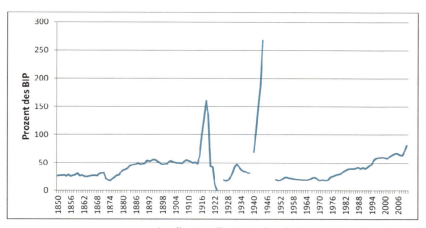

Quelle: R. Syllas Datenbank, Statistisches Bundesamt

Tabelle 17: Gesamtsteuereinnahmen pro Kopf (Gesamtbevölkerung) in nominalen Werten in den Ländern der EU 27 in den Jahren 2000 bis 2010

Country	2000	2001	2002	2003	2004	2005	2006	2007	2008	2009	2010
	tsd. Euro	tsd. Euro	tsd. Euro	tsd. Euro	tsd. Euro	tsd. Euro	tsd. Euro	tsd. Euro	tsd. Euro	tsd. Euro	tsd. Euro
Austria	7,44	8,12	8,13	8,12	8,31	8,35	8,64	9,24	9,78	9,26	9,50
Belgium	7,69	7,83	8,03	8,11	8,65	9,01	9,33	9,57	9,79	9,10	9,65
Bulgaria	0,43	0,41	0,41	0,49	0,58	0,65	0,77	1,01	1,14	0,98	0,97
Cyprus	3,47	3,79	3,93	4,26	4,45	5,00	5,56	6,88	6,98	5,89	6,02
Czech Republic	1,17	1,33	1,57	1,64	1,85	2,07	2,27	2,58	2,80	2,51	2,63
Denmark	15,63	15,79	16,19	16,52	17,59	19,17	19,69	20,14	20,13	19,02	19,83
Estonia	0,90	1,00	1,15	1,30	1,45	1,70	2,06	2,52	2,46	2,34	2,25
Euro area	6,07	6,02	6,08	6,17	6,36	6,63	7,11	7,50	7,43	6,82	6,99
European Union 27	5,38	5,42	5,49	5,51	5,76	6,07	6,54	6,93	6,83	6,12	6,41
Finland	9,48	8,82	9,10	9,06	9,30	9,61	9,98	10,61	10,84	9,74	9,99
France	7,12	7,27	7,25	7,22	7,60	7,93	8,32	8,53	8,63	7,90	8,20
Germany	6,12	5,82	5,75	5,82	5,81	5,97	6,43	7,01	7,20	6,87	6,92
Greece	3,18	3,16	3,28	3,32	3,51	3,78	4,09	4,43	4,54	4,28	4,20
Hungary	1,35	1,51	1,77	1,88	2,10	2,23	2,24	2,68	2,84	2,49	2,53

Ireland	7,50	7,66	7,98	8,60	9,42	10,18	11,41	11,50	9,84	8,03	7,78
Italy	6,20	6,44	6,49	6,75	6,84	6,86	7,50	7,89	7,77	7,45	7,49
Latvia	0,70	0,76	0,80	0,84	0,96	1,16	1,52	2,01	2,11	1,48	1,51
Lithuania	0,74	0,78	0,87	0,94	1,05	1,24	1,48	1,79	2,04	1,41	1,40
Luxembourg	14,87	15,02	15,61	15,96	16,39	18,27	19,28	20,82	21,46	20,47	21,65
Malta	2,36	2,56	2,77	2,81	2,97	3,27	3,46	3,84	3,93	3,97	4,04
Netherlands	6,53	6,97	7,13	7,03	7,20	7,85	8,37	8,91	9,07	8,61	8,89
Norway	19,31	20,06	21,04	19,95	21,55	25,45	27,87	28,46	29,62	24,71	29,03
Poland	0,97	1,07	1,11	1,01	1,06	1,36	1,60	1,92	2,25	1,72	1,97
Portugal	2,88	2,95	3,13	3,17	3,16	3,36	3,61	3,87	3,89	3,47	3,66
Romania	0,35	0,36	0,38	0,44	0,51	0,67	0,85	1,12	1,21	0,96	1,05
Slovakia	0,82	0,82	0,89	1,04	1,16	1,33	1,45	1,79	2,06	1,88	1,92
Slovenia	2,50	2,65	2,91	3,09	3,27	3,52	3,77	4,13	4,28	3,94	3,96
Spain	3,57	3,71	4,02	4,16	4,56	5,10	5,65	6,00	5,10	4,39	4,69
Sweden	11,82	10,63	10,82	11,47	12,11	12,74	13,65	14,02	13,75	12,10	13,90
Switzerland	10,41	10,52	10,90	10,30	10,39	10,74	11,12	11,16	12,04	12,25	13,52
United Kingdom	8,46	8,57	8,52	7,99	8,61	9,08	9,82	10,18	9,26	7,22	8,07

Tabelle 18: Gesamtsteuereinnahmen pro Kopf (Personen im erwerbsfähigen Alter), nominale Werte

Country	2000	2001	2002	2003	2004	2005	2006	2007	2008	2009	2010
	tsd. Euro	tsd. Euro	tsd. Euro	tsd. Euro	tsd. Euro	tsd. Euro	tsd. Euro	tsd. Euro	tsd. Euro	tsd. Euro	tsd. Euro
Austria	11,00	11,96	11,98	11,89	12,18	12,28	12,74	13,63	14,41	13,65	14,00
Belgium	11,72	11,95	12,25	12,37	13,18	13,73	14,17	14,49	14,81	13,79	14,65
Bulgaria	0,53	0,61	0,60	0,72	0,86	0,95	1,13	1,49	1,68	1,45	1,45
Cyprus	5,29	5,76	5,95	6,38	6,63	7,36	8,19	9,98	10,10	8,50	8,68
Czech Republic	1,68	1,90	2,23	2,33	2,60	2,91	3,19	3,62	3,93	3,55	3,74
Denmark	23,45	23,71	24,44	24,95	26,58	29,01	29,87	30,61	30,72	29,22	30,40
Estonia	1,35	1,49	1,71	1,93	2,15	2,51	3,02	3,70	3,62	3,44	3,33
Euro area	9,01	8,95	9,06	9,20	9,52	9,90	10,64	11,22	11,13	10,23	10,51
European Union 27	7,99	8,06	8,16	8,19	8,57	9,01	9,70	10,29	10,13	9,11	9,56
Finland	13,52	13,21	13,63	13,58	13,97	14,45	15,02	15,98	16,31	14,68	15,09
France	10,90	11,13	11,11	11,06	11,65	12,14	12,72	13,04	13,22	12,12	12,59
Germany	9,02	8,61	8,55	8,68	8,71	8,88	9,61	10,52	10,83	10,35	10,44
Greece	4,70	4,67	4,86	4,93	5,23	5,65	6,12	6,61	6,77	6,43	6,32
Hungary	1,97	2,21	2,59	2,74	3,05	3,24	3,26	3,90	4,13	3,63	3,68
Ireland	11,19	11,36	11,78	12,66	13,84	14,92	16,62	16,72	14,37	11,84	11,60

Italy	9,16	9,54	9,63	10,01	10,26	10,32	11,32	11,94	11,77	11,29	11,38
Latvia	1,04	1,13	1,19	1,23	1,40	1,70	2,20	2,92	3,06	2,15	2,20
Lithuania	1,12	1,18	1,30	1,41	1,57	1,83	2,17	2,61	2,96	2,05	2,03
Luxembourg	22,20	22,18	23,07	23,59	24,27	27,03	28,69	30,64	31,53	29,89	31,55
Malta	3,50	3,78	4,08	4,13	4,36	4,80	5,00	5,51	5,61	5,67	5,81
Netherlands	9,55	10,22	10,47	10,32	10,58	11,56	12,32	13,12	13,38	12,73	13,19
Norway	21,44	22,23	23,26	22,03	23,80	28,07	30,85	31,52	32,86	27,51	32,46
Poland	1,43	1,57	1,61	1,46	1,52	1,94	2,27	2,72	3,19	2,42	2,78
Portugal	4,25	4,37	4,64	4,69	4,69	4,99	5,37	5,76	5,78	5,17	5,47
Romania	0,51	0,52	0,55	0,64	0,74	0,97	1,22	1,60	1,74	1,38	1,50
Slovakia	1,19	1,19	1,28	1,51	1,65	1,88	2,02	2,49	2,86	2,60	2,65
Slovenia	3,57	3,77	4,15	4,39	4,65	5,01	5,37	5,90	6,11	5,68	5,70
Spain	5,21	5,41	5,85	6,05	6,62	7,40	8,18	8,70	7,40	6,40	6,87
Sweden	18,33	16,46	16,72	17,68	18,63	19,54	20,84	21,37	20,93	18,50	21,34
Switzerland	12,78	12,93	13,42	12,67	12,80	13,25	13,73	13,82	14,94	15,25	16,89
United Kingdom	12,95	13,09	12,98	12,14	13,04	13,72	14,78	15,29	13,92	10,88	12,19

Quelle: Eurostat, Berechnungen des ifo Instituts

Tabelle 19: Gesamtsteuereinnahmen plus Sozialversicherungsbeiträge pro Kopf (Gesamtbevölkerung), nominale Werte

Country	2000 tsd. Euro	2001 tsd. Euro	2002 tsd. Euro	2003 tsd. Euro	2004 tsd. Euro	2005 tsd. Euro	2006 tsd. Euro	2007 tsd. Euro	2008 tsd. Euro	2009 tsd. Euro	2010 tsd. Euro
Austria	11,83	12,58	12,67	12,71	13,00	13,20	13,67	14,46	15,21	14,77	15,14
Belgium	11,66	11,98	12,38	12,53	13,19	13,62	14,10	14,59	15,05	14,46	15,10
Bulgaria	0,65	0,61	0,62	0,73	0,85	0,94	1,06	1,34	1,50	1,33	1,30
Cyprus	4,46	4,88	5,03	5,45	5,82	6,55	7,12	8,47	8,73	7,81	8,03
Czech Republic	2,11	2,39	2,84	2,94	3,24	3,65	4,07	4,59	5,10	4,53	4,80
Denmark	16,46	16,62	16,87	17,22	18,30	19,89	20,41	20,85	20,84	19,75	20,60
Estonia	1,40	1,55	1,78	1,99	2,20	2,56	3,08	3,79	3,89	3,71	3,68
Finland	12,74	12,11	12,44	12,40	12,76	13,27	13,90	14,72	15,10	13,93	14,26
France	11,55	11,82	11,99	12,12	12,60	13,13	13,72	14,08	14,31	13,59	13,99
Germany	10,81	10,57	10,55	10,69	10,68	10,84	11,35	11,94	12,23	11,93	12,11
Greece	4,81	4,91	5,30	5,56	5,84	6,23	6,51	7,12	7,40	7,00	6,93
Hungary	2,02	2,27	2,68	2,82	3,12	3,36	3,38	4,07	4,31	3,73	3,73
Ireland	9,06	9,41	9,88	10,62	11,61	12,54	13,95	14,24	12,61	10,72	10,40
Italy	8,79	9,10	9,26	9,66	9,90	9,98	10,72	11,35	11,41	11,01	11,04

G. Anlagen

Latvia	1,06	1,13	1,20	1,23	1,38	1,65	2,15	2,84	2,99	2,21	2,20	
Lithuania	1,06	1,12	1,24	1,35	1,51	1,76	2,09	2,54	2,93	2,36	2,28	
Luxembourg	20,46	21,17	22,08	22,77	23,56	25,90	27,27	29,43	30,66	30,00	31,37	
Malta	3,19	3,47	3,69	3,70	3,87	4,22	4,42	4,81	4,99	5,02	5,14	
Netherlands	10,92	11,14	11,29	11,42	11,74	12,29	13,31	13,95	14,65	13,75	14,20	
Norway	24,44	25,59	27,31	25,96	27,55	32,01	34,80	35,98	37,51	32,29	37,47	
Poland	1,59	1,79	1,80	1,64	1,71	2,14	2,45	2,90	3,35	2,65	3,01	
Portugal	4,20	4,36	4,64	4,76	4,80	5,09	5,40	5,73	5,82	5,46	5,65	
Romania	0,56	0,59	0,62	0,68	0,78	1,05	1,32	1,72	1,87	1,53	1,60	
Slovakia	1,40	1,45	1,60	1,81	2,01	2,25	2,43	3,00	3,52	3,37	3,44	
Slovenia	4,06	4,32	4,69	4,95	5,23	5,59	5,96	6,51	6,88	6,56	6,61	
Spain	5,52	5,81	6,23	6,50	7,05	7,74	8,45	8,96	8,12	7,26	7,56	
Sweden	15,79	14,24	14,31	15,01	15,71	16,29	17,07	17,66	17,00	14,83	17,15	
Switzerland	13,72	14,09	14,65	13,83	13,74	14,13	14,53	14,55	15,67	16,13	17,74	
United Kingdom	10,55	10,73	10,70	10,19	11,05	11,67	12,55	13,00	11,79	9,42	10,41	
Euro area	9,68	9,64	9,81	10,02	10,30	10,65	11,27	11,77	11,83	11,13	11,36	
European Union 27	8,07	8,17	8,32	8,43	8,78	9,19	9,78	10,31	10,28	9,47	9,83	Quelle: Eurostat, Berechnungen des ifo Instituts

Tabelle 20: Gesamtsteuereinnahmen plus Sozialversicherungsbeiträge pro Kopf (Personen im erwerbsfähigen Alter), nominale Werte

Country	2000 tsd. Euro	2001 tsd. Euro	2002 tsd. Euro	2003 tsd. Euro	2004 tsd. Euro	2005 tsd. Euro	2006 tsd. Euro	2007 tsd. Euro	2008 tsd. Euro	2009 tsd. Euro	2010 tsd. Euro
Austria	17,49	18,53	18,67	18,62	19,07	19,40	20,15	21,34	22,43	21,78	22,30
Belgium	17,77	18,28	18,88	19,11	20,11	20,76	21,43	22,10	22,78	21,91	22,91
Bulgaria	0,81	0,89	0,91	1,07	1,25	1,38	1,55	1,97	2,21	1,98	1,95
Cyprus	6,80	7,40	7,62	8,17	8,67	9,65	10,49	12,30	12,65	11,28	11,59
Czech Republic	3,03	3,41	4,03	4,17	4,57	5,14	5,72	6,45	7,17	6,40	6,83
Denmark	24,68	24,96	25,47	26,01	27,66	30,09	30,96	31,69	31,82	30,33	31,57
Estonia	2,09	2,30	2,65	2,95	3,26	3,78	4,52	5,57	5,72	5,48	5,43
Euro area	14,36	14,34	14,61	14,93	15,41	15,91	16,85	17,62	17,73	16,70	17,08
European Union 27	11,98	12,16	12,37	12,53	13,06	13,64	14,51	15,29	15,26	14,08	14,66
Finland	18,16	18,14	18,63	18,59	19,16	19,95	20,91	22,16	22,73	20,99	21,55
France	17,68	18,11	18,39	18,56	19,30	20,09	20,98	21,54	21,91	20,85	21,50
Germany	15,93	15,64	15,69	15,95	16,01	16,14	16,95	17,91	18,39	17,97	18,26
Greece	7,12	7,26	7,86	8,27	8,69	9,31	9,75	10,63	11,02	10,50	10,43
Hungary	2,97	3,33	3,92	4,12	4,54	4,89	4,92	5,93	6,28	5,43	5,43

Ireland	13,52	13,96	14,58	15,63	17,07	18,38	20,33	20,71	18,41	15,81	15,51
Italy	12,97	13,48	13,74	14,33	14,85	15,02	16,18	17,17	17,28	16,69	16,76
Latvia	1,58	1,68	1,78	1,80	2,02	2,40	3,12	4,12	4,33	3,21	3,20
Lithuania	1,61	1,68	1,85	2,01	2,24	2,59	3,07	3,70	4,26	3,42	3,31
Luxembourg	30,54	31,26	32,62	33,66	34,87	38,33	40,59	43,31	45,04	43,80	45,70
Malta	4,73	5,11	5,42	5,44	5,69	6,19	6,39	6,91	7,11	7,17	7,39
Netherlands	15,96	16,33	16,57	16,76	17,26	18,09	19,60	20,54	21,63	20,34	21,07
Norway	27,13	28,36	30,20	28,67	30,42	35,32	38,53	39,84	41,61	35,94	41,89
Poland	2,35	2,63	2,62	2,37	2,46	3,06	3,49	4,12	4,74	3,75	4,25
Portugal	6,20	6,46	6,87	7,06	7,12	7,56	8,04	8,51	8,65	8,13	8,44
Romania	0,82	0,86	0,90	0,99	1,13	1,51	1,90	2,47	2,68	2,18	2,29
Slovakia	2,04	2,10	2,31	2,61	2,84	3,17	3,39	4,17	4,87	4,66	4,75
Slovenia	5,78	6,15	6,68	7,03	7,44	7,96	8,50	9,28	9,83	9,45	9,52
Spain	8,05	8,46	9,06	9,45	10,23	11,22	12,24	12,98	11,78	10,57	11,08
Sweden	24,50	22,05	22,13	23,13	24,17	24,97	26,06	26,92	25,88	22,67	26,32
Switzerland	16,84	17,31	18,03	17,03	16,92	17,43	17,94	18,01	19,45	20,08	22,17
United Kingdom	16,16	16,38	16,30	15,48	16,74	17,63	18,88	19,53	17,73	14,19	15,73

Quelle: Eurostat, Berechnungen des ifo Instituts

Tabelle 21: Gesamtsteuereinnahmen plus Sozialversicherungsbeiträge in Prozent des BIP

Country	2000 % des BIP	2001 % des BIP	2002 % des BIP	2003 % des BIP	2004 % des BIP	2005 % des BIP	2006 % des BIP	2007 % des BIP	2008 % des BIP	2009 % des BIP	2010 % des BIP
Austria	45,1	46,8	45,3	45,2	44,6	43,6	43,0	43,2	44,2	44,3	43,7
Belgium	47,3	47,3	47,5	47,0	47,1	47,0	46,7	46,1	46,6	45,9	46,4
Bulgaria	31,5	30,8	28,5	31,0	32,5	31,3	30,7	33,3	32,3	29,0	27,4
Cyprus	30,0	30,7	30,9	32,2	33,0	35,0	35,8	40,1	38,6	35,3	35,7
Czech Republic	33,9	33,8	34,6	35,5	35,9	35,7	35,4	35,9	34,5	33,6	33,8
Denmark	50,2	49,4	48,8	49,0	50,0	51,7	50,5	49,8	48,6	48,6	48,5
Estonia	31,0	30,3	31,1	30,8	30,6	30,7	30,8	31,5	31,8	35,8	34,3
Euro area (17 countries)	42,3	41,3	40,8	40,8	40,5	40,7	41,2	41,2	40,8	40,3	40,2
European Union (27 countries)	41,6	40,7	40,1	40,1	39,9	40,2	40,7	40,6	40,4	39,7	39,6
Finland	47,4	44,9	44,8	44,3	43,6	44,1	43,9	43,1	43,0	42,7	42,3
France	46,0	45,6	45,1	44,9	45,1	45,6	45,9	45,2	45,0	44,0	44,5
Germany	42,8	40,9	40,4	40,6	39,7	39,7	40,0	40,0	40,2	40,7	39,5
Greece	36,6	35,2	35,7	34,1	33,4	34,4	33,4	34,4	34,2	32,8	33,2
Hungary	39,9	38,8	38,1	38,1	37,8	37,5	37,4	40,5	40,4	40,2	37,8

Ireland	32,5	30,7	29,5	30,1	31,3	31,8	33,3	32,7	31,1	29,8	29,8
Italy	41,8	41,5	40,8	41,3	40,7	40,3	42,0	43,0	43,0	43,1	42,6
Latvia	29,9	29,0	28,8	28,8	28,8	29,4	30,8	30,8	29,7	27,0	27,5
Lithuania	30,0	28,5	28,2	28,0	28,4	28,7	29,6	29,9	30,4	29,7	27,4
Luxembourg	40,0	40,6	40,2	39,0	38,2	38,5	36,7	36,5	36,3	38,6	38,0
Malta	29,0	31,2	32,1	32,5	34,1	35,2	35,4	36,1	35,1	35,6	34,6
Netherlands	40,9	39,4	38,7	38,4	38,5	38,6	39,8	39,5	39,9	39,1	39,5
Norway	42,7	42,9	43,1	42,4	43,1	43,3	43,5	43,0	42,1	42,5	42,9
Poland	32,6	32,2	32,7	32,2	31,5	32,8	33,8	34,8	34,3	31,8	31,8
Portugal	33,7	33,4	34,3	34,7	33,9	35,0	35,7	35,9	35,9	34,4	34,8
Romania	30,6	28,9	28,5	28,1	27,7	28,5	29,2	29,8	28,8	27,7	28,1
Slovakia	34,1	33,2	33,1	33,0	31,7	31,5	29,4	29,5	29,4	29,0	28,3
Slovenia	37,5	37,7	38,1	38,3	38,4	38,9	38,5	37,9	37,5	37,9	38,2
Spain	35,0	34,5	35,1	34,7	35,5	36,7	37,6	38,0	33,9	31,6	32,9
Sweden	52,1	49,9	47,9	48,3	48,5	49,3	48,7	47,8	46,9	47,3	46,3
Switzerland	30,0	29,5	29,8	29,3	28,9	29,3	29,2	29,0	29,3	29,7	29,4
United Kingdom	38,1	38,0	36,5	36,2	36,7	37,6	38,3	37,9	39,5	36,6	37,4

Quelle: Eurostat, Berechnungen des ifo Instituts

Tabelle 22: Vermögensbilanz für den Sektor Staat am Jahresanfang in den Jahren 2000 bis 2010 zu Wiederbeschaffungspreisen (nominal) in Mrd. EUR

Vermögensarten	2000	2001	2002	2003	2004	2005	2006	2007	2008	2009	2010
	Mrd. EUR	Mrd. EUR	Mrd. EUR	Mrd. EUR	Mrd. EUR	Mrd. EUR	Mrd. EUR	Mrd. EUR	Mrd. EUR	Mrd. EUR	Mrd. EUR
Aktiva	1612,9	1655,8	1619,8	1594,6	1618,3	1627,9	1638,8	1710,9	1810,1	1912,7	...
Alle Anlagegüter	946,8	959,4	962,3	959,8	962,3	970,8	978,0	1026,7	1067,4	1097,5	...
Sachanlagen	943,4	955,9	958,7	956,1	958,5	966,7	974,0	1022,5	1063,0	1093,0	...
Nutztiere und Nutzpflanzungen	0,0	0,0	0,0	0,0	0,0	0,0	0,0	0,0	0,0	0,0	...
Ausrüstungen	30,2	30,3	30,3	30,8	30,0	29,4	26,8	26,1	25,2	25,8	...
Bauten	913,2	925,6	928,3	925,3	928,5	937,4	947,2	996,4	1037,8	1067,2	...
Wohnbauten	27,8	27,9	27,9	27,8	27,8	28,1	28,1	29,5	30,5	31,1	31,2
Nichtwohnbauten	885,4	897,6	900,4	897,5	900,7	909,3	919,0	966,9	1007,2	1036,1	...
Immaterielle Anlagegüter	3,4	3,6	3,7	3,7	3,8	4,1	4,1	4,3	4,4	4,5	...
Bauland	129,3	152,2	160,2	166,6	174,8	182,0	173,4	177,0	180,8	185,5	184,9

G. Anlagen

Geldvermögen	536,8	544,2	497,3	468,2	481,2	475,1	487,4	507,1	561,9	629,8	670,7
Bargeld und Einlagen	166,4	211,5	170,3	154,5	153,8	147,9	153,6	185,5	197,4	199,0	197,1
Wertpapiere (Geld- und Kapitalmarktpapiere, Finanzderivate, Aktien, Sonstige Beteiligungen und Investmentzertifikate)	196,0	162,7	151,7	136,8	149,8	149,2	165,9	175,8	216,5	270,5	306,8
Ansprüche gegenüber Versicherungen sowie aus Pensionsrückstellungen, Kredite und sonstige Forderungen	174,4	170,1	175,3	176,9	177,6	178,0	167,9	145,7	148,0	160,3	166,7
Passiva	**1 612,9**	**1 655,8**	**1 619,8**	**1 594,6**	**1 618,3**	**1 627,9**	**1 638,8**	**1 710,9**	**1 810,1**	**1 912,7**	...
Fremdkapital	1 234,1	1 246,1	1 265,0	1 334,7	1 416,7	1 516,0	1 594,3	1 613,2	1 591,0	1 720,2	1 832,7
Reinvermögen (= Eigenkapital)	378,8	409,7	354,8	259,9	201,6	111,9	44,5	97,7	219,1	192,5	...

Quelle: Statistisches Bundesamt, Sektorale und gesamtwirtschaftliche Vermögensbilanzen 1992–2010, Stand Oktober 2010

Tabelle 23: Vermögensbilanz für den Sektor Staat am Jahresanfang in den Jahren 2000 bis 2010 in Prozent des BIP

Vermögensarten	2000	2001	2002	2003	2004	2005	2006	2007	2008	2009	2010
	% des BIP	% des BIP	% des BIP	% des BIP	% des BIP	% des BIP	% des BIP	% des BIP	% des BIP	% des BIP	% des BIP
Aktiva	78,77	78,78	75,97	74,25	73,70	73,18	70,82	70,45	73,17	80,55	...
Alle Anlagegüter	46,24	45,65	45,13	44,69	43,83	43,64	42,27	42,28	43,15	46,22	...
Sachanlagen	46,08	45,48	44,96	44,52	43,65	43,46	42,09	42,10	42,97	46,03	...
Nutztiere und Nutzpflanzungen	0,00	0,00	0,00	0,00	0,00	0,00	0,00	0,00	0,00	0,00	...
Ausrüstungen	1,48	1,44	1,42	1,43	1,37	1,32	1,16	1,07	1,02	1,09	...
Bauten	44,60	44,03	43,54	43,09	42,29	42,14	40,93	41,03	41,95	44,94	...
Wohnbauten	1,36	1,33	1,31	1,29	1,27	1,26	1,21	1,21	1,23	1,31	1,26
Nichtwohnbauten	43,24	42,71	42,23	41,79	41,02	40,88	39,72	39,82	40,72	43,63	...
Immaterielle Anlagegüter	0,16	0,17	0,17	0,17	0,17	0,18	0,18	0,18	0,18	0,19	...
Bauland	6,32	7,24	7,51	7,76	7,96	8,18	7,49	7,29	7,31	7,81	7,47

G. Anlagen

Geldvermögen	26,22	25,89	23,32	21,80	21,91	21,36	21,06	20,88	22,71	26,52	27,08
Bargeld und Einlagen	8,13	10,06	7,99	7,19	7,00	6,65	6,64	7,64	7,98	8,38	7,96
Wertpapiere (Geld- und Kapitalmarktpapiere, Finanzderivate, Aktien, Sonstige Beteiligungen und Investmentzertifikate)	9,57	7,74	7,12	6,37	6,82	6,71	7,17	7,24	8,75	11,39	12,39
Ansprüche gegenüber Versicherungen sowie aus Pensionsrückstellungen, Kredite und sonstige Forderungen	8,52	8,09	8,22	8,24	8,09	8,00	7,26	6,00	5,98	6,75	6,73
Passiva	**78,77**	**78,78**	**75,97**	**74,25**	**73,70**	**73,18**	**70,82**	**70,45**	**73,17**	**80,55**	**...**
Fremdkapital	60,27	59,28	59,33	62,15	64,52	68,15	68,90	66,43	64,31	72,44	73,99
Reinvermögen (= Eigenkapital)	18,50	19,49	16,64	12,10	9,18	5,03	1,92	4,02	8,86	8,11	...

Quelle: Statistisches Bundesamt, Sektorale und gesamtwirtschaftliche Vermögensbilanzen 1992–2010, Stand Oktober 2010, VGR der Länder, Berechnungen des ifo Instituts

Tabelle 24: Nettoanlagevermögen am Jahresanfang nach Teilsektoren in den Jahren 1991 bis 2009 zu Wiederbeschaffungspreisen (nominal) in Mrd. EUR und in Prozent des BIP

Jahr	Staat		Bund		Länder		Gemeinden		Sozialversicherung	
	Mrd. Euro	% des BIP	Mrd. Euro	% des BIP	Mrd. Euro	% des BIP	Mrd. Euro	% des BIP	Mrd. Euro	% des BIP
1991	751,28	48,96	148,64	9,69	128,45	8,37	460,53	30,01	13,66	0,89
1992	810,83	49,19	158,34	9,61	138,09	8,38	499,50	30,30	14,90	0,90
1993	864,33	50,94	165,93	9,78	147,10	8,67	535,04	31,53	16,26	0,96
1994	896,70	50,31	168,88	9,48	152,60	8,56	557,71	31,29	17,51	0,98
1995	926,23	50,11	171,85	9,30	157,94	8,54	577,83	31,26	18,61	1,01
1996	938,23	50,04	171,80	9,16	158,98	8,48	587,32	31,32	20,13	1,07
1997	939,34	49,11	170,36	8,91	159,26	8,33	588,69	30,78	21,03	1,10
1998	936,23	47,77	167,72	8,56	159,30	8,13	587,86	30,00	21,35	1,09
1999	937,29	46,86	167,26	8,36	160,08	8,00	588,26	29,41	21,69	1,08
2000	946,79	46,24	170,06	8,31	162,02	7,91	592,73	28,95	21,98	1,07
2001	959,42	45,65	173,39	8,25	164,78	7,84	598,99	28,50	22,26	1,06
2002	962,32	45,13	173,84	8,15	165,80	7,78	600,07	28,14	22,61	1,06
2003	959,77	44,69	173,47	8,08	166,68	7,76	596,93	27,80	22,69	1,06
2004	962,31	43,83	174,46	7,95	167,65	7,64	597,45	27,21	22,75	1,04
2005	970,80	43,64	176,35	7,93	169,71	7,63	601,67	27,05	23,07	1,04
2006	978,03	42,27	179,83	7,77	169,76	7,34	605,12	26,15	23,32	1,01
2007	1 026,74	42,28	191,41	7,88	177,70	7,32	633,69	26,09	23,94	0,99
2008	1 067,40	43,15	200,97	8,12	184,01	7,44	657,98	26,60	24,44	0,99
2009	1 097,48	46,22	209,38	8,82	188,70	7,95	674,62	28,41	24,78	1,04

Quelle: Statistisches Bundesamt, Arbeitsunterlage „Anlagevermögen nach Sektoren", Stand August 2010, VGR der Länder, Berechnungen des ifo Instituts

G. Anlagen

Tabelle 25: Bauten des Sektors Staat am Jahresanfang in den Jahren 1991 bis 2009 zu Wiederbeschaffungspreisen (nominal) in Mrd. EUR

Jahr	insgesamt	darunter Tiefbauten		
		insgesamt	darunter Straßen	
			insgesamt	darunter Bundesautobahnen
1991	719,28	405,79	192,42	37,77
1992	776,90	437,92	207,39	40,97
1993	828,23	463,48	218,61	43,18
1994	859,66	476,42	222,75	44,10
1995	889,46	489,81	228,81	45,36
1996	902,14	490,92	228,56	45,58
1997	903,95	488,65	227,80	45,80
1998	901,83	483,78	226,27	46,05
1999	903,60	481,36	225,65	46,54
2000	913,22	488,29	230,57	48,13
2001	925,57	497,20	238,54	50,23
2002	928,34	497,40	238,91	50,66
2003	925,26	492,34	237,36	51,02
2004	928,47	493,17	238,95	51,80
2005	937,38	495,44	239,39	53,09
2006	947,15	501,67	243,81	55,69
2007	996,39	530,42	260,70	60,51
2008	1 037,76	552,21	274,19	64,06
2009	1 067,20	570,39	286,34	67,30

Quelle: Statistisches Bundesamt, Arbeitsunterlage „Anlagevermögen nach Sektoren", Stand August 2010

Tabelle 26: Bauten am Jahresanfang nach Teilsektoren in den Jahren 2000 bis 2009 zu Wiederbeschaffungspreisen (nominal) in Mrd. EUR

Jahr	Staat	Bund	Länder	Gemeinden	Sozialversicherung
	Mrd. Euro	Mrd. Euro	Mrd. Euro	Mrd. Euro	Mrd. Euro
1991	719,28	137,01	118,88	450,12	13,27
1992	776,90	146,46	127,88	488,14	14,42
1993	828,23	154,06	135,88	522,60	15,69
1994	859,66	157,38	140,75	544,62	16,91
1995	889,46	160,96	145,67	564,84	17,99
1996	902,14	161,55	146,95	574,31	19,33
1997	903,95	160,68	147,55	575,73	19,99
1998	901,83	158,76	147,96	574,91	20,20
1999	903,60	158,75	148,92	575,56	20,37
2000	913,22	161,82	150,74	580,23	20,43
2001	925,57	165,40	153,27	586,31	20,59
2002	928,34	166,25	154,07	587,21	20,81
2003	925,26	166,39	153,07	584,96	20,84
2004	928,47	167,74	154,21	585,71	20,81
2005	937,38	169,82	156,39	590,08	21,09
2006	947,15	173,65	158,12	594,12	21,26
2007	996,39	185,16	166,33	622,83	22,07
2008	1 037,76	194,68	172,99	647,44	22,65
2009	1 067,20	202,79	177,45	663,87	23,09

Quelle: Statistisches Bundesamt, Arbeitsunterlage „Anlagevermögen nach Sektoren", Stand August 2010

G. Anlagen

Tabelle 27: Ausrüstungen und immaterielle Anlagegüter am Jahresanfang nach Teilsektoren in den Jahren 2000 bis 2009 zu Wiederbeschaffungspreisen (nominal) in Mrd. EUR

Jahr	Staat	Bund	Länder	Gemeinden	Sozialversicherung
	Mrd. Euro	Mrd. Euro	Mrd. Euro	Mrd. Euro	Mrd. Euro
1991	32,00	11,63	9,57	10,41	0,39
1992	33,93	11,88	10,21	11,36	0,48
1993	36,10	11,87	11,22	12,44	0,57
1994	37,04	11,50	11,85	13,09	0,60
1995	36,77	10,89	12,27	12,99	0,62
1996	36,09	10,25	12,03	13,01	0,80
1997	35,39	9,68	11,71	12,96	1,04
1998	34,40	8,96	11,34	12,95	1,15
1999	33,69	8,51	11,16	12,70	1,32
2000	33,57	8,24	11,28	12,50	1,55
2001	33,85	7,99	11,51	12,68	1,67
2002	33,98	7,59	11,73	12,86	1,80
2003	34,51	7,08	13,61	11,97	1,85
2004	33,84	6,72	13,44	11,74	1,94
2005	33,42	6,53	13,32	11,59	1,98
2006	30,88	6,18	11,64	11,00	2,06
2007	30,35	6,25	11,37	10,86	1,87
2008	29,64	6,29	11,02	10,54	1,79
2009	30,28	6,59	11,25	10,75	1,69

Quelle: Statistisches Bundesamt, Arbeitsunterlage „Anlagevermögen nach Sektoren", Stand August 2010

Tabelle 28: Finanzierungsrechnung 2011 (Bundesbank): Bestand am Jahresende in Mrd. Euro (nominal)

Position	Code ESVG 95	2005 Mrd. EUR	2006 Mrd. EUR	2007 Mrd. EUR	2008 Mrd. EUR	2009 Mrd. EUR	2010 Mrd. EUR
Währungsgold und Sonderziehungsrechte	AF.1	.	.	.	.	.	.
Bargeld und Einlagen	AF.2	153,6	185,5	197,4	199	198,1	261,1
Bargeld und Sichteinlagen	AF.21+AF.22	21,4	27	28,2	34,7	65,9	60,3
Sonstige Einlagen	AF.29	132,2	158,5	169,2	164,3	132,3	200,8
Termineinlagen		128,3	154,9	166,3	161,7	128,2	196,5
kurzfristige Termineinlagen		49,5	79,5	88,7	89,2	53,7	99,6
längerfristige Termineinlagen		78,9	75,4	77,6	72,5	74,5	96,9
Sparbriefe		1,5	1,6	1,5	1,5	1,5	1,5
Spareinlagen		2,4	2,1	1,4	1,2	2,6	2,8
Kurzfristige Spareinlagen		2	1,6	1	0,9	1,8	2,3
längerfristige Spareinlagen		0,4	0,4	0,4	0,3	0,8	0,6
Wertpapiere	AF.3	13,7	11	11	47,5	54,2	170,7
Geldmarktpapiere	AF.331	0,6	0,2	0,3	0,1	0	0,3
lfr.festverzinsliche Wertpapiere	AF.332	10,2	8,5	9	45,9	51,7	185,6
Finanzderivate	AF.34	3	2,3	1,7	1,5	2,4	−15,2

Kredite	AF.4	80,3	76,1	76,4	87	90,5	147,1
kurzfristige Kredite	AF.41	1,3	2,4	4,5	16,3	19	23,5
längerfristige Kredite	AF.42	79	73,7	71,9	70,7	71,5	123,6
nachrichtlich:							
an Inland		62,7	67	67,9	79,1	72,1	67,5
an Ausland		17,6	9,2	8,5	7,9	18,4	79,5
Anteilsrechte	AF.5	152,9	158,3	192,7	209,9	247,9	254
Aktien	AF.511+AF.512	53	59,3	52,5	44,4	51,6	50,3
Sonstige Anteilsrechte	AF.513	79,6	83	126	152,1	184,9	193,1
Investmentzertifikate	AF.52	20,2	16	14,2	13,5	11,4	10,7
Geldmarktzertifikate		0,1	0,1	–	–	–	–
Sonstige Investmentzertifikate		20,2	16	14,2	13,5	11,4	10,7
Versicherungstech. Rückstellungen	AF.6	0,6	0,7	0,7	0,7	0,7	0,7
Sonstige Forderungen	AF.7	104,8	87	87	88,7	88,7	84,8
Übrige Forderungen	AF.79	104,8	87	87	88,7	88,7	84,8
Insgesamt	AF.A	505,9	518,6	565,2	632,8	680,2	918,6

Quelle: Deutsche Bundesbank, Ergebnisse der gesamtwirtschaftlichen Finanzierungsrechnung 2005 bis 2010, Statistische Sonderveröffentlichung 4, September 2011

Tabelle 29: Finanzierungsrechnung 2011 (Bundesbank): Bestand am Jahresende in Prozent des BIP

Position	Code ESVG 95	2005 in % des BIP	2006 in % des BIP	2007 in % des BIP	2008 in % des BIP	2009 in % des BIP	2010 in % des BIP
Währungsgold und Sonderziehungsrechte	AF.1	0,00	0,00	0,00	0,00	0,00	0,00
Bargeld und Einlagen	AF.2	6,91	8,02	8,13	8,04	8,34	10,54
Bargeld und Sichteinlagen	AF.21+AF.22	0,96	1,17	1,16	1,40	2,78	2,43
Sonstige Einlagen	AF.29	5,94	6,85	6,97	6,64	5,57	8,11
Termineinlagen		5,77	6,69	6,85	6,54	5,40	7,93
kurzfristige Termineinlagen		2,23	3,44	3,65	3,61	2,26	4,02
längerfristige Termineinlagen		3,55	3,26	3,20	2,93	3,14	3,91
Sparbriefe		0,07	0,07	0,06	0,06	0,06	0,06
Spareinlagen		0,11	0,09	0,06	0,05	0,11	0,11
Kurzfristige Spareinlagen		0,09	0,07	0,04	0,04	0,08	0,09
längerfristige Spareinlagen		0,02	0,02	0,02	0,01	0,03	0,02
Wertpapiere	AF.3	0,62	0,48	0,45	1,92	2,28	6,89
Geldmarktpapiere	AF.331	0,03	0,01	0,01	0,00	0,00	0,01
lfr.festverzinsliche Wertpapiere	AF.332	0,46	0,37	0,37	1,86	2,18	7,49
Finanzderivate	AF.34	0,13	0,10	0,07	0,06	0,10	-0,61
Kredite	AF.4	3,61	3,29	3,15	3,52	3,81	5,94
kurzfristige Kredite	AF.41	0,06	0,10	0,19	0,66	0,80	0,95

G. Anlagen

Position	Code ESVG 95	2005 in % des BIP	2006 in % des BIP	2007 in % des BIP	2008 in % des BIP	2009 in % des BIP	2010 in % des BIP
längerfristige Kredite	AF.42	3,55	3,19	2,96	2,86	3,01	4,99
nachrichtlich:							
an Inland		2,82	2,90	2,80	3,20	3,04	2,73
an Ausland		0,79	0,40	0,35	0,32	0,77	3,21
Anteilsrechte	AF.5	6,87	6,84	7,93	8,48	10,44	10,26
Aktien	AF.511+AF.512	2,38	2,56	2,16	1,79	2,17	2,03
Sonstige Anteilsrechte	AF.513	3,58	3,59	5,19	6,15	7,79	7,80
Investmentzertifikate	AF.52	0,91	0,69	0,58	0,55	0,48	0,43
Geldmarktzertifikate		0,00	0,00	0,00	0,00	0,00	0,00
Sonstige Investmentzertifikate		0,91	0,69	0,58	0,55	0,48	0,43
Versicherungstech. Rückstellungen	AF.6	0,03	0,03	0,03	0,03	0,03	0,03
Sonstige Forderungen	AF.7	4,71	3,76	3,58	3,59	3,74	3,42
Übrige Forderungen	AF.79	4,71	3,76	3,58	3,59	3,74	3,42
Insgesamt	AF.A	22,74	22,41	23,27	25,58	28,65	37,09

Quelle: Deutsche Bundesbank, Ergebnisse der gesamtwirtschaftlichen Finanzierungsrechnung 2005 bis 2010, Statistische Sonderveröffentlichung 4, September 2011, VGR der Länder, Berechnungen des ifo Instituts

Tabelle 30: Reinvermögen des Sektors Staat am Jahresanfang in den Jahren 2000 bis 2010 in Mrd. EUR

Vermögensart	2000	2001	2002	2003	2004	2005	2006	2007	2008	2009	2010
	Mrd. EUR	Mrd. EUR	Mrd. EUR	Mrd. EUR	Mrd. EUR	Mrd. EUR	Mrd. EUR	Mrd. EUR	Mrd. EUR	Mrd. EUR	Mrd. EUR
Reinvermögen (= Eigenkapital)	378,78	409,74	354,82	259,85	201,58	111,87	44,51	97,65	219,07	192,55	...

Quelle: Deutsche Bundesbank/Statistisches Bundesamt, Sektorale und gesamtwirtschaftliche Vermögensbilanzen 1992–2010, Stand Oktober 2010, S. 8 f.

G. Anlagen 309

Anlage 31

Schaubild 12

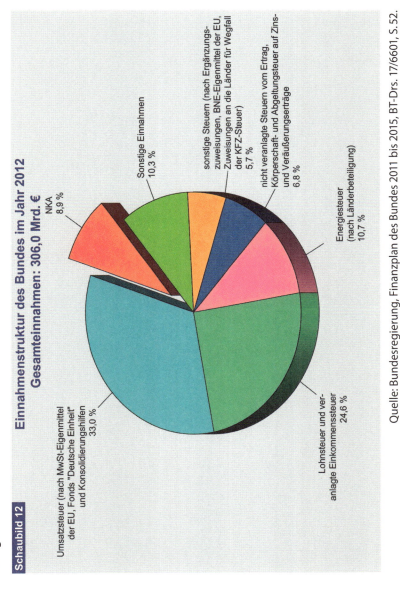

Quelle: Bundesregierung, Finanzplan des Bundes 2011 bis 2015, BT-Drs. 17/6601, S. 52.